LOCUS

LOCUS

LOCUS

LOCUS

mark

這個系列標記的是一些人、一些事件與活動。

mark 35 世界如此美麗 ***(Všecky krásy světa)***

作者：雅羅斯拉夫・塞佛特(Jaroslav Seifert)

譯者：楊樂雲／楊學新／陳韞寧

＊楊學新：pp.93-107, pp.167-169, pp.196-206, pp.295-302, pp.331-333, pp.411-417, pp.418-424, pp.431-439, pp.493-504

＊陳韞寧：pp.46-54, pp.221-242, pp.253-268, pp.395-408

＊餘均由楊樂雲翻譯

責任編輯：林毓瑜　美術編輯：何萍萍

法律顧問：全理法律事務所董安丹律師

出版者：大塊文化出版股份有限公司

台北市105南京東路四段25號11樓

www.locuspublishing.com

讀者服務專線：0800-006689

TEL：(02) 87123898　FAX：(02) 87123897

郵撥帳號：18955675　戶名：大塊文化出版股份有限公司

總經銷：大和書報圖書股份有限公司地址：台北縣三重市大智路139號

TEL：(02) 29818089 (代表號)　FAX：(02) 29883028　29813049

排版：天翼電腦排版印刷有限公司　製版：源耕印刷事業有限公司

初版一刷：2003年 2 月

初版 4 刷：2003 年 8 月

定價：新台幣 380 元

Printed in Taiwan

世界如此美麗

Všecky krásy světa

Jaroslav Seifert◎著

楊樂雲・楊學新・陳韞寧◎譯

照片提供：Jana Seifertova

塞佛特與詩人哈拉斯（右），攝於1935年。

塞佛特，攝於1984年，同年獲諾貝爾文學獎。

攝影：Karel Kestner　照片提供：Jana Seifertova

目錄

IV 烏鴉飛滿天

譯序
愛情、春天和美的歌頌者

楊樂雲

《世界如此美麗》是捷克著名詩人、一九八四年諾貝爾文學獎獲得者雅羅斯拉夫·塞佛特晚年撰寫的回憶錄。詩人在這裏沒有採用一般回憶錄按生活經歷依次敍述的寫法，而是通過一則則小故事緬懷他漫長一生中所遇到的一些人和事，記錄了一些見聞和感受，作者著墨更多的不是他本人的坎坷身世，而是在人生旅途中同他偶然走到一起的許許多多的人，他們之中既有捷克近代文學藝術界很有影響的詩人、作家、批評家、戲劇家、畫家、雕塑家、音樂家，也有名望不大但各以其善良的心靈或堅強的個性使作者深爲感動和懷念的人。詩人將一幅幅饒有趣味的畫面展現在讀者面前，我們觀賞著，不知不覺便追隨著詩人步入一個引人入勝的世界：綺麗的布拉格風光，魅人的捷克溫泉勝地，二、三〇年代藝術家薈萃的布拉格咖啡館，活潑的文藝創作空氣。當然還有德國法西斯佔領下民族的苦難和鬥爭。從這本回憶錄我們不僅可以瞭解半個多世紀捷克文化界的許多情況，而尤爲重要的是，它展示了詩人的心靈世界，使我們對這位卓越詩人的思想感情有更爲深刻的認識，從而得以更好地理解他的詩歌。與此同時，我們也可以看出塞佛特走過的創作道路，在他那一代捷克詩人中具有一定的代表性。

塞佛特（Jaroslav Seifert，一九〇一——一九八六）出生於布拉格市郊日什科夫區的一個工人家庭，中學未畢業即投身新聞工作和文學事業。他二十歲踏上文壇，六十多年中寫出了三十餘本詩集、幾本散文集和這本回憶錄。他的纍纍碩果和多方面的文學活動對捷克文學的發展產生了很大的影響。

塞佛特的詩歌創作歷程比較曲折、複雜，內容和風格前後變化甚大。這反映了他所處時代的動盪和各種哲學及文藝思想對捷克作家的影響。塞佛特生於奧匈帝國統治時期，他的童年是在祖國人民爭取獨立的歲月中度過的。十月革命的勝利使剛剛跨入青年時代的敏感的詩人受到鼓舞，他熱情地參加了無產階級的詩歌創作行列，協助青年文藝理論家卡雷爾・泰格建立先鋒派文藝團體旋覆花社，寫出了反映城市勞動人民痛苦生活的第一部詩集《淚城》（一九二一）。可是不久之後，在西歐現代派文藝思想大量湧入捷克文藝界的情況下，特別是在他與卡雷爾・泰格訪問法國之後，他的詩歌創作有了很大的轉變。他放棄了重大題材而致力於描寫個人內心的瞬息感受，謳歌春天、愛情和生的歡樂。他與泰格及另一位青年詩人創立了提倡純藝術觀點的「詩歌主義」流派，反對詩歌直接爲政治服務，主張把詩歌從理論的桎梏中解放出來，使之成爲「想像力的遊戲」。這一流派曾受到堅定的無產階級詩人的反對，但爲許多年輕詩人所接受，不僅對詩歌創作，而且在其他藝術領越，產生了深刻的影響。

一九三六年以後，納粹德國的威脅和慕尼克協定的簽訂激起了詩人的愛國主義感情，他從懷舊和追求內心寧靜的小圈子裏走了出來，創作了《熄燈》（一九三八）、《披著光明》（一九四〇）、《石橋》（一九四四）等詩集，譴責法西斯侵略，啓發民族覺悟。不過，他的這些詩基本上是溫和的，不像一般愛國主義詩歌那樣慷慨激昂，而是以極大的溫情表達他對祖國和母語的愛，對故鄉布拉格的愛。他的好友、詩人哈拉斯在讀了他的《石橋》後曾不滿地對他說：「今天的詩不應寫得這樣甜，富有痲醉性。在今天，詩應該像秋風一樣悲號，像掙脫了鎖鏈的狗那樣狂吠，像猛禽的叫聲那樣淒厲。」塞佛特覺得這話有道理，但是他說自己做不到❶。在他的詩裏，愛總是比仇恨強大。

戰後至五〇年代中期，他的詩大多回憶青年時代，詩風漸趨淡泊、蘊藉，不再像青年時期那樣重視豐富的意象和出人意料的形象比喻。之後，由於政見不同受到批評，同時又因長期患病，詩人沈默了九年之久。一九六五年他的新詩集《島上音樂會》問世，接著，《哈雷彗星》（一九六七）、《鑄鐘》（一九六七）、《皮卡迪利的傘》（一九七九）、《避瘟柱》（一九八一）、

---

❶ 見本回憶錄中〈充滿歌聲的歲月〉篇。

《身為詩人》（一九八三），以及洋洋數十萬字的回憶錄《世界如此美麗》（一九八一）相繼出版。作為一位年邁多病的老人，他有如此旺盛的創作力，不能不令人驚歎！他的詩到這個階段已是爐火純青，不見刀斧之痕。他已不再重視比喻和韻腳，只是用樸素的、類乎散文的語言表達「更為本質的東西」，抒寫他複雜的內心感受和他對人生眞諦的認識。在飽經滄桑和長期患病之後，他的詩無論在思想上還是表現手法上，似乎都已趨向於「歸眞返樸」；詩人的感情不再像山澗溪流，而是海水般深沉、凝重，表面的寧靜蘊藏著內心的浪潮起伏、波瀾滾滾。

塞佛特是一位深受捷克人民喜愛的詩人，幾乎每一個家庭都有他的詩集。儘管他深受西歐現代詩歌的思想影響，但他的詩是從優秀的捷克詩歌傳統中生長出來的，有濃厚的民族氣息。他是一位語言大師，善於使捷克語的音樂性和豐富的表現力在詩歌中得到最充分的發揮，因此他的詩有一種天趣自成的文字美。詩人在一首詩裏也曾說過：「假如那些詩句偶爾閃光，／並非我自身的光亮。／我熱愛這語言。」不過，詩人這種巨匠的語言造詣也是從刻苦的鑽研中得來的。回憶錄中我們可以看到，詩人怎樣與朋友們通宵達旦地在咖啡館裏切磋詩歌創作問題。

回憶錄《世界如此美麗》從某種意義上說可以看作塞佛特本人對自己的詩歌創作的詮釋。在這裏，詩人坦率地陳述了他的藝術觀點和創作傾向，以及他對西歐，特別是法國詩人的景仰。正如他的詩反復謳歌的是愛情、春天和美，回憶錄的基調也是這幾個方面，當然還有垂暮老人的傷懷和惆悵。對愛情的追求是回憶錄的一個主要題材，因為詩人把愛情看作是希望、魅力和歡樂的象徵。這和他的文藝觀——詩歌表現人生的聲色之樂——是一致的。

《世界如此美麗》共分四個部分，捷克文原著篇幅鉅大，譯者從每一部分中選譯了各重要篇目，選擇的著眼點在於幫助讀者更多地瞭解詩人和他那個時代，同時也考慮了作者的散文特色。

我們沒有時間孤獨，
我們惟有歡樂的時間。

——卡繆

I

茫茫白雪覆蓋的一切

引言

寂靜時當我回首前塵，特別是當我緊緊閉上眼睛的時候，我只要稍一轉念，就會看到一張張那麼多的好人的面孔。在人生旅途中，我同他們不期而遇，同他們中的許多人結下了親密的友情，往事一件接著一件，一件比一件更加美好。我彷彿覺得，同他們交談還是昨天的事情。他們遞過來的手上的溫暖我還感覺得到。

我還聽到沙爾達❶幸福的笑聲，托曼❷的譏諷語調以及霍拉❸的低聲敍述。在這種時刻，我會感到如果不把與他們相處中的一些事情記下來，哪怕是片言隻語或長度不超過一則趣聞軼事的小故事記下來，畢竟有些可惜。他們都是些很傑出、很有趣的人。在那些曾與他們建

---

❶ 沙爾達（一八六七—一九三七），十九世紀末至二十世紀三〇年代捷克最有影響的文學評論家。
❷ 卡萊爾．托曼（一八七七—一九四六），捷克詩人。
❸ 約瑟夫．霍拉（一八九一—一九四五），捷克詩人。

立友情、對他們的文學生活十分瞭解的人中間，我可能是最後幾人之一了。我也是能把行將永遠被遺忘的那些事情寫下來的人，直到我自己也進入他們那黑暗中的無聲無形的行列。

他們全都去世了，但是我不會喟然歎息，儘管淚水，誠如尤維納利斯❹說的，是我們的感官中最爲美麗的部分，Lacrimae nostri pars optima sensus❺——如果我在學校裏學得的句子沒有記錯的話。不過，我不會去寫回憶錄。我家裏沒有片紙隻字的記錄和數位資料。寫這樣的回憶錄我也缺乏耐心。因而剩下的便惟有回憶。還有微笑！

一九二七年一月底，霍拉帶著一本新出版的他的詩集《鮮花盛開的樹》走進了杜莫夫卡咖啡館。這個日期我是在詩集上題詞的下面發現的。那天我們談了些什麼，我當然已無從記憶。但肯定也談到了某個已經去世的人，可能是沃爾克❻吧，因爲那幾年我們對他的詩頗有異議。突然，霍拉把送我的詩集要了回去，隨即在正文前面的一張空白書頁上寫了一首詩：

墓上飛來大片陰影，

❹ 尤維納利斯（約六〇—約一四〇），古羅馬諷刺詩人。

❺ 該句的拉丁原文。

❻ 伊希·沃爾克（一九〇〇—一九二一），第一次世界大戰後捷克青年一代詩人中對無產階級革命最爲熱衷者。

鼓手與世隔絕。
須知死人也會妒忌！
頹喪的柳樹柳枝低垂，
以沈默把人聲撕碎。
死者在地下將我們非議。

這首詩顯然是霍拉的即興之作，半個多世紀過去了，當我躺在維諾赫拉德醫院的新病房時，卻突然浮上腦際玩味起來。新病房正對著維諾赫拉德墓園的南牆，從病房的大窗戶可以望見許多墓碑和十字架，還有那低矮的、樣式古怪的建築物——令人神傷的骨灰堂。

有一天傍晚下了場小雪，紀念碑和圍牆上鋪了一層薄薄的雪，就像攝影師攝影前在灰暗的石頭浮雕上撒了一把麵粉，以便圖像的輪廓顯得更爲清晰似的。

暮色漸濃，當整個醫院已沉浸在夜間的寂靜中時，我忽然聽到身底下的什麼地方傳來說話的聲音，兩個交錯的不協調的聲音。顯然是某位醫生打開了半導體而另有一位病人忘記關掉每個病房都有的有線廣播就睡著了的緣故。在醫院單薄的現代建築物裏，聲音彷彿來自深處，但相當清楚。我的目光不由自主地投向沒有掛窗簾的大窗戶，投向墓地。那聲音眞像是從地底下，從近在咫尺的墓園的地底下發出來的。

我連忙拂去這一幻覺。亡人是沈默的，固執地沈默不語。

因此，還是讓我來非議他們吧，非議這些長眠地下的人。不過，我將友好地、懷著愛非議他們。

我也將非議我自己。

一束紫羅蘭假花

我老了，腿腳已不靈活。可是直到不久以前，我還常去佩特攀山，隆冬季節也去。我踏遍整個園子，甚至連小城區雄鷹體育協會上方那些靜悄悄的，遊人罕至的幽靜小徑也沒有放過。在一條小路的彎曲處，我知道有個地方春天盛開著藍瑩瑩的紫羅蘭。但是，要看到它們卻須跳上壘在路側以防坡土流失的巨石。站在小路上是望不見紫羅蘭的，唯有陣陣甜香有時撲到附近行人的鼻下。

前些時候，有位批評家指責我，說我的詩經常回到扇子這個題材上來。我要說，他言之不假，並且他忘記了還有紫羅蘭。我詠紫羅蘭的詩也不計其數。請原諒我吧。從兒童時代起，扇子和紫羅蘭便同我結下了不解之緣，我喜愛它們。

在我的兒童和少年時代，紫羅蘭是倍受歡迎的香水調。就以我的母親來說，她絲毫不是衣著講究的人，可是在她的櫃櫥底裏卻有一瓶這種調性的廉價香水。她那兩個家境富裕、服飾雅致的闊妹妹，身上都飄逸著這種香味。那年頭的時髦風尚還不像現在這樣變化迅速，日新月異。香水的品種不多，絕大多數都採用花香，而紫羅蘭是人們最喜愛的一種。那是分離式香水調，曾風行一時。直到今天我還從遙遠的年代聞到它的芬芳。

在天堂花園附近的轉彎角上，在赫赫有名的黛蕾薩別墅的窗戶對面，從前是S.K.切希耶遊樂場，它的柵欄上方懸掛著這麼一塊招牌。如今這地方早已蓋起了分租房屋，我的一懷悵在此徘徊。切希耶遊樂場夏天做什麼用我不清楚，無疑有人來此打網球。可是在冬季，那裏曾是寬廣的滑冰場，光顧的人很多。它正座落在日什科夫區和維諾赫拉德區的交界處。我有時跳上柵欄，滿有興致地望著那些歡叫著的、不斷移動同時又始終以同一方式忙亂的人群。他們彷彿一味無意義地，然而卻是滿懷喜悅地在冰場上繞著圈子，彎彎曲曲地交錯穿行，將自己的歡樂和無憂無慮的時光在冰面上做幾秒鐘的記錄。我很喜歡這個畫面，可是從未產生過投身到這一喧鬧的人群中去的願望。

直到突然有一天，在冰場門口我瞥見了鄰樓的一個姑娘。很久以來我一直注意著這個姑娘。在街上我常回頭看她。她住的樓面比我們的低一層，有過很多次我站在陽臺上等候她的紅蝴蝶結。見到她時，我對她笑笑，這便是一切。

在遍地積雪的喧鬧聲中，她消失在冰場的大門裏。我站在柵欄旁舉目尋找。終於看見她了，那樣優美地在冰上迴旋。我馬上下了決心。我央求媽媽買冰鞋，她很樂意地上附近一家鐵器店，花了幾個六角幣給我買了一雙拴帶兒的冰刀。那是普通的便宜貨。她認爲我初學滑冰，用用這也可以了。冰刀甚至有點兒鏽跡斑駁，我用砂紙將它們打亮，又用煤油浸泡。直到很久以後我才有能力買一雙鎳製的、刀尖彎彎捲起的新冰鞋。人們管這種冰鞋叫「帶鼻兒的」。不過，那也只是一副拴帶兒的冰刀而已。我把冰刀掛在書包帶上往肩上一搭，徑直就上滑冰場了。當然不是上所有同學都去的切希耶遊樂場。在同學面前我覺得無所謂，怕的是遇上鄰樓那個姑娘。我生平還從沒有穿過冰鞋，在她面前我的模樣會多麼可憐！

溜冰坡我早已不害怕了，還經常去玩，雖然我找的冰坡都比較短，斜度也不太大。在丘陵起伏的日什科夫有些山坡看了簡直令人暈眩。山路筆直地向下傾斜，男孩子們從上面滑下來險些兒滾進電車底下的事情時有發生。電車軌道正從山路下面橫穿而過，山坡有的長達幾十米，從上面下來要收住腳跟並非易事。員警有時找到管院子的，強迫他們在山坡上撒煤渣。可是男孩子們用帽子很快又將結冰的坡面打掃乾淨，或者馬上在不遠處另外弄出一條滑道。

在今天的薩瓦林花園，從前開設過一家避暑餐廳。它的房宇中間有一塊賞心悅目的空地，周圍種著栗子樹。每到冬季，這裏便是溜冰場。去的人少得多，場地也不很大。我的同學們肯定誰也不去。因此我選中了這個地方。

一上冰場我便狼狽不堪。我穿著冰鞋剛站起來就摔倒了。怎麼努力也不行。我甚至嘗試著抓住欄杆，可是兩腳一個勁兒地打滑，身體隨著又倒了下去。經過約莫兩小時的艱苦奮鬥，我勉強能稍稍走幾步了，當然每次都以令人難堪的摔跤告終。要不是我眼前有一張姑娘的臉龐——嵌在栗色捲髮中，髮上繫了紅蝴蝶結——我會把倒楣的冰刀搭到肩上，沮喪地回家去了。可是姑娘的眼睛鞭策著我脆弱、動搖的意志。

我這副無能爲力的窘困樣兒被一位站在溜冰場欄杆外面的夫人注意到了。她舉止文雅，很有魅力，毫無疑問是一位母親。她的孩子，一個年紀同我相仿的小男孩，就在冰場上。這孩子壓根兒不會花樣滑冰，他也是初學，可是已能站得相當穩當，正繞著冰場有點兒猶猶豫豫地滑著。每當他回到母親跟前，美麗的夫人便從她那只深深的手袋子裏掏出一塊夾心巧克力，塞進他的嘴巴。看得出來，這完全是出於喜悅，因爲他有了進步。她的手袋子上裝飾著一大束紫羅蘭假花。

我在她近旁膽怯地搖搖晃晃試著步子，而每次快到她面前時，總是無例外地仰天摔倒，刺溜一下直滾到她的腳邊。這確實有點兒丟臉。這樣反覆摔了約莫五次之後，她顯然覺得我很可憐，便扶我站起來，然後走進溜冰場，一手牢牢地抓住我的胳膊，領著我滑。雖然我有點兒不好意思，但她是那樣的慈愛，用那樣和藹的口吻同我說話，我便欣然聽命於她的親切引領了。有幾次我腳下打滑，身子又要摔倒，可是她穩穩地扶住了我，摔也只是臉撲在她那只口袋子上的一大束紫羅蘭假花上而已。當年人們把手筒叫手袋子，它是婦女冬季不可或缺的服飾之一。大約半個小時後，她鬆開手讓我獨自試試，自己站在一旁。我摔倒的次數少多了，最後居然繞著溜冰場蠻不錯地滑了一整圈，這對我來說不啻是個奇蹟。雖然我的動作戰戰兢兢，滑得很慢，但畢竟繞了整整一圈，在冰上也多少算是站穩了。當我回到那只裝飾著紫羅蘭的手袋子面前時，兩根溫柔的女性手指往我嘴裏塞了一塊夾心巧克力。那天我吃到了好幾塊。最後一塊塞給我時，她用溫暖、甜蜜的手掌在我的嘴巴上輕輕按了一下。這是說再見了。她帶著兒子離開冰場，我依依不捨地目送著他們。

第二天我又來到這個溜冰場。雖然沒有再見到裝飾著紫羅蘭的手袋子，但是溜冰我已多心學會了一些，第三天我便壯著膽子上切希耶遊樂場了。可是由於那個手掌和那束紫羅蘭，我漸漸把頭髮上的紅蝴蝶結淡忘了，到後來便完全把它拋到了九霄雲外。

奧爾德日赫・諾維先生，您聽到我說什麼了嗎？這篇回憶是獻給您的。您肯定知道爲什麼！

頦下繫著蝴蝶領結

在日什科夫中學，我們的小禮拜堂就設在健身房。平時學生們在健身房進行體育鍛鍊，到了星期日，兩張教室長凳便推到了裁判員的小梯子面前，壁龕的白鐵皮百葉窗拉開，壁龕裏放著個樸素的小祭壇。每星期日我們必須到這裏來做禮拜。長凳上坐著值班老師。在一些重要的日子，例如學年開始——Veni Sancte Spiritus❶，或者學年結束——Te Deum❷——或者皇帝的誕辰，全體教師便一律出席，而且還穿上官方規定的制服：頭戴綴有鴕鳥羽毛和金飾的制帽，腰裏挎著一把金柄軍刀。有時他們這身披掛看著頗爲滑稽，尤其當一位教師身體太瘦或者太胖的時候。

❶ 拉丁文，意爲「降臨吧，聖靈」，係天主教的一篇祈禱文
❷ 拉丁文，意爲「讚美上帝」，亦係天主教的一篇祈禱文。

不過，我想說的不是制服。

當小鐘敲響彌撒將要開始時，全體學生必須跪下。可是只有我往往不是跪而是蹲著，雖然這樣做是禁止的，而且腿也更疼，起立很困難。原因是我的鞋底經常有個洞，我感到羞恥。簡直愚蠢可笑。然而跪在我身後的那一位也並不比我聰明多少。若是他發現我窮到這個地步，他不僅會把鼻子翹得老高，而且還會當作笑柄向全班同學散佈。而他是個無憂無慮的幸運兒！

我這特有的愚蠢在別的時候也以別的形式充分表現。

每當下大雪，我們日什科夫郊區便會一改敝舊面貌，變成上下五層的潔白仙境。我沒有數錯吧？是否還要多幾層？五條橫街轉眼間白茫茫一片，美不勝收。是的，是五條，如果不把山腳下橫臥在山谷裏的那條也計算在內的話。當時我們家就住在那條街上。

唯有那邊下面，在卡爾林的頭道街同胡斯大街相銜接的地方，拐角處的赫拉博夫卡才是黑色的。直到今天人們仍管它叫黑赫拉博夫卡。那是火車站的一個堆疊處，不斷有人來這兒卸煤和裝煤。在這又黑又醜、白雪永遠無法填沒的洞穴，有時也出售煤塊。

第一次世界大戰期間，城市裏的日子很不好過，供應不足。買麵包、麵粉以及所有食品都要排隊。白天黑夜都排隊。這種痛苦的等待我們一家人輪換著去。晚上和夜裏歸媽媽和爸爸，我和妹妹輪白天班，當然是在我們不上課的時候。

赫拉博夫卡賣煤的時候，去排隊買煤的照例是媽媽，寒冬酷暑都是她。當然特別是在寒多，雪裏雨裏要站幾個小時。爸爸上班去了，妹妹還幼小。媽媽常央求我幫她推那輛沉重、粗笨的小車。那是用搖籃改裝的，後來散了架。我總有許多托詞，要做作業呀，要去練唱或體育鍛鍊呀，總之竭力逃避同媽媽一起去推那難看的小車。我已是中學生了，脖子上繫了蝴蝶領結或者領帶，我覺得羞恥。

不妨問問那些十四、五歲的蠢小子，真正應該感到羞恥的是什麼。我那時害怕人家瞧見了笑話我。

這些愚蠢的、冷酷無情的托詞還不是唯一使我至今感到內疚和臉上發燒的事情。

一天下午，我正急急忙忙朝布拉格的什麼地方走去，不料卻遠遠地一眼瞧見了媽媽，她傴僂著身子，背了一口袋沉重的煤塊從赫拉博夫卡走過來。有片刻工夫我不知所措地愣住了，但隨後便一扭身閃進了離我最近的一棟房子，躲在甬道裏直到媽媽走了過去。這是懦夫行徑，而且很殘忍。可是少年人往往就是這樣。

有時我又到了這些地方。赫拉博夫卡依舊還在。它的對面，那座我常去用目光向溫柔的漢娜·波爾黛諾娃傾訴愛慕之情的電影院，如今則已是一個工廠的勞動場。當我望一眼赫拉博夫卡時，它朝我伸出了一個烏黑的舌頭。

Thank You, So Blue❶

那照例是在夜裏，伏爾塔瓦河面上的冰層升高了。幾天以後，冰上出現了水窪。行人這時便禁止上冰了。隨後渾濁的河水奔騰而至，在它們的衝擊下冰面開始坼裂，發出劈啪巨響。第二天，大塊浮冰便從伏爾塔瓦河、薩紮瓦河和貝龍卡河的上游急速漂來，轟隆隆地撞擊著橋墩的護欄，在查理士橋前面的破冰機上碰得粉碎。自從伏爾塔瓦河的水上工程建成之後，河水在布拉格已不再結冰。在今天，人們恐怕再也享受不到那樣的樂趣了：傲然把大橋撇在一邊，徑直從冰上走到對岸，或者在冰上順著河道跑來跑去，只消避開那些縮成一團的捕魚人就行。捕魚人一聲不響地、大多徒勞無益地守在鑿開的冰窟窿旁邊，呆望著自己的釣竿。

---

❶ 英文，意爲：感謝你，多麼藍。但 Blue 也可作「沮喪」、「憂鬱」解，因此也可譯作：感謝你，多麼憂傷。

有一年春天，一場突如其來的出人意料的洪水使貝龍卡河上的冰面破裂得比其他河流早了些日子。浮冰堵塞在莫德讓內附近，堆積成巨大的冰障。河水眼看就要氾濫，不得不請來軍隊用榴彈粉碎冰障。爆破聲一直傳到布拉格。橋上擠滿了人。

我也好奇地站在橋上，出神地望著空無一人的溜冰場。正是在這個冬天，我幾乎每天來此溜冰，有時還帶著一個迷人的小姑娘。她梳著可愛的但有些古老的髮式，耳畔垂著兩個核桃般的髮結。她信賴地將自己交托給我那相當可疑的溜冰技巧，我們手拉著手在廣闊的冰場上繞圈子。冰場周圍有掃成一排的積雪為界。四角的雪堆上插著飾有彩色紙帶兒的青翠的聖誕樹。

在那張老長的、我們坐著繫冰刀或換冰鞋的板凳上，還放了一隻舊的留聲機，裝著一個碩大的淺藍色喇叭，離它不遠的大門口有間小屋，那兒收極便宜的入場費，並供應熱茶。

這一切在幾天之前都已撤除，唯剩四棵無人過問的聖誕樹，兀自插在已經塌陷的雪堆上。

爆破之後只一小會兒工夫，頭一陣浪潮便洶湧而來，緊接著河上的冰板在轟隆劈啪聲中裂開了，場面空前壯麗。聖誕樹躍進洪流，迅速被浮冰捲走了。浮冰爭先恐後奔騰前進，不時卡在一起動彈不得。被浮冰捲走的還有其他一切：那些飛逝的歡樂時刻，當我心裏熱呼呼地感覺到有個漂亮的女孩子就在身邊；那種同她一起在冰上迴旋的愉快，兩條腿瀟灑地一踢一揚——至少我自己以為是瀟灑地。那年頭花樣滑冰還剛剛問世。渾濁的、不很喧鬧的河水也捲走了一支優美的英文歌曲〈Thank You, So Blue〉，將扣人心弦的歌詞和探戈舞曲帶向了遠方。這一切統統消失了，一去不復返，它們曾經是那樣的美好。我悵然若失地目送著它們逝去。隨著浮冰漂走的還有那位小姑娘，而且恰恰就在我正要愛上她的時候。她猶豫了很久才把自己的姓名告訴我。她說她家住在赫拉德強尼，可是沒有透露在赫拉德強尼的什麼地方。她暗示自己是中學生，但不說在哪兒上學。她允許我把她送到克拉羅夫，在那兒她跳上電車，愉快地微笑著，然後過了好幾天我才會在結冰的河上，在亂紛紛的人群裏幸福地再次發現她。她害怕她那位管教嚴厲、像守護眼珠子一樣守護著她的母親。母親要是知道了，肯定會禁止她到溜冰場上來。當我冒失地說出想到她家附近去等候她時，她不禁大驚失色。我心裏滿有把握成功在望。依我看需要的只是一點兒耐性，而耐性我是有的。我准能將她耳畔那對老式的髮結解開，稍稍改變她母親的教育影響。然而河上的冰層沒有堅持那麼久，春天已經觸手可及。我溜冰的技術雖然平平，但是能談笑自若，因而我毫不懷疑到時候准能贏得姑娘的心。可是正如我剛才說的，春天搶到我的前面去了。

姑娘隨著一江春水漂走了。眞遺憾！因此留在我記憶裏的便只是我怎樣跪在她的腳邊笨拙地給她的高統靴穿鞋帶，一面穿一面感到惋惜，只恨靴統沒有再高一些。

幸運的是，跪在那兒我瞥見了她露在百褶裙和襪管之間的一小節光腿。那是由於襪口有點兒翻起偶然裸露出來的。這是我爲她效勞並對著她的兩個髮結低聲傾訴心曲所得到的唯一的微薄報償。

後來，當我傍晚時分把姑娘領回長凳時，在昏暗中我彷彿覺得少女身體的天穹上有一輪光環，使我聯想到彎彎的新月。

娥眉月！

那時候我讀完凡爾納描寫月球旅行的長篇小說才不久。然而對於大膽飛上宇宙空間，飛上月球火山，我能瞭解什麼呢？

那只是一個中學生的膽怯的渴望而已。女人那會兒對我來說比天上的月亮還要神秘。我望著濁浪中漂去的浮冰出神。就在這個時刻，春天在布拉格的街道上開始了。

Thank You, So Blue!

一個詩人的誕生

我有一個小孫女，不言而喻我非常鍾愛她。她喜歡畫畫。起初，一支普通原珠筆對她來說也就足夠了。可是她的媽媽發現她在這方面有特殊愛好之後，毫不猶豫就給她買回了彩色粉筆和彩色鉛筆。而且不止一套！這些糟蹋到不成樣子的文具統統裝在一隻鞋盒裏。有時我徒然想給她把所有的彩色鉛筆削一削。沒有這個可能，為數太多了。

「爺爺，給我畫個公主。」

我相當無可奈何地挑了一支黃鉛筆，先畫了一頂金色的王冠。又在一個橢圓形的圈兒裏畫了馬馬虎虎像是牙齒的玩意兒，使人聯想到呲牙咧嘴的鯊魚。小孫女馬上把畫筆奪了過去：

「不是這樣的！你得先畫腦袋，然後在腦袋上畫王冠。」說著她的小手在紙上移來移去，不一會兒一個神色有點兒驚惶的小公主便在紙上瞪著眼睛瞧我們了，粉紅色的衣裳上綴滿了花花綠綠的花邊。

「那就給我畫一隻大象吧。」

我笨拙地畫了怪模怪樣的一大團肉，頂在四根柱子上，前面裝飾著一根有些像消防水龍的東西，後面加了一條快樂地捲曲著的豬尾巴。這次小孫女也不滿意，過了片刻紙上出現了一頭大象，充滿了可愛的、無法摹擬的稚氣。我稱讚她畫得好，心裏感到羞愧。我上了那麼多年的繪畫課，辛辛苦苦，可是什麼也沒有學會。

家裏已經有人在發愁，上帝保佑，她可千萬別想著將來當畫家呀，要那樣可是太不幸了。然而，我卻相信這樣的事不會發生。要不了多少時候她今天的愛好就會改變。我小時候也是拿到紙就畫。有一回，父母給我買了一塊鐵皮調色板和一支兩頭用的小畫筆，我欣喜若狂，對此終生記憶猶新。那天晚上，我把調色板壓在枕頭底下睡覺，那是我童年最快活的一夜。我不記得還得到過什麼比這更好的禮物了。使一個人幸福有時並不需要很多東西！而一生中幸福的時刻畢竟很少。

我曾長時間地坐著在紙上畫了又畫。後來這種熱情淡忘了。忘了很久。

上中學一年級，我們的校舍是一座新樓房，地點在日什科夫的利布謝大街。當我們第一次走進繪畫室時，我氣都喘不過來了。滿室簇新，散發著香氣。那是一間漂亮的大廳，光線非常充足，擺著現代化的畫桌，活動桌面可以隨便傾斜。這些使我想起了那時我已見過的畫家的畫室，我不禁著了迷，兒時的繪畫熱一下子死灰復燃，我又下決心要當一名畫家了。

最初教我們繪畫的是畫家克雷姆利奇卡的一位親戚，後來是R‧馬雷克老師。他個子不高，動作敏捷，使我聯想到法國作家安德列‧莫洛亞❶，這同他的面貌大概也有幾分關係。他是一個極好的人，不乏個人魅力，是優秀的美術教師，對我國和世界美術情況很熟悉，經常給我們講一些有趣的事情。他爲《民族報》撰寫有關造型藝術的文章，給日什科夫的卡蜜拉‧諾依曼諾娃太太畫書籍的封面和扉頁。

就這樣，我又一次徒勞無益地沉迷於造型藝術，想在繪畫方面一試身手。馬雷克老師循循善誘。他常說繪畫這一行哪個笨伯都能學會，都能畫得蠻不錯。我暗自感到安慰，這麼說我也有希望呀，何況我並不認爲自己愚笨。絕對不！一旦我學會了素描，勝利也就在握了。色彩要容易得多。是的，我將學畫。

然而，我終究沒有當成畫家。事情的經過是這樣的：大約在中學的四年級或五年級，馬雷克老師有一次建議我們從家裏帶幾件實物來，以便在學校自己組成靜物畫面。同學們拿來了蘋果、柑桔、檸檬、插著玫瑰花的花瓶、各式各樣的匣子和燭臺。

我拿來的東西是畫日什科夫無產階級靜物畫的：一個啤酒瓶、一隻玻璃杯、一片麵包和

---

❶ 莫洛亞（一八八五—一九六七），法國傳記作家、小說家。

一節「夫日特」❷。我非常不願意用這個捷語化了的詞兒，可是，很遺憾，這個詞在我國已很流行，而且還以更糟糕的形式在運用。那年頭人們的確不用別的名稱叫臘腸。我把那節「夫日特」包在一張油膩的紙裹帶到學校。在繪畫桌上，我用這些東西搭成一組靜物，然後像其他同學一樣等待著老師的誇獎。

老師過來了，他看了一眼，突然大聲說道：

「天啊，塞佛特，快把那節『夫日特』拿開。我無論如何也不允許你畫這種東西！」

我一時愣住了，不明白他何以這樣驚慌。那只有兩秒鐘。兩秒鐘的休克！

從那個難忘的時刻起，我決定還是寫詩爲好。

---

❷ 意爲：臘腸，原文是德語。

在斯拉維耶咖啡館窗畔

我現在已記不得是什麼原因促使我們有時離開服務周到、熱情的民族咖啡館而轉移到了斯拉維耶咖啡館，以這家古老咖啡館的煙味和濁臭代替民族咖啡館煙霧繚繞的空氣。斯拉維耶咖啡館座落在民族劇院對面的拐角上，是演員們常去的地方。在那裏，我們坐在臨濱河大道的那扇窗戶旁邊，喝苦艾酒。這是從巴黎學來的小小時髦，別無其他。

有一次，沃爾克羅娃太太❶走來請我們喝這種綠色的毒液，說是爲了紀念伊希。我們無意破壞她的這一悲哀的樂趣，不過沃爾克可不曾和我們一起上過斯拉維耶咖啡館，也不曾喝過苦艾酒。

河岸那邊，沿著綠色欄杆的樹底下，以前曾是人們結伴散步的場所。或是在傍晚，但主

---

❶ 指詩人伊希・沃爾克的母親。參見〈沃爾克可以休矣！〉

要是在星期天的上午，人們在那裏散步。有一個時期民族劇院的演員們常去，我們看到的已只有克羅辛格老先生了。他頭上戴一頂高得出奇的平頂大禮帽。那時在布拉格已經誰也不戴這種式樣特別的帽子了。

到了冬季，結伴散步的人明顯減少，但恰佩克兄弟❷卻一如平時，哪怕下雪天也照舊前往。他倆戴同樣的硬帽子，脖子上圍著同樣顏色的圍巾，同樣的黃手套和竹手杖，很惹人注目，但這顯然正是他們所希望的。兩人散著步，默然不語。有時，一個活躍的矮個子男人同他們在一起。他戴一付金屬框架的眼鏡，熱烈地打著手勢，還不時站下來，活像要撲到兩兄弟的身上去了。這是他講話容易激動的表現。他就是畫家瓦茨拉夫・什帕拉。兩兄弟不得不陪著他停下沈默的腳步。有時茲爾紮維❸參加了他們的行列，另一些時候還有表情嚴肅，雙手反背著，體格魁梧的建築師霍夫曼。這樣，除卻文質彬彬的高個子魯道夫・克雷姆利契卡

❷約瑟夫・恰佩克（一八八七—一九四五），捷克畫家、詩人、散文家、劇作家。曾與其弟卡雷爾・恰佩克合作寫過散文、劇本等多種。一九三九年德國法西斯佔領捷克斯洛伐克後被捕。一九四五年死於集中營。
卡雷爾・恰佩克（一八九〇—一九三八），約瑟夫・恰佩克之弟，捷克小說家、劇作家。重要作品有長篇小說《炸藥》、《鯢魚之戰》，劇本《母親》、《白色病》、《萬能機器人》等。

❸茲爾紮維（一八九〇—一九七九），捷克畫家。

之外，「老頑固」派❹的全體成員就都到齊了。偶爾也可以看到馬爾萬內克，不過我們覺得他似乎是這個繪畫團體的週邊。

我們中間唯有泰格❺同「老頑固」派有個人交往。泰格給《時間》和《論壇》報撰寫美術評論已有多年，在一些展覽會的開幕式上認識了這幾位畫家。我們其他人都還是初出茅廬的無名小卒，同他們結交連想也不敢想。

當時，從藝術上和畫面表現的境界上看，同我們最接近的是茲爾紮維。恰佩克兄弟中，我們比較喜歡約瑟夫。我們都認爲，如果說卡雷爾是偉大的作家，約瑟夫則是偉大的藝術家和詩人。當然，他也是畫家。

後來，我們同這個團體的全體成員都友好接近了，儘管起初我們曾大聲鼓吹，說崛起的新一代有權利對老一代持批判態度。政治形勢和法西斯主義的威脅促使我們互相靠攏。在第二次世界大戰爆發前的那幾年，我們同仇敵愾，名字並列簽在各個宣傳書和呼籲書上。局勢到了危急關頭。卡雷爾・恰佩克覺得他的世界幻滅了。他體質衰弱，比約瑟夫更爲

---

❹「老頑固」派，第一次世界大戰期間由幾名經常在一起舉行展覽的畫家組成的團體，他們同「造型藝術家小組」一起奠定了現代捷克繪畫基礎。

❺泰格（一九〇〇—一九五一），捷克文藝理論家、批評家、政論家及翻譯家。兩次世界大戰之間捷克左翼藝術先鋒派的組織者，「詩歌主義」流派和旋覆花社藝術團體的創建者之一。

敏感。朋友們竭力勸說他移居英國，他們斷言解決捷克斯洛伐克的問題在倫敦比在布拉格有利。此說肯定有理。可是白費口舌，卡雷爾拒不同意流亡國外，求生的鬥爭恐怕也放棄了。佔領前夕他離開了人間。蓋世太保後來帶走了他的哥哥。

解放一年以後，在繁花似錦的五月，瓦茨拉夫・什帕拉去世了。他曾懷著那樣大的喜悅畫過五月的鮮花。同克雷姆利契卡我也有過親密交往。他的婚姻破裂以後，有許多夜晚我曾同他一起在雷特納一帶散步。他去世時年紀很輕，才三十二歲。

戰後，在什帕拉遺作展覽會上，我和茲爾紮維不期而遇。我們一張一張地觀看著展品，茲爾紮維並不掩飾內心的激動。

「您知道嗎，朋友。」他忽然轉身對我說：「什帕拉畢竟是我們中間最出類拔萃的。他的畫捷克味兒多麼濃郁！」

如今我也已老邁，不喜歡冬天，也不再喜愛下雪。每當大雪紛飛，窗上蒙了一層我所熟悉的白色昏暗時，我便寧願在雪天欣賞什帕拉畫的色調明快的鮮花。多麼美啊！我立即感到心情愉快多了，嚮往著春天的來臨。

什帕拉既不是一位費解的藝術家，也不是一個莫測高深的人。他胸懷坦蕩，像他的畫一樣明朗。他那動人的淳樸——既不是虛假的，也非裝腔作勢——曾不止一次令我甚爲驚歎。

保護國時期我有一次去看他，正趕上這位畫家剛畫完五幅作品，畫布還是濕的。那是五幅幾乎一式一樣的花束。用作模特兒——不如說是小模特兒——的那一把半枯萎的花，還插在花瓶裏，擺在梯凳前面的木箱上。畫家毫不掩飾地向我解釋說：「我化了三十克朗在煤炭市場買來這麼一把花！因此得儘量利用它。」

約瑟夫・科普塔❻特別喜歡迪克❼詠科爾克諾什山的一首詩，經常引用，特別是寫盛開的龍膽花的那幾句：

藍盈盈的龍膽花，開在荒坡上，
潺潺泉水將甜蜜的謊言說個不休。
任你心頭何等悲傷，
迎人笑臉依舊。

我深信在什帕拉的每一幅洋溢著喜悅和樂觀主義情緒的花束面前，我們都可以吟詠這最後兩行詩句。

❻ 約瑟夫・科普塔（一八九四—一九六二），捷克小說家，也寫詩和劇本。
❼ 迪克（一八一七—一九一一）捷克詩人。反奧地利統治時思想進步，詩歌表現了捷克的愛國主義精神。

積雪下的鑰匙

我從未想到過會把這段荒誕而幾乎難以置信的經歷進行文學加工。這一次實在是出於無奈。妻子勸說過我，叫我最好別把夜間發生的這件怪異的事情告訴給別人，那怕是最好的朋友。但我還是向幾個好友透露了。誰知他們又講給別人聽，雖非出於惡意，可是等再傳回到我這兒時，事情已經被說得面目全非，有時甚至像是散佈的流言蜚語或是在胡謅。爲澄清事實，我決定把眞實情況寫出來。

第二次世界大戰爆發前不久，有段時間我們住在布拉格城堡❶。你們聽了可別嚇一跳，其實，我們住的地方同權貴毫無關係，也談不上豪華。那是在城堡的東部，在黃金巷的巷尾，黑塔的附近。我們住的是矮小的平房，緊靠著舊時的總督公署。這兩座房子加上達利波爾塔

❶ 即布拉格宮，捷克總統府所在地。

❷前面廣場上的兩幢小房子都屬於當時的地區委員會所有，我的妻子當時就在那個委員會工作。這些房子都在城堡大門之外，但住戶們（多數是公職人員和城堡的服務人員）一般就說自己是住在城堡，當然這麼說毫無炫耀之意。我們的房子後面不幾步就是著名的達利波爾塔——城堡的防禦工事和過去的監獄。從我們的視窗可以望到幽暗的黑塔，它的旁邊有另外一幢小房子，漂亮一些，還有涼臺。這房子至今還在。最後，在通向小院子入口處有第三幢小房子，也是平房。今天這地方已是捷克斯洛伐克少年宮寬敞的入口。少年宮就在原來的總督公署，過去幾個世紀裏審判捷克人的公堂現在變成了兒童的遊樂場所。我認爲這樣做並不一定合適，不過這不是我們現在要談的事。

我們住的平房相當寬敞。門前有棵老梨樹，梨樹下面踏上幾級石階就進了我們的家。我們的房間有幾扇窗戶，房間外面，小窗戶之間的牆上有三位總督的貴族族徽。這三位貴族中的兩位：馬爾金奈茨的雅羅斯拉夫・波里達和威廉・斯拉瓦達如此走運，竟然掉到了城堡壕溝的糞堆上❸。眾所周知，在那個事件以後就開始了一場曠日持久的戰爭。他們顯赫華麗的族徽使我們的房子顯得莊嚴肅穆。參觀達利波爾塔的遊客觀看這些族徽時都要往我們的屋子

---

❷ 該塔以十五世紀捷克騎士達利波爾命名。達利波爾騎士曾被監禁在塔下的地牢裏，最後被處死。

❸ 當時這兩位貴族屬天主教派，一六一八年被胡斯教派的貴族從城堡的窗户中扔出去，引發了後來的三十年戰爭。

裏面張望。在我們寬大的閣樓裏放著一個破舊的大水桶，曾經是防火用的。這個閣樓比黃金巷的路面只稍微高一點，所以，路人輕而易舉就能踢到我們的屋頂。不過，他們何必要踢我們的屋頂呢！

我們原來的住所今天已經是一片寬廣的平地，安放著一些長椅，點綴著大花盆。在修建城堡東部地段時，房子已被拆除了，房子上的族徽和其他貴族族徽一起都移到了原來總督公署的牆上。我時常還到那裏去走走，懷一懷舊。房子雖說很不好，但那裏的景色頗爲宜人。

在這一帶住過的作家不只我一人。弗朗茨・卡夫卡就曾在黃金巷住過。他那間已經被人遺忘的小屋後來是史多爾霍・馬利安❹發現的。而就在離我們不遠的地方伊裏・馬夏奈克❺有過兩間小屋。現在那座小樓房是直接進入達利波爾塔的通道。

最後，羅馬皇帝兼捷克國王查理四世本人有一段時間在這裏也有過簡樸的住所，他也是作家。

查理從法國回來繼承王位時，發現城堡破舊不堪，於是決定對它進行修整改建。在這段時間裏他臨時住在總督公署的房子裏。而就在這座房子裏皇帝度過了一個奇怪的夜晚，這段

❹ 史多爾霍・馬利安（一八九七—一九七四）捷克出版家和散文家。

❺ 伊裏・馬夏奈克（一八九一—一九五九），捷克劇作家和散文家。

經歷他曾在自傳中講過，其實誰都知道，但我覺得還需要再說一下。

這件事既非編造的故事，也不是什麼傳說，總之，不是臆造的。正如大家所熟知的，這位皇帝是個極其虔誠的教徒，他應該不會編造假話的，而且此事還有證人。證人又是最可信賴的維爾哈基茨的貴族布謝克。

在一個黑沉沉的冬天夜晚，這兩位大人物從克希沃克拉特城堡回到布拉格，一路騎馬頗爲疲勞，便躺在大廳（緊靠著我們的房子）裏鋪著毛皮褥子的床上休息。當時天氣非常冷，這大廳裏融融爐火劈啪作響，桌上點著幾支蠟燭，靠牆的長凳上放著一大壺葡萄酒。查理皇帝和布謝克常愛喝點酒，這是出了名的。但我卻是從聶魯達❻著名的故事詩裏得知的。他倆很快就累得睡著了。

但是沒睡多久便突然被大廳裏的腳步聲吵醒。皇帝吩咐睡在近旁的布謝克快去看看是誰跑到大廳裏來了。布謝克卻誰也沒有看見。他又點燃了幾根蠟燭，喝了杯葡萄酒，給壁爐裏添了幾根劈柴。接著他們又準備入睡。突然，在爐火和蠟燭的亮光中他們看見桌上的一個酒杯翻倒了，但並沒見有什麼人的手碰它。就在這一瞬間，他們看見那只酒杯霍地被扔過布謝克的床鋪，飛到了房間那邊的角落裏，然後又從那裏滾到前面來。可這時一個外人也沒有見

❻ 楊·聶魯達（一八三四—一八九四），捷克詩人、散文與小說家、新聞工作者。

到，只聽見那看不見的陌生人離去時沉重的腳步聲。既然誰也沒看見，只好在胸前劃著十字，求上帝保佑，然後就入睡了。這次總算安安靜靜一直睡到天亮。他們醒來後，發現大廳的中央果然躺著一隻翻倒的酒杯。

今天我親愛的朋友伊裏・馬夏奈克已經去見上帝了，因此我可以透露，在我倆不時溜達的黃金巷他的住宅裏也發生過類似的情景。但是所有發生的事都很容易就解釋淸楚了，既沒有什麼翻倒並飛到角落裏的杯子，也沒有看不見的陌生人的手。另外，馬夏奈克儘管是個愛開玩笑的人，對這類事情卻並不欣賞。他家裏放著一套母親留給他的講究的古色古香的傢俱。是的，他不信神也不信鬼。而且，他的女管家也比布謝克老爺細心得多。

從我們第三個小房間的窗戶看出去景色特別美麗。離我們不遠是達利波爾塔的圓形塔頂和深灰色的塔牆，但塔的大部份都被鹿苑裏的大樹和灌木叢的繁枝茂葉所遮掩。安娜夏宮銅綠色的屋頂俯視著這些參天大樹的樹梢，眞是一片秀麗風光。寧靜、安逸。在五月，只要一打開這間小屋的唯一的一扇窗戶，一大片野薔薇就會對你笑顏相迎，它們就在這扇窗前無拘無束地生長開花，這風光眞是令人難忘。

在這房子裏居住並不很舒服。冬天爐火燒不暖，因爲煙囱是老式的，顯然和現代化的爐子不配套。另外，這房子是個倒楣的晴雨錶。一要下雨，那怕是陣雨，兩米多厚的牆壁馬上就濕漉漉的。連被子都是潮的，嚴寒時上面甚至會結成一層薄薄的冰。地板上還長著蘑菇。

夏季住在那兒倒挺不錯的，對我這個多少帶點浪漫口味的人來說是再合適不過的了。

從別的窗戶望出去，雖然只能看到小庭院的牆壁和洛普克維茨基宮的屋頂，但窗前有一株枝葉茂盛的核桃樹和一條小石子砌成的小徑。小徑上標出了哪裡是從前放斷頭臺的地方，騎士達利波爾的頭顱是從哪裡滾下來的。哪有比這更驚心動魄的呢？在過去漫長的歲月裏大概有許多可憐人，當然也包括一些壞人，曾跪在這座斷頭臺前。

院子裏，大門旁邊的那座房子雖然比我們的小一點、暗一點，但不潮濕，窗前種了一些花草。幾株玫瑰已經奄奄一息，但是在夏季這裏卻盛開著粗壯的金光菊。房子裏住著三位單身女性。已經相當老的祖母和她守寡的女兒T.太太——她受地區委員會的委託負責接待那些來達利波爾塔觀光的遊客。還有一位就是老祖母的外孫女兒，一個年輕文雅的姑娘，她和我妻子一樣也在地區委員會工作。媽媽和老夫人輪流帶遊客參觀地牢和塔樓。那裏，顯然受過千百次詛咒的黑黝黝、暗灰的四壁光禿禿的，只有犯人用血畫成的紙牌。遊客不少，特別在星期天，這些遊客總在我家窗前的花草上踩來踩去。那裏除了青草和幾棵可憐的一年生植物外只有一株黃玫瑰。夏天，它圍繞著一個貴族族徽茁長，一直延伸到陽光照不到的地方，花開得非常漂亮。

臨伊希街的笨重大木門的鑰匙眞夠我傷腦筋的，它是個龐然大物，幾乎有一公斤重，又不能折疊，我只好把它放在公事包裏帶來帶去，當然我嫌麻煩。因此常常發生這樣的事，我在城裏耽擱了，身上又沒帶鑰匙。門口雖然有門鈴，但是三位入睡的女士並沒有義務起來給我開門，更別說回來特別晚的時候了。更爲糟糕的是，那門鈴是個老古董。拉一下鈴把上的鐵絲，老祖母臥室窗前的鐵鈴鐺就叮叮噹噹響了起來。聲音傳得老遠，大概連馬迪阿士門那邊都能聽見。

這種時刻我心裏總是忐忑不安。來開門的一向只有老祖母。她睡覺最輕。儘管白天我和她交情不錯，但夜裏就說不上對我和氣了。她嘟嘟囔囔數落我，爲什麼不帶鑰匙，爲什麼要貪杯，等等。我不能說她沒有道理。她已經上了年紀，有點不耐煩也是理所當然。特別在冬天還得踏著積雪來開門。第二天，我雖然畢恭畢敬地向她打招呼，她卻總是陰沈著臉。

後來我又有好幾次沒帶鑰匙，妻子出了個好主意。女人經常有些好主意，男人卻往往不太感恩。妻子說，如果關大門以前我還沒回家，她就去把掛在住房門前的那把嚇人的鑰匙拿來塞到厚墩墩的大門下面。大門底下有塊地方有道小溝，鑰匙放在那裏，從大街上是看不見的。我呢？只需把手伸到門下面就萬事大吉了。

這主意太棒了！直到冬天，有一次黃昏時分天開始下小雪，當時我沒介意。可是快到半夜不知從哪兒刮來了一場暴風雪。因爲伊爾街是向黑塔的大門傾斜的，而黑塔的大門夜裏是關閉的，只有旁門開著，還有警衛站崗。大風就把雪從街上和屋頂上吹到我們牆邊和門前。當我半夜回到家裏時，門前已經堆了一米厚的積雪，而我那把倒楣的鑰匙就在雪堆下面。

開始我試圖把雪刨到人行道上，用手刨根本不行。雪是乾的，刨開了，好多又掉了回去。用公事包也不成，太軟了。聖維特教堂的鐘聲敲了十二下。白雪皚皚，萬籟俱寂。一下下的鐘聲宛如馬德里復活節時戴著黑風帽的教士們行走的情景，冷酷無情而又預示著不祥。他們總算走過去了，我走進了雪堆，屏住氣拉了一下門鈴。鈴鐺狂響了起來，接著是非常難熬的片刻。我大氣不出，大約過了兩三分鐘我又拉了下門鈴。接連拉了幾次。最後一次鈴響後，隔了一會兒，終於聽見宅內的門吱呀響了，在冰凍的鎖眼裏傳出了鑰匙轉動的聲音。

「你眞是不害臊，編輯先生。」老祖母這樣迎接我：「我睡得好死，壓根兒醒不過來。」然後她在我後面追著嚷嚷，還說了幾句不好聽的話，而我踏著積雪急急忙忙往家走，免得聽她的數落。老太太直到進了自家的門還沒有停止抱怨。這次我道歉也白搭。她一點不留情面，不理會我的話，根本不聽我說什麼。

妻子已經從睡夢中醒來，她壓根兒沒聽見鈴響。爲了讓她少埋怨我幾句，原諒我回來晚了點，我開始使勁抱怨老太太，說她怎麼罵我罵得好難聽，怎麼發火，怎麼不禮貌等等。

妻子驚奇地瞪大了眼睛聽我講了會兒，然後拉了一把椅子坐下來，悲傷地抽泣著說：

「上帝啊！你胡說些什麼呀？老祖母今天晚上就去世了，現在躺在小客廳的木板上。你看，那裏不點著蠟燭嗎！」

的確，在她們住房大門上面的窗戶裏顫悠悠地閃爍著微弱的黃光，到處是墳墓般的寂靜。

我有什麼辦法？只好脫衣睡覺。邊入睡邊琢磨：我怎麼沒想到，爲什麼她在平常的日子裏會穿這件袖口和領子上鑲著黑閃光片的節日上衣。一般她只有在星期日趕著去聖維特教堂做彌撒時才穿呢！她那天的眼睛又爲什麼那麼凹陷？並且出來時不打燈籠而點著根蠟燭！

「沃爾克可以休矣！」

我們圍著一張長餐桌坐在位於普羅斯捷約夫廣場的沃爾克的家裏。我對面坐著的姑娘沃爾克羅娃太太讓她穿了身黑縐紗、黑花邊的重喪服。當她在伊希的弟弟陪伴下走在靈柩後面時，她的臉上遮著厚厚的面紗，因此直到此刻我們才看到她淚汪汪的眼睛。她是沃爾克的最後一位戀人。

那是沃爾克葬禮後的不多一會兒。悼詞念完之後瑪麗耶・瑪耶羅娃❶將一支鮮月桂扔在輕輕放入墓穴的棺木上。我們都凍僵了，開始默默地往回走。冬天的夜晚很快就要降臨。漢那河一帶的田野和平原上覆蓋著白雪。

我們離開墓地歸去，橫在面前的是整個漫長的生命。在墓園門口，我們正打算說幾句告

---

❶ 捷克著名女作家。

別的話就去趕晚班火車時，卻不料沃爾克羅娃太太把我們留住了。她邀請我們上她家去。一個小時以前，送葬的行列正是從那裏走出來的。

沃爾克的悲劇在我國近代文學的詩歌史中不是第一次。一百年前年輕的馬哈❷去世了，其後是史博赫丹·耶利內克❸。幾乎每一代都有才華嶄露便中途夭折的詩人。接著是卡雷爾·赫拉瓦切克❹，最後是我們剛把他送進普羅斯捷約夫墓園的伊希·沃爾克❺。那一年伊希·奧爾滕❻才五歲。大自然提供給他們的時間如此短促，但與此同時卻賦予他們以雙倍的創作力。他們在短短一生中做出的成績，遠比別人在許多年中做出的多。也許這僅僅是錯覺，我不知道，希望不是。他們去世以後便更加受到愛戴。沃爾克則是在世時就受讀者歡迎的。

那天在沃爾克家裏我們總共多少人，現在記不清了。也許十二個，也許十五個。

---

❷ 馬哈（一八一〇—一八三六），捷克最著名的詩人之一。他的詩大多描寫命運、夢幻、激情、仇恨等，代表作爲抒情敍事詩《五月》。馬哈去世時年僅二十六歲。

❸ 耶利內克（一八五一—一八七四），捷克詩人，小說家，去世時二十三歲。

❹ 赫拉瓦切克（一八七四—一八九八），捷克詩人，去世時二十四歲。

❺ 沃爾克去世時二十四歲。

❻ 奧爾滕（一九一九—一九四二），捷克詩人。猶太籍，德軍佔領後備受歧視，一九四一年死於德軍車輪下，年僅二十二歲。

淚痕滿面的姑娘身旁，坐著康斯坦丁·比布林❼，一位風度翩翩、親切體貼的年輕男人，長著一雙溫柔的眼睛。他和彼沙❽同是沃爾克最親密的朋友。他彬彬有禮地側轉身子朝著穿黑喪服的沃爾克的年輕未婚妻。

那些年在我們周圍，無數年輕女人的愛慕目光都停留在比布林英俊的面龐上，這已絲毫不是什麼秘密。比布林欣然領受這些目光，投桃報李也絲毫不是秘密。

伊希·沃爾克認識這位姑娘無疑是在普羅斯捷約夫的舞會上，但直至一九二三年一月，也就是沃爾克去世前一年，兩人在大學校園裏才關係親密起來。沃爾克的「致幸福的姑娘」一詩，便是這一愛情的證明，寫於兩個月之後。

晚飯前，沃爾克老先生把我和霍拉請到他的房間，拿出一本帳冊，就是人們在銀行和儲蓄所的桌子上常見的那種。長長的本子，淺綠底子帶深色條紋的麻布封面，簽條上用美術字體寫著：伊希醫藥。沃爾克先生曾擔任過普羅斯捷約夫儲蓄銀行的經理。他打開帳冊，把它放到我們面前，逐項指給我們看他爲兒子支付的醫療費用：付給醫生的、塔特拉山波里揚奈茨療養地的，最後還有普羅斯捷約夫殯儀館的。當沃爾克羅娃太太招呼我們去吃晚飯時，我

---

❼ 比布林（一八九八—一九五一），捷克詩人。兩次世界大戰之間捷克藝術先鋒派的主要代表之一。

❽ 見〈路遇小詩人〉一文。

們感到高興，便從這些悲哀的數字中逃了出來。

同桌還有布爾諾來的客人：列夫・布拉特內和利博爾・哈盧帕。可憐的布拉特內患了同沃爾克一樣的疾病，幾年後去世了。在座的尚有沃爾克的老師卡麥納什和多庫皮爾，以及沃爾克在普羅斯捷約夫中學讀書時的幾個同學。

人們談及沃爾克參加共產黨一事時，往往提到多庫皮爾老師的名字，並且強調他對年輕詩人的影響。其實情況並非完全如此。在這方面對沃爾克影響大得多的，是他同茲丹聶克・卡利斯塔的友誼。沃爾克在法律系求學期間曾與卡利斯塔同住一間小室，地點在斯米霍夫區的納采爾納街。沃爾克羅娃太太否認卡利斯塔的影響，然而她錯了。是卡利斯塔將這位富於激情、處世嚴肅的大學生、民主民族黨年輕一代的成員——沃爾克的父親也屬於這個組織——引導到政治左翼，使他接觸了查理士廣場老利霍夫大樓裏圍著尼耶德利❾教授的那個大學生環境。沃爾克第一本詩集中的童稚基調毫無疑問也是受了卡利斯塔的影響。他的詩裏出現革命調子是在晚些時候，在他結識了霍拉和追隨霍拉的一些人之後。這種革命調子後來逐漸變成他本人的了。

當霍拉勸告沃爾克摒棄矯揉造作的主啊上帝之類的調調兒時，我正在場。這一勸告再說

---

❾ 尼耶德利（一八七八——一九六二），捷克歷史學家、音樂理論家、文藝批評家和政治家。

對我也有針對性，我同樣不善於擺脫聖經和宗教用語，總想把天使的翅膀同工人階級的拳頭和列寧聯繫在一起。

晚餐進行到中途，沃爾克羅娃太太突然要求講幾句話。她站起身開始動情地談她的兒子，談伊希如何從小對她依戀，如何直到長大成人這種感情也未曾稍減。兒子將一切都告訴她，將最初寫出的習作朗讀給她聽，讓她瞭解他的初戀以及普羅斯捷約夫的姑娘們如何青睞他。凡是同伊希有關的事情，無論哪方面她都熱情關注。唯一使她不滿的，是伊希在布拉格過著放蕩不羈的輕狂生活，因此得病，斷送了性命。說到這兒，她看了我一眼。

在這裏我必須表白幾句——雖然過了這許多年表白幾乎已屬多餘——要說有什麼是我打心底裏深惡痛絕的話，那便是所謂的放蕩不羈了。我一生從不曾同它沾過邊。由於沃爾克羅娃太太講這幾句話的時候責備的目光盯在我身上，我想作如下說明——雖然這實際上也屬相當多餘：

我和沃爾克只在絕無僅有的一次去過斯米霍夫區的一家破舊、陰暗的酒吧間。它取了個頗爲獨特的名字，叫「結局」。沃爾克在一首不很著名的詩裏還寫到了這家酒吧間。我同沃爾克見面如果不在泰格家——這是他後來寄居的地方——就大部分都只在咖啡館。即使在這些地方，我們也不經常見面。其實，伊希去世後不久我們身上的種種嫌疑便已冰消瓦解。沃爾克的弟弟患了同樣的疾病去世了。聖科佩切克的某人告訴我說，住在摩拉維亞的沃爾克的老爺子和老奶奶——在摩拉維亞，人們動人地管祖父母叫老爺子和老奶奶——也死於此病。過去沃爾克經常去看望祖父母。他們在教堂後面有作坊，生產摩拉維亞酒類。

由此可見這顯然是家族病，而沃爾克過於節省的生活方式促進了病情的惡化。他手裏錢很少，全花在購買書籍上了。他的父親很嚴厲。

沃爾克羅娃太太最後又轉身面對穿喪服的姑娘。她注視著姑娘悲傷的小臉，用稍稍提高的嗓門要求她爲了紀念伊希和他的愛情放棄一切世俗生活，進修道院當修女。

就在這個時刻，我瞥見比布林的臉上顫動了一下，掠過一個短促的笑容。穿黑喪服的未婚妻心裏是怎麼想的，我無從知道。今天她已經有長大成人的孩子，據說生活很幸福。

在去火車站的路上科斯嘉⑩・比布林告訴我說，當沃爾克羅娃太太要姑娘進修道院的時候，他的手大膽地在長桌布下面伸過去，緊緊地握了握姑娘的膝蓋。

伊希・沃爾克逝世的同一年，阿納托爾・法郎士⑪在巴黎去世了。

不僅巴黎，整個法蘭西都在談論他。法蘭西——法郎士選擇了她的名字作爲自己的姓⑫

---

⑩ 康斯坦丁的暱稱。

⑪ 法郎士（一八四四—一九二四），法國作家、文藝評論家，當時法國文壇的傑出代表。一九二一年獲諾貝爾文學獎。

⑫ 法郎士原名阿納托爾—弗朗索瓦・蒂波。

——為這位偉大的詩人舉行了官方人士認為他理應享受的隆重葬禮：場面極大、華麗非凡的國葬。送殯的行列中但見閃閃發亮的大禮帽和軍服。法蘭西在這方面很拿手！可是巴黎的超現實主義者卻印了傳單，寫上的口號是：

Il faut tuer le cadavre。⑬

他們將這咄咄逼人的傳單散發給那些閃光的大禮帽們。

一方面他們這是報復法郎士生前對超現實主義運動所持的冷漠態度，另一方面——也許是主要的——他們堅決不同意在被官方僵化了的詩人的偉大性和光榮面前脫帽行禮。

然而，這件事說它有什麼必要呢！

伊希・沃爾克去世以後，他的詩歌名望迅速提高。不僅那些從詩人手中接過革命遺產的年輕共產黨人，而且無論什麼地方什麼人都對他的詩歌熱衷起來，甚至包括政治上對立的和抱有敵意的階層。他的詩出現在我們最意想不到的地方。之所以會如此風靡一時，其原因並不全在於沃爾克的詩歌本身——它們從思想內容看富有時代感，語言流暢親切。一個如此有前途的年輕人不幸夭折這件事也起了作用。雖然死者在訃告上幾乎總是要我們確信，他們的死絲毫不會給世界帶來任何改變，只是有幾顆心臟將為之顫慄而已。

---

⑬ 法文，意為：誅滅這具僵屍。

出版商一版再版地出沃爾克的詩集，並準備出全集。什麼都出版了，包括他學生時代的詩歌習作、早期寫的小詩、日記，有什麼出什麼。

出版了一系列無足輕重的藏書癖的出版物，例如他學生時代的《散文詩》、《克莉蒂亞》、《孩子們》——它們都是詩人走向《艱苦時刻》的道路上的絆腳石——甚至還有彼特出版社出版了他的《病中記事》和他寫給最後一位戀人的情書《致K小姐的書信》。出版商請人將這些情書用書法抄錄下來，由齊里爾·布達繪了詩人頭像，沃爾克羅娃太太撰寫了序言。此書僅出一冊。過了一些時候，沃爾克羅娃太太將這絕無僅有的一冊從出版商手裏借了回去，把她寫的序言撕掉了。在此之前她同出版商雖然發生了小小口角，但看來口角確實不像是導致她採取這一嚴重步驟的唯一原因。

總而言之，整個輿論被沃爾克的詩歌崇拜窒息了，這種局面持續著。

這一崇拜如果不包含著某種阻礙前進的成分因而必然使我們感到惱火的話，我們原會祝願不幸的朋友享有此等聲譽的。但那正是在我們已經成長並開始創作最有自己特色的作品之時，不言而喻，我們不希望自己的創作滯留在沃爾克的詩歌陰影中。

我們追隨的是以阿波里奈爾⑭的名字為先兆的歐洲詩歌潮流。我國許多批評家都已指出，沃爾克後來同阿波里奈爾分道揚鑣，轉而繼承了愛爾本⑮的傳統。

愛爾本的詩在這個時期給我們的感動不大，可是阿波里奈爾卻深為我們所熱愛。我和奈茲瓦爾⑯，不過主要是和泰格，正在創立詩歌主義流派，提倡詩歌寫恬適的生活和歡樂時光。

但是，並非我們最年輕的一代才如此，就連霍拉，這位戰後⑰詩壇主將，也從無產階級的和革命的詩歌轉向了心靈世界，寫出了兩三本動人的詩集。

於是，經過幾次熱烈的辯論之後，我們決定採取反沃爾克行動，提出了一個意義深長的戰鬥口號：沃爾克可以休矣！在此我不能不指出，奈茲瓦爾對這一行動並不熱衷，但最後他也沒有反對。由於當時我們手裏不掌握任何雜誌，我們便把這一決定通知了切爾尼克，他在布爾諾主持旋覆花社布爾諾分社的雜誌《地帶》。該雜誌立即於下一期用這個口號刊登了一篇不很長、也不很令人滿意的述評，從而掀起了軒然大波。過了一些日子在一份雜誌上，我想是《藝術和批評報》吧，出現了幾位作家發表的一份宣言。這幾位作家都不是旋覆花社的成

⑭ 阿波里奈爾（一八八〇—一九一八），法國詩人，他的詩打破傳統詩歌形式的句法結構，對法國現代詩的發展產生過深遠的影響。

⑮ 愛爾本（一八一一—一八七〇），捷克詩人。曾長期搜集整理捷克民間歌曲、歌謠、神話和傳說故事。代表作爲根據民間傳說以歌謠形式寫成的詩集《花束集》。由於他的現實主義的創作方法，優美而富於音樂性的語言，這部詩集成爲捷克詩歌的典範，在近代捷克詩歌史上產生了很大的影響。

⑯ 奈茲瓦爾（一九〇〇—一九五八），捷克詩人。思想極爲活躍，爲捷克現代詩歌流派詩歌主義的創建人之一。

⑰ 指第一次世界大戰之後。

員，其中有維倫・紮瓦達。就我記憶所及，沃爾克的支持者們後來將反擊的矛頭一股腦兒都指向了紮瓦達的背脊，並且把這一尖銳的口號的發明權也扣在了他的頭上。這與事實不符，提出這個口號的是我。那已是很久以前的事情了！

不言而喻，沃爾克崇拜後來當然仍在繼續。不過對於我們來說已經無關緊要了，因爲至少我們自己認爲已經打開了局面。被今天某些年輕人視爲傳奇的先鋒派一代很快就在各個領域取得了成就：在詩歌、造型藝術、音樂、建築。特別是在建築領域，在詩歌領域亦然。

倘若爲了寫藝術史需要給這一代人貼上一個標籤的話，那麼請相信我吧，他們——據我看——是泰格的一代。

此刻您若聽到一聲輕輕的歎息，請莫要理會。那是我在回首遙遠的美好歲月時發出的歎息。我們當時很幸福，卻渾然不知。

今天可是知道了。

馬哈的花束

從布熱弗諾夫的拉德龍卡到佩特馨山的薔薇園有一條古樸的幽徑。我常和住在附近的托曼到這條路上散步——當他患病的心臟還允許他做這種散步的時候。道路兩旁不規則地栽種著野薔薇，托曼很喜歡。五月底野薔薇開花，這裏的景色很美。他也喜歡遠眺煙霧瀰漫的斯米霍夫，直望到茲布拉斯拉夫和拉德維。視野到拉德維也就結束了。

有一年冬天，耶誕節前夕一場暴風雪夜襲布拉格。狂風刮了不多一會兒便停止了，鵝毛大雪下了幾個小時。人們睡得正熟，對此一無所知。淸晨開門卻見面前的積雪足有一米高。

我家門前有一棵枝繁葉茂的青果樹。不過，很少有人知道這個樹名，大家都管它叫橄欖樹。暮春時節樹上開出黃色的細小花朵，芬芳撲鼻，是我國春天最香的花朵之一。有一次我去拜訪亨內爾教授，他的工作室裏擺著一隻大花瓶，插了幾枝青果，正開著花。滿屋的濃香薰人欲醉，我不得不將所有的窗戶統統打開了一會兒。

青果樹的葉子直到冬季才枯落。因此樹葉茂密的枝椏上，往往堆著厚厚一層雪。那年冬天的暴風雪之後，兩根主枝中的一根被沉重的濕雪壓斷了，失去半邊樹冠的青果樹樣子挺悲慘。

那晚停在馬路上過夜的小汽車埋在雪裏，深及半個車窗。房頂上的積雪半凍成冰，沉甸甸地滑下來，扯斷了簷溝。於是只見一根根地簷溝破布條兒似的掛在屋上。

上午，我們剷除了門前的大部分積雪，至少人行道上可以行走了。陰沈沈的十二月的天空，寒冷、混濁的太陽鑽了出來。我在家待不住，決定出去做一次冬日的散步，我家離佩特馨山不遠。我穿上有點兒笨重的厚靴子——它那柔軟、溫暖的鞋肚也誘惑我穿著它出去走一走——踏上了雪地。這樣好的景色怎能輕易放過呢！我靜悄悄地走在從拉德龍卡到佩特馨山的道路上。沿途只見到一輛載重汽車短短地駛了一段，到體育場附近它便拐彎朝斯米霍夫方向開去了。因此從體育場起，橫在我面前的便是一片未經破壞的皚皚雪地。有一刻兒工夫我猶豫不前，不忍心踩壞它。可是急於觀賞布拉格雪景的願望催我前進。

我要用憐愛的目光像端詳心愛的女人那樣，從頭髮到腳踝細細端詳布拉格——從赫拉德強尼到隱沒在白茫茫霧靄中的日什科夫聖普羅科普塔尖。我有點兒野蠻地踩上了雪地。

我不由自主地頻頻回首。哪兒也不見人影，唯有我的法國手杖劃出了兩道深深的痕跡，給我的足印鑲了邊。果園裏除了我之外空無一人。那天不是假日。

已有很久沒有見到這樣的布拉格雪景了。屋上全部覆蓋著厚雪，而那些綠色圓頂卻被白雪映襯得鮮豔奪目，不同顏色的牆垣也在雪光中顯得格外風姿挺秀。

此時此景確實令人激動不已。有一次傍晚時分，也正是在這裏的什麼地方，我曾凝神諦聽所有的晚鐘在一起鳴響。我彷彿覺得那洪亮的和清脆的大小鐘聲彙成一片，似乎正要把城市的重荷從它漫漫歲月的溝壑中提升起來。

現在這個時刻令人無比激動。鐘聲也許又已響起。只是敲打古鐘的這顆心臟，今天卻是一團柔軟的棉花。景色是壯麗的，令人陶醉、心潮起伏。

我在雪地上步履艱難地緩緩而行，來到了馬哈紀念像前。這裏蓋滿了雪。我驚訝地凝目注視馬哈的花束，大家無疑都知道，詩人正望著這束花兒出神。今天，這是一束雪白的玫瑰，上面彷彿還罩著一方白紗巾。

一場化爲泡影的婚禮上的一束假花。是的，馬哈捧著上聖什捷潘教堂去送給新娘洛麗的，恐怕就應是這樣一束花。可是，在預定舉行婚禮的那一天，詩人的遺體卻送進了利托姆涅日采墓園。

梅塞貝克❶爲這座紀念像塑造的詩人形象，曾多次遭到否定和非議。

然而，馬克斯・布羅德❷有一次說過，伏爾塔瓦河水流淌聲是G大調。因爲斯美塔那要的是這個調❸。那麼，我們爲何不能接受佩特馨山這座紀念像上詩人的可愛面容呢？梅塞貝克要的是這個樣。

心裏揣著愛情的人走進布拉格這座無與倫比的果園會看到年輕、漂亮的詩人在離園門不遠的地方歡迎他。佩特馨山是屬於馬哈和情侶們的。從來就是這樣！

到了四、五月份，當春之神把五色繽紛的繁花掃集成堆，微風將素馨花的芳香一直送到民族大街昔日的烏爾舒拉女修道院時，情侶們便只等著黃昏用黑暗和繁星編織的古老帷幕遮上天空了。他們在這兒找一條長椅，依偎著坐下來。有誰會來干擾他們這幸福的、兩情相對的時刻呢！

長椅的擺放不是一個格式。有的放在陡峭的路面上，坐著相當不舒服。一切幾乎全以避開過路行人的好奇目光爲準。據說在這裏有夜鶯爲親吻的情侶們歌唱。聶魯達這麼寫過的，我卻從未聽見。

佩特馨山的長椅啊！我應當感激地撫摩它們。我經常坐在這些長椅上，彷彿躲身在玫瑰

❶ 梅塞貝克（一八四八—一九二二），捷克雕塑家。以精緻寫實的手法塑造了許多民間敘事中的波希米亞英雄人物形象和現代文化活動家的肖像。

❷ 布羅德（一八八四—一九六八），奧地利小說家和短論作家。因與作家卡夫卡爲友並在卡夫卡死後編輯出版其主要作品而聞名。著有捷克作曲家列．雅那切克評傳等。

❸ 斯美塔那著名交響詩套曲《我的祖國》中，有一首爲〈伏爾塔瓦河〉。

叢中，誰也瞧不見我的幸福。我曾坐在長椅上低吟自己最早的詩句。

今天，一切都完全不同了。談情說愛早已不那麼靦腆、羞怯。不那麼躊躇，那麼有耐性。對此已經需要容忍。我不願意有誰說我為過去的時代唱讚歌，可是，我不得不說在我們那個時代，愛情畢竟是一件比現在更加美好的美好事物。

然而，我無法說一定是這樣，也不想以生命打賭。

今天，這裏是靜悄悄的，闃無一人。連小鳥也不出聲兒。情侶不見蹤影。啊，終究還是有的。一小塊雪突然落到我的腳邊，接著樹上傳來幾聲輕輕的、膽怯的啁啾。情侶我也遇見了。兩人緊靠在一起，默默地走著，蜷縮在呵氣的面紗裏。不多一會兒，兩人便消失在白色的無邊寧靜中了。

在小城廣場一家霧氣騰騰的咖啡館，我又看到他們了。在這裏，咖啡的香味混和著煙草味和濕大氅的臭氣。肯定就是他們倆，佩特馨山上的那一對兒。我一眼便認出來了。兩人凍得發僵，對著手指呵氣，手指凍木了。

是啊，難道能戴著手套擁抱？

一筐禮品

爲慶祝帕利維茨九十壽辰，博胡米爾·諾瓦克已著手準備一本紀念冊，以便我們題上賀詞向這位尙健在的年紀最大的捷克詩人祝壽致意，卻不料噩耗突然傳來，他不幸去世了。

一九七五年一月三十日，星期四，中午剛過，約瑟夫·帕利維茨走出普希科比的薩瓦林餐館，穿越去兒童宮方向的電車軌道。他沒有好好聽一聽，顯然心裏還在思索著什麼事情，也沒有注意正轟響著駛來的電車，卻一腳踩進了它的軌道。電車將他猛撞到人行道上。一輛剛巧路過的急救車雖然馬上載他進了醫院，可是他沒有從昏迷中淸醒過來，下午，大約三小時以後，他與世長辭了。

在此我若是不引用一篇悼文中的幾句話，我會感到內疚的。這篇悼文不長，但寫得非常感人。它出自帕利維茨的朋友約瑟夫·赫杜克之手，發表在《人民民主》報上：

「這位領主府邸馬車夫的兒子稟賦著一種貴族氣質，這是說他品德高尙。與此緊密結合的是他對普通人的熱情，對每一個遭遇不幸前來求助者的理解，對一切生活在痛苦中奄奄待斃者的同情。」

是的，四十年來我們瞭解的約瑟夫・帕利維茨正是這樣一個人。

那已是許多許多年以前的事情。耶誕節快到了，我們在布本采的住所門前出現了兩個男人，送來一隻巨大的禮品筐。這只筐子大得委實驚人，內容也極爲豐富，需要兩個人才能抬得動。他們將筐子放在前廳，拿出收條要我簽字。問他們禮品筐是誰敎送來的，兩人卻說一無所知。我們深信這是弄錯了地址，筐裏沒有名片。誰會送我們這樣一大筐東西呢！我們碰也沒有碰，只是懷著羞怯、惶恐的心情看了看它那聚寶盆似的內容。最上面，挨著筐把兒是一條高聳著的金黃色的火腿，一端裹在銀色的、印有小松枝的錫紙裏。火腿旁邊豎著幾個細頸酒瓶，是萊茵河和法國產品，其中有兩瓶是香檳。一小桶魚子醬托著圓滾滾的一塊博洛尼亞香腸，靠在銀色的洋鐵罐上，罐裏裝的是法國肉雞凍——這類食品在我國是根本不生產的。沿筐編碼放著各式乾酪，最上面是一大坨瑞士乾酪，包在透明紙裏，亮晶晶的眼睛富有刺激性地瞪著我們。一次，有人請我品嘗了一杯英國酒，它的味道我很久難以忘卻。而這裏的英國酒卻足有一公斤。還有那一排的瑞士巧克力猶如手裏撚開的紙牌。餘下的空隙塡滿了沙丁魚、鮮桔子和底洛爾蘋果。在這琳琅滿目、形形式式、芬芳可口的一大堆東西裏面，還插著一根老長的匈牙利熏腸，活像一把銀色的寶劍，身上綴著小花飾和隱約可辨的戳記。不過，我這裏列舉的肯定尚有許多遺漏。那是很久以前的事情了。對於一個儉樸的家庭來說，這不啻是一份王室厚禮。

我把這件事告訴了哈拉斯，他叫我安心，說地址沒有弄錯，禮物肯定是不久前剛從巴黎回來的約瑟夫·帕利維茨送的。此人有一個奇怪的，但很可貴的特點：喜歡送禮。顯而易見他有這個條件，而且送禮也許使他心裏高興。他曾將捷克詩歌譯成法文，其中有你的詩，這是他做爲稿酬送你的禮。

經他這麼一說，我們才把禮筐解開。在幾瓶葡萄酒中，我還發現了一瓶蒙特巴西拉卡城堡牌白葡萄酒。我嘗了一口，心裏說這可是所有葡萄美酒中首屈一指的了。其實，我並無權利這樣妄自論斷。應該說這是我有生以來品嘗過的最最香醇的葡萄酒。

請相信我吧，那瓶酒味道極佳！

沒過多久我在哈拉斯家裏就認識了帕利維茨。可憐的布尼卡·哈拉索娃，高朋滿座只會給她帶來操勞和麻煩。可是她溫柔可愛，很有魅力。哈拉斯經常囑咐她：請你務必討人喜歡，別作聲！不，她對客人從未有過出言不遜的情況。

帕利維茨個子比較高，儀表堂堂。戴上外交官的大禮帽，披著短披肩一定很有風度。他衣著講究，「裏裏外外都被法國文化的光輝照透了」。他比我們幾乎年長十歲。年輕時當過雅羅斯拉夫·伏爾赫利茨基的秘書，對詩歌造詣之深實不多見。

他有兩大愛好：祖國語言和詩歌。我們同他結交時，他正在翻譯瓦萊裏❶的詩。熟悉哈德譯本的沙爾達曾經說過，說帕利維茨的譯本極其精湛，無論從哪方面看都堪與原作媲美。奈茲瓦爾對帕利維茨的評價也很高，說他譯瓦萊裏的詩，其捷克文字之優美如同他譯捷克詩成法文之優美一樣。

我們同他相識之初，他從不談自己的詩歌創作。然而，他對詩歌的奧秘如此熟諳，在這方面如此精通、理解深刻，最終也少不得要自己動手寫詩了。我不清楚他是在我們勸說他之前便已寫了一些詩呢，還是在我們敦促之下才開始動筆的，反正有一天他拿來了幾首詩稿給我們看。這些詩後來都收進詩集《圖章戒指》中了。如果我不曾記錯的話，其中包括妙趣橫生的組詩《群星》。我們讀過之後被深深迷住了。他的詩在某些方面同哈拉斯的非常接近，遣詞造句千錘百鍊，銳意出新。語言初看之下令人驚愕，用字怪異卻又美妙動人。同他談論詩歌獲益匪淺。

六〇年代末，青年陣線出版社要出版他的一本詩集，約我寫幾句話作爲序言。

我反覆思考著帕利維茨的詩，拿起筆來便不由自主地想到了雅羅斯拉夫・希貝爾特❷兩

---

❶ 瓦萊裏（一八七一——一九四五），法國詩人。

❷ 希貝爾特（一八七一——一九三六），捷克劇作家。

句詩。那是他題在自己的作品上獻給伏爾赫利茨基的一首詩中的兩句：

我們詩人彼此知心，
我寫此書非爲他人。

我並無妄自尊大之意，但這最後兩行詩句在完全不同的情況下也可以移用到帕利維茨的詩集上。對我來說生活中沒有比詩人的孤芳自賞更爲陌生的了。就以希貝爾特爲例，他在看到自己的劇本上演時劇場爆滿也必然會躊躇滿志的吧。不過，帕利維茨的情況卻有所不同。每個詩人都尋找自己的讀者，這是不言而喻的事情，無須強調。一個人的詩只有在讀者感到興趣時——不管這興趣是親切的還是敵對的——才有意義，才生存。帕利維茨的詩當然不會要求成千上萬冊的印數。他的詩是珍品，如果我們能這樣形容的話，其含義是性質高貴。

詩人們，至少就大多數來說，畢竟有更深的透視力以識別和評價這樣的詩作。總之，誠如俗話所說，自己的牌看得更清楚。帕利維茨寫詩手法巧妙，令人眼花繚亂。儘管如此！人們終究看出了他深厚的詩歌功底，它同匠人的才能和技巧鮮有共同之處。

我重新捧讀他的詩，卻驚訝地發現這些撲朔迷離、凝練優美地詩句，卻原來是嫁接在樸素民歌的野薔薇枝幹上的，因此是從這片國土上生長出來的。正因爲如此，它們才那樣扣人心弦，那樣清新和富有捷克味！

帕利維茨從事詩歌創作，他在起步之初便已掌握了人類語詞的生存和運動的規律，熟諳它們引起聯想的魅力，它們的旋律和閃光。

我不由得想到還在不久以前他怎樣目中閃爍著喜悅的光芒來到這裏。他很得意！他又增譯了一首瓦萊裏的詩，其中有一句曾使他傷透腦筋。最後才終於找到了兩個字眼，它們既達意，又音調抑揚、柔和，不僅從意義上看，而且從聲音上聽也很傳神。瓦萊裏那句寫的是裸體女性，詩人的譯文為：

皺痕的誘惑力。

天衣無縫。從捷克文字來說多麼優美！而且情趣盎然！

帕利維茨不同意尋覓詞語和杜撰詞序的論點。他認為詞語是活生生的，它們自己會跑來，攜帶著自身的美和自身的節奏。的確，同他談論詩歌和詩歌語言，我們無不深受啓迪。他懂得很多，比他在本人創作中表現出來的更多。

再有一年他將是九十高齡了。我國詩人中誰曾活到這個年齡呢?! 又有誰將會活到呢？我不禁聯想到對我國詩歌發展產生過那樣深刻影響、卻不幸那樣年輕便棄世而去的另一位詩人。然而數字並不說明多少問題，或者幾乎什麼也說明不了。但是，在帕利維茨和《五月》作者的詩歌之間，卻有著更為密切的聯繫。這種聯繫肉眼當然是看不見的。彷彿在地下，從

馬哈的《五月》的花根上，長出了纖細的根鬚同帕利維茨的詩歌連結在一起。這些根鬚是堅韌的，合乎發展規律的

前一位詩人將詩歌語言向前推進了幾十年，後一位則從一百餘年前的詩歌語言中擷取其古代美。

帕利維茨在後半生對幾位年紀比他輕得多的詩人頗為依戀。他喜歡霍拉，讚賞霍朗❸，但從為人和詩歌創作上說，他同弗朗基謝克・哈拉斯最為接近。哈拉斯的住所又同他家近在咫尺，因此兩人經常在一起。

帕利維茨被蓋世太保逮捕後，蓋世太保在審訊中曾將哈拉斯的反希特勒的詩擺在他面前，要他確證作者是哈拉斯。帕利維茨一口咬定這些詩不是哈拉斯寫的。蓋世太保問他那麼作者是誰，他說是他自己。這樣便保護了哈拉斯免遭厄運。蓋世太保又對他說，這些詩可是寫得很不成功哪。他微笑著回答道，唯獨這一點使他心裏感到十分懊惱。是他的無畏精神和忠誠的友情拯救了在當時已病魔纏身的朋友。

❸ 霍朗（一九〇五－一九八〇），捷克詩人。其詩帶有唯美論的特點，思考生死、存在、愛情、時間、道德等重大問題。

哈拉斯的著名長詩「老媼們」問世以後，沙爾達曾評論說，該詩可稱得是「帕格尼尼[4]絕技的登峰造極之一例，是在一根琴弦上演奏出來的……超越了一般意義的人性和人的悲劇性」。圍繞這首詩，帕利維茨娓娓動聽地講了他在日內瓦時期同年輕女人有關的一次不尋常的經歷。

一九一八年變革以後，帕利維茨被任命爲捷克斯洛伐克通訊社駐日內瓦國際聯盟的分社社長。年輕共和國接替了昔日奧地利在日內瓦的一處面積極大的房產。除卻其他用途之外，其中一部分便分給了通訊社作爲辦公室和帕利維茨的寬敞的官邸。

戰後初期，那是笑咪咪的繁榮年代。經歷了第一次世界大戰四年艱苦的歲月之後，世界正快活地、無憂無慮地陶醉在和平生活中。

事情的經過很像一次友好的突然襲擊：一天，西方某強國公使館的一名職員前來拜訪帕利維茨，不拘禮儀地向他提出要在某天下午借他的官邸一用。此人是帕利維茨的老相識，提出這一要求又不是以他個人的名義出面，因而很難拒絕。

幾天以後只見小汽車一輛接一輛駛來了。出乎帕利維茨的意料之外，汽車裏跳下來的竟

---

[4] 帕格尼尼（一七八二—一八四〇），義大利作曲家。十九世紀主要小提琴演奏大師。爲了炫耀技巧，他曾弄斷小提琴上的一兩根琴弦，然後在剩下的琴弦上繼續演奏。

一個個都是俏麗的姑娘，全是那位職員事先從藍色湖畔的這座漂亮城市——人們從巧克力的包裝紙上對它是那樣的熟悉——的各個夜總會和娛樂場所仔細挑選來的。小姐們欣然在帕利維茨的寬敞官邸含笑坐下了。那位老兄然後沒費多少口舌便說服了她們暫時換上帕利維茨的睡衣褲。帕利維茨恰好有不計其數的睡衣褲。女孩子們穿上根本不合身的男人睡衣褲肯定有點兒怪模怪樣，幸而時間不長。過了不多一會兒，各外交使團的紳士們便坐著小汽車魚貫而至——他們正出席國際聯盟召開的一次會議。頭幾瓶香檳酒打開之後，事情便已一清二楚。

原來這是美女比賽！紳士們決定不慌不忙、鄭重其事、一絲不苟地評選皇后和公主。評判的依據不僅是容顏是否魅人，還要看胸、手、腿以及身材長得怎麼樣。誠如這位詩人說的，評價「年輕女人的一切」，尤其是少女身體的某些部位。

這件事沒有給帕利維茨帶來多少愉快。外交部長，他的頂頭上司雖然有種種政治考慮，但對此舉肯定不以為然。日內瓦是一座喀爾文派❺的城市，居民恪守新教教義，思想保守。正因為這樣，帕利維茨的那些尊貴客人也許不願自己承擔風險。好吧，中歐一個新成立的小國，在世界上還不那麼有名，也就多少不那麼惹人注意。幸而一切進行順利，沒出什麼岔子，活動的組織人用大禮帽為小姐們募集了數目驚人的一大堆鈔票。小姐們名利雙收，感到滿意，

---

❺ 基督教新教主要宗派之一，十六世紀歐洲宗教改革運動初期產生於瑞士。

沒說什麼便離去了。

哈拉斯專注地聽完了這則故事，隨後坐下來欣然寫了「老嫗們」地姐妹篇。哈拉斯去世後，這首「少女們」雖然沒有收進他的詩選，但在報刊上發表過，甚至還多次轉載——在布拉格和哈拉斯常去的拉德霍什季山麓的弗倫什塔特。

啊，泡沫兒蘇蘇作響的夜晚，啊，蘇蘇作響的白天，
空氣裏滿是嬌小的姑娘，
脫去華衫，
在我們願望的圓柱間，
翩然起舞。

這首詩他後來工工整整抄錄下來，由弗朗基謝克·比德洛配了幾幅彩色插圖，還加了一些非現實主義，但頗爲風趣並給人以眞實感的線條……他倆將這首詩獻給了帕利維茨，一位不知疲倦的、熱忱的收藏家，收集書籍、手稿、素描、各種報刊的合訂本和書信。

他五十壽辰那天高興地收到了這件詩畫作品。

第二次世界大戰以前，生活在我國和我們中間是輕鬆愉快的。那都是由於年輕的緣故。我們很喜歡回想那段時光。遺憾的是，今天回首當年卻傳來了急救車焦急的信號聲，它載著

重傷的詩人疾駛而去。他曾同我們度過了許許多多這樣的時刻，如今卻如此悲傷地猝然結束了他那漫長、卓越、豐富的一生。

充滿歌聲的歲月

我相信，不過更爲坦率地說是我認爲，通常叫作詩的東西，是一個莫大的秘密。每個詩人都只是或多或少地解開了一點兒，然後放下筆，或者啪的一聲蓋上打字機冥思苦想，傍晚時分死去了。譬如說，像奈茲瓦爾。

那年我十一歲，母親參加了雅羅斯拉夫・伏爾赫利茨基❶的葬禮突然回來了。她臉上神情激動，衣服撕了個大口子。原來在維謝赫拉德墓園她幸運地擠進了大門附近的大教堂，後來又一步步擠到偉人祠❷的臺階上，以便看一看靈柩和聽到悼詞。可是比她晚來的人群馬上把墓地的大小甬道擠得水泄不通，而且把她撞倒在地。母親一頭栽在詩人瓦茨拉夫・博列米

---

❶ 伏爾赫利茨基（一八五三—一九一二），捷克詩人，劇作家，翻譯家。作品卷帙浩繁，僅詩集便有八十餘本，在充實捷克文學，傳播進步思想方面做出巨大貢獻。

❷ 布拉格維謝赫拉德墓園中傑出人物的納骨室。

爾・奈彼斯基的墳墓旁邊。

多麼不幸，那地方後來竟然就是維傑斯拉夫・奈茲瓦爾的墓地！

那天的葬禮在我心目中也是一件驚天動地、非同尋常的大事。我在家裏等候母親歸來，好不容易才等來了。雅羅斯拉夫・伏爾赫利茨基這個名字於是便縈迴在我的腦際不肯離去。在母親的激動以及她的這次經歷中蘊含著一種深沉的美。

伏爾赫利茨基！這確實同我常常聆聽的鄰里婦女在陽臺上一邊洗衣服一邊輪番歌唱的曲子不是一回事。

這個時期曾經有人問我將來想當什麼。我回答說當詩人。這話被我母親無意間聽到了，她不禁憂心忡忡地籲了一口氣，說了聲：「天哪！」

親友們紛紛熱心地開導我：「孩子，那可是什麼出息也沒有的呀。這年頭誰也不讀詩啦。考慮考慮實際些的吧。」可是我什麼實際的也不願意考慮。

我從這些歲月，從我的童年和少年時代帶到生命中來的是什麼呢？這些歲月是在陽臺上、其後在灑水車銀色水花飛不到的街角裏度過的。

無非是憂鬱和渴望僻靜而已，但也有同大夥兒在一起的歡樂，追求知識，想入非非，還有一定程度的輕率。一個人遇到逆境時，一定程度的輕率對他有好處。此外便是爺爺留下的一根破笛子。這位爺爺我一生只見過一次。我用柔軟的麵包瓤兒糊在笛子的裂縫上。是的，那年頭笛子是木製的。

「好吧，這支笛子給你了。」媽媽笑著說：「沒準兒是一支魔笛哩！」它不是魔笛。我沒有學會吹笛子，也沒有上勁學。

關於這位爺爺，家裏談論的也不多。「你爺爺是個快活的人，心眼兒好。有時好得過分了。」媽媽曾經說。

我剛上小學，人家便問我將來想當什麼。「當詩人。」我毅然回答。有人聽了放聲大笑。在學校，我們學了凱撒❸的著述，後來又讀了維吉爾❹。但距離歌唱的年代還很遙遠。

然而，必須承認，在克列門廷努❺的觀象臺，這幾年的歲月卻溜走得很快。

直到突然一下子！我彷彿覺得時間站住了。我周圍忽然充滿了音樂，充滿了歌聲，充滿了歡樂，令人陶醉，美妙無比。我很喜歡回想這個時期。

如果說弗朗基謝克・哈拉斯❻寫詩是揪住他的詩句不放，連捶帶打，彷彿要擰斷它的脖

---

❸ 凱撒（約前一〇〇—前四四），古羅馬政治家。著有《高盧戰記》，《內戰記》等，文體簡潔，有拉丁文典範之稱。

❹ 維吉爾（前七〇—前一三）古羅馬最偉大的詩人。他的詩成爲後來學習拉丁文的必讀課本。

❺ 布拉格古修道院，一七二二年改爲觀象臺，現爲國家圖書館。

❻ 哈拉斯（一九〇一—一九四九），捷克詩人。三、四〇年代捷克詩壇傑出代表之一，對捷克現代詩歌發展產生過很大影響。

子，非要它交出更多的東西不可，不容它像初見或初聽到的時候那樣有所隱藏，我寫詩卻與他截然不同。我的詩句猶如從敞開的窗戶被輕風吹進來的，我小心翼翼地把它們捧在手掌裏，生怕碰掉了它們完整無損地春天的花粉。

千眞萬確，那是極爲美好的時光！

也許你們想知道那時候我們中間誰是最出色的詩人吧，我無妨直截了當地告訴你們：是弗拉基米爾·霍朗，黑天使。

此外還要補充一句：假如弗拉基米爾·霍朗是一位身穿白軍服的海軍軍官，站在艦隻的甲板上開往斯普利特❼的話，海邊散步的漂亮婦女準會拿著望遠鏡老遠地眺望他。

然而，哈拉斯才華初現，剛寫出一些眞正稱得是震動我國文壇的詩作時，最大的世界戰爭便爆發了。詩人們除了沈默之外別無他法。

時間絕對不是個軟心腸。那幾年的歲月過得很慢。每逢生活艱辛，時間便磨磨蹭蹭起來，爲的是讓我們一點一滴嘗盡所有的恐怖。只許緩慢地忘記，更緩慢地癒合創傷，而傷痕則永遠無法磨滅了。

戰爭後半期，我的一本薄薄的詩集出版了，我給它取名《石橋》。

---

❼南斯拉夫港口城市。

哈拉斯讀了這本詩集之後，皺著眉頭對我說：「詩寫得不錯，我挺喜歡。不過，我認為今天的詩不該寫得這樣甜，富有麻醉性。今天的詩應該像秋風那樣悲號，像掙脫了鎖鏈的狗那樣狂吠，像猛獸的叫聲那樣淒厲。」他說得也許有理。

可是我做不到！

我喜歡莫札特，我願意相信笛聲可以吹開智慧殿堂的大門。

也許用我那根破笛子能行吧！

智慧的殿堂當時在我國不僅門扉緊閉，而且建立在廢墟上，無論你往那裏瞧，滿眼都是帶著夜鬼標記❽的旗子，在這種情況下還談得上什麼樂曲呢？

可是，那樣的時候終於又來到了，我們無憂無慮，歲月自己在計算度過的日子，因為我們不再數著日子生活了。我們很幸福。

戰後不很久，病魔纏身的哈拉斯便臥床不起，生命危在旦夕。當他還躺在醫院的時候，奇怪的流言蜚語已在傳播，說什麼他不想抗拒死神，他願意死。實際情況並非如此，這我很清楚。他不願意死。他像蜜蜂緊抱著跌落水中的花朵一樣，緊抱著生命不放。他有自己的痛苦，但那也是寧可將死神拒之於門外的。恰恰相反，人一旦衰老便會調動全部有生力量以使

---

❽ 指德國納粹黨的卐字黨徽。

身體從疲憊中、靈魂從昏昏欲睡中振奮起來。然而哈拉斯並不老。他只是疲憊了。在進醫院之前他曾對我說，他想做一件新衣服，還囑咐妻子把他的多大氅送去清洗。我深信哈拉斯沒有想到死。我們大家都感到悲哀。別了！

哈拉斯去世後沒過幾年，他的那位充滿青春魅力的嫺靜妻子也離開了人間。人們都不願意相信這是事實！今天他倆手拉著手兒並排躺在一起。

春天，當我在頂樓張掛國旗時，我把屋瓦下面樑木上的一隻落滿塵土的帽盒扔到了地上。盒子裝得滿滿的！我不由自主地打開了它，盒蓋上的小皮帶鬆脫了。天啊，這裏面都裝了些什麼啊！繡金花的條帶，失去了光澤，有寬的也有窄的，各式各樣的假花，一隻粉紅色假面具，還綴著小花邊。這些陳舊的，不值分文的東西卻使我有好幾個小時沉迷在幸福的回憶中，直至心兒一陣陣顫慄。這裏還有舞會程式單，折斷了的鴕鳥羽毛，一束書信，一包用金線捆紮著的照片，幾隻形狀奇特的小玻璃瓶，瓶中的香味至今尙未散盡。

在盒底我終於找出了那支吹不響的破笛子。它是那樣的又舊又乾巴，拿在手上恐怕不比幾根小鳥的羽毛重多少。也就是十二根小羽毛的份量吧！

盒底，一串散開了的紅玻璃珠子像受了驚嚇似的骨碌碌地四處滾動。穿珠子的繩索顯然斷了。珠子中間躺著一張發黃的小照片。我連忙伸手取出來。那是弗朗基謝克·哈拉斯的照片，當時他六歲，剛開始上小學。

神奇的鉛筆

有一天，我和維傑斯拉夫・奈茲瓦爾來到畫家盧德維克・庫巴❶的畫室。當時一本介紹這位畫家的大型紀念冊正在著手籌備，奈茲瓦爾將寫導言中的一篇，我答應寫詩。盧德維克・庫巴那時已是一位年邁的老先生，可是他依舊那樣驚人地生氣勃勃，精神矍鑠。別忘了補充一句：而且很可愛。同他聊天是一種愉快。他機智詼諧，妙趣橫生。在他的畫室，令人驚喜的事兒接二連三。首先當然是他的新作，充滿了奪目的色彩和畫家那種不可戰勝的、永不衰竭的活力。他年事越高，作品也越發出色！看不到一點兒「髒內衣」的痕跡——當年人們把那些乾巴巴的平庸畫家的平庸的乾巴巴的作品叫做「髒內衣」。庫巴的繪畫卻是進攻性的，他們熱辣辣地猛撲到每一個人的身上。表現手法雖然不現代化，但是才華使他的作品勝利地經

❶ 庫巴（一八六三——一九五六），捷克畫家、作家。

受住了時代的考驗。他的畫色彩之鮮豔堪與印象派畫家登峰造極之作媲美，畫藝精湛，因而吸引力強，給人留下的印象深刻。庫巴同時也是一位有眼光地收藏家。畫室裏有他收藏的藝術珍品，主要是中國古代雕刻的一些複製品。窗戶旁邊的角落裏立著個一人高的維納斯半身像。當奈茲瓦爾駐足在這尊塑像面前時，畫家庫巴拉了一下他的衣袖，湊到他的耳邊高聲耳語道：

「您可別告訴人家，您瞧見啦，我是把維納斯騙到角落裏來的頭一個世俗凡人。」

最後，我們圍著一張靠牆擺放的桌子坐下了，牆上掛著一幅盧德維克・庫巴新完成的自畫像。我和奈茲瓦爾望著這幅畫，兩人都看出了神，後來我們的目光落到了畫家的微笑上。

「你們既然這樣細看我這張新畫的像，我得給你們說說不久前發生在這幅畫像下面的小事。我妻子的朋友，一位小姐，來看望我們。順便說說，這位小姐長得相當漂亮。她盯著這張畫看了半晌，然後坦率地、但帶著不加掩飾的好奇問我道，究竟爲什麼我一遍又一遍老畫自己。她的意思很清楚，難道我就那麼漂亮、有趣！我推心置腹地告訴她說，我是對自己幸災樂禍才畫自己的。說過之後，我馬上看出她不懂我這句話的意思，因此我就接下去說，我給她講實話吧。

「事情是這樣的，有時我約定的模特兒不能如期前來，而我既無時間，也無情緒上別處去另外物色一個。我在鏡子旁邊走過，看了它一眼，心裏說，嘿，這不就是模特兒嗎，而且多麼教人驚訝，恰恰就是我此刻需要的那個模特兒。我把鏡子放在梯凳前面，打開畫箱，請他面帶笑容。他馬上照著做了，我覺得應該是什麼樣他就做什麼樣，一切惟命是從。我要他換了好幾個姿勢，直到我認爲合適了爲止。他很耐心，也很聽話。比如，我對他說：你把嘴裏那支煙斗先放下一會兒行不行……他馬上順從地把煙斗放在桌上，做出聽任吩咐的樣子。後來我又同他商量：臉上能不能別那麼露出一副傻相！他一點沒有惱火，立刻擺出一臉大智大慧的神氣，就跟那邊的菩薩一個樣。我心裏誇贊他，興致勃勃地畫了起來。只要我自己不說累，要他站多久他都能堅持。」

說著，畫家伸手在衣袋裏摸了一陣，掏出一支普普通通、完全不是繪畫用的鉛筆。出乎我們意料之外，他當場就在一張餐巾紙上畫了自己的小像。僅寥寥數筆就畫出來了，卻是既俏皮又傳神。是的，正是這麼張面孔，戴著一頂無簷帽，嘴裏叼個煙斗，臉上笑嘻嘻的。可惜畫家隨手就把餐巾紙揉成一團，扔進了紙簍。

「好。」他接著說：「我同那位漂亮小姐的談話還沒有完哩。我最後告訴她，畫自畫像很便宜，模特兒不要酬金，他是白給我效勞的。而且還不是在畫價低得可憐，等於白扔掉的時期。不過，它也有個不足之處，那就是畫臉不容易。可是這就看畫家的功夫啦。我往手心裏啐了口唾沫畫了起來。

「我這麼繪聲繪色地向這位小姐解釋了一通之後，還說了一件無足輕重的小事作爲補充。

「一位女鄰居來敲我家的門，要借一撮番紅花作牛肉湯的調料。剛巧我畫室的門半開著，她瞧見了放在梯凳上的一張靜物畫，畫的是一盤甜麵包。這位太太驚訝地轉身對我妻子說：『庫博娃太太，您家烤箱烤出來的東西好漂亮啊！』『嗨，哪有的事。』妻子回答說：『那是我的那只烤箱畫得漂亮！』」

那一年，春色滿園的五月還沒有過去一半，編輯部落滿塵土的電話響起了鈴聲。陽光正照射在我的辦公桌上，飛塵在陽光中抖動。電話是廣播電臺打來的，文學編輯室通知我，說他們安排了半個小時的節目，播送我的詠春詩。朗誦將由埃杜阿爾德・科胡特和弗拉斯塔・法比阿諾娃擔任，要求我爲這個節目寫幾句話，談談自己，自畫像似的寥寥數語就行了，時間不超過五分鐘，或者再少那麼一分鐘。埃杜阿爾德・科胡特是我的朋友，弗拉斯塔・法比阿諾娃是一位很有魅力的美人兒。兩個名字都使我感到愉快，我於是沒有三思便滿口答應了。

當然，我不該這樣做，應當事先好好思考一下。每次談自己我總感到是件不怎麼愉快的事情。腦海裏出現的每一句，甚至每一個字眼都要麼乾巴巴，要麼言不由衷。不是有失眞實，便是嘩眾取寵。我如何評價自己，這同聽眾有何相干呢。一個作家怎麼樣，批評家和讀者不是自會作出判斷的麼。我想請電臺免了這個講話，可是來不及了，節目已經印出來了。

這時我想到了畫家庫巴和他那支神奇的鉛筆，他的想像才賦和素描功力。他怎麼只需寥寥數筆，人人便都認出來畫的是他呢。我從不曾爲自己的面貌這樣傷過腦筋。我在房間裏踱來踱去，一支接一支地抽煙。可是想不出一句聰明的，恰到好處的用語。我不時斜睨一下鏡子，對自己皺眉頭。手一提起筆就不勝其重似地垂了下來。我什麼也寫不出，一句也寫不出。

廣播當然我最後還是去了。不過，我在講話中竭力迴避一切可能使人聯想到我本人形象的詞句。我相信這麼做是出於謙虛。然而不如說，是我的頭腦裏缺乏一支畫家庫巴揣在背心口袋裏的神奇的鉛筆。

半年以後，一個陰沈沈的下雪天的清晨，我走回家去。那晚上我同朋友們盡情談論詩歌和詩人問題，不知不覺一宿就過去了，這會兒我已疲憊不堪。我鞋上的雪結成了冰，上樓時我滑了一跤，臉撞在裝飾欄杆上，被鍍金的鐵花劃了一道口子。妻子抱著孩子來開門。我可憐巴巴地站在門邊，帽子捧在下巴頦底下，一縷鮮血從臉上直往帽子裏滴。我不得不洗耳恭聽的那些話有什麼必要在這裏重複呢？妻子當然有理。可是那天母親剛好在我家，她等了我一夜。慈母的心忍不住了：

「瑪任卡，您的清規戒律太多啦！」

對於這慈母的心聲——儘管動人，但也多少有點兒難以理解——這裏就不多說了。我躺下以後，母親過來坐在我的床沿上。我只得原原本本告訴她，什麼都交代了，最後連朋友的名字也都抖落了出來。不過這很容易猜到，她認識哈拉斯。母親於是用一口純正的布拉格腔唱歌似的對我說：

「你呀，就靠酒和詩過日子。隨便哪個不費吹灰之力就可以把你給騙了。你就是這麼個人，一點兒也不錯！」

我豎起耳朵聽著。

啊哈，原來是這樣！咱們等著瞧吧！

在羅浮宮的祈禱

早在遠古時期，在阿爾塔木拉❶洞窟和法國許多馳名的洞穴裏，人們就曾在住所光光的石壁上點綴了美麗的圖畫。也許他們在四壁空空的地方住得不舒服吧。不僅是岩洞粗糙的石壁，從希臘富豪和貴族的氣勢雄偉的建築和精緻的住房，到中世紀達官貴人的豪宅，一直到盧瓦爾河❷的城堡裏，主人們總是遵照歐洲當時的風格和時尚，興致勃勃地在牆壁上懸掛起各種繪畫。就是在我們鄉村的農舍也都掛滿鏡框畫，至於在有產者的沙龍裏，如果不掛上些形形色色庸俗的繪畫夾雜著些大師的作品，那幾乎是不可思議的。

卡雷爾·泰格就不同了。他先是否定一切繪畫，後來從他那純粹主義的立場上略作讓步，

---

❶ 義大利東南部城市，建築物以門窗的雕刻藝術著稱。城郊六公里有一寬五百米，深七十五米的岩洞。

❷ 盧瓦爾河，法國最長河流。

認爲畫廊裏可以掛畫，家裏麼，有專題論文的複製品就行了。在他家裏，窗簾也在被擯棄之例。光光的牆壁只點綴著通風的管道。爲了強調管道的重要性，他把它塗上了顏色，竟然是紅色！我不得不說，這樣佈置的房間眞不如以前漂亮，那時牆上掛著茲爾劄維的炭筆畫和西瑪❸爲他畫的肖像。

看來，我應該換個角度來敍述。

第一次世界大戰到了第三個年頭，日子眞有些熬不下去了。麵包已不成其爲麵包，希望也不再是希望。那時的麵包，切成片就會掉一桌子苦澀的玉米渣子。希望呢？人們常說希望是上帝的恩賜。那麼這種恩賜還是如數奉還了吧！

我不知道希望變成了什麼。顯然只剩下了絕望。傷員們在漫長的轉運途中護理得很糟糕的傷口早已凍壞，乞丐們枉然伸著的手掌也已凍僵。其實，我們，在無情地緊閉著大門的商店門外排長隊的我們，全都是乞丐。一家人輪流著去排隊，排麵包，排麵粉，排肉，排香煙。三月還是天寒地凍的時節，人們蜷縮著排在小煤鋪門前，等待配給的份額。等待是徒勞的。等了許久才得知，煤鋪長期內將一直是空空如也。即使把小煤庫翻個底朝天，落下來的也只會是漆黑的黑暗。就連煤末兒也早已被掃得一乾二淨了。只有愉快的喜鵲會在這黑暗之中飛

❸ 西瑪（一八九一—一九七一），捷克畫家。

舞歌唱。我們家經常連熱一下隔晚留下的凍成了冰塊的湯都辦不到。

那時父親便果斷而迅速地作出了決定。他拿起斧頭，我和媽媽從閣樓上把一些舊畫搬下來。那都是爸爸經商時剩下的，他爲此吃盡了苦頭。當年爸爸在日什科夫區查理大街開了一間畫店。現在，蜘蛛從聖母佈滿灰塵的臉上飛奔逃竄，聖母的長袍早被小老鼠咬得洞痕累累。當我們抖落了多年的塵土之後，只見聖母瑪利亞那美麗的臉龐對我們憂鬱地微笑，靜物畫中的蘋果和切開的西瓜閃著紅光。天鵝抬著翅膀不知要游向何方而獵人正坐在樹樁上休息，被他的神槍技射殺的鹿正臥在不遠的地方，獵犬則吐著舌頭嗅那流血的傷口。然而對我們來說，這一切都是早已逝去的、絕非幸運的往事。

無情的斧頭劈向乾燥的油漆畫框，業已無用的繃畫布的夾子紛紛墜落。後來我同媽媽抬下鑲在沉重而破損畫框中的守護天使像。身材勻稱的漂亮天使張著強有力的翅膀正引領著一個手提一小籃草莓的小姑娘穿過一座橫跨萬丈深淵的小橋。隨著喀嚓喀嚓的聲響，深淵在咆哮，天使那潔白強壯的雙翅齊著肩膀掉了下來。公爵奧爾德瑞赫正鍾情地注視著站在小溪旁的豐滿而嫵媚的鮑仁娜，可是爸爸一下子就把公爵扯開了，再也求不成婚了。過了一會兒兩人在火爐中都化成灰燼。父親把站在月亮上被眾多小天使包圍著的年輕的瑪利亞扔進火爐時還沒有忘記很內行地告訴我們，這幅畫是牟利羅❹的名作。就這樣我們燒掉了他鍾情的〈聖母無原罪始胎〉。一起燒掉的還有更爲有名的拉斐爾❺的聖母像。兩張畫幾乎已被灰塵和屋頂的漏水毀掉。

父親輕輕揮舞著斧頭毫不留情地劈著，乾透了的畫框應聲斷裂。促使父親揮斧劈砍的不僅僅是燃料的極端匱乏，這其中還有一腔憤怒。在火中燒掉的其實也是一大堆奧地利金幣啊。我們家從來沒有像大戰最後兩年那樣艱難和饑腸轆轆。偏偏這時爸爸又丟掉了工作。區區幾個克郎的積蓄很快就無影無蹤了。

每個星期我們從週一就盼著禮拜天能有點肉吃。我們有位遠房親戚在霍萊肖維采屠宰場當屠宰工。時不時的帶些豬牛心肺來。他把內褲在兩隻腳腕處捆緊，揣滿心肺偷偷地帶出工廠大門。這，我們是聽說的。他買得很便宜然後高價售出。不過他是擔著風險的。我這才明白爲什麼媽媽拿到這些東西總是一遍又一遍地拼命沖洗。

廚房裏小爐子在燃燒，木柴劈啪作響，畫布發出嘶嘶的聲音。大家坐在這難得的溫暖的周圍。爐子很快燒得灼熱，也迅速又冷卻下來。在這種一家人可以談談家常的時刻，我們總是希望爸爸能說說自己，譬如講一下他小時候的事情。可是他從來不肯說。媽媽倒是喜歡講，但是她的經歷太平淡，沒有驚人的地方。父親沈默著。他這一生是一長串各種各樣的令

❹ 牟利羅（一六一八—一六八二），一七世紀西班牙最受歡迎的巴洛克宗教畫家。
❺ 拉斐爾（一四八三—一五二〇），義大利畫家。

人憂傷的失望。我所知道的事還是從別人那裏聽來的。

年輕時他在一家金屬傢俱廠學鉗工。但這門手藝不能滿足他苦苦追求的人生理想。他渴望成爲一名商人。不過後來的歲月表明，父親毫無從事這種職業的能力。就是有，也不多。他一度在聯合信貸儲蓄所當過職員。那儲蓄所座落在長街，這條繁華街道上至今還矗立著當年儲蓄所辦公的大樓，樓的正門飾有愛奧尼亞式的石柱。二十世紀初，聖瓦茨拉夫大錢莊破產後，許多小儲蓄所也隨之倒閉，其中就有那個聯合儲蓄所。父親投入的不多的股金全部丟光了，還背上不少債務，不得不逐年償還，使我們家也從而破產。

媽媽別哭，求求您啦！

在這種絕望的時刻，父親下決心要在日什科夫區開一家畫店。這個主意如果不說是唐吉珂德式的，也夠離奇。他又借了一筆錢，在查理大街挨著玻璃製品店的一座較新的住宅樓裏租了一套寬敞的住處，底層與二樓之間的兩間屋就作爲畫店。他不願意經營那種在廟會或胡斯大街呂伯爾店可以買到的兩角錢一張的彩色版畫。他認識一位畫家。此人能按顧客的要求又靈巧又快速地拿出作品。他認爲這一點正是父親最有效的廣告。他推銷現買現畫的油畫。畫家名叫巴爾納什，住在很遠的霍斯基瓦什區。

那時我常自言自語地念叨著：巴爾納什——巴爾納什，聽起來像是鼓錘敲擊小鼓似的，同時又使我聯想起耶穌受難時的暴徒巴拉巴。不過他是一位老實的好人，靠不老實的藝術老實地生活的人。

日什科夫區的一些顧客開始猶猶豫豫地偶爾光顧我們的小店。多數是些羞澀的剛訂婚的男女或是已經比較大方的新婚夫婦。他們從巴爾納什數量不多的存畫中按自己的計畫選購。父親有時拿出畫作的照片冊來供他們挑選。庫存逐漸增加了，選擇的餘地也增加了。賣得最多的是聖母像。普通而平庸的聖母像是直線派的作品，原畫作者的姓名我已記不起來了。時常有人求購超級名家的作品，例如拉斐爾的和牟利羅著名的有小天使們飛舞著伴隨聖母冉冉升空的聖母像。

那時候還時興在床上飾有帳頂。不過已經只是象徵性的。古老的密封式帳頂如今已只是掛在天花板上的一個黃銅圓頂。圓頂兩側各垂下一條打滿花褶的白布，白布當中的牆上懸掛一幅馬利亞像。她顯然負有保護夫妻恩愛的責任。

也有顧客來求購掛在餐廳的靜物畫。什麼松雞和山鶉，一旁放著獵槍和獵人的短大氅，還有銀盤中堆著葡萄，蘋果和切開的西瓜之類。由於定貨者的口味不同，畫面的組合可以有無窮的變化。畫家巴爾納什對各種要求都能熱情地給以滿足。也有顧客要求爲自己的沙龍選購些捷克著名畫家如任尼謝克或杜布拉瓦的歷史題材畫。這類訂貨畫家也能熟練地完成。因此我們日什科夫的家中也有了茨吉拉德和莎爾卡❻以及公爵奧爾德瑞赫和他的鮑仁娜❼。也有些愛國主義者要買布羅瑞克❽的〈胡斯在康斯坦茨宗教會議上〉的摹本。這幅畫當然要貴些。因爲畫上人物較多，巴爾納什要付出更多的勞動。據我的記憶，這一類的畫他也畫得很成功。

儘管畫家巴爾納什家裏麻煩事很多，他的工作還是可靠的，說話也算數。他總是按約定準時到達，戴一頂寬邊的畫家禮帽，脖子上繫著長長的黑色蝴蝶結，上面還沾著各色油彩。然後父親就忙著去訂做石膏上圖著金粉的鏡框。至少也要等畫稍爲乾一些吧，畫家帶來的畫總是濕的。他急需用錢，等不及了。

巴爾納什家住在霍斯基瓦什區，那個時候去該區要從電車終點站穿過田野小徑走上一大段路才能到達。畫家身材不高但很靈活。留著連鬢絡腮鬍子，就像他奉爲榜樣的布拉格美男子、繪畫大師任尼謝克的那種鬍子。畫家是單身，妻子去世時給他留下了七個孩子。他對孩子的扶養就是每人有口飯吃，其他方面已無能爲力了。家中有一間黑糊糊的小廚房，另一間是較寬敞明亮的房間。這間屋既是畫室又是臥室和餐廳，簡直什麼都是。他工作時七個孩子礙手礙腳，幸而這對他並無影響。孩子們拿色彩和畫筆當玩具，用破紙盒做成小車拉著滿屋子跑。這他也不在乎。調色板上的顏色不夠時，他就得滿處尋找，最後可能在某個小傢伙的

---

❻ 茨吉拉德和沙爾卡爲捷克傳說故事中的人物。

❼ 同上。

❽ 布羅瑞克（一八五一—一九〇一），捷克畫家。

手裏攥著。畫筆也是如此。面對這一切他都非常平靜。年輕時他對於藝術一定是非常認真的，但生活把他揉搓成這樣一種怪誕的形態。可能他確實有繪畫才能，不過爲了養活孩子他只能像現在這樣畫。

父親去世後，我曾在櫃櫥裏看到一幅捲著的他的畫像。這是畫家爲了感謝他的慷慨贈送給他的。爸爸從來不討價還價。我覺得畫像畫得很好，形象出奇地準確。是現實主義的藝術。是的，他確實會畫，不過是一種墮落的藝術。他對繪畫的記憶出奇地好。李士卡[9]的名畫〈耶穌在橄欖山〉他能憑記憶畫出來。這也是我們店裏受歡迎的畫。我們至少賣了二十幅。彩色畫和素描都很逼眞。當父親向他訂購他所擅長的風景畫時，他在自己的筆記本上只輕輕地劃了幾道線條。他筆記本裏的這些圖畫令我不勝欽佩。有時他還毫不知恥地畫柯羅[10]的風景畫，其實這些風景畫他只在德國的展覽目錄裏見過。聖母像大都是憑記憶畫出的。父親說畫得像活人一樣，可以對它進行祈禱。爸爸是個無神論者，這樣說是氣媽媽的。

巴爾納什畫的價格按內容而定。牟利羅的有一些小天使的〈聖母無原罪始胎〉要比奧爾德瑞赫和鮑仁娜伴有許多獵人和獵狗的要便宜些。最貴的當然是〈胡斯在康斯坦茨宗教會議

---

[9] 李士卡（一六五〇—一七一二），西里西亞畫家。

[10] 柯羅（一七九六—一八七五），法國十九世紀風景畫家。

上〉，非常費工，還有著名的愛國主義畫〈維特科夫山戰役〉由於有大量的胡斯軍和十字軍戰士而屬於價格最昂貴的畫。

我舉行結婚典禮的日什科夫區政府大廳就掛著李布舍爾這幅畫的原作。這使我很感快慰，不由得笑了起來。

我知道，對這種藝術您會嗤之以鼻。可是，請不要這樣吧。隨著歲月的推移，我已逐漸認識到，這種很墮落的藝術也有它的意義。即使沒有別的意義，就它能給人們帶來愉快這一點來說，也應該善意地對待它們。您也許會反對說，好的複製品也比這種假油畫強。是的，確實如此。可是，您說，誰來撫養這七個嗷嗷待哺的孩子呢。巴爾納什畫室的情景眞是既悲慘又怪誕，但它同時也證明，生命是無法扼殺的。

我時常隨著父親去霍斯基瓦什訂畫。巴爾納什大師總是索要很高的訂金。在這種談判中我察覺到，這位畫家很老練而父親卻不大會談生意。有時我覺得畫家對父親也有些同情，可又有什麼辦法呢。孩子們不停地叫餓，巴爾納什也常抱怨沒有錢買顏料和畫布。

大戰爆發前，我們家可抱怨的事情不多。日子過得較簡樸，爸爸靠自己的買賣維持著這簡樸的生活。巴爾納什不停地畫，油畫來不及晾乾。但是父親賣畫大多是逐月分期付款。有些顧客付了錢，有些則不很願意。提醒不起作用時，父親只好登門索取。這不是一種愉快的造訪。爸爸要賬時有些不知所措。債戶們馬上抓住這一點，就用許諾把父親打發走。因此不少錢就這樣留在了買主手裏。我常隨著父親出門辦事，有相當多並不美好的機會去看一看無產者的家庭。在那裏，貧困和匱乏取代了新婚的田園詩。情景有時令人震驚，床上掛雪白帳頂的地方只剩下了一面骯髒的牆，掛聖母像的地方只留下一塊比較明亮的長方形痕跡。畫像早已送進布拉格的當鋪了。在髒兮兮的被子上玩耍的是髒兮兮的生病的孩子。

戰爭到來這一切就迅速而不可挽回地結束了。男人們被召到戰壕裏去，婦女和孩子逐漸開始忍饑挨餓。國家對軍屬的補助數量很小不敷開支。這時，手裏攥著麵包票，麵粉票，肉票的人，誰還會去買那畫著滿桌美食的靜物畫。只有淚眼汪汪的寡婦偶爾來要求給丈夫畫個像，可是她能提供的只是當年結婚時的舊照片。這種活兒巴爾納什也能接，他畫出一張比照片年長十歲的像，使寡婦很滿意。

給父親的生意致命打擊的是集市上一個暴發戶老頭。他要訂購一幅三乘二米的大畫。因爲他做了一個又熱鬧又活靈活現的夢。他夢見了聖三位一體，夢見了皇帝老爺和皇后阿爾日別塔，夢見了自己去世的妻子。他與這些人相會在恰斯拉夫市附近他老家的村子裏。他要求把這一切都表現在畫上，包括村裏山坡上的一座教堂。他交了數目不多的訂金，不過父親不怎麼願意接這個活兒。

巴爾納什本來是很隨和的，哪怕讓他給蒙娜麗莎的頭上加上光環，懷裏抱著聖嬰也可以。可是起初他拒絕了。他堅決表示這是件絕大的蠢事，他不畫。遺憾的是他接受了勸說！較多的訂金戰勝了厭惡，他開始籌備必要的材料並投入工作。三個星期後，畫送來了。其間，爸爸訂做了塗金粉的沉重的畫框，花了不少錢。還不得不給畫家增加了訂金。

畫上，前方是夢和訂單的主人，旁邊是他去世妻子的畫像。在他們上方是皇帝和穿著白花邊衣服的皇后。最後，在皇上夫婦後面是通常畫的那種聖三位一體。聖父手執權杖和蘋果，旁邊是聖子手裏拿著沉重的十字架。他們之間飛翔著收攏爪子的白鴿子，即聖靈。

爸爸把畫鑲好畫框然後通知老人來取畫。他來後看了一眼卻宣佈，這畫他不能要，因爲畫上他是背對著皇帝⓫老爺的。爸爸怎麼說也不管用。他戴上帽子就氣呼呼地走了。爸爸被擊垮了。也許能上法院去控告那老頭，但那是戰爭時期，畫上還有皇帝的像，法庭審理要拖很長時間，花費又很高。爸爸同畫家結清了賬，把那幅畫面衝著牆戳在那兒，決定關門不幹了。後來，我發現那畫上有個大洞，大概是爸爸踢的吧。他又去工廠做工了。可是工廠不久又關了門，爸爸年歲已經大了，到處都找不到工作。他曾想參加半軍事性隊伍去戰場挖地雷。在最後時刻他在一個矯形外科工廠部門找到了工作，爲殘廢士兵製作假肢。在那裏他一直工作到去世，這也是坎坷的一生，充滿了苦澀和失望。媽媽默默地哭泣著。

巴爾納什大師的畫不僅塞滿了我們的兩個房間——其中一間還是滿寬敞的呢——而且也

⓫ 指奧匈帝國的皇帝。第一次世界大戰前捷克尚是奧匈帝國的一部分，受異族奴役。

塞滿了我的頭腦。我曾經立志要當一名畫家。未乾油畫的味道和父親爲保持油畫光亮如新在畫上塗抹的清油的味道喚起了我童年的夢想。我躺在床上也畫。晚上我在枕頭底下藏著一小盒十二支裝的水彩。在初次繪畫嘗試不成功之後，我就試著寫詩，在美術和詩歌之間徘徊。寫詩對我來說好像容易一些。人物根本就畫不出。房間裏的那些畫之所以吸引我還不全是出於對藝術的興趣。巴爾納什送來的歷史題材畫中婦女雖然是少數，但一般卻控制著整個畫面。兇狠的莎爾卡其實是一個滿漂亮的姑娘，按照當時的時尚略嫌豐滿，不過她並沒有穿緊身馬甲，恰恰相反。我對她手中指向茨吉拉德胸口的長矛不感興趣。對茨吉拉德的遭遇還有些兒嚮往。在莎爾卡的畫像前我可以站好久好久。在貝魯契小河邊擰衣服的鮑仁娜也經常吸引著我。在公爵面前她無意於隱藏自己那令人賞心悅目的嫵媚。駿馬前蹄騰空而立，公爵緊緊拉住轠繩，直到鮑仁娜同他一起騎上馬背。我眞心地羨慕奧爾德瑞赫公爵。我們後來搬了家。在那座樓裏我見到一位長得同鮑仁娜公爵夫人十分相像的年輕婦女。在露天走廊上，她穿的也是單薄的衣衫，也是在洗衣服。她邊洗邊唱著歌曲。我仔細地注視她在搓板上的雙手的機械動作。見到她時我禮貌地向她問好，她總是報以愉快而天眞的微笑。

我與之保持著這種柏拉圖式戀情的還有一位美麗的女人，那就是牟利羅所畫〈聖母無原罪始胎〉中的聖母瑪利亞。她潔白無暇，被無數天使的雲彩包圍著。我長時間地凝視她那難以形容的溫柔的面龐，這種時刻我總是感到非常愜意。

只有爸爸不在家時我才能享受這種美妙的時刻。媽媽什麼也沒有察覺。她深信我是個聽話的老實天眞的孩子

許多年以後，當我踩著羅浮宮的地毯參觀時，突然間一幅巨畫把我釘在了地上。那是牟利羅的〈聖母無原罪始胎〉。我沒有想到會在這裏看到它，本來以爲它收藏在普拉德博物館。起初，我以爲這是我童年所熟知的畫。不是的。這位牟利羅可比我們霍斯基瓦什的大師畫得好。我一時都喘不過氣來了，好半天才回過神來。這是我一生中的偉大時刻。我不由得坐在畫前的天鵝絨凳子上，聚精會神地看著瑪利亞，飽飽地享受她的美。

這才是她！

巴爾納什這缺德的無賴！關於巴洛克式的天使，他竟一貫地欺騙了我們。原畫上至少有二十五個小天使而巴爾納什才畫了不到七個。他只畫了站在新月上的聖母腳下的那幾個。其餘的他就乾脆甩掉了。

坐在那張小凳子上，我迅速做了簡短而誠心誠意的祈禱。

聖母瑪利亞啊，你來自塞維利亞⑫而我來自遠方的捷克。我們在這個令人驚異、讓人最

---

⑫ 塞維利亞，西班牙第四大城市，塞維利亞省首府。塞維利亞畫派爲自然主義風格，以現實主義和明暗對照爲特徵。

感興趣的城市裏，在這個據說人們可以比任何其他地方生活得更幸福的城市裏，都感到有些不知所措。

這次在許多年之後再次看到你時，我同你在一瞬間、可能像光速那般快地又回到了家裏。回到父親睡過、牆上掛著十字架的搖搖晃晃鐵床旁，回到生了鏽的四腳火爐旁。父親在這陳舊的火爐裏燒了不少舊畫，其中也有你的。但是你在這裏一直閃耀著永恆的西班牙的美的光芒。

你也許還記得，我那時是多麼恭敬而又虔誠地愛著你。我長時間地注視著你仰望天空的雙眼。顯然在天堂，在天上的什麼地方，要比在這個世界上愉快幸福得多。在盯著你看的長時間裏，我的心一直在顫抖。那時我還不太淸楚是爲了什麼。今天我再看到你的臉龐時，我已經明白了。

因此我求你，只要有一點點可能，求你替我說個情，讓我在生活中能遇到長得像你一樣的姑娘。讓她能有你那樣溫柔甜蜜的眼睛，像你一樣美麗和善。阿門。

牟利羅的無原罪聖母眞的接受了我的祈求。

我剛離開羅浮宮，離開牟利羅的畫的魔力，就又興奮地投身到畢卡索的世界中去了。我和泰格像念誦眾神之名那樣說著布拉克⓭，格裏斯⓮，康定斯基⓯，馬蒂斯⓰，夏卡爾⓱，弗拉曼克⓲等人的名字。巴黎讓我們體驗了一次又一次的驚奇。我們驚呼之後總要去喝杯咖啡。一天中我們要有幾次坐在林蔭大道咖啡館的帆布頂篷下愉快地一邊品著咖啡，一邊看那些漂亮的賣花姑娘，她們賣花時總是送上一個可愛的，甚至是難忘的微笑。

我們結婚後，幫我們打掃房間的是一位好心腸的熱情婦女。當她最初看到我們兩張空空的床鋪靠著牆壁時，曾失望地問過我妻子：

「你們爲什麼不在床上裝個白色的帳頂呢？」

是啊，天花板下金黃圓頂的兩旁垂下打滿花褶的雪白的帳子，當中的牆上掛上一幅瑪利亞像。我童年時如此愛戀過的許多瑪利亞像中的一個。

---

⑬ 布拉克（一八八二—一九六三），法國畫家，與畢卡索共同發起立體主義繪畫運動。

⑭ 格裏斯（一八八七—一九二七），法國美術家，擅長繪畫理論，把立體派的創見加以系統化，使之能爲人們所理解。

⑮ 康定斯基（一八六六—一九四四），俄國畫家和美術理論家。

⑯ 馬蒂斯（一八六九—一九五四）。法國野獸主義繪畫運動的領袖，與畢卡索一起被看作是二十世紀法國畫派兩位最重要的藝術家。

⑰ 夏卡爾（一八八七—一九八五），猶太畫家，生於俄國，後定居法國。

⑱ 弗拉曼克（一八七六—一九五八），法國畫家。

凋零的花圈

我有一個過去的同學，少年時代的夥伴，他像我一樣在走過了曲折的人生道路之後，晚年遷到了布熱弗諾夫，住得離我家不遠。一個冬天的早晨，他按響了我家樓下的門鈴。

「明天一塊兒去看看盧帕奇街我們家的老房子怎麼炸毀吧。從前你常去那兒找我，咱們還在頂樓上製造過火藥哩。」

起初我很猶豫。對於我這顆衰老的心臟來說，去聽佩魯恩神❶的搖籃曲似乎不太合適。可是最後我還是點頭同意了。日什科夫已經久違，我經常想念它。

次日晨，我們驅車前往。那是一個不算寒冷的冬日。

按規定有大片房屋將要拆除的街道已經封鎖，我們只能站在遠處觀望。這些房屋眼睛已

---

❶ 斯拉夫民族傳說中司雷電的神。

經摳掉，生命被強行奪走，猶如耶誕節的鯉魚，腦殼裏摳掉了鮮紅的魚鰓。光禿禿的牆壁赤裸著身體在等待著最後時刻的到來。一棟棟房子神色陰鬱地沈默著。

我們將汽車停在市場附近，然後踏著石級從日什科夫山岡的南坡爬到烏黑的鐵路隧道的上方。我倆到得不算早。捷足先登的電視臺工作人員在此已準備就緒。我們舉目四望，古老的日什科夫區整個兒就在我們的面前，一覽無遺。這個區的大部分房屋現在都將拆除，讓位給白色的新樓房和寬闊的現代化大馬路。

聖普羅科普教堂的尖塔高峙在那些骯髒的煤煙薰黑的房頂之上。大時鐘的字盤顯然不久前剛鍍了金，兀自在城市上空閃爍。幾條陡峭的山路筆直地向下傾斜，同三角形的普羅科普小廣場相銜接。當年這裏是集市，我喜歡在貨攤間跑來跑去。在廣場的一角，早春時節出售半萎謝的鳳仙花，無疑是從潮濕的霍馨小樹林採摘來的，香味濃郁。晚些時候，長長的野豆莢就上市了。到了暮春，一般是在基督聖體節前夕，出售的是紅豔豔的芍藥和百合花枝。媽媽從市場買回百合花。她喜歡這種花，滿屋飄逸著百合花的幽香會使她聯想起教堂。冬天，耶誕節前，在那裏可以買到潤濕的、柔軟如絲的苔蘚，人們用它佈置耶穌誕生的場面。市場上那些傾斜的、開了一隻只圓洞眼的大櫃檯往往使我驚詫不已，圓洞眼上擱著半個雞蛋殼，裏面是滾圓的金色蛋黃。攤販把蛋白收集在高大的白鐵桶裏。糖果點心商正等著這些蛋白去生產鬆脆的點心和奶白蛋糕。

離爆破還有一些時間，我們於是走去從背後看看從前住過的房子，那兒離此不遠。在一大片外貌幾乎完全相同的分租房屋中，我哪能認不出自己住過的那一棟呢！三座攔腰圍著的長陽臺仍然是我從小熟悉的模樣，絲毫未改。幾棵扭曲的洋槐樹，黑禿禿的，枝柯已大爲稀落。紅綠燈柱依舊挺立在那裏，依舊順從地敬著禮。什麼也沒有變，唯有我變了，我若回到那裏，恐怕誰也認不出我來了。

搬出日什科夫已將近半個世紀。儘管如此，每當來到這兒，走在街道上便有回家之感。我望著那些縱橫交錯的大街小巷，高高低低的房頂，無數難以排遣的前塵舊夢從四面八方一齊湧上心頭，呈現在我的眼前。重溫許多往事固然使我感到欣慰，可是它們一下子蜂擁而至，發出了新的聲音，而時間來不及了。離開令人沮喪的時刻只有不多一會兒了。只剩一刻鐘了，只剩十二分鐘、十分鐘、九分鐘了。

今天，我的光陰飛逝得如此迅速，猶如風捲雪花一般。我甚至沒有時間感到不幸。我心潮起伏地凝望過去，凝望那些陽光明媚的歲月，那時一年像一個世紀那般漫長，一天了無盡頭。

我稍稍懂事便開始用驚奇的目光環視周圍的小天地，用全部感覺器官吸收領會。我初次發現了世界的美，內心狂喜不已，於是貪婪地大把大把攝取，慌慌張張，不假思索，恨不能一下子全部攬到懷裏。每天我都有一些新而又新的經歷使我無法入睡。現在我不禁想起了兒時的一件小事。

那一年我還是個小男孩，假期中到了邊陲的斯姆爾若夫米，當時德國人管那地方叫莫爾亭斯登。在一家玻璃工廠壓製部的院牆外面，我發現了一處廢料堆放場，主要堆放切割下來的彩色玻璃棒的碎頭頭。這些碎頭頭樣子很像結晶體，用不同顏色的彩線和絲帶子穿起來可以做成斑斕的小飾物。最漂亮的要數乳白色的玻璃頭了，中心是紅的，表面有點點金星。那一次我可活像愛爾本詩裏描寫的那個見了寶庫的女人了❷。我把玻璃頭塞滿身上所有的口袋，還裝了一帽子，心裏只擔心耶穌受難日的歌聲會不合時宜的戛然中止，拿棍子的看守會走來。這些玻璃頭直到今天我還保存著幾個，用以紀念當年我站在一堆廢料前所體驗的狂喜心情。

是的，第一次放我獨自走上日什科夫街頭去玩耍時，我的感受也與此相仿。在今天，重要的不是我當時在街上找到過什麼，而是那種喜悅和驚奇的心情。隨著年齡的增長，這種心情已越來越可貴了。

詩人羅賓遜•傑弗斯❸說過：世上的一切盡都美麗，就看詩人選用的是否具有生命力了。

---

❷ 指《花束集》中的敘事詩「寶庫」，寫一個女人於耶穌受難日去教堂做禮拜，途中發現了一個寶庫。

❸ 傑弗斯（一八八七—一九六二），美國詩人。

我想把這句話略加修改：世上的一切並不盡都美麗，詩人選用了便有生命力。至少他的詩存在多久，他寫的事就存在多久。

詩歌萬歲！

在我國首都，凝聚在一起的歷史核心被周圍幾個郊區團團環抱著。郊區的房屋大多是上一世紀的遺物，顯得陳舊而破落。當初，這些房屋純粹是為了租賃營利而建造的，絲毫不曾為住戶著想。日什科夫的情況便是如此，它的大部分建築物都具有這個特點。現在建築師和城市規劃專家們把這一圈建築物叫作凋零的花圈，正在著手拆除。

凋零的花圈！我曾長年在奧爾尚斯基墓園漫步，知道凋零的花圈是個什麼樣。比喻雖然聽著刺耳，但是很精確。我也知道人死以後大概是個什麼樣。墓上幾束淒涼的花。

郊區那種日漸衰亡的憂傷曲調，我從小就聽慣了，也聞慣了貧窮的臭味。的確，貧窮和苦難有一股子臭烘烘的氣味。然而，生活在其中的人卻是怎樣頑強地追求著星星點點的幸福啊！那些塵土飛揚、煤煙瀰漫、街石縫裏長滿骯髒雜草的死胡同，它們毫無魅力可言，卻也令我傾心。因為在那裏我們度過了多少歡樂的時光，儘管我們並不知道什麼是幸福。因為在那些歲月裏我們無比熱烈地生活著，卻不知道什麼叫做生活。

如今，我站在日什科夫的山坡上，舉目四望，朝自己的過去和童年時代的舊事微笑，等待著濃煙升起之後的轟隆巨響，看一座座樓房將怎樣相繼倒塌。

不久以前，我從電視螢幕上聽到一個年輕運動員的表白。在回答是否將結婚這個問題時，他說首先他要在體育上取得卓越的成績，攀登可能登上的高度。然後完成他的高等教育，再以後才開始物色合適的物件。一步一步，如此有條不紊，他準將是個青雲直上的男人吧！

很幸運，我一點不像他。一絲一毫也不像。

如果我說維納斯神在分配人生最高尚、最甜蜜的感情時，失手將過多的份額傾倒在我的搖籃中的話，那是謊言。不過，她賜給我的畢竟不算少，我不得不像阿納托爾・法郎士一樣真誠地感謝她，對她頂禮膜拜。美麗的阿娜蒂奥梅內❹啊，願你萬世長存，我將永遠敬仰你！賦與我生機的愛的追求到暮年也不會離開我，它將伴我直至生命的終結。

此時此刻，站在我曾經度過青年時代的山坡上，種種往事一股腦兒湧上心頭，我又怎會忘記一生中那些甜蜜的柔情呢！

從孩提時候起，女性的髮香對我就有吸引力。我還沒有開始接觸拼音課本便已渴望撫摩小姑娘的頭髮。僅僅由於羞怯，唉，那該死的、我長期未能擺脫的羞怯，才使我於最後時刻卻步不前。

上小學一年級，我狂熱地、昏頭昏腦地愛上了教師小姐。說起來這事也有點兒怨她。我

❹ 即希臘神話中的愛神，阿娜蒂奥梅內在希臘語中爲「從海水中出來」之意。

坐在第一排，她把收練習本的任務委派給我以示青睞。有時，她坐在我那條長凳角上，我聞到了她掌心的肥皂香。我朗讀拼音課本，從頭到尾一次也沒有結巴，她便摸摸我的腦袋。這時我的心就一陣陣顫慄，熱血直往臉上湧。放學後，我悄悄尾隨她，在她的住處周圍徘徊，呆呆地望著窗戶。望著所有的窗戶！不知道哪一扇窗戶是她的。晚上，我嘴巴埋在枕頭裏同她低聲耳語，在臆想的對話中，我大膽地稱她「你」❺。我像夢遊人似的神思恍惚，引起了父母的憂慮，以爲我病了。不，我挺健康，完全健康，只是悶悶不樂，因爲一切偉大的愛情都以悲劇告終。教師小姐的名字叫瑪麗耶·蓋鮑爾羅娃，我想是出自蓋鮑爾教授那個頗有歷史的文化名門吧。我們的中學語文課本中有這位教授的名字。蓋鮑爾羅娃小姐離開我們學校時，我實心實意地哭了一場。

如果她還健在，衷心祝願她健在，春天我將給她寫封信去。至少托那只去年在我家房檐下築巢的小燕子捎個訊兒去。

不消說，我不久便從這童稚之戀中擺脫了出來，康復了。在一棟住戶龐雜、人口眾多的分租房屋裏，做到這一點並不困難。

在我們的下面一層，住著一個野姑娘，年齡只比我稍微大一點。她長著滿頭黑髮，媽媽

❺ 在捷語中，關係親密才稱「你」，一般都稱「您」。

稱之謂茨崗人的頭髮。頭上繫了一個老大的紅蝴蝶結。我幾乎每天都遇到她，總見她對我粲然一笑。有一次，我打她家門前經過，卻不料她一把將我拉進廚房，擁抱我並且發瘋似地親吻我。可是，還沒等我從這飛來的幸福中醒過神來，她又一把將我推出門外，活像扔出一塊揉成一團的抹布。原來她媽媽從地窖裏拎了滿滿一桶煤正在走回來，她聽見了媽媽的聲音。

不久之後，一對新婚夫婦搬進了我們樓道的一套居室。這次，又是一位年輕婦人無意中撥動了我的心弦。她有時把我叫進廚房，請我吃甜點心或者熱麵包。我對她一見鍾情，徒勞無益地想要接近她。狂歡節時，她寵愛地叫我的教名，請我吃了一個醋栗蜜餞餡兒的煎餅。我吃完之後，趁機捧起她的手熱烈地吻了一下。她又給我一個煎餅，半認眞半開玩笑地訓斥我說，爲了區區一個餡兒餅何至於吻手呢。眞遺憾，她沒有明白，這不是感謝而是愛慕的表示，是以十分笨拙的方式表明我渴望接近她那迷人的身體。

不僅在市中心繁華的寬闊大馬路上有漂亮、熱情的婦女和姑娘們來來往往，就是在塵土飛揚、泥濘不堪的郊區小胡同也一樣。處處有鮮花、飄帶、笑靨，因而我也就不時爲一雙雙美麗的眼睛所俘虜。

我和一個夥伴經常坐在科斯特尼采廣場小花園的鐵欄杆上。那裏從春天起就只有稀稀落落的幾根丁香空枝和一隻黑山鳥。男孩子們沒等丁香開花就把枝子折掉了。可是白雲在我們頭上飄浮。能呼吸馨香的春風，我們也就心滿意足了。

我一向喜歡夜丁香那種強烈的、稠得像奶油一樣的濃香。從前日什科夫山坡上一畦一畦種滿了這種花。我坐在那兒，做著瘋狂的夢，在練習本上塗寫詩句。花香有時甚至薰得我腦袋發脹。多年之後我徒然重遊舊地，一切均已面目全非。我想撫摩一下長椅的靠背，那上面有小刀刻寫和刮去的字跡，看看長椅下面是否又有丟失的髮夾。可是，長椅已不見蹤影。

爆破的時刻快到了。我望著附近的屋宇出神，它們雖然破舊，今天不知怎的卻像故人一樣令我感到親切，彷彿在這漫長的歲月中人們曾經用手輕輕地撫慰過它們。

幾秒鐘後只聽得一聲巨響，房屋倒塌了，捲起一陣烏黑的塵土濃煙。我瞥了一下朋友的臉，只見他眼睛裏噙著淚水。

「你別笑話我。」坐進汽車時他轉身對我說。一柱柱水流在將塵埃壓向地面。

「我在煙霧中看見了媽媽，正給我在麵包片上塗油渣醬哩。」

當人們在巴黎安裝高聳入雲的鐵塔時，保爾・魏爾倫先生坐著馬車從那兒經過，他把帽子遮在眼睛上，看也不願看一眼這個怪物。然而曾幾何時，現代法國詩人便已紛紛用手指尖向埃菲爾鐵塔送去熱情的飛吻，獻上表達愛慕之情的詩篇。

在今天，無論是外國人還是巴黎人都難以想像巴黎能沒有這座鐵塔。

如果我能活到那一天，看到日什科夫我們住過的那條街兩側排列的白色高層建築，我不會掩上雙目。可是走在這條街上，我會像一個外國人走在陌生的、十分冷漠的城市裏一樣。

書的故事三則

馬哈的《五月》

我坐在馬利安斯凱療養地的廊子上，不停地喝著魯道夫礦泉水。一位年紀不大的男人走來同我聊天，向我作了自我介紹。他是療養地某文化機構的工作人員，在馬利安斯凱住了很久，頗耳聞目睹了一些事情。他講的許多故事中，有一樁是關於附近的泰潑列駐軍如何清理修道院教士私人藏書的事兒。戰士們把書本從窗戶裏扔出去，窗外架著一條滑道，書本落進一輛大卡車。裝滿了書的卡車天曉得開往哪兒去了。不過，卡車必須經過療養地的邊緣。遇到路面高低不平，車子一搖晃，書本就掉在泥濘的地面上，過路行人隨意揀。他自己就揀到一本什米洛夫斯基❶的《教父羅祖麥茨》，他的一位朋友一彎腰竟從地上救出了一本馬哈的《五月》，是第一版！這個朋友馬上意識到這本書有多麼寶貴，知道該怎樣處置。

「書各有其命運❷。」誠如泰蘭蒂烏斯・毛魯斯曾經說過的，儘管那時還沒有藏書家，不像今天這樣。

我也曾經輕輕易易得到過這樣一本書，可惜我不知道它的價值。那是日什科夫的一位朋友送給我的。他叫拉麥什，是一個為人和善，毫無音樂感的人。他也不知道在他家隨便亂扔的這本書是多麼珍貴的一本文學之寶。之後不久拉麥什就從我的眼前消失了。他出了什麼事，不得而知。後來才聽說他用大腳趾扳動軍用槍自殺了。我有時去拜訪米哈埃爾・卡赫，一位心地善良，上了年紀的無政府主義者和出版商。有一次，我向他誇耀這本小書，他勸我去問問舊書商。我去了一家。書商草草翻了翻，給了個價，大約是十克朗。我對他說不想賣了。

過了一段時間，我在博物館閱覽室閱讀《現代評論》，在某一期上偶爾看到一則小廣告，一位不知名的收藏家徵購舊版和絕版書，其中就有馬哈的第一版《五月》。我把小書往口袋裏一揣，徑直便上《現代評論》編輯部去了。阿爾諾什特・普羅哈茲卡接待了我，態度有些生硬。他已經病了。我把書拿出來給他看過之後，他的口氣才親切了一些。也許他以為我是給他送詩稿來了。他翻開書看了看，坦率地對我說，這書拿到別處去也許可以多賣些錢，他則

❶什米洛夫斯基（一八三七—一八八三），捷克小說家。
❷原文為拉丁文。

至多只能給二百克朗。他的眞誠使我有些感動，便把書留下了。我已不願意老把這書記掛在心上，賣給他算了。他是詩人，給他正合適。不過，他的詩集《心靈的創傷》我可並不喜歡。

沒過多久阿爾諾什特・普羅哈茲卡就去世了。他沒有遺產繼承人，或者不如說，他的遺產繼承人也許太多了，他的藏書便由可尊敬的津內克先生拍賣了。幾天以後諾伊曼告訴我說，在那次拍賣中第一版《五月》是以三千六百克朗成交的。由一位採購員替普雷斯商業銀行的經理買去了。諾伊曼還詢問我那本《五月》是否仍在。

我唯有暗自抽泣，心裏非常非常悲哀。

可是春天已經來了，丁香花盛開，到處飄逸著花香。我去了佩特馨山。當我來到馬哈紀念像前時，我向正在寫書的詩人訴說了自己幹下的蠢事，只怨我一時貪財，對金錢那樣迫不及待。

「沒有關係。」馬哈聽罷說道，眼睛從紙上抬起來。他沒有放下筆，接著說道：「爲此我把整個果園送給你了。拿去吧！外加所有的長椅。你肯定會需要它們的。」

鮑日娜・聶姆佐娃❸的《外祖母》

我一生交遊很廣，有不少朋友，但終生莫逆卻只有三位。其中最後一位，也是三人中年齡最長的一位，是詩人約瑟夫·帕利維茨。除非他去了日內瓦他的女兒尼塞特卡家，他每星期二都上我們家來。帕利維茨過去家道富裕。他再婚娶的是恰佩克兄弟的姐姐海倫娜，帕利維茨的哥哥瓦茨拉夫送給他一百萬克朗作爲結婚禮。當時那是個巨大的數字。

一九四八年二月❹使他擺脫了財產上的一切操心事。他的所有幾乎全被沒收了。他唯一不容失去的是他的自尊，唯一保留的是他對書籍終身不渝的、非同一般的熱愛。

他很快就適應了新的處境。還在戰前，他就寫了一本令人目眩神迷的美麗詩集，翻譯過瓦萊裏的詩，譯筆幾乎同原作一樣優美。我說幾乎，意思是若有不足之處，那是由於法語同捷克語之間的差異。捷克語畢竟完全是另外一種語言啊，不過在翻譯上沒有太大的關係。在新的處境中，使他感到痛苦的僅是他已無力購買昂貴的書籍並且出高價給手藝最精良的裝訂工去裝訂。

另外使他難受的是，他沒有可能給朋友們贈送不尋常的禮物。這原是他莫大的樂趣之一。哈拉斯在帕利維茨的婚禮上當了證婚人，帕利維茨便要送他一份厚禮：一隻金懷錶——

---

❸ 聶姆佐娃（一八二〇—一八六二），捷克女作家。她的著名小說《外祖母》爲捷克文學瑰寶，在捷克家喻户曉。

❹ 指一九四八年二月事件後捷克斯洛伐克共產黨開始執掌政權。

當年時興在背心口袋裏揣一隻懷錶——錶殼上刻有玫瑰花圖案，鑲嵌著鑽石。可是哈拉斯請求說，不如送他一個廚房用的冰箱。

帕利維茨不僅寫詩。他對詩歌的理解也很精闢，這有一定的優越性，因爲即使是偉大的批評家也有不識一位詩人的時候，身爲詩人就不會發生這樣的情況。除此之外，帕利維茨學識淵博，在他行將進入老年的時候仍孜孜不倦，取得了法學博士學位，其學問之精深曾使主考人驚佩。他的答辯才華橫溢。

住在女兒尼塞特卡家的時候，帕利維茨結識了前義大利王后，同她有書信來往。順便說說，尼塞特卡是一位非常吸引人的漂亮女性，嫁給了伊戈爾·斯特拉汶斯基❺的三個兒子中的一個。帕裏維茨和波朗都擅長寫格式優美又有文學價值的書信，是在這方面有成就的最後兩位作家。他給我朗讀過一封，信中他用法文給義大利王后譯了優美的民歌〈在聖卡代林納〉，其中一節是：

一張小條子，
送來王后令。

---

❺ 斯特拉汶斯基（一八八二—一九七一），俄國作曲家，一九一〇年旅居國外。

要那小夥子
離家去當兵。

在此之前，王后已向帕利維茨透露，說她無比幸福，因爲她不僅擺脫了宮廷的繁文縟節，而且也擺脫了婚姻的約束，兩者都使她感到沉重。她曾寫過一本饒有趣味的回憶錄，描述自己的經歷。帕利維茨的書信是瀕於消亡的書信藝術的典範，讀來引人入勝。

在第一共和國時期他曾擔任我國駐巴黎公使館的文化專員，結交了一些可貴的朋友，帶回了大量珍本古籍。這些書充實了他的布拉格藏書。他失去財產之後當然不能再購買珍本書了，他感到不幸，眼睜睜地錯過了一些購置他渴望得到的書籍的機會。

事情是這樣的。有一個星期二，他照例上我家來了，但神情非常沮喪。原來，他看見一家舊書店的櫥窗裏放著一本保存完好的鮑日娜·聶姆佐娃的第一版《外祖母》。他的心不禁突突地跳動起來。當然，一問價錢他的喜悅也就立刻化爲烏有了。他辛酸地說，等他湊足錢跑去，人家肯定早已捷足先登。爲這本書他寧可一星期不吃午飯，可那樣也遠遠不夠呀。這是一本他已想望很久很久的書。

我做了必要的準備，第二天一早就去爲他買下了這本《外祖母》。一星期後他來到時，我把書放在桌上，請求他收下。起初他感到意外，他正想告訴我櫥窗裏的書不見了哩。接著他顯得忸怩不安，不肯接受，我不得不再三勸說他。他是個自尊心很強的人。不過，當他把書拿到手裏翻看時，我不懷疑他是願意收下的。最後他接受了，非常快樂。

他撫摩書皮，一頁一頁地翻著：

「這本書沒準到過聶姆佐娃手裏哩，她把美麗、細長、瘦削的手指擱在封面上。也許她對著這本書垂過淚吧。有誰知道？」

他又一次翻著書頁，不時停下來閱讀，像捧著祈禱書念禱文似的。後來他把書按原樣仔細包好，放進手提包，一面說：

「我得跟它親熱到晚上了。」

離去時，他下臺階很小心，一級一級地跨。他已八十出頭了。送走他以後，我心裏說：

「一個幸福的人！」

聶魯達的《平凡的主題》

捷克藏書家協會——我國協會消亡中存活下來的少數協會之一——把我也算作了它的會員。我十分高興。藏書家們不時有人來找我。通常是爲了在書上簽名留念。協會的老會員雅羅斯拉夫・克尼特爾也來過幾次。他的腿腳已不靈活，我住在山崗上，見他吃力地爬上來，感到心裏不安。可是我們談書籍談得總是很投機。他常常訴苦，說他臨死前不知該把他的那些藏書怎麼辦。我們兩個你一句我一句，後來他有點兒膽怯地問我說，是否願意買下他的一套《詩歌彙編》。他有整套的，只是缺了第五卷：聶魯達的《平凡的主題》。不過，他答應幫我找一找。我很樂意地買下了《詩歌彙編》。他十分高興。對書也像對狗一樣，一個人捨不得撇下它時，見它落到善良人的手裏就會感到幸福。

《平凡的主題》他沒有爲我找到。他去世了。我不是收藏家，一生從未收藏過什麼東西。可是一套叢書殘缺不全卻令我沮喪。這類卷帙浩繁的詩集我已不會拿來重讀。可是它們使我感到親切。我心裏說，這裏面有聶魯達的一部分世界，因此它本身就很美。況且，這套書已有一百年的歷史了。

我尋找《平凡的主題》，也是一無結果。這本詩集中的許多詩篇都非常美，但我最喜歡的莫過於在聶魯達來說是如此富有特色的、凄切的一句：那樣緩慢——那樣憂傷——那樣的孤獨啊，孤獨。

不配全《詩歌彙編》，我心不甘。

某星期天的上午，時間還早，電話裏傳來一個可愛的少女的聲音。她十八歲，寫詩，想聽聽我的意見，也希望我指點她是應該寫詩呢，還是壓根兒別作此想。

這些話我已聽過許多次了，一支熟悉的歌。然而，拒絕一個少女的小小願望向來不是我的爲人之道。那就讓她來吧。她來了。

姑娘像一朵五月的鮮花，滿臉羞澀。她手裏握著捲成一個小卷兒的練習本，揉得皺皺巴巴。我答應看看她的詩，當我瞥了一下她的眼睛時，我又補了一句，說我確實很樂意看看她的詩，而且當天就看。這並非全是謊話。姑娘長得實在漂亮。我請她一星期以後再來。

過了一星期她馬上趕來了。我費了不少勁向她說明，她寫的那些東西不是詩，我搜索枯腸，尋找適當的詞句勸說她最好放棄寫詩。我原以爲她會惱火，或者至少會悶悶不樂。誰知絲毫沒有。她承認說，寫這幾首詩給她的苦惱多於樂趣，她確實不想再寫了。不過，她要求我指點她應該做什麼。

由於她的詩裏有幾首似爲情詩，我對她說不妨去找個漂亮的小夥子好好談戀愛。那會使她全神貫注，把寫詩的事兒拋到九霄雲外的。

她默默無言地走了。

對這個姑娘和她的名字我已快要忘記的時候，卻收到一張結婚喜柬。她接受了我的勸告，照著做了。我給她寫了一封信，由衷地祝賀她，還附了幾行做爲結婚誌喜的詩句。寫的時候，她那張可愛的臉龐浮現在我的腦際。

她婚後第二天上我家來了，喜氣洋洋，容光煥發。她送給我一束玫瑰花，一盒喜慶點心，以及一個裹著塑膠紙、用金色繩索繫著的小包。

我把玫瑰花插在花瓶裏，嘗了一塊點心。她有些急不可待似的要求我把小包也打開看一看，希望我不要嗔怪她。我打開小包，裏面是三本舊書。她說祖母去世以後，她在櫃櫥裏發現了一隻糖盒，裏面裝了這幾本書。一陣熟悉的、令人愉快的古書味撲鼻而來。它們是利托米什爾市倒楣的奧古斯特出版社❻出版的《外祖母》、I. L. 科貝爾出版社一八六二年出版的馬哈的《五月》，以及《詩歌彙編》第五卷：聶魯達的《平凡的主題》。

我眞誠地向她保證說我非常高興。我膽怯地請求說，爲了感謝她的盛意，能不能讓我友好地親吻她一下。她爽快地把年輕的嘴唇送了過來。

她沒有想到這是她的第一次不忠。

❻ 當時奧古斯特出版社出版的書籍錯誤百出，紙張也低劣。

證 詞

那些年頭——我意思是戰爭時期——在這個國家可是艱難歲月。我們覺得泉水似乎發苦，井水的味兒也不再那麼沁人心脾。連小鳥的歌聲在我們聽來也彷彿有點兒惶惑。可能我們根本就沒有聽見鳥聲，生活蜷縮在昏暗的窗戶後面。情侶們懷著幾分膽怯接吻，似乎嘴靠近嘴，這一人與人渴望接近的溫柔象徵，已不再屬於生活，也不再屬於愛情，有時候接吻已只意味著永別。生活令人感到畏縮，苦澀，越來越沉重。

一九四二年五月二十七日星期三發生在布洛夫卡下街的暗殺❶，表面上把納粹對我國的佔領分成了兩部分。後一部分更爲可怕。

暗殺事件發生後沒幾日，有一天夜裏，我在燈火管制的布拉格街道上走回家時，正遇上

---

❶ 指第二次世界大戰期間掌管捷克和摩拉維亞的納粹頭子亨德里希被刺。

送葬的行列緩慢而有節奏地在行進，從維索強尼走向布拉格宮去。纏著黑布的鼓敲打著與緩慢步伐合拍的鼓點，火炬照出一張張異國人的兇惡的臉。那是露出一雙復仇眼睛的黑色面具。那是令人毛骨悚然的恐怖在默默進軍。

在布拉格宮的前院，迅速搭起了陰森森的靈台，哀樂喇叭的沉重樂聲石塊似地落在布拉格宮下面的街道上，不祥的預感使大街小巷沉寂了。據說，打爛的汽車坐墊碎麻頭和棕毛團嵌入屍體，除都除不盡。

竟然沒有個地獄！真遺憾！應該有一個！

暗殺事件後第四天，六月初，斯瓦塔·卡德萊茨夫婦路過我家，順便進來看我們。那天晚上的事情我記得太清楚了。弗拉迪斯拉夫·萬楚拉❷被蓋世太保逮捕和折磨已有幾個星期。我們惴惴不安地坐在收音機旁，想聽聽納粹採取新措施和已經宣佈的進行屠殺的消息。在第一批處決名單裏，就報出了萬楚拉的名字，我們驚得都猛一下從椅子上跳了起來，僵立在那裏氣也透不過來了。

弗拉迪斯拉夫·萬楚拉！

---

❷萬楚拉（一八九一—一九四二），捷克作家、戲劇家、政論家。兩次世界大戰之間捷克藝術先鋒派和左翼知識份子的主要代表。

報出這個名字意味著我們整個一代人慘遭殺害，萬楚拉的命運是我們全體的命運。報出這個名字意味著我們整個國家都在鮮血橫流。

多麼可悲，竟然也沒有一個美好的天堂，應該有一個！至少爲這樣死去的人有一個。眞遺憾，死後竟然什麼也沒有。

如果沒有天堂，怎麼在地下就不可能至少存在一個凄涼的所在，讓彼岸的亡魂在蒼白的百合花叢中彷徨，那百合花的芳香已不屬於人間。

爲什麼今天我們還不能相信有一個凄涼的地府呢？古代詩人崇高的詩句不是至今仍在被吟誦，仍在激勵著我們，他們美麗的情歌我們不是那麼愛聽，他們著名悲劇中的英雄人物不是今天仍活躍在我們的舞臺上嗎？

要知道，我們每個人的心裏，思想裏，記憶裏，都保留著一小塊亡故者的天地。我們心愛的人，以及一生中曾與我們親近的人，他們的影子有時會回來，不僅回到我們的夢中，而且在我們清醒的時候他們也回來。

多少次我都想上去擁抱我的父親，多少次我同母親說了話。是的，就是他們！他們像活著的時候一樣同我說話，還傾聽我說的話。可是，如果我伸出手去，摸到的卻僅是彩色的影子。很多時候我不願意醒來，因爲醒來就得離開他們。跟他們在一起多麼好。可惜他們又回到那個我無法追隨的未知世界裏去了。

同樣，我有時也見到了萬楚拉。尤其在往事顯得特別清晰、活躍的時候。這種夜間相遇一點也不可怕。我還看到了他那熟悉的手勢，可是我正想同他輕聲打招呼時，他卻更為輕聲地悄然離去，回到他那黑暗中去了。我的心猛烈地怦怦跳動，於是從夢中驚醒。我已完全清醒，可是我還在夜的黑暗中看到他的臉，我喜悅地看著他。

我知道，可能並非所有的人都有罪，但沒有人能強迫我忘記，即使政局改變也沒有人能強迫我忘記！忘記和饒恕他們！這些人太殘酷了，他們為數很多！

我說死者有時會回到我們中間來，這畢竟是無稽之談。哪兒有的事啊。僅是幻象而已，是錯覺，因為正是我們在向他們走去。我們一天比一天離他們更近。

有一天我們將和他們會合。我們將和他們一起等待，直等到我們自己或許也進入別人夢境的時候。

生活中，我們總是過早地離開了幸福的青年時代，把它甩在了後面，直至生命快到盡頭我們才感到青春不僅短暫，而且飛快地逝去，快得令人暈眩，快得我們都來不及充分領略它的甜美，它的芬芳，它的繁花。這些事物的美味還將久久地留在我們的舌尖，但已只是作為自我譴責的回憶而已。生活總是把我們帶向遠方，我們總是在與離去的河岸告別。

那時候眞是無比美好。二〇年代，當萬楚拉還住在布拉格時我們跟他常有接觸。我們常去他在橫街的住所。更為經常的是他到我們常去的咖啡館來找我們。可是，他結婚後便與他那迷人的妻子，一位年輕的醫生，搬到茲布拉斯拉夫去了。我們有時在星期天乘火車去看他。萬楚拉當時是旋覆花社的主席，儘管他也不時露面，但他不住在布拉格我們總感到缺了點什麼。那正是在一個一去不復返的美好時期，我們的第一批作品問世了。萬楚拉的《亞馬遜河》和《高個兒、胖子和千里眼》，這兩本小書已明顯地預示了這位未來詩人的才氣、敘事方式和風格。兩書都是在旋覆花社那種友好的、含笑的氣氛中出版的，雖然在此之前他早已試筆做準備了。

萬楚拉也擅長繪畫。他曾幾次想進美術學院。在阿萊什❸的作品清單中，有一張聖瓦茨拉夫的大幅素描是萬楚拉模仿阿萊什的畫派隨便畫出來的。怎麼會收到了阿萊什的作品裏去的，萬楚拉自己也不知道。就連阿萊什的女兒瑪麗娜也沒有發覺這是出自他人之手，儘管她對她父親的作品十分瞭解。

那些年，朋友中間去找萬楚拉的，時間最長的也許是我了。有一個時期幾乎每星期天都去，我們喜歡往茲布拉斯拉夫跑。我和我未來的妻子一同去。

醫生這個職業萬楚拉不太喜歡。他要寫作，行醫佔去他許多時間。他不隱瞞這一點，莉達太太，一位認眞負責的好醫生，對此也很瞭解。

---

❸阿萊什（一八五二—一九一二），捷克著名畫家。

有一個星期天，巴尼公路上發生了一件惡性事故。一個男人帶著他的女朋友駕摩托車急馳時，摩托車撞在樹上。小夥子飛了個弧線落在草地上，什麼事也沒有。那姑娘卻受了重傷，兩腿粉碎性骨折，而她是個舞蹈演員。兩位醫生給她治療時，要求我舉著煤油燈靠近傷口給他們照亮。那時候茲布拉斯拉夫還沒有電燈。一見鮮血在往外流，我的手不禁顫抖起來，燈也跟著顫動。莉達太太把我打發走，萬楚拉接過了燈。不料，他竟也有些兒顫抖。他後來承認，使他震驚的不是傷口本身，而是受傷者未來的命運。最後莉達太太不得不另外採取措施。她鎮靜果斷地給傷者做了初步處理，安排她到醫院去。

萬楚拉並不是一個不稱職的醫生。莉達太太常說，他做某方面的手術很高明，可是萬楚拉自己堅決認爲他根本不適合幹這一行。

說得有理。他嚮往的完全是另一種工作。

茲布拉斯拉夫當時就像一個眩目的綠色花束，充滿了陽光和恬適。從斯米霍夫就可看到它山崗上的小教堂，那是寧靜的田園生活的標誌。萬楚拉很喜歡茲布拉斯拉夫，不如說，他愛上了這地方。它附近的一條河宛如一枚銀光閃閃的扣環，把幸福緊緊地攏住了。對於萬楚拉來說，這是鄉土之福。有時，他會含笑提起普謝米斯爾王朝❹的瓦茨拉夫，說此人曾經宣

❹ 西元十至十四世紀初統治捷克國土的封建王朝。

稱茲布拉斯拉夫他誰也不給，除了聖母瑪利亞。即使是聖母，也得好好央求才行。

關於他的出生地西里西亞，萬楚拉從來不提。顯然是父母遷徙不定的生活使他的出生地未能在他心裏紮下根。它附近的達夫列他倒是常常說起。少年時期他在那裏度過幾年美好的歲月。茲布拉斯拉夫則是他最心愛的地方！

談到萬楚拉的愛，當然我在這兒必須指出他愛他美麗的妻子高於一切。她心甘情願地把大部分操心事都攬到自己身上，對生活中必不可少的事情她講究實際，滿懷深情又不聲不響地建立起一種生活秩序，是丈夫樂於接受而且是必要的。萬楚拉對此當然看得很清楚，因而對她就更加崇拜了。

順便說一下，萬楚拉也喜歡河。喜歡河上的閃光和從小聽慣了的潺潺水聲。他喜歡狗。在他的美滿生活中，這些也都不可或缺。

有一天，一個普通的日子，我一清早就帶著《麵包師馬胡爾》❺的校樣上茲布拉斯拉夫去了。莉達太太的候診室坐滿了病人，她打發我到路上去迎她的丈夫。萬楚拉去巴尼出診了。我走在公路上，果然看見他騎著自行車從巴尼回茲布拉斯拉夫來。雷克跟在他後面跑著。到了我跟前他跳下車，隨便問了句我會不會騎車。騎自行車我可不會。他堅決說我得學會騎

---

❺ 萬楚拉一九二四年寫的一本小說。

車，而且馬上就學！反正他不忙著回診所。病人找的首先是他的妻子，等也是等她。病人常常坦率地承認這一點。上帝保佑，他不生氣嗎！恰恰相反。他聽了由衷地開懷大笑。

他命令我立即坐上自行車。我笨拙地好不容易才坐了上去。雷克瘋了似的亂躥亂叫。萬楚拉扶著車座，我勉爲其難地蹬著。他一鬆手，車把馬上在我手下晃來晃去，我便連車帶人倒在了公路上。我再次坐上車，雷克又瘋狂地吠叫起來。萬楚拉耐心地扶著我，可只要他一鬆手，我立刻又倒在路上。我試了許多次，約莫一個小時之後，我才總算能騎上幾步，但接著就得跳下來。我們三個全都累壞了。雷克是叫累的。我們不再試，步行回茲布拉斯拉夫去喝莉達太太的黑咖啡。雷克安靜地跟在我們後面，一路上只嚇唬了幾隻鵝。

那一次，萬楚拉沒有教會我騎自行車。

詩人伊西・馬漢和弗拉迪斯拉夫・萬楚拉是親戚。是什麼親戚，我就不知道了。我想，是堂兄弟吧。他們同屬恰斯拉夫家族。伊西・馬漢在使用筆名之前叫萬楚拉。秋季有一天，萬楚拉家的門鈴響了。

他們兩個談了會兒自己的祖先——這只是我的臆想——便到河邊散步，沿著河岸朝伏拉內走去。在返回的途中，馬漢走開了一會兒，萬楚拉繼續緩步向前走著。那已是頗有涼意的十月，伏爾塔瓦河谷寒風襲人。他還沒走出二十步遠，就忽然聽得很響的撲通一聲，有人跳入水中了。雷克開始吠叫起來。萬楚拉轉身找馬漢，卻見他正在河心游泳呢。他順流遊著，快樂地呼哧呼哧噴著氣，活像躊躇滿志的海神，水順著他的黑鬍子往下流淌。雷克不免有些驚訝，它又開四腿站在那裏呆望著游水的人，捉摸不出個究竟來。

萬楚拉想起這件事覺得挺有趣。講完以後，他轉身問我會不會游泳。我當然不會。日什科夫沒有河，去布拉格那時還嫌太遠。我找了這麼個理由。沒想到萬楚拉卻一口答應要教我學游泳。當時我深信他準會忘記這一承諾的，因爲夏天還遠得很呢。

誰知他沒有忘記。太陽光剛有點兒熱，我們就上茲布拉夫游泳場了。中午剛過，那裏人不多。

茲布拉斯拉夫的游泳場離大橋不遠。沒錯，這兒正是後來萬楚拉的小說《多變的夏天》裏三個主角聊天的地方。少校、大教堂神父和游泳場的救護員杜拉常坐在這裏，天氣炎熱的日子，他們喝著杜拉用啤酒箱拿來的啤酒。

萬楚拉讓眞實生活中的游泳場救護員舒拉扮演了杜拉這個角色。

我們來到游泳場，只見救護員無精打采地坐在綠色椅子上喝著啤酒。游泳場上還空蕩蕩的。

我得馬上進池子。萬楚拉給我做速度示範：一、二、三、一、二、三。然後他叫我躺在水中，他托著我的腰，我便開始有點兒痙攣地、不規則地劃動手和腳。少不得喝了幾口水，那時候河水還乾淨。他一鬆手，我立刻沉入水底。

一、二、三！他再次托著我，我做著像是游泳的動作，可是他一放開我，我就體驗了幾秒鐘溺水的驚恐。萬楚拉很會游泳，他再次堅持要我做新的努力。他不知道我掌握不了速度，連幾下都不行。一、二、三！白費勁。我又沉到池子底下去了。

舒拉在上面看著萬楚拉好心但徒勞的努力，也看到了我的無奈。時間已經很長了，他感到不耐煩，便在上面喊我們別再練習，快上去喝啤酒吧。

萬楚拉還獨自跳進寬闊的河裏，顯然是爲了解除一下剛才那番白費力氣的疲勞。我鼓搗出耳朵裏的水，耳中還一直可怕地迴響著一、二、三。我迅速地穿上衣服，從此再也沒有嘗試過游泳。

那一次，萬楚拉也沒有教會我游泳。

萬楚拉夫婦在茲布拉斯拉夫的三次寓所我們都熟悉。第一次的寓所不很舒適，也最爲一般，是租來的。我們只去過一回。第二次的寓所在茲布拉斯拉夫的主要大街上，比前一處舒服多了。我們去的次數最多。最後第三處座落在小教堂下面的斜坡上，是旋覆花社的一位朋友雅羅米爾·克雷查爾提供的一所別墅。那眞是漂亮舒適之至，環境優美，無論從平臺還是從工作室望出去，視野都很開闊。

我也熟悉萬楚拉養過的所有的狗。我不敢說准是這樣，不過我想他們家養的時間最長、萬楚拉最喜歡的是那隻翳子拉碴、毛髮蓬鬆的雷克。

我們來到他家，他正同雷克在長沙發上搏鬥。

很明顯，他的生活中不能沒有狗，有一次他請求妻子在他彌留時給他手中放隻小狗。那時候莉達太太當然認爲離死還遙遠得很呢。

在這座別墅，去萬楚拉的工作室要通過一段平緩寬敞的樓梯。工作室與平臺相連接。那時候，萬楚拉早已不行醫了。那件他穿在身上感到十分沉重的白大褂，如今掛在衣勾上快活地退役了。萬楚拉已完全獻身於文學工作，作品一本接一本地迅速問世。

我之所以要提到通往他工作室的樓梯，是因爲那裏曾發生過一件不可思議的事情。有一天夜裏，夜深人靜，忽然聽得重重的一聲響。樓梯的壁龕裏放著幾本書。早晨他們起身，發現樓梯上有一本翻開的《聖經》，書脊朝下。這本又厚又大的書出於無法解釋的原因從壁龕裏掉了下來。這件事情之後的星期日，我們和奈茲瓦爾一起來到茲布拉斯拉夫，奈茲瓦爾聽了抱著腦袋說，怎麼就沒有人想到讀一讀翻開的那兩頁《聖經》上說的是什麼呢。肯定那上面有預兆或者警告！可能是吉兆，可能是凶兆。

竟然是凶兆！

別墅上方的花園建在相當陡的坡上。花圃只得開成一層層的平臺狀。最上面的一層平臺，萬楚拉用來當作臨時性的小靶場。有一次我去他家，正碰上他在用氣槍打靶，槍槍直穿靶心。我們握過手以後，他馬上把那支漂亮的輕便氣槍放在我手裏。我沒有當過兵，從來不曾拿過槍，連這種無害的槍也沒有拿過。他教我怎麼上子彈，怎麼瞄準。我試著做了，但那一槍遠遠地離開了靶心。我的手發抖，第二槍也沒打好。他再一次教我怎樣瞄準。槍口又略微高了點。過了一會兒，我感到掃興，放下了槍，使萬楚拉挺傷心。

眞遺憾，那個美好的夏天的午後，星期天，萬楚拉也沒有教會我射擊。

茲布拉斯拉夫的火車站在河對岸，大橋的後面。我們經常要等聽到火車在沃拉尼鳴笛，才急急忙忙趕往車站。在沃拉尼，我有過一樁不愉快的事。

卡雷爾・泰格訪問巴黎時，曾會見了日本現代畫家藤田。畫家後來送了他一幅尺寸相當大的素描。這是一幅日本式的白描，但已帶有巴黎現代畫派的風格。非常漂亮，那個日本女人也非常漂亮。觀賞它，我禁不住目中含笑，怦然心動。泰格見我如此讚賞，他稍加思索之後便把它送給了我。他是個好人。我家裏沒有地方掛這幅畫，只得把它捲起來收在櫃子裏。後來，我看到萬楚拉佈置寓所，有幾面牆空著，便決定把這幅畫送給他。我們乘火車來到茲布拉斯拉夫，卻把畫忘在車上了。畫是放在行李架上的。莉達太太聽說後馬上坐進汽車趕到沃拉尼，那是終點站。火車還在那裏，但畫卻不見了。

常有這樣的情況，火車已開走，我們只得步行到斯米霍夫去乘電車，或者等半夜那趟擠滿野營者的車。我並不反對野營者，可是他們的歌聲震得車廂直哆嗦。這，說實話，一點兒也不令人感到愉快。

有一次，火車就在我鼻子面前開走了。那天因為是萬楚拉送我去車站的，他便邀請我同他一起去對面紮維斯特的一家餐廳，他與胡果・馬雷克在那兒有約會。胡果・馬雷克是茲布拉斯拉夫居民，我在布拉格就與他很熟悉。他是鐵道管理局的高級職員，當過兵。他從軍隊生活和其他經歷中積累的趣聞逸事多不勝數，取之不竭。萬楚拉有時愛聽他講故事。馬雷克也愛講。

我們三人坐下後，恰巧游泳場救護員舒拉也到這家餐館來了。他剛關閉了河對岸的游泳場。萬楚拉鄭重其事地歡迎他：

「坐這兒來，游泳健將，跟我們坐一起吧。不過，您先說說，每家鄉村酒店裏流浪藝術團體演出的舞臺意味著一個世界，那麼您那永遠濕漉漉、還有點兒朽壞的舞臺意味著什麼呢？您再說說，為什麼您不用高雅的樂器，比如琴或吉他來歡迎您的客人而用滿滿一箱啤酒呢？」

那時候，萬楚拉的小說《多變的夏天》還沒有寫出來，可是書中的兩個主人公已和我們坐在一張桌子旁了。萬楚拉筆下的舒拉是這樣一個人物：對世事持略具哲理的、懷疑主義態度。小說中的少校則與胡果・馬雷克完全一樣，包括他臉上的那顆疣子。這兩位主人公富有說服力地證明，在茲布拉斯拉夫的天空下，萬楚拉的生活是恬適的。阿爾諾施特和他那可愛的安娜的故事，是作者的虛構。三個主人公中的第三個，大教堂神父，天曉得是從哪兒來的。我想不會是茲布拉斯拉夫當地吧。

我們在樹底下坐了很久。透過樹冠空隙投下的月光，把馬雷克那些騎士式的傳奇故事映襯得綠瑩瑩的。馬雷克很樂意把這些故事從記憶的深泉中掏出來。即使是舒拉游泳場上的簡單見聞聽來也挺有意思。舒拉對人和魚都有深刻的瞭解。萬楚拉常說，從茲布拉斯拉夫到沃拉尼，河裏有什麼魚舒拉瞭若指掌，早晨問他要一條狗魚，晚上你的烤鍋裏准有狗魚滋滋作響。

萬楚拉也喜歡講故事，只是不常。他在附近的達弗列度過了幸福的童年。那天晚上他講的一個故事我記得很清楚。

那是收穫季節，烈日如火。一輛四輪大車顛簸著咯吱咯吱緩慢地行進。車上高高地堆著割下的莊稼，高堆上面坐著一個長工和一個姑娘，他們帶了個慶豐收的花環給主人送去。大車進了院子，他們開始卸車，把糧食收進糧倉。車子旁邊圍著一群慶豐收的人。當姑娘用叉子叉起一捆麥秸送出去時，麥捆勾住了她的裙邊。天氣炎熱，她沒有穿多少衣服。對於長工來說，這無異於突然的鼓勵，他扔下叉子當著眾人的面就擁抱起姑娘來。姑娘也不怎麼抗拒。在人們的一片喧叫聲中，他推倒姑娘縱情同她親熱了一陣之後才卸車，主人才拿到了花環。

對於情愛，萬楚拉是從一個鄉村醫生的角度來理解的，同時又不乏詩人的深刻感。他本人道德高尚，爲人正直。靈魂上沒有半點汚垢。像他的外衣一樣。他的男子風度優雅自然，毫不做作。

甚至發生過這樣一件事，一位小姐在他的診室脫衣服，脫的方式不符合醫生工作室的要求，他便果斷而很有禮貌地把她請出了診室。他常說他可以當一名回教閨閣僕人而讓男主人完全滿意。

在紮維斯特度過的那個夜晚啊——可惜只是人生不常有的轉瞬即逝的片刻。然而，正是這幾小時的片刻卻也使我們因此而熱愛生活。在布熱讓小河的某處，在哈萊克紀念碑附近，一隻夜鶯築了個窩。月光明亮得足以讓你在草地上撿起一枚大頭針來。河水靜靜地蘇蘇流淌，美得像一個女人，一個我們剛剛愛上的女人。

火車在沃拉尼鳴笛了。我還有短暫的片刻時間。

不久之後，萬楚拉夫婦有了個女兒。起初，兩夫婦爲她夠操心的，嬰兒患過重病。但後來這孩子卻長成爲一個非常可愛的小姑娘，使周圍的人快樂。萬楚拉家的房間中心放著一張很大的拿破崙時代造型風格的桌子，桌面架在幾根鍍金女像柱上。女像柱這個詞兒從小姑娘的嘴裏說出來就帶著唯獨兒童才有的魅力。她的說話整個兒就像文藝復興時期繪畫上圍在聖母裙邊飛舞的小天使的啞啞學語。就爲這個家庭的最小成員，也值得我們大老遠地到斯米霍夫車站去乘火車上茲布拉斯拉夫。雷克則以自己的方式，狗的方式愛她，儘管有時候她的小手指要去捅它野性的眼睛。

簡言之，那裏的日子就正像肯尼斯‧格雷厄姆❻為兒童寫的一本書裏田鼠唱的副歌那樣：

「他們歡歡喜喜地過了一天。」

完全擺脫了醫務工作之後，萬楚拉一心撲在寫作上，非常勤奮。莉達太太承擔了地區醫療和私人診所的全部事務。我們可以作證，她不僅勇敢地挑起了這副重擔，而且始終精神愉快。

萬楚拉當然心裏很不安。當他看到候診室裏坐滿了病人時，他感到十分內疚。不過，我認為這內疚完全沒有必要。莉達太太除了希望丈夫能夠安心工作之外別無他求。

萬楚拉一談到自己的妻子就毫不掩飾對她的欽佩，說她待人處事多麼令人折服。他還笑咪咪地講了一件她的醫療奇蹟。

一位老大爺走進了診室，耳朵聾得跟樹樁子似的。略一檢查她就發現老人外耳道堵滿了耳垢。莉達太太給他處理時，注意到他的眼鏡突然閃出了光芒，只聽得他欣喜地叫喊道：大夫，我聽見小提琴聲啦！此後他就滿茲布拉斯拉夫給這位女大夫揚名，說她有著怎樣一雙金子般的妙手！

這時候，旋覆花社已開始逐漸解體。這個團體的成員來自各種不同的藝術部門，他們現

❻ 肯尼斯‧格雷厄姆（一八五九—一九三二），英國作家，以寫幽默作品與兒童文學作品著稱。

在已不需要一個統一戰線的社團來保護。本已鬆散的紀律，也開始成爲他們的障礙。建築師，電影和戲劇藝術家，音樂家，最後甚至創建它的藝術家都一個個不聲不響地離開了。卡雷爾・泰格則把他的全部時間和大部分興趣獻給了建築和藝術理論。

這一團體的解散當然完全合乎規律。旋覆花社已圓滿地完成了它的使命。它那友好的、卓有成效的藝術氣氛，曾薰陶了兩次世界大戰之間那一代的大部分成員，他們以重要的作品豐富了文化界。即使老一代的藝術家如約瑟夫・霍拉的詩，也可以看到詩歌主義的痕跡，儘管爲時很短。團體解散了，可是影響卻很明顯，甚至到後來，甚至到今天，我們還能看到。

第二次世界大戰爆發前夕，我們又常在布拉格見到萬楚拉了。新戰爭以快速的襲擊在步步逼近。作家們需要越來越經常地聚在一起，以表明自己激昂的反法西斯決心和對民主的忠誠。納粹入侵奧地利之後，民主制度已受到嚴重威脅。萬楚拉參加了所有這類活動，他總是最積極的一分子。

茲布拉斯拉夫恬適的美好日子已將結束，不久那個潮濕、下雪的一天便來到了❼，納粹軍隊佔領了布拉格和整個共和國。

對於萬楚拉和許多人來說，這一天並不只意味著沉痛的屈辱，它也意味著希望的號召，

---

❼ 指一九三九年三月十五日。

主要是起而戰鬥的命令。戰鬥是艱難、殘酷、漫長的，萬楚拉沒有能看到它的結束。

我們聚集在勞動合作出版社編輯部親切的屋頂下。這個出版社當時是最大的出版機構之一。由於經營現代化，那些年它的出版量也是最大的。合作社當時有五萬成員，出版社大部分書籍的出版量也是這個數。然而，會議並不僅僅爲了書。會上也解決財務方面的問題。編輯部成員中有幾個人在民族大街經營「美麗齋」，生意興隆。雅羅米爾·庸❽常輕蔑地把他們叫作掛羊頭賣狗肉的。他這麼說倒也並不完全合理。但在那樣的時刻談論這類事情，不免令人感到厭煩。我常坐在萬楚拉的旁邊，有一次我看到他用鉛筆尖把一個個揉皺的小紙團往桌面的縫隙裏嵌。我一本正經地問他，這是幹什麼。他看了我一眼，同樣一本正經地回答我說，他在補牙。

我很喜歡回憶這些會議。我們沒有在那裏虛度時間。會議也不枯燥乏味，不如說恰恰相反。那裏不乏興高采烈的時刻，那便是當社長采爾曼把勞動合作出版社的一本還散發著印刷廠香味的新書放到桌上的時候。

編輯部當時出版了兩部重要作品：普利茨卡的《捷克年》，配有卡列爾·斯沃林斯基❾的

---

❽ 雅羅米爾·庸（一八八二—一九五二），美學及造型藝術教授，二〇年代寫過反對戰爭的短篇小說。

❾ 斯沃林斯基，一八九六年生，捷克版畫家、畫家。

插圖，以及萬楚拉的《捷克民族歷史畫卷》，一部傑出的「對生活、戰事和治學精神作忠實記錄」的巨著。

普利茨卡的《捷克年》有四冊，它不僅受到合作社社員自發的歡迎，而且在其他讀者中也很暢銷。在編輯部談到這部作品時，萬楚拉認爲這本書的編排不能令人滿意。對民歌素材的處理缺乏科學性，而民歌素材，我們知道，幾乎是取之不盡的。不過，這本書他還是接受了，因爲它爲斯沃林斯基提供了一個展示繪畫才華的機會。書中充滿了魅人的插圖，它們那麼富有捷克味，恰如馬奈斯❿和阿萊什的畫一樣，看了不由得不喜愛。

德國的佔領，使勞動合作出版社像其他出版社一樣面臨許多無法解決的問題。在有一件事情的處理上，我們可以充分看到萬楚拉的道德立場和品質。

布拉格的某出版社用不光彩和不合法的手段從我們手裏搶走了一部值得注意的美國小說的出版權。這部小說不僅會帶來經濟效益，而且會大受讀者的歡迎。這是當時還能在我國出版的最後幾本美國書籍之一。我們幾乎已經取得了出版該書的許可證。如果提出法律訴訟，勞動合作出版社准會獲勝。但萬楚拉反對這樣做。他認爲捷克出版商去同保護國⓫當局打交

❿ 馬奈斯（一八二〇—一八七一），捷克著名畫家。

⓫ 納粹佔領捷克斯洛伐克後，宣佈捷克與摩拉維亞爲保護國，海德里希爲這個保護國的最高長官。

道有失尊嚴。儘管其他人在這個問題上還有一定的猶豫，他堅決貫徹了自己的主張。最後，這部小說兩家出版社都出版了。

現在還有什麼必要保密呢，那是史坦貝克的《憤怒的葡萄》。勞動合作出版社素有面向讀者的習慣，徵求讀者意見，瞭解他們的希望和愛好。合作社成員對此很感興趣，主編的辦公桌上堆滿了來信。在納粹佔領時期，讀者們希望看到愛國主義的讀物以激勵人們愛祖國愛民族，加強對納粹暴行的反抗，驅散頭上的烏雲。有的讀者要求再版帕拉茨基的《歷史》⑫，另有讀者呼籲出版伊拉塞克⑬以及讀者本已不感興趣的特謝比斯基⑭的作品。

爲回應讀者這種可以理解的願望，萬楚拉的《捷克民族歷史畫卷》過了不久便問世了。這本書的產生起初並不容易。開了幾次氣氛活躍的會議之後，我們決定由勞動合作出版社出版一部小說型的眞正的捷克民族史。這種小說內容當然必須嚴格限制在不失歷史眞實的科學範圍之內。方案於是明確了。

---

⑫ 弗朗基謝克·帕拉茨基（一七九八—一八七六），捷克歷史學家，著有《捷克和摩拉維亞的捷克民族史》，簡稱《歷史》。

⑬ 阿洛依斯·伊拉塞克（一八五一—一九三〇），捷克作家，以寫長篇歷史小説著稱。

⑭ 瓦茨拉夫·貝內什·特謝比斯基（一八四九—一八八四），捷克作家，著有一系列的歷史小說。

我們就這件事剛剛達成一致意見，大家的目光便一齊落到了萬楚拉的身上。儘管起初我們沒有想到要出多冊本，想的是一整冊。萬楚拉推辭了。他正要動手寫一部醞釀已久的長篇小說，書桌上已放著準備好的紙張。他建議選幾個作者分擔，他本人可以寫序言，並擔任全書的編排。

誰寫什麼部分，我已記不清了。我只知道卡雷爾・諾維⓯選擇了胡斯時期和瓦茨拉夫四世。而編者分派給我的，眞糟糕，是盧森堡王朝。我相當大膽地接受了這個選題。我無法拒絕萬楚拉，可是我打心底裏相信，我會擺脫這個任務的，我不會去寫我無法承擔的又豐富又多姿多彩的查理王時期。我相信他們會找到比我合適的人。雖然我對查理四世非常感興趣，也曾多次貿然凝目注視他那四個妻子，但這一王朝主題我肯定不能勝任。況且，我也不是散文家，過去和現在都不是。我深知自己能力不足，可是我不願意馬上提出來，不願打一開始就讓萬楚拉爲難。他的困難已經夠多的了。他只是由於意識到迫切需要這樣一部作品，才擔負起這個艱難任務的。

幸而他素來愛好歷史，是古代編年史的勤奮讀者。彼得・希塔夫斯基寫的一部古代編年史，還寫到了他的茲布拉斯拉夫哩。萬楚拉很可以爲自己的歷史知識自豪。有一回，我和霍

⓯ 卡雷爾・諾維（一八九〇—一九八〇），捷克小說家。

拉到卡雷爾・恰佩克家去作客，卡雷爾告訴我們說在一次星期五的聚會上，萬楚拉就捷克歷史的意義問題同共和國總統馬薩里克爭論了將近兩個小時。馬薩里克對任何有實際意義的爭論都熱忱歡迎，萬楚拉也未始不樂意這種方式的交談。那可眞像聽一首地道的協奏曲呵，恰佩克還補了一句。

我所以提到這件事，是想說明萬楚拉對捷克歷史造詣很深，但是爲了勞動合作出版社準備出版的這本書，他還是邀請了三位與勞動合作出版社較爲接近的年輕歷史學家同他合作，希望他們一方面檢查工作，補充必要的材料，另一方面幫助他把大量的資料分門別類地整理一下。萬楚拉與這些歷史學家合作，顯然是關係到貫徹他一向公開表明的現代世界觀的問題。沒有這樣的世界觀而要撰寫現代歷史著作，在他看來幾乎難以想像。

事實證明萬楚拉創作這部作品時選用歷史畫卷這一表現形式非常成功。沒過多久，也許還不到兩星期吧，萬楚拉打電話給我，說是想把序言的頭上幾頁讀給我聽聽。

我連忙趕去見他，地點在斯巴萊納大街的耶齊什卡餐館。那是我們在勞動合作出版社開完會之後常去的地方。他想在手稿交給歷史學家之前，先讓我聽聽。我們坐在過去聶魯達常坐的角落，萬楚拉開始讀了。

那些離我們而去的人，我們最先忘記的往往是他們的聲音。可是萬楚拉那粗魯中帶著柔和、稍微有點兒沙啞的悅耳嗓音，我卻至今總能在回憶時聽到。那天，我無疑是領略這篇序言中優美崇高詞句的第二人——因爲萬楚拉總是首先把手稿讀給妻子聽的：

「在悠遠的古代，這片著名疆土的北部邊界森林鬱鬱蔥蔥，森林朝著廣闊的世界縱橫伸展，伸展……」

儘管我對萬楚拉的文采深有所知，卻仍不免爲之傾倒。我越聽就越是深刻地感覺到，這本書必須由萬楚拉獨自來寫。他讀的時候流露出一種發自內心的濃厚興趣和眞摯的熱情，我毫不懷疑他會同意接受全書的撰寫工作的。我於是有點兒狡黠地建議他在勞動合作出版社的會議上，把這幾頁手稿重讀一遍，我們把卡雷爾・諾維也請來。萬楚拉表示同意。在最近的一次會議上，他又一次讀了他的序言。

我們聽了他的朗讀，結果一如我的預料。卡雷爾・諾維，萬楚拉忠實的老朋友，第一個站起來發言，他驚歎文章寫得這樣美。他說，有了這樣一篇序言，別人不可能接著寫下去，萬楚拉唯有自己在這絢麗的華章之後接著寫，把全書完成。我也壯著膽子附和諾維，由於我已確知萬楚拉對這項工作入了迷，我便表示贊同讓萬楚拉爲該書的唯一作者。事情也果然這樣定下來了。萬楚拉雖然對這項意義重大但又非常艱苦工作不免有所畏懼，可是他沒怎麼再推諉。他已被深深吸引。最後他同意了，很快就接著寫下去了。

我也很快告別了親愛的查理四世和他的四個妻子，當我第二天走過查理士大橋時，我彷佛看到皇帝陛下在橋頭塔樓的面牆上揮動著權杖朝我微笑呢。

該書的出版日期說明作者寫得多麼快，工作多麼努力。第一卷於一九三九年出版，第二年出了第二卷。第三卷剛動筆就被考比利斯刑場的排槍結束了。捷克最偉大的詩人之一的美好聲音一下子沈默了。

這本書的產生，從開始談論設想到現在，已經過去了四十年。這四十年在我國和整個歐洲都裝滿了大事件，滿得都要溢出來了。

然而，萬楚拉的這部殘缺不全的巨著卻高聳捷克雲霄，我們滿懷崇敬和愛來到它面前。我們不知道萬楚拉的墳墓在什麼地方，我們只能在這部著作面前脫帽敬禮。

勞動合作出版社已經不存在。成員們散的散，死的死，可是我在這裏還想說幾句以誌紀念。當年，它是一家出色的現代化企業，而且是進步企業。需要特別指出的是，它對待作者的態度親切友好，在它存在的漫長歲月中，我不記得它與作者發生過什麼糾紛。其實，這在它的出版方案中已是規定了的。

萬楚拉本人從不把稿酬問題放在心上。就我所知，他從不曾對此感到特殊興趣。可是，對於三位歷史學家的稿酬，他在會議上卻極力強調要盡可能從豐。這一點我清楚，是我親耳聽到的。結果也的確這麼辦了，我聽萬楚拉說，三位歷史學家感到滿意。

《畫卷》不久前出了第十版，不料過了四十年那幾個歷史學家卻出來說話了。不是三個全出來，其中有一個，我想是主要的那個，已經去世。據稱，他們與萬楚拉的合作沒有得到充分的評價。說當時的合作非常深入。說實際上已不是合作而是合寫。因此他們起訴今天的出版社，要求補償過去的損失。

一九七六年六月，我被傳到布拉格一區地方法院出庭作證。

好吧，要我說說弗拉迪斯拉夫・萬楚拉是怎麼同當時尙年輕、現在已年老的歷史學家合作的嗎？

據我所知，我對法官說，情況大概是這個樣：

當阿洛依斯・伊拉塞克決定寫一部他著名的歷史小說時，他多半是從寫字桌旁站起來走向他的書架。他很容易就會找到帕拉茨基的《歷史》，也許閉著眼睛就能找到。他從書架上抽出有關的那一卷，找到他需要的那幾頁，抄下他需要的資料以及與他考慮成熟的主題相關的有用資料。然後，他提筆蘸上墨水開始寫起來。

萬楚拉動手寫《畫卷》時，情況顯然也是這樣。除了帕拉茨基的《歷史》之外，他也參考歷史學家爲他準備的材料。然後，他打開打字機，開始工作。

對此我還想補充一點：正如伊拉塞克絕對不會整段整段抄襲帕拉茨基，萬楚拉當然也絕對不會。也就是說，如果萬楚拉感覺到他的作品不是從頭到尾、甚至連標點符號在內，全都出自他本人，他無論如何不會容忍在書名上只署他自己的名字。也許我這論斷從理論上講算不得證據，在法律面前沒有法律價值。可能是吧！但是，我斷言，這一訴訟怎麼說都是對已故詩人的侮辱。捍衛萬楚拉理所當然的著作權，這在我看來簡直荒謬絕倫。

萬楚拉高尚、偉大的人格至少對於我們，他的朋友，以及其他讀者來說，比可能被人利用或濫用的個別法律條文更爲重要。這畢竟不是馬販之間打官司！

弗拉迪斯拉夫・萬楚拉是一位文體巨匠，他還發明了——如果在文學上也可以這麼說的話——一種新的、他人絕對無法效仿的獨特風格。他是唯一的，獨一無二的。

因此，有什麼理由要在自己的段落中裝進別人提供的文字呢？有這個必要嗎？他也許寫得不很輕鬆。他的文筆也許較爲艱深。可是，他寫得好極了！他那時正處於創作和生命的高峰期。每一個稍有水平的讀者，都能輕而易舉地識別出他的文本中的外人筆墨。如果我是那幾個歷史學家之一，能與這樣一位作者合作我將引以爲榮。他是我國最偉大的作家，不僅是兩次世界大戰之間，而且是整個捷克文學中最偉大的，至少是爲數很小的最偉大的作家之一。

只要讀一讀書中內容豐富的寫編年史家科斯馬斯⑯的那一章就足夠了。關於這個人物，幾位歷史學家除了提供歷史已經確定的一些乾巴巴的資料之外，還能告訴作者什麼呢？從這

---

⑯ 科斯馬斯（一〇四五—一一二五），布拉格牧師會教士。他在收集民間故事和古代傳說的基礎上撰寫的編年史，已成爲有關捷克早期封建國家的重要歷史資料。

些資料萬楚拉卻寫出了那樣機智詼諧、猶如一首協奏曲似的華章來！

我這裏就結束我的證詞，我的辯護了。憑我的良知，我認爲這一辯護純屬多餘。面對萬楚拉的遺著，我爲此甚至感到有些羞愧。我爲一件毫無疑問、本該是理所當然的事情在辯護。

我的證詞可以歸結爲一句話。歷史學家也許爲萬楚拉提供了金屬，但把金屬做成首飾的則惟有萬楚拉自己。

生活往往就是這樣。匆匆忙忙，匆忙中失去了許多，爲的只是不停地向前，不停地自我延續。爲了不斷求新，許多事情在被遺忘。然而，許多事情卻會重新閃光，使事物的一致性和連貫性以及人類思維的軌跡歷歷可見。瞬息的雨水沖走路面上的白色標記，但天上的標記華光四射，蠟燭的小火苗在熄滅，但烈火將升起，將重新熊熊燃燒。

萬楚拉是我有可能和有幸與他交往的偉大的捷克人之一。我從尊敬他進而熱愛他，缺乏的僅是未能自始至終忠於他。

他是一個對人間的光榮和愛，對藝術的恢弘和力量，都持有卓越見解的人。他高尙、勇敢。他勇敢，因爲他高尙而且善良。他是一個懷著民主之心的貴族。

蓋世太保盤踞的佩切克宮儘管圍牆很厚，消息還是傳了出來。他受盡了折磨，他以沈默作回答。他的沈默與消極毫無共同之處，即使備受酷刑他也表現得英勇不屈。

今天無疑難以想像無數一步步走向死亡的人當時心裏在想些什麼。在生命的最後幾秒鐘他們在想些什麼，要說些什麼。我自己都不知道如果我處在這種情況，我會怎麼做，怎麼想。然而，我似乎甚至敢於斷言萬楚拉是怎麼做的。他的整個一生已經對此作了提示。在這最後時刻，他的表現就正像我們瞭解他的那樣。沈默，蔑視。即使他看到槍口怎樣在舉起來對著他的心臟，他也依然正直，勇敢。

可惜，這種偉大的爲人之道，例如在任何情況下都始終表現勇敢，即使在面臨死亡的時刻也然，這種偉大的爲人之道，萬楚拉也沒有教會我。

波希米亞最後一篇聖誕故事

我提筆寫下這幾頁的時候，春天潮濕的、充滿了各種芳香的空氣，正流水般從敞開的窗戶裏淌進來，淌到我的桌面上。丁香花開得正盛。可是，令人心曠神怡的春天卻並不妨礙我寫一個冬天的主題。也許有人想，我的窗外准是銀光閃閃的積雪波浪起伏、街上行人的腳下嘎吱作響、氣溫在零度以下吧。哪兒的話！就在剛才，女兒還給我送來了幾枝碩大無朋的中國牡丹，插在我的案頭哩。在這方面我跟弗拉迪米爾·霍朗很相像，他在一封信裏寫道，剛過元旦他就盼望著耶誕節了。我喜歡這個節日，哪怕在炎炎盛夏的河灘上，我也會喜悅地遐想耶誕節田園詩一般的美麗畫面。因此，盛開的丁香又有何妨呢？

小時侯，我如饑似渴地閱讀所有能讀到的聖誕故事：《民族政治》報的星期日副刊，維利麥克風趣的日曆，還有耶誕節前郵遞員殷勤送來的郵局出版的小冊子。每一首慶祝聖誕的小詩，每一句親切的賀詞，甚至每一支聖誕蠟燭的可憐的小燭光都會使我感動。

郵局小冊子上刊登的聖誕故事中，有一篇我至今記憶猶新。那是七十年前讀到的了。上帝啊！七十年前！

這篇故事簡單到令人唏噓，不過，我還是講一講吧：有位大叔，至少在伊欽斯卡人們都這樣叫大叔，喜歡坐在飯館裏喝啤酒，經常喝到很晚。有一次甚至把耶誕節也給忘記了，年輕的妻子徒然在家等待他。深夜，他回家了，天正下著大雪，白皚皚地覆蓋了一切。醉漢步履蹣跚地走在白茫茫的公路上，到後來竟昏頭昏腦挨著一根電線杆坐了下來。他雙手摟著電線杆，臉貼在塗了保護劑的杆子上，睡著了。可是過了不多一會兒他忽然聽到電線杆裏傳來了說話聲。是他妻子的聲音！正同年輕的看林人說話哩。她對看林人說，只管放心來吧，丈夫不在家，肯定還要過很久才會回來，他們兩個可以單獨在一起！醉漢馬上驚醒了。他站起身，盡兩條腿能搬動的速度急急忙忙趕回家。故事以斯特羅夫繪的一幅插圖結束：醉漢跪在妻子面前，頭埋在她的懷裏，妻子滿意地微笑著。

於是：祝節日幸福、愉快！

故事既愚蠢又簡單，對吧？是的，確實是這樣！然而，言歸於好的故事結尾和它的耶誕節氣氛當年曾使我很喜歡。這本小冊子我後來經常想起，有時是在相當巧合的情況下。也許正是這個緣故我才沒有把它忘記吧！

人們早已不寫聖誕故事了，不知怎的不時興了。時代已經不同。當然也由於耶誕節已不再是我年輕時的那個樣子。雪下得不那麼大、那麼漂亮了，人們不再去教堂做基督降臨節的早禮拜，耶誕節也不再是人們得以安靜地、虔誠地沉思默想的日子。誠然，聖誕樹依舊裝點著燭光，這不錯，但人們已不再站在它的旁邊唱聖誕歌。電唱機一開，一對對的年輕人跳起了現代舞。晚飯後，人們不再喝香噴噴的高甜度的潘趣酒。而是喝厲害得多的飲料。今天還有誰會去閱讀聖誕故事呢！

可是我卻下決心要大膽一試。這也許將是波希米亞最後一篇聖誕故事了。就如同舒馬維山上的最後一隻狗熊。不過，我這樣說豈不過於自負？那就別再浮想聯翩，還是開始講這個故事吧。

過去，在布熱弗諾夫高地，在我們住的那條街上，有一座別墅。直到不久以前，那裏曾經是個規模不大的小小爬蟲養殖所。別墅就在我家對門，因此作爲鄰居我們同養殖所裏的人熟悉起來並不困難。別墅的結構由兩部分組成，另外那部分是一座受保護的巴洛克式朝聖小禮拜堂。別墅有很大的花園。在養殖所工作的已是兩代人：弗朗基謝克·科爾納利克博士和他的兒子弗朗基謝克。科爾納利柯娃太太也給他們幫忙。他們飼養蝮蛇，從蝮蛇牙齒中取蛇毒供應製藥工業，自己也用它做抗癌藥物實驗。在明亮、寬敞的地下室擺放著約莫二十個蝮蛇飼養籠。我前去參觀時，起初不免感到失望。蝮蛇一動不動，睡著了。有時我觀看科爾納利克一家怎樣取蛇毒，瞧著他們那樣靈巧地擺弄毒蛇，委實令人不勝驚佩。他們把蛇拿在手裏，迫使它將毒涎滴在一個承接的小碟子裏。那是二、三滴黃水，在小碟中凝成結晶體。科爾納利克博士的手指上有時纏著紗布，可是他含笑向我保證說，他們一家人都打過防疫針，只是蛇毒浪費在手指上可惜了。他喜歡蝮蛇。

我們這家鄰居可算是忠貞不渝的動物之友。他們酷愛一切活東西，愛得出奇，對動物有一種發自內心的需求感。他家門前經常有兩條猛犬臥在那裏曬太陽，活像守衛王國大門的一對獅子。烏黑的嘴巴，吐出玫瑰紅的舌頭，模樣兒確實漂亮。科爾納利克的住所裏也到處是活東西。幾隻魚缸，養著珍奇的金魚和惹人愛的、琥珀色的小烏龜。前廳的一角搭了個狗窩，那裏的一塊牆皮被幾條狗蹭得烏光油亮。

布熱弗諾夫的男孩子們到附近的田野捕捉小老鼠送來餵蝮蛇，以此換取一睹蝮蛇的機會。科爾納利克家收到的不僅有老鼠，還有普通蛇。一次，他們出外了，郵遞員過來按我家的門鈴，要我代他們收下幾隻匣子，匣上赫然寫著：注意，蝮蛇！郵遞員對我們說，能擺脫這幾個郵包他很高興。科爾納利克家取走郵包時，我們也很高興。

科爾納利克博士有一次遇到的事情雖然有趣，但肯定不怎麼愉快。他用空糖盒從血清疫苗研究所裝了滿滿幾盒小白鼠拿回家去餵蝮蛇。上了電車，他將盒子放在膝蓋上，泰然自若地坐在那兒。不料小白鼠悄悄咬穿盒子，不一會兒便統統跑了出來，滿車廂快樂地奔跑。乘客們可亂作了一團，尤其是婦女，就差從行駛著的電車上跳下去了。另有一些乘客則七手八腳地捕捉小白鼠。這些小動物爲了作實驗，身上塗了不同的顏色作爲標記。這樣一來看著雖然別致異常，可是更增添了乘客們的恐懼，他們以爲這是某種可怕病毒的標誌。最後一切總算順利收場。小白鼠一一捉拿歸案，乘客們安靜了下來。

觀察蝮蛇籠裏老鼠如何行動是很有趣的。小白鼠在蝮蛇頭邊若無其事地跑來跑去，它們從未見過蝮蛇。可是田鼠卻驚恐地瑟縮在一角，它們身上自古以來就有了懼怕蝮蛇的遺傳因數。可憐啊，籠子裏電燈亮了，燈泡發出的灼熱氣流一下子把嗜睡的蝮蛇弄醒。於是一切便發生在轉瞬之間。蝮蛇以閃電般的、幾乎難以覺察的動作，咬傷了老鼠，然後靜待老鼠抽搐、痙攣，過了一會兒才開始把它吞下肚去。我想說這景象十分悲慘。可是，我們人類有什麼權利說它悲慘可怕呢？有什麼權利呢？

有一次，不知哪位熱心的饋贈者給科爾納利克家送來一條蛇。科爾納利克博士告訴我說，這是金色黃頷蛇。我查閱了佈雷赫姆大百科，得知它叫埃斯枯拉皮俄斯❶黃頷蛇，俗稱金蛇或黃蛇。這條蛇對於科爾納利克來說沒有什麼用處，因此他拿到花園裏放生了。不料第二天街上一片驚恐，說是科爾納利克家的蝮蛇逃出來了。人們揮棍一陣亂打，活活把一條可憐的、沒有防衛能力的蛇打死了。科爾納利克博士爲此不勝惋惜。那是一條漂亮的蛇，在我國相當

---

❶ 埃斯枯拉皮俄斯，希臘神話中的醫神，其聖物爲蛇和公雞。

名貴，白白給糟蹋了。

如果說科爾納利克這家人對蛇毒有免疫力的話，他們對音樂可絕對沒有。他們經常上布拉格聽音樂。在他們的友好屋頂下，除摩多洛的醫生們常來聚會之外，一些著名音樂家也是這裏的常客。鋼琴家帕南卡和大提琴手約瑟夫·胡赫羅是他們的朋友。來此作客的還有和藹可親的安切爾和令人難忘的、同我也很熟悉的小提琴家拉迪斯拉夫·切爾內。切爾內不僅是卓越的音樂家，而且是一位好廚師。他不僅精於運用琴弓，也同樣精於運用攪拌棒。他做的晚餐享有盛名，深受大家的歡迎。常去科爾納利克家的尙有多比阿什、斯麥達切克和其他幾位。

然而，茲爾紮維卻是從另一條道路來到他家的。茲爾紮維懷疑自己患了癌症，今天不妨說說，他的懷疑並非毫無根據。他上科爾納利克家打聽蛇毒治病的事兒。三天後當他向我敍述去布熱弗諾夫的情況時，目光中仍有驚恐之色，神情很激動。

他坐在桌旁正同主人友好地說著話兒，卻忽然大吃一驚，霍地從椅子上跳了起來。原來離桌子才幾步遠的地面上，一條活鱷魚正臥著曬太陽呢。陽光從窗戶裏射進來，照在它的身上。

我剛才談了科爾納利克家飼養的動物，卻忘了提一下鱷魚。原來他們就在自己的住所裏養了一條鱷魚。廚房的工作臺下面放著一口包了洋鐵皮的大木箱，裏面盛著水，養了一條小鱷魚。儘管它個子不大，但也足以使親愛的茲爾紮維大驚失色了。是陽光把它從木箱裏引了出來，桌子底下顯然缺乏陽光。

這件事茲爾紮維講了很久。他認眞相信科爾納利克家可能要出事。他們一再向他解釋，說這是一條小鱷魚，沒有危險性，可是他不信。說心裏話，鱷魚那一口漂亮的牙齒我也不怎麼放心哩。

至此我終於言歸正傳，要講我的聖誕故事了。故事並不長。

大約是戰後第二或第三個耶誕節吧，情況有些特殊。節前兩天，我還在小花園裏種下了鬱金香和水仙花的球莖，是一位朋友送來的，送得遲了一些。耶誕節那天早晨，我剪掉了花圃裏幾朵枯萎的月季花。鬱金香和水仙到春天開得很漂亮。月季則在節日期間怯生生地開著花。那一年的耶誕節就是這樣。一點也不冷，壓根兒見不到雪。那是潤濕的、秋天般的十二月。十一月裏，聖馬丁節那天飄過一點雪，但只有那麼一點兒，然後就再也沒有了。此外戰後供應差，商店一半是空的。絲毫談不上歡樂氣氛。

每到耶誕節，我總喜歡在白雪覆蓋的布熱弗諾夫街道上散步。當布拉格的積雪早已融化，我們布熱弗諾夫卻還是一片雪白。我喜歡一路走，一路觀看人家的窗戶。窗內，聖誕樹黃昏時分就點亮了。這樣的傍晚十分動人，使我滿心歡喜。然後坐在火爐旁，喝著茶回想很久以前家裏過耶誕節的情景，那又是多麼愜意！

那一年魚也很少。節日的傳統菜鯉魚一向是擺在人行道上出售的，現在要排長隊。科爾納利柯娃太太站了長時間的隊，好不容易買回一條三公斤重的大鯉魚。她像往常一樣，把魚養在洗澡間的浴盆裏。我們住在日什科夫時，大部分家庭都沒有洗澡間，買了魚我們就放在洗衣板上，擱在廚房裏。因爲放在陽臺上魚會凍成冰的，這是說那年頭天氣還很冷。殺鯉魚照例是男人幹的活兒，由爸爸擔任。我也幹過，可是非常不喜歡。

耶誕節快到了。科爾納利克博士殺了鯉魚，拿進廚房。在那裏，科爾納利柯娃太太磨好了刀，正準備掏淨魚內臟，把魚切成段。然而，就在這當口桌子底下卻響起了低沉的撞擊聲。原來是鱷魚用尾巴敲打著木箱，並且開始吠叫。吠叫聲起初不大，可是過了一會兒它就發瘋似的連聲狂吠起來。科爾納利克夫婦給這位尼羅河來的夥計扔了些吃的，就是平時餵養它的飼料，但吠聲並未停止。鱷魚同詩人熱拉爾·德·奈瓦爾❷牽著散步的螃蟹不一樣。詩人說他的螃蟹不像狗那樣汪汪叫，卻瞭解海的秘密，科爾納利克家的鱷魚瞭解尼羅河的秘密，卻叫得跟兩條狗那樣凶。

他們於是把鯉魚拿開，拿到鱷魚的靈敏嗅覺聞不到的地方，可是無濟於事。廚房裏顯然充滿了富有刺激性的魚香，鱷魚依舊狂吠不已。

---

❷ 奈瓦爾（一八〇八—一八五五），法國文學中最早的象徵派和超現實主義詩人之一。

情況持續了好一會兒之後，科爾納利柯娃太太抬起探詢的目光望望丈夫。科爾納利克博士默默地點了點頭。她於是把鯉魚端來，倒進桌下的木箱。吠叫立即停止了，但聽得一陣咯吧咯吧鱷魚咀嚼鯉魚骨頭的響聲。片刻之後鱷魚吃罷了晚餐。科爾納利克家也一樣！

於是，在寧靜的時刻，普天下喜報平安，祝賀耶誕節幸福、愉快。

II 厄俄斯，朝霞女神

引言

從孩童時候起我就常爲光陰的流逝感到悲哀。一年中總有幾個心心念念期盼著的歡樂節日。而等到節日快要來臨時，我又往往因爲它的即將逝去而悶悶不樂。

直至今日，當我陶醉在充滿愛之魅力的春季時也還總是帶著幾分憂慮。夏天甚至使我感到恐懼，因爲美好的天氣就要離我而去。

我感到幸福的時刻是早春，是積雪下初溶的雪水在腳下淌向四方、雪花蓮尖尖的嫩葉破雪而出的時刻，這是期待和渴望的時刻。二月末，吹拂著我們布熱弗諾夫區山坡的濕潤的風更使我高興得深深呼吸。傳說這風是從克希沃克拉特城堡的一扇大窗戶吹出來的，當年，就是在那扇窗戶的後面，年輕國王查理四世同迷人的勃朗卡公主緊緊地擁抱在一起。在這個時刻我已經期待著受驚的黑山鳥發出的第一聲膽怯的唧啾。它正在尋找托曼之井，以便能開始歌唱。

你看，淡紫色的杏花開的多麼短暫！轉瞬之間它們已變成退了色的婚禮紙屑在隨風飄蕩。接著櫻桃花爭相開放，但花瓣兒隨即像是折斷了的小翅膀，紛紛墜落到草叢之中。

再過短短的幾天，我們就又要等上整整一年才能重新看到滿樹繁花。時光眞是無情。它飛馳而過，你什麼也抓不著，留不住。一切都是匆匆流逝，奔馳的歲月從不理會人們的感傷。爲了喜悅而採擷回家的野薔薇又能對我們微笑幾天？

人在熱戀中才會覺得愛和親吻是至死也不會變的。這種感覺多麼令人陶醉，但又常是多麼的短暫！人在戀愛之初往往不會意識到，愛情在他手心中停留的時間有時比一捧水流過手指縫的時間還要短。

有一年春天，我在一個炎熱的下午穿過布拉格城堡的廣場。從教堂洞開的大門裏吹來一股充滿殘花香味的清涼，這是一次大的宗教節日後留下的香味。我走進大教堂，一直走到古建築部分的聖瓦茨拉夫小禮拜堂。那裏，門半開著。

生活早就告訴我不要去跪著祈求心願的實現。但古老禮拜堂的神聖莊嚴氣氛攫住了我。當時，裏面空無一人。我走進去，站到它那彩石砌成的牆前。彩石散發出的涼氣誘我把臉湊上去。我把臉緊緊貼在牆上，就像貼在心愛的人的臉上。這種涼涼的接觸竟然也是充滿愛意的。

生活中畢竟有一些我們所愛的事物是能夠用我們的雙手和心靈把它們保存下來。因而愛也是有可能始終不渝的。

不僅是禮拜堂的彩石牆或是大教堂的石柱，就連布拉格城堡建在伏爾塔瓦河畔高坡上的舊牆也是如此。

這些牆不僅牢牢地建在牆基之上，它們也紮根在我們的思想和心靈的深處。就我們的壽命而言，它們是永恆的。所以我們熱愛它們。它們的美不會像春天樹上繁花的芳香那樣轉瞬即逝。

心曲

幾年前，某畫報的一位年輕女編輯來採訪我。她把手提包裏裝著的香粉、粉撲、口紅，鑰匙、筆記本和鋼筆一股腦兒倒在我的桌子上，然後又一件件扔回包裏，只留下筆記本和鋼筆，開始與我進行預先約定的談話。她要爲畫報寫一篇關於布拉格的文章。她提出的第一個問題就充分暴露她在新聞工作上還缺乏經驗。她信賴地看著我的臉，天眞地問我究竟是從什麼時候起喜歡上這座城市的。

眞是再巧沒有了！對這個問題，儘管天眞得叫人哭得出來，我卻能準確無誤地，而且十分樂意地回答她。

小時候，我常乘火車到伏爾塔瓦河上游的克拉盧比我的姥姥家去。那裏離布拉格不遠，若是乘快車都不值得坐下。去克拉盧比對我來說總是件非常高興的事情。可是，假期才過去一半我便開始想家，想媽媽。有一天還發生了這樣一件事，我繞過克拉盧比墓地跑到了德伯恩，從那兒踏上公路幹線到了特爾斯柯，連特爾斯柯我也跑過去了，我實在累極了，只得在溝邊的田埂上坐下來歇口氣。就在那一刻，我瞧見她了。那不過是赫拉德強尼❶的一個小小的剪影，並不比當時貼在火柴盒上作裝飾的火花大多少，但對我來說那一刻眞是又驚又喜。我高興得哭了起來，眼淚撲簌簌地滾下來，落到了襯衫的領子上。這場哭，思念和愛的哭，把兩種強烈的感情結合在一起了。直到現在，每當我駕車駛出維諾赫拉德隧道時我便開始想念布拉格。甚至身在巴黎我也想念布拉格，眞沒辦法！

老年人往往愛哭。這是有原因的。生活從來不會美好得總讓人笑顏逐開。有一次我向卡雷爾·托曼❷談起我曾偶爾到過的蒂內茨聖母院。那兒有未建成的哥德式大教堂的壯麗遺址，托曼立即熱淚盈眶。原來，蒂內茨附近正是他的故鄉柯柯維采。

我坐在斯拉維耶咖啡館的窗畔，注視著民族大街兩邊人行道上熙熙攘攘的行人。從前這裏卻是清靜的散步的地方，聶魯達❸也經常在這兒散步。

我可以生動地想像出他的身影。我們都很熟悉他。當年，他可是一個美男子，他的面容無疑曾吸引了不少婦女傾慕的目光。倘若今天他在這裏走過，他的腳步會把沿街的窗戶震響。

---

❶ 布拉格地名，今捷克共和國總統府所在地。
❷ 托曼（一八七七—一九四六），捷克詩人。
❸ 聶魯達（一八三四—一八九四），捷克詩人、散文及小説家、新聞工作者和社會活動家。

是的，肯定會這樣！這是春光明媚的下午，佩特馨公園送來陣陣丁香花的芬芳。

說我們這位著名詩人同時也是布拉格最偉大的詩人，想必不會引起爭論吧。然而，在他的詩作中卻找不到一首以布拉格爲題材的詩篇，連不顯著的例外都沒有。儘管如此，他的全部創作幾乎都散發著這座城市的氣息。聶魯達愛這座城市，在這座城市裏生活。因而直到今天，小城區和赫拉德強尼還洋溢著詩人的個人魅力。聶魯達還不斷地回到那裏去。啊，不！聶魯達從來沒有離開過那裏。你可以到處遇見他，在每一個角落遇見他。無論是在春天還是在寒冬，在炎夏，還是在令人悵然若失的城市的秋天。

有一位評論家在評論我的詩集《披著光明》時，曾指責我的詩一味歌頌布拉格歷史上的美，而對過去貧民聚居、現在工廠林立、工人勞動的無產階級的布拉格市郊，卻漠然無視。這一指責與事實不符，無論現在還是過去我都不是這樣。我必須加以澄清。我出生在日什科夫，布拉格這一郊區，它的如畫景色，它的歡樂、貧窮和憂傷過去和現在都始終在我心中。從前，倘若有人蒙住我的眼睛，讓我從克拉洛夫斯基—維諾赫拉德走往日什科夫，我能準確無誤地說出它們各自的地界。我熟悉那些街道的空氣，我的腳能摸出人行道和非建築地段的街道以及公園，如果那裏有公園的話。我在此當然無意於自我標榜和評價，但無產階級世界在我的詩歌中一如以往是存在著的。雖然與此同時我可能也寫加冕典禮上的珠光寶氣。

我常常站在日什科夫崎嶇不平、陡峭而富有特色的街道上眺望布拉格。在玻璃匠街的拐角處可以淸楚地看到遠處的赫拉德強尼。當我從這個由小店鋪、小飯館、小酒肆和破舊公寓房構成的世界走出來，跨進由歷史的岩石建成的古色古香的地域，把額頭貼在冰涼的聖維特教堂的瑪瑙上時，我心裏的感受也許足以說明布拉格爲什麼令我如此著迷了。

在日什科夫我度過了整個童年和少年時代。時間並不顯得有多麼長。生活太匆忙了。在那裏，我親身經歷過暴風雨般的群眾示威遊行，抗議麵包漲價兩個克雷察爾❹。我記得人們讓我舉個標語牌，牌子上用鐵絲綁著一個圓麵包，在二kr❺上醒目地打了叉。在那裏，我也經歷過暴風雨般的進入維也納國會的選舉鬥爭，社會民主黨與教權派之間的鬥爭。當時教權派的頭頭是臭名昭著的羅德尼茨基神甫。這位教士即使在信徒中也不受歡迎。在他吃力地——因爲他的腰圍著實可觀——爬上佈道台之前，教堂裏的人幾乎走光了。這是媽媽在家裏經常說的。然而，我拉著爸爸的手去的地方卻完全與此不同：去的是社會民主黨的宣傳鼓動站和獨立投票處。這些最初的、印象深刻的經歷引領我幾年後走向離日什科夫不遠的「人民之家」。

日什科夫這個著名的郊區，當年是迅速建造起來的。出於投機，房屋都建在山坡上。斜

---

❹ 當時捷克面值最小的硬幣。

❺ 克雷察爾的捷克文縮寫。

度很大的山坡一瀉而下直通谷底，與具有歷史意義的山崗❻相銜接。這樣一個郊區不言而喻是我少年時代最早、最心愛的冒險之地。從玩小球兒到一次次的一見鍾情，從踢足球到薄暮時分躲在地窖或閣樓旁的初次擁抱。不過，後來到了這樣的年月，伴我同行的已是姑娘的碎步時，我便避開了日什科夫的街道，因爲在我看來那裏已不太安全和可靠。我轉移到佩特聲公園的山坡上，或是寬闊的斯特洛莫夫卡❼公園古樹掩映的幽暗角落。那些古樹上曾經釘著鐵皮小牌子，上面寫著樹木的名稱。

佩特馨，愛情的果園和戀人約會的好去處，從春天起歌聲便在枝頭飄蕩，經過餓牆❽梳理過的清風，把遠至克希沃克拉特樹林的芬芳一路帶到這裏，隨即又席捲果園裏所有花草的馨香，把它們一併散發到布拉格的大街小巷。當夏天的驕陽投射在它的樹枝上時，這個果園光彩奪目，豔麗無比；當茫茫秋霧籠罩布拉格時，果園裏那淡淡的憂傷動人心弦。然而，唯有在春天，在滿山遍野雪白花朵的映照下，這個園子才眞是最美不過了。

---

❻ 即日什科夫山崗，那兒有捷克民族英雄日什卡的雕像。
❼ 斯特洛莫夫卡，意爲：林木茂盛之地。斯特洛莫夫卡公園爲布拉格名勝之一，舊時曾是王家禁獵區。
❽ 布拉格地名。

克拉洛夫斯卡—奧勃拉❾，這個名字在日常用語中似乎太長了點。那就管它叫斯特洛莫夫卡吧！這裏百年名貴古樹的樹濤聲至今不失王家氣勢。林木叢中響起的樂音是那樣深沉，即使是銀絲纏繞的琴弦也發不出來，也非人類語言所能描述。

如果說佩特馨公園不僅能在一瞬間抓住孤獨行人的全部注意力，甚至使情意綿綿相互對視的情侶的目光，也被萬木叢中驀然浮現的赫拉德強尼和小城區魅人的獨特風貌所吸引，以致忘記了接吻，那麼在斯特洛莫夫卡那些有點兒凄清的角落，他們便會深深地沉浸在愛河之中，甚至滅頂也在所不惜。更何況灌木叢中飄來杜鵑花的濃香薰人欲醉呢。

讓我們換個角度來談吧。

一個像我們這樣人口不多的小民族，在危急時刻人們總是緊緊地依偎著本民族的文物古跡和偉大人物的傑出作品。這些偉大人物絕大部分都在我們首都生活過，工作過。他們留在牆上的活生生的影子是抹不掉的。因而在危急時刻，整個民族也會緊緊地依偎著這些牆，它們從來不沈默，從來不死寂。

我警惕自己不要撥動感傷的琴弦，免得奏出什麼舊時代歌功崇德者的濫調。可是，在苦難時期，條條道路通向這個城市，它是唯一的希望之路。當屋頂上響起刺耳的警報聲時，我

---

❾ 即斯特洛莫夫卡公園。克拉洛夫斯卡—奧勃拉意爲：王家禁獵區。

們曾怎樣地爲這座城市的命運、也爲民族的命運顫慄啊。這種依偎名稱很簡單，叫作愛。

感情用種種傳奇故事的輕紗溫柔地蒙在遠遠近近的往事上，這樣做並非試圖歪曲眞相，而是爲了減輕一些命運的重負，幫助身處逆境的人想到美好的日子。不妨回憶一下，卍字旗插在布拉格宮上的時候！

我們現在默默地站在歷代國王的陵墓前。惟有偉大民族的詩人，才有理所當然的勇氣描繪列王的眞實形象。我們只能熱愛他們，或者沈默無言。

外國人，即使出於好心，對我們的這種關係也大多不理解。惟有那些以這個國家爲祖國、以這個城市爲故鄉的人，才能透過非物質的輕紗理解它。

我們這個街道縱橫、民居和宮殿交相映輝、風光迷人的首都，雖然也曾隨著時間的推移而有所改變，有過新的面貌，甚至遭受過烈火的摧殘，它在每個人眼裏卻依舊是那樣魅人，那樣美麗。以巍然高峙的布拉格宮❿和大教堂爲主體，按照秘密年輪的排列逶迤而下，一代代建築師才華的凝聚使布拉格成爲世界上爲數不多的最美麗的城市之一。對於這個民族的成員來說，這是怎樣的欣慰啊！回顧歐洲某些城市不久前的命運，我們不禁更加不寒而慄了。

詩人和科學家的熱情敍述永遠不會終結。我們滿懷喜悅入神地傾聽著描繪這座城市之命

---

❿ 即赫拉德強尼，見三十五頁註釋。

運和魅力的詞句，傾聽著許多離奇的故事，講述它那石質的、由不同風格和歷史風暴造成的獨特面貌。可是，我們今天也在急速地影響著這個城市的面貌，分秒必爭的高速度格外反襯出歷史的雄辯性，而歷史在我們這個並不幸運的大陸的中心⓫，卻是我們的權利和我們百年努力的保證。

就這個城市的名字來說，在我們發音吐字頗爲柔和的母語中，屬於母親、婦女和情人的性別⓬。它確實是我們的母親和情人，常被描繪成一個面帶微笑、亭亭玉立的女子形象。這一情況又在我們同這座城市的關係中，在我們的目光、我們的傾慕和言詞中，增添了更多的柔情。儘管它古老的柵欄曾被戰火薰黑，它的牆表現出男性的堅硬，我們卻喜歡蜷縮在它的花園、果林和僻靜角落的女性溫柔之中。布拉格天空的星星當然並不比歐洲大陸其他都市上空的星星更明亮，更特殊，然而我們至今在這個城市仍能發現一些如此親切的角落，在那裏我們可以整個兒休憩身心，思考生活和徒勞無益的夢想。這些特點我們已習以爲常，視而不見，來這裏的外國人卻看出來了。在別的城市，既無這種可供沉思默想的去處，也無這樣的時間。

⓫ 布拉格地處歐洲大陸的中心地帶。
⓬ 布拉格一詞在捷克語中爲陰性名詞。

現在先別出聲。過幾秒鐘，在我數到一百之前，栗子樹濕潤的、粘乎乎的花蕾馬上要綻開了。我數：一、二、三、四……九十……行！

我說完了。姑娘收拾起鋼筆和用速記法記錄的筆記本，把它們同香粉、口紅、鑰匙放在一起，起身告辭。我以半是朋友半是父輩的身份俯身吻了她的額頭。她愣了半秒鐘，隨後迷人地一笑，親了我的嘴。

這一表示感謝的方式我非常滿意。在我這個年齡，這一微笑對我來說很珍貴了！

托燕小姐

早晨我從來不能美美地睡個夠。經常是詩句把我弄醒了，我也樂意諦聽它那悅耳地沙沙細語。我喜歡清晨的滿天金霞，喜歡睡眼惺忪的親吻。可是急不容緩的詩句抓住我的頭髮把我拉出溫暖的被窩，於是我坐到書桌前寫了起來。其他一切唯有暫時等待了。

另外，我也喜歡在廚房裏寫詩，坐在做菜的桌子旁，儘管妻子在桌上忙碌，拍打肉排，或者往雞肚膛裏塡肉餡，我喜歡聞花朵搗碎後那股淸香。我也常在咖啡館裏寫詩，伏在大理石的圓桌面上。咖啡館裏坐滿了人，煙霧瀰漫。

不過，我將從另一處講起。

從前在日什科夫區的胡斯大街上，每到卡爾林的工廠下工，工人們從我家門前經過的時候，我常會遇見一個模樣兒奇特，但很引人注意的姑娘。我當學生那年頭，婦女們通常不穿長褲，不像今天這樣。

這位顯然是下工回家的姑娘穿了一條粗布長褲，一件絨布短上衣，頭戴掘土工戴的那種帽子，帽簷兒耷拉著，腳上穿了一雙不怎麼美觀的皮鞋。

然而，在她那張微微含笑、男孩子氣的面龐上眉宇間卻有著一種魅人的、溫柔的神采。這張臉即使在笑的時候也不如說帶著幾分悽楚而不是年輕人的無憂無慮。這同她身上的粗布衣裳總有些格格不入。有好幾次我回過頭去注視她，當她發現了並且看出我並非僅僅出於好奇才注視她時，便對我笑了笑。從那時起我們不知怎麼就算認識了，雖然我沒能鼓起勇氣同她搭話。

直到幾年以後，我才知道當時她在某個生產肥皂的工廠幹活，雙手被苛性鹼燒得皮膚開裂、灼痛。有一天，她忽然不見了，我徒然在慣常的時間尋找她。

人的一生中會有那麼一些時刻——這種時刻並不很多——它們留在我們的腦海裏，多年以後依舊記憶猶新。這比一般的難以忘卻更為深刻，過了很久我們仍覺得像是最近才發生的事情。我同泰格的第一次見面對我來說就是這樣的時刻。他那張像是久未刮過的臉，那頂皺巴巴、磨掉了絨毛卻很討人喜歡的帽子——誠如我們後來的朋友米蘭娜·耶森斯卡常說的——他那果斷的手勢和漂亮的黑眼睛，這一切還都歷歷如在眼前。那是在什捷潘斯卡大街的博羅維出版社，是諾伊曼介紹我認識泰格的。我走進去後，諾伊曼頗為笨拙地介紹說：

「這兒又來了一位。儘管他現在還是無名小卒，將來準會是抒情詩人的。你把他收在翅膀底下吧，咱們等著瞧。我這裏有他的幾首詩，看來不壞。」

後來，我同泰格緩步走回去。我們穿過瓦茨拉夫廣場朝古老的斯拉維耶咖啡館走去。可是我們沒有走進咖啡館。「那是芬芳的季節，滿樹繁花，甜蜜得令人暈眩」，民族大街和濱河大道上充滿了佩特馨山送來的種種芬芳。那天晚上連河水也散發著陣陣清香。我們在濱河大道上沿著古老的欄杆漫步，就是恰佩克兄弟經常散步的那條路。兩兄弟當時住在大橋後面，同他們一起散步的還有「老頑固」派的其他成員：茲爾紮維、什帕拉以及建築師霍夫曼。那時我對他們瞭解甚微。泰格給我背誦詩歌，他毫不費力便從深厚豐富的記憶庫裏信手拈來了。這樣，我立刻從他的嘴裏第一次聽到了阿波里奈爾的「密臘波橋」。這首詩我後來在泰格的鼓勵下譯成了捷克文，曾多次在我國被引用。其後他開始對法國語言大加讚揚，給我朗誦——實際上只是低聲吟詠——魏爾倫的一些最著名的詩篇。是的，低聲吟詠。或者不說是低聲耳語，彷彿只是說給自己聽的。直到事後我才恍然領悟，原來他是效仿沙爾達在一次公開朗誦會上的表演——我想那是在馬奈斯館❶，是我所聽到過的效果最好的一次詩歌朗誦會，也許比閱讀的效果更好。我不很喜歡朗誦。可是泰格不如說是將詩句像吐氣一樣送出口來，而每當吸氣時他彷彿吸進的是美和芳香。他的吟詠感情熱烈，但毫無矯揉造作和嘩眾取寵的成分。

---

❶ 馬奈斯館在布拉格，有展覽廳，也有餐廳及其他娛樂設施。

正因爲如此，詩歌內在的節奏才充分表現出來了。我們從斯拉維耶咖啡館到諾沃特尼小橋來回走了很久，每次走近磨坊，壩上的流水聲喧鬧異常，這時泰格便將嗓音提高以便我能聽得清楚。

這些詩句和音韻早已飛進了永恆，泰格的聲音也早已沉寂，但壩上的河水卻至今仍在嘩嘩流淌。

那時泰格的法語已很精通。我後來到了巴黎，對這一語言的優美性有了更深的體會。在巴黎，我甚至覺得市場上的一個普通商販，說話也像在朗誦詩歌。

我一下子就喜歡上泰格了。從那天起，我們幾乎每天都見面，或在他家，或在咖啡館。我發現他的友誼確實於我非常可貴：其他且不說，是他給我打開了進入藝術之境的大門。

喏，旋覆花社的成立已不需要等待多久了。克熱門內茨街的中學有幾名才華出眾的學生，阿多夫·霍夫麥斯特爾便是其中之一。他出身富裕家庭，有點兒嬌生慣養，但不失爲一個好夥伴。他在當時還不算是最活躍的成員。同這些人結識是再容易不過的事情，旋覆花社於是一下子就誕生了。早期成員中還有弗拉迪米爾·什圖爾茨。關於這個組織的綱領和使命我同泰格事先已經擬定。當然我得承認我不過是湊個數而已，因爲泰格早已考慮成熟，準備就緒了。

最初的成員中，除卻詩人兼畫家阿多夫·霍夫麥斯特爾之外，尚有畫家阿洛伊斯·華斯曼和拉迪斯拉夫・蘇斯。前者嶄露頭角便顯示了不平凡的才氣。此外還有作家卡雷爾・瓦涅克以及建築師雅羅米爾・克雷察爾和卡雷爾・洪齊克。最後還有一位遠方會員約瑟夫・弗裏奇，此人大家談到了，但是他沒有參加會議。他寫過一本詩集：《假花》，是他唯一的一本，但饒有趣味。

我們恰好是九個人。然而取名旋覆花❷社並非出於這個原因。當時恰佩克兄弟的《克拉科諾什的花園》一書剛巧問世，我們翻閱它，想從中找到一個合適的名稱。霍夫麥斯特爾建議用金蕨草，可是遭到了反對。泰格在書裏卻發現了——旋覆花。這個名稱馬上被接受了。這是一種神秘、奇特的藥用植物，名稱中又包含著一個九字，我們覺得再合適不過了。

旋覆花社萬歲！

霍夫麥斯特爾於是在泰格家的鋼琴上奏出了歡快嘹亮的進行曲。當時我們雖然只有九個人，但很快就有新的會員參加進來了。很遺憾我不是編年史家，連一名小卒也不是，不過我希望這一切已在什麼地方準確無誤地記載下來。我不知道是在哪裡！

發生了這麼一件事：有一天晚上，時間已經不早了，我像平日一樣上民族咖啡館去。我幾乎每天都去，哪怕一會兒也好。在那裏我看到了泰格和眉飛色舞的奈茲瓦爾。我馬上就弄

---

❷ 旋覆花這個捷克字從字面上看可作「九支力量」解。

明白了奈茲瓦爾爲何那般興奮：又一個動人的陌生姑娘正笑吟吟地同畫家英德希赫·什蒂爾斯基坐在一起。這是畫家曼卡，什蒂爾斯基簡單地給我介紹說，他們兩個人來此申請參加旋覆花社。

奈茲瓦爾熱情洋溢。

她叫曼卡·切爾明諾娃。當她向我伸出手來時，有幾秒鐘我氣也喘不過來了，只是驚訝地注視著她。原來她就是胡斯大街我認識的那個姑娘。她白淨的臉上也掠過一絲驚異的微笑。可是我們兩人誰也沒有說什麼。什蒂爾斯基始終管她叫曼卡。據說她不喜歡自己的姓，不知道爲什麼。她秀氣的腳上穿的不再是那麼一雙不很美觀的皮鞋而是輕巧的船形鞋，儘管那天人行道上還有積雪，滿地都是泥濘。襪子是當時的時髦貨——細孔長統襪。年輕的旋覆花社於是增添了兩名年輕新會員：兩名畫家，有趣的人物。兩人都竭忱讚賞畢卡索和布拉克。年輕女畫家看樣子只在她年長朋友的陰影中作畫。事實很快就證明情況並非完全如此。兩人來到我們中間之後不久，他們的立體派繪畫便在抒情詩中有所反映，特別是在詩歌主義的一定影響下。詩歌主義原是我、泰格和奈茲瓦爾三人相當倉促地設想出來並加以宣傳的。幾年以後，當安德烈·布列東❸向世界打開了超現實主義的窗戶時，奈茲瓦爾、泰格和這兩位畫家

---

❸ 安德烈·布列東（一八九六—一九六六），法國詩人、小說家、理論家、超現實主義的創始人。

便都欣然接受，他們從他的取之不盡的幻想世界看到了極爲豐富的可能性。這時候曼卡・切爾明諾娃早已展示了獨特的女性才華。

可憐的什蒂爾斯基！他在風華正茂的青年時代後期便患了病，戰爭期間年輕輕的去世了。濫飲無度縮短了他的生命，這是他那個家族的通病。他父親酗酒死得很慘——爛醉中跌倒在燒得正旺的火爐上，名副其實地燒死了。什蒂爾斯基曾親自講過這件事。

曼卡忠誠地守在他的床畔。

不過，我未免離題太遠了。

我們高興熱情地吸收了什蒂爾斯基和曼卡，由衷讚揚他們的繪畫。這些作品確實很吸引人。他倆之外，後來又添了來自貝盧恩的伊日・耶利內克，一個才華不如他們，因而也就不如他們那樣幸運的畫家。不過，耶利內克是個很好的夥伴。對他的作品我現在幾乎沒有什麼印象了，它們爲數不多。戰爭時期他由於獻身地下工作被處死了。

瑪麗耶❹・切爾明諾娃央求我和奈茲瓦爾給她想一個合適的筆名，這事拖了很久。我們想出了十幾個名字，可是她一個也不喜歡。我們自己也覺得不夠滿意。後來有一天我和曼卡單獨坐在民族咖啡館，那時她即將舉行畫展，而她無論如何也不願在展覽會上用原來的名字。

❹ 曼卡爲瑪麗耶的暱稱。

當她走開片刻去找一本雜誌時，我在一塊餐巾紙上用大寫字母寫了 TOYEN❺ 一字。她回來看了一下，不假思索就採用了，一直沿用至今。沒有人用別的名字稱呼她，她原來的姓名顯然只留在早已失效的旅行護照上了。

在民族咖啡館一角發生的這件事她無疑已經忘卻。許多年之後在巴黎的一次談話中，在回答一位捷克提問者時，她說她的名字來自法文中 citoyen❻。這話儘管聽來像那麼回事，但與事實不符。名字雖然起得有點兒怪，但絕非來自那個著名的法國字眼。我作爲取名人不禁有悵然若失之感。很遺憾，如果她好好回想一下，當不至於忘記業已關閉了的那家咖啡館的窗戶和我們青年時代的美好時刻。

奈茲瓦爾當時正在馬薩里克百科全書編輯部工作。他像在所有事情上一樣，總有點兒操之過急，迫不及待，因而沒等編到字母T❼，而在完成字母Č❽時便匆匆寫了詞條瑪麗耶·切爾明諾娃放進去了。這一條他寫得詞藻華麗，感情熱烈。當該卷百科全書問世以後，報紙上曾有人對此表示愕然，因爲很少有人知道切爾明諾娃爲何許人。我想，在其後出版的各卷

❺ 音譯爲托燕。

❻ 法語，意爲：公民。

❼ T爲「托燕」一詞的第一個字母。

❽ Č爲「切爾明諾娃」的第一個字母。

中怕也只有很少畫家有幸得到這樣高的評價。

不過，她確實是個可愛的漂亮姑娘。大家都喜歡她，就是這麼回事！

正如她不喜歡自己的姓氏一樣，她也同樣不喜歡自己的性別，講話涉及自己時一律都用陽性❾。起初我們有點兒聽不慣，覺得荒謬可笑，可是漸漸地也就習慣了。

有一天晚上，我們談布拉格街道談得興致很濃，守著酒杯一直坐到午夜以後。那天氣候寒冷。曼卡住在斯米霍夫火車站她姐姐家裏，姐夫是車站站長。我們給她叫了一輛出租汽車，送她坐進車子。汽車正要啓動時，她打開車窗，摟著泰格的脖子，用悽楚的聲音對他說：

「再見吧！我是個傷心的畫家。」

泰格勸慰她，要她乖乖的坐舒服，說我們大家都打心眼兒裏祝願她，希望她好好睡一覺！晚安！

這些話她也許沒有聽見，汽車已經開動，載著傷心的女畫家馳向斯米霍夫去了。她說傷心，我當然不相信。托燕是個生氣勃勃的快樂人，說話單刀直入，無所顧忌。

布拉格的咖啡館啊！今天這裏殘存的已無法與兩次大戰之間的咖啡館相提並論了。那年頭的咖啡館各有自己的特點。學生上最清靜的咖啡館去學習，愛看報紙的人在那裏可以看到

---

❾ 捷克語中無論名詞、代名詞、形容詞等都有陽性，陰性及中性之分。

全歐洲所有能訂到的報紙。一些外國報紙出版的當天就到了。高級咖啡館在市中心，半上流社會的婦女們也是那裏的常客。在這類咖啡館，領班們每天刮臉兩次，當時在我看來這幾乎是難以置信的事情。此外當然有藝術家光顧的咖啡館。去斯拉維耶咖啡館的主要是演員。我們想獨自呆一會兒的時候也去。可是民族咖啡館——它今天已經關閉了——我們每天都去。有一個時期我們也上麥特洛咖啡館。

早年人們常去的是聯合咖啡館，它開設在一座宮殿裏，就在民族大街和貝爾什基納街的拐角上。這家咖啡館瀕臨破產的最後幾年——它已破舊不堪——光顧的便只有領班派特拉先生的故交好友和賒賬者了。我也欠著他兩筆咖啡賬未曾還清哩。情侶們冬天上咖啡館，因爲他們能在桌子下面手拉著手兒。在民族咖啡館，情人們請女友吃奶汁桃子凍米飯。

老詩人蓋爾訥爾的那首告別維也納咖啡館的詩篇在我們看來頗有些難以理解：

告別酒肆我將感到惆悵，
窮苦的歌手夜夜前來歌唱。
還有那些咖啡館，我愛它們沉悶無聊，
兩歲青春在此虛拋。

我們的咖啡館當年可並不沉悶。恰恰相反。笑語聲、腳步聲、靠背椅和扶手椅的拖動聲、杯盤的叮噹聲彙成一片，嗡嗡營營。不，在那裏寂靜是沒有的，除非在上午。有一回我早晨去了，留下了苦澀的記憶。在咖啡館我們討論問題，制訂計畫，熱烈爭論，我從不曾有浪費時間的印象。在那裏，幾乎全部文藝雜誌和昂貴的外國畫報都能看到。色情的《巴黎人生活》在人們手裏傳來傳去，過不了幾天就像激戰後的旗幟一樣破爛了。女士們仔細翻閱外國時裝雜誌，有幾位還趁領班不注意的時候乾脆把書頁撕下帶走。一旦領班先生發現了大發雷霆，她們就笑笑。這些雜誌都是領班自己掏腰包購買的。

有一次，在爭論了一個通宵之後，我和霍拉最後來到了民族咖啡館，那時顧客已寥寥無幾。

清晨的衣帽間沒有人，我們將大衣和帽子隨便往空椅子上一放便接著夜間的話題聊了起來。那是在我婚後約一個星期。由於我將參加市政廳的一次活動，妻子動用積蓄給我訂做了一件英國料子的大衣，並且在切岡商店給我買了一頂漂亮的絲絨帽子和一副麂皮手套，甚至還為我張羅了一根當年頗為時興的竹手杖。我穿上這套行頭頗有些招搖，惹得大夥兒都開我的玩笑。過了兩個小時，我和霍拉起身回家了，可是一看椅子上，大衣不見了，帽子不見了，手套不見了，就連那根手杖也已不翼而飛。霍拉在一旁冷冰冰地評論說，這是對附庸風雅的懲罰。我很傷心。霍拉的那件舊大衣當然仍在椅子上亂扔著。

沒有人僅僅為了喝咖啡而上咖啡館。那裏的咖啡一般味道都不佳。花兩個克朗冬天是走進一個溫暖場所，夏天卻是走進濃烈的煙草味中。然而那是朋友聚會的環境，花這點錢永遠值得。我們在民族咖啡館坐慣的地方是臨窗的一個角落。離我們的桌子不遠，佩卡日教授[10]常坐在那裏，面前放著高高一堆報紙。他抽雪茄煙，有時彷彿一隻耳朵在聽我們說話。讓他聽去吧！

以托燕小姐——啊不，我們從來不這麼樣稱呼她——爲首，我們對《自由方向》報[11]都嗤之以鼻。

這些美好的、有點兒胡鬧的日子啊，如今都到哪裏去了呢！那時在我們眼裏沒有什麼東西是神聖的。我們年輕，喜歡漂亮的、有風度的小姐，可托燕卻振振有辭地說這是罪孽。不過，依我看，她這也無非是說說而已，是她玩的一種遊戲，就跟她喜歡以男性自居一樣。對此我們倒也絲毫沒有反對之意。

建築師貝德希赫・費烏斯坦的年齡我想比我們大不了多少，但他已是一個無懈可擊的男人，一個成績卓著的藝術家。他設計的布本采軍事地理研究所——當年在布切克大街的宏偉建築物——已經落成，民族劇院上演過由他擔任舞臺設計的幾個戲，它們構思巧妙，從造型

[10] 約瑟夫・佩卡日（一八七〇—一九三七），捷克歷史學家，其唯心主義歷史觀當時曾受到批判。
[11] 當時馬奈斯美術協會的機關刊物。

藝術上看典雅而新穎。我和泰格第一次去巴黎時，剛到那裏幾個小時便遇見了他。是他和希瑪指點我們領略了這個城市的令人眼花繚亂的美。就我記憶所及，這位文質彬彬、饒有風趣的男人從不參與我們初出茅廬時的某些魯莽舉動，譬如說旋覆花社的首次展覽會之類。那時他同恰佩克和「老頑固」派過往甚密。然而他也來找我們，到後來竟同我們靠得很緊了。我們也報之以一定的信任和尊敬。

就是這位仁兄突然出人意外地愛上了托燕，而且依我看還相當迫切。此人戀愛不走運是出了名的，他自己也承認。因此他覺得還是先把這驟然迸發的熱情向別人透露一下爲好。他選中了我。不言而喻，我馬上告訴了曼卡，原期待她會三言兩語冷冰冰給頂回去的。豈知全然不是這樣。她微笑著同意了。而這微笑初看之下既能說明一切，又什麼也沒說明。於是有一天費烏斯坦出現在咖啡館，從手提包裏取出了一束用紙包著的蓬蓬鬆鬆的玫瑰花。他解開包，將花束放在托燕的面前，一邊說：

「獻給旋覆花社的繆斯⑫。」

可是曼卡對玫瑰花向來不很熱衷。她把漂亮的鮮花往盛了水的玻璃杯裏一插，就此不再看它一眼了。我直擔心她會讓它留在桌上自己離去的。她不認爲這種求愛方式有多麼令人愉

---

⑫ 希臘神話中掌管文藝、音樂、天文等的九位女神，被視爲詩歌的保護神。

快。

這則戀愛小插曲是個什麼結局我已記不清了。想必什麼結局也沒有，無聲無息地煙消雲散了。原因之一是費烏斯坦不久就追隨捷克建築師和營造商拉伊蒙德去了日本。只是繆斯一詞卻留下了，不知怎的依舊懸浮在桌面上方的煙霧中。

坦率地說，給這位年輕、美麗的女人加上這麼個頭銜挺合我心意，儘管泰格在評論這件事情的時候口氣裏帶著嘲諷。顯然他覺得由托燕肩負這一古老使命並不十分恰當，而且在他看來繆斯一詞放進現代辭典也不合適。可是我卻暗自在心裏把托燕捧上了這一寶座，雖然她從來不曾同宙斯⑬的女兒們喝過希波克瑞涅⑭的聖泉水。日什科夫中學的恩特利赫爾老師曾給我們講述過，說這口泉水是神馬佩伽索斯用蹄子猛踹一下突然噴湧出來的。曼卡長得相當漂亮，又愛好詩歌，那麼有什麼不可以呢！

費烏斯坦的結局很慘。嚴重的神經病患最後把他趕上了特羅依橋，他投河自盡了。他是一位罕見的好人，一位藝術家。奈茲瓦爾寫了一首動人的詩紀念他。不過我認爲他還應得到比這更好的讚譽。

⑬ 希臘神話中最高的天神。九位繆斯是他和謨涅摩敍涅所生之女。

⑭ 根據希臘神話希波克瑞涅爲靈泉，詩人喝了會產生靈感。傳說該泉是由神馬佩伽索斯踐踏出來的，因而又名「馬泉」。

在民族咖啡館，有托燕在就有令人愉快的創作氣氛。她參與所有的談話和辯論，有自己堅定不移的藝術信念。無論她到哪裡，人人都喜歡她。她的少女魅力也是造成這一氣氛的因素之一。關於她，我寫過一些詩，其中有幾首發表了。托燕曾建議我翻譯魏爾倫的累斯博斯⑮十四行組詩。什蒂爾斯基將其中三首刊載在他當時編輯出版的《情詩評論》上。三首中有一首寫得很美：

女寄宿生

她和妹妹同住一室，
一個十五，一個年方十六；
暮色悄然降臨，溽暑
燒紅了她倆的臉頰，豔似漿果美露。
求涼爽她們脫去了
輕柔的襯衫，芳香的內衣，
姐姐的雙唇湊近妹妹，

---

⑮ 累斯博斯島，古希臘女詩人莎弗的出生地，也作女性同性愛解。

吻她的乳房，嬉戲。
忽然她瘋了般，跪在妹妹面前，
臉兒貼著她的肚子，低聲呻吟，
在淡淡的金光中，在人體灰色的陰影裏。
妹妹一派天眞，笑紅了臉，
心中暗自計算，
約定的華爾滋舞已有幾起。

戰爭剛結束托燕就去了法國。她在巴黎消失了，宛如消失在茫茫的大風雪中。可是在法國難道也像在我們這裏一樣下如此大的雪嗎？不得而知。那麼她是消失在林蔭大道的一片燈光中了。或者，消失在和平大街的珠光寶氣中。她入了法國籍，恐怕未必還會乘車馳過查理士大橋了。

如今我起床已不再那樣早。很少還有詩句將我拉出被窩的時候。我喜歡多睡一會兒，儘管朝霞已染紅了整個天宇。人老了，每到觸景生情便要熱淚盈眶。而且經常昏昏睡去，哪怕所有的定音鼓一齊轟響。人老了便要昏昏睡去，爲的是習慣於長睡不起，永遠永遠長睡不起。

泰格和奈茲瓦爾去世了。什蒂爾斯基、費烏斯坦、華斯曼和穆齊卡也均已作古。約瑟夫・

哈夫利切克和洪齊克去世了，詩人哈拉斯、比布林、霍謝伊希、萬楚拉和霍拉也已與世長辭。同我們一起生活過、一起歡笑過的許多人，現在都已不在人間。

如今剩下的唯有我和托燕了。不久前她從巴黎曾給我來信致意。

我的時間也快要到了。然而，我心裏卻有一個荒唐的、無法實現的願望：我希望能活到下個世紀。至少在下個世紀活那麼一兩天，至少三天吧，看一眼將來的好日子。

我們這個世紀怎麼說也像屠宰場屠夫手裏的抹布，不時有又濃又黑的血水在流淌。

充滿大海氣息的紙盒

我小時候在民族劇院附近遇到兩名奧地利海軍士兵之後，我就暗下決心，長大後什麼也不當，一定去當水兵。他們兩人的皮膚曬成古銅色，身材結實勻稱，大概一定很英勇。至少我是這樣認爲的。那年我十歲，上四年級，關於大海，我只是聽別人說過。他們漂亮的帽子上有「團結致勝」❶四個金字，河風在他們的後背上舞弄著帽子後面垂下的黑色飄帶。我目不轉睛地盯著他們看，像著了魔的影子似的跟隨著他們一直走到果市大街。拂動著的飄帶使我如此著迷，以至於我一下子就愛上了大海那無法想像的神秘之美。

我家裏有過一幅克尼普費爾❷的油畫。畫上是一望無際的大海，岸邊巨石上坐著三個仙

---

❶ 原文爲拉丁文 Viribus unitis。

❷ 克尼普費爾（一八四四—一九一〇），捷克畫家。

女，石邊的海浪多情地撫摸著她們赤裸的身軀。

凡是在這幅畫旁邊走過時，我總願意看一看，哪怕只是從眼角掃上一眼。可是必須承認，對我更具誘惑力、更令我激動的並不是那無邊無際的海洋，而是那幾位仙女。可是每當走過布拉格美食精品店的櫥窗時，我還是一定要停下來欣賞裏面陳列的煮得通紅的海蟹海蝦，他們的大鉗子還用線繩捆著。我看著看著就幻想起異域的海洋，螃蟹在海底橫行，晃動著一對大鉗子向火紅的海葵發出威脅。

九月開學時媽媽下決心給我買一套新衣服。舊衣服破得兩個胳膊肘兒都露出來了。我費了好大的力氣才說服媽媽不買那種普通的服裝和氈帽，我要的是翻領上縫著白條的海軍上衣和水兵帽。媽媽以前在街上見過孩子們打架，拿帽子作武器互相抽打，她想戴個水兵帽就更不知道會成個什麼樣子了，所以她起初不同意買。最後她還是從櫥櫃裏拿出一個小罐兒，把裏面的克朗倒出來，數了又數，然後就帶著我上街了。在熱萊茲尼街市民劇院附近有一家席爾士先生開的兒童服裝店。家長們時常指著櫥窗裏面衣著整齊的直僵僵的木頭人教訓孩子說：

「看見了嗎！你也應該這麼整整齊齊的，起碼在星期天！」

假人中有一個小水兵，一隻手舉在額前，好像是在船上眺望遠處燈塔的燈光。我當時還不知道水兵服正好是時髦貨。一看到那穿水兵服的孩子我激動得心臟猛烈地跳起來。媽媽對著櫥窗看了又看，試著再一次說服我買別的式樣。可是看到我兩眼熱淚直淌，就沒有再說什麼，拉著我進了商店。

上衣和長褲是用很便宜的舍咪呢做的，可是帽沿兒上有聖馬力諾四個金字和兩條黑飄帶。當天我就跑到學校旁邊陡斜的柯拉索維街，兩次從上面飛跑下來，直跑到電車道跟前。有一次差一點就撞到電車上了。只是爲了試試看那飄帶能否飄舞起來。眞的飄起來了，我眞是幸福極了。

對海的嚮往以後還以不同的形式繼續著。

在帕拉茨基大街的學校上學時，同班同學中有一個孩子，大家背地裏都說他有病。他來自一個窮苦的多子女家庭，臉色蒼白，面頰消瘦，不時還有點咳嗽。我們班上有一位大家都眞心喜歡並且永遠銘記的老師，他經常關心地觀察這個孩子。我們認爲一定是這位老師同一個夏令營進行了聯繫，請他們照顧這個學生。那夏令營是一個慈善機構辦的，經費不很充裕，只能照顧某些學齡兒童的健康。後來，夏令營把我們那個同學安排到亞得利亞海濱去療養。

兩個月後他回來時，模樣全變了。太陽曬黑的面頰顯得豐滿了，凹陷而憂鬱的雙眼現在愉快地正視著世界。我們開始都認不出他來了！當他再一次和我們一起坐在教室裏時，老師鼓勵他把海濱的經歷向大家敘述一下。

次日，他上學時帶來一個紙盒，裏面滿滿地裝著他在海灘上撿到的各式各樣的貝殼，蚌殼和五彩斑爛的小石頭。孩子們就在這樣的沙灘上曬太陽，游泳。紙盒從一排課桌傳到另一排課桌，而它的幸福的小主人向同學們講起自己的故事。

孩子們療養的住房離海邊不遠。從窗戶裏就可以看到岸邊的石崖和遼闊的大海。這位同學用很樸素的語言介紹了海邊的風暴，他最驚心動魄的經歷。

那天下午他們在海裏游泳時，看到從大海的遠處湧來厚厚的黑雲。他們趕緊往回跑，剛跑到住處，大風就高高地舉起巨浪摔向石崖和碼頭，發出雷鳴般的吼聲。人們在海邊慌亂地奔跑著尋找藏身之處。有幾條船還飄在海上，其中有幾隻小漁船。

在同學的臉上還可以看到當時恐懼的痕跡。海上的閃電也比我們這裏八月暴風雨時常見的閃電要長得多，雷聲恐怖極了。碼頭的房屋被雷聲震得發顫。最後的情況還不錯，一個小時後，風暴慢慢平息，海上的船和小漁船又可以看到了，碼頭上的人們也可以喘一口氣了。當地人對孩子們說，明天肯定可以在岸邊找到許多新的好看的貝殼。

我聚精會神地聽著。您可以想像，我當時正幻想著自己站在一艘返航的船上。我把被風吹壞的帆修好，正熟練地指引著船隻進港。紙盒傳到我的面前，使我處於無法形容的驚喜之中。像是眼前突然出現了奇蹟。從那時算起，我這一生中再也沒有看到過這麼美好的寶藏。我像在夢中一般觸摸那貝殼的尖刺，充滿美感地撫摩珠貝的珍珠膜。我興奮得全身微微發抖，對我來說，這一時刻的欣喜感受比我後來親自看到海時要強烈得多。

許多年之後，我去莫斯科時參觀過克里姆林宮的沙皇珍寶展，那裏的珍珠多似瀑布，寶石成堆，黃金像是一片汪洋——但這一切同當年我在帕拉茨基大街的學校裏屏氣凝視的那個紙盒比起來，實在是算不得什麼。

那孩子氣喘吁吁地說完之後，蓋上紙盒，把它放在了自己的身旁，接著是一陣激動後的寂靜。在這寂靜之中，有人叩打教室的房門。

一定是奈莫船長來了！

我們已經到了讀驚險小說的年齡。而我……爲什麼童年總是這樣難以形容的豐富和變化多端！

那些年，我貪婪地讀著一切可以弄到手的書籍。凡爾納❸的書在我心中排在首位，最愛讀。對梅❹的書我不太入迷。凡爾納先生寫得眞實並且有人情味。梅的書就不是如此。好像我在那小小年紀就已知道其內容全是虛僞的謊言。後來，每當感到悲傷或失望時，我還常把凡爾納的書找來翻翻。

「別老鑽在書堆裏，也出去走走！」媽媽那時總這麼說。於是我把書藏在大衣裏，說聲

❸ 凡爾納（一八二八—一九〇五），法國科學幻想和冒險小説家。
❹ 梅（一八四二—一九一二），德國冒險小説家。

再見就爬到閣樓上去了。

每一本書都增加了我的渴望，激發起少年的夢想。我家的閣樓既不漂亮也不舒服。各個角落堆滿了破舊的物品，上面蓋著灰塵和黏糊糊的煤煙，不過，打開樓頂的氣窗就能吸到自由而醉人的空氣。

這個讀書的階段看似很長，但不久也結束了。這個時刻到來時我已經不再渴求冒險小說而是一心惦念著一本薄薄的小書，它的紅封皮上燙著金字：《黃昏之歌》。書中夾著一條十字布，上面繡了一顆燃燒著的心，一顆用紅棉線繡成的心。粗重的船纜已不再是我渴望的物品，我想握在手中的是一雙絲綢般輕柔的女孩的纖手。這時發生了一件讓我吃驚的事，我打開窗戶抬頭望了一下天空，突然發現，天空原來是如此的美好。以前竟然從來沒有注意過。

不過，關於海的故事尚未結束。它又以別的形式再次出現。

這是第一次世界大戰後捷克新一代詩人詩歌出現的時期。這些詩開始是出現在一些雜誌上，偶爾也出版過抒情詩集。膽小而且有些怯生生的。詩裏敍說的，啊上帝，竟是天使。同天使在一起的還有水手。天曉得他們怎麼會親密地走到一起了。可事實確曾是如此！我的詩裏也是這樣。後來，諾伊曼把煙斗一揮，嚇走了天使。驅散天使並不難，好像從紫色大薊花上趕走粉蝶一樣。但水手們還堅持了一會兒。後來當然也悄悄地走了，我想是自願走的。

我和泰格去巴黎時拐了一個彎，先去威尼斯和米蘭。我們急著趕路，特別是泰格。我們急切地想要瞭解這現代藝術誕生、成長並且像焰火一樣噴發出無比美麗煙花的國家。在我們的雙腳踏上巴黎大街的石路之前，泰格一刻也不想停留，不想休息。這樣，我們在威尼斯呆了不到兩天，在米蘭只在住地附近的甜食店裏品嘗了據說是全義大利最好的冰淇淋，然後就直奔藍色海岸。那時，對我們來說，法國還是一個甜蜜的國度。

我們用目光愛撫著藍色海岸，向大海和遠方那艘從煙囪噴著濃煙的法國戰艦致意，轉瞬之間，我們已經站在馬賽的電車裏駛向舊港區。在那裏，我從青年時期保留下來的海之夢徹底破滅了。這夢一去不復返並且毫無痛苦。因爲一切事物在現實世界中總是同想像的不同。

這是一個南方的晴朗夏日，在我們望不見的某處街心公園裏，送來了花香。不知是什麼樹，這濃重的香氣我們也是生平第一次聞到。

馬賽對我們的歡迎是友善的。在繁華的十字路口站著披著披風的員警。他一隻手拿著白色的警棍指揮交通，另一隻手在腋下夾著一棵圓白菜，看起來滿親切的。

在舊港區能夠看到的海面不多，因爲當時我們一心想著儘快地把大海擁在懷中，所以我們登上擁擠的小汽艇去遊覽伊夫城堡，城堡的廢墟佔滿了同馬賽遙遙相對的一個小島。伊夫城堡裏充滿了浪漫的故事，站在它那殘破的城牆上環顧四周，目光之所及，都是海。可是我有點失望。海面平靜，灰暗，好像有些傷感。我又懷念起遙遠的家中的海天使來。她們如果坐在這裏海邊的岩石上該有多麼好啊！而這些岩石現在卻是光禿禿的毫無生氣。

有海的民族是幸福的。拍擊海岸的波浪不僅給他們帶來財富，也給他們帶來文學巨著。起碼在我們歐洲是如此。

返回海港時已是黃昏。太陽浮在地平線上，轉瞬間落入海中，像是金幣掉進空口袋裏。只有樹立在山頂和教堂塔頂的聖母瑪利亞貼金雕像還在閃閃發光。她比別人多看了一會兒太陽，這時朦朧的暮色已開始把海面上倉皇返航的小船包圍起來。

次日清晨，我們立即出發去海港的所謂「愛之泉」小區。進入小區時還眞有一條街的名字是「愛之泉」，小區實際上只是小巷和荒淫纏繞的一團亂麻。妓院，劣等酒館和妓女住的骯髒的破屋擠在一起。小區緊挨著舊港區的蓄水池，第二次世界大戰時德國人已經把這小區夷爲平地。因爲他們要搜捕的人們在這個小區很容易找到藏身之處。

我們一大早出發，本以爲經過不眠之夜小巷中的人會少一些，女住戶們還在睡懶覺。但這裏顯然是晝夜服務的，淸早就很熱鬧了。隨時都有船靠岸，而水手們也大多是急不可耐了。

遇到的第一個妓女是黑頭髮的黑山姑娘。她站在那裏，身著破舊的民族服裝，額前的金屬飾物發出聲響。姑娘同客人們一樣，從哪個國家來的都有。馬上我們又看到幾個西班牙女人。有的頭上只有紅圍巾，有的頭髮梳得高高的，用一把梳子籠住，還蒙著面紗。有身著紅綠繡花民族服裝的德國婦女，我們還發現了穿著比爾森服裝的姑娘，可是那兩隻骯髒的袖子可憐地耷拉著。姑娘們身穿民族服裝在自己住處的外邊靠牆坐著。她們的住所都在底層，門洞開著，裏邊除了一張舊床，白鐵臉盆和士兵掛腰帶用的衣帽鉤之外就什麼都沒有了。

同這些「盛裝」兜售愛情的婦女一道，還有許多便裝的女人滿街遊蕩。她們能向顧客提供的是帶問號的美貌和虛假的青春。剩下的另一些人所能出售的就只有自己那窮困疲憊的女人之身了。

在一條小巷裏我們看到一幕演出：一名法國士兵同一個倚門而立的姑娘在說些什麼，顯然是要先看看她的乳房。女人滿足了他的要求，但他看了一眼就轉過身去大笑起來。姑娘衝出門去，把滿滿一口唾沫啐在士兵的脖子上，然後飛速躲進屋裏。

再走幾步，遇見了一個瘦小的金髮姑娘，頗為得意地領著兩個黑人。那兩人粗壯高大，比姑娘起碼高出一頭。兩人醜得刺眼。我不是種族主義者，但這兩人醜陋野蠻的外表同烏干達出名的獨裁者阿明一模一樣。黑人對金髮女人有特別的偏愛。

在這古怪的區裏我們信步閒逛了大約一個小時，然後沿著一座教堂走出了小區。教堂座落在小區的邊上，好像故意要把小區同海隔開似的。我們很高興，過去人們熱情推薦的這一道風景總算是看完了。我們趕忙讓海風擦拭雙眼並且沿著海岸走回舊港區。

天氣很熱，時間還在上午，我們已經是口乾舌燥了。在一個酒吧的大招牌和比爾森啤酒的鐵皮商標的誘惑下，我們走進了一家在馬賽隨處可見的小酒鋪裏。酒鋪入口處掛著雜色珊瑚編成的簾子。撩開門簾進去，是一間不大的房間，幾張小桌子和寒酸的酒吧台。臺上大約只有三隻瓶子。開始本來想退出去，後來還是每人要了杯啤酒。糟透了，如果稍微再熱一點簡直就像是沒有放糖的溫呑茶。我們坐在靠門的一張桌子旁。老闆以老鄉的身份向我們問候，他是來自霍穆托夫的德族人。對面屋角處的桌旁坐著三個頗爲引人注目的人，像是什麼商船上的水手。口裏雖然講的是法語但長相像是來自異域遠方。三人用胳膊肘支著桌面不停地吸煙。桌角坐著一個上身穿粉紅襯衫的黑女子。在煙霧和胳膊之間幾乎看不到她。我仔細地尋找她的眼睛，但只看到一張有些驚恐的面孔。很年輕，似乎也不醜。

男人們熱烈地談論著什麼，大概是談這個姑娘。過了一會兒，談話變成爭吵。一個人站起了身，我明白鬥毆馬上就會開始。接著，一拳打了過去，桌子翻了，玻璃杯碎了，一個人摔倒在地。但馬上跑進來三名員警，撲過去逮住那幾個男人就帶走了。他們也沒有怎麼反抗。全都喝醉了，站都站不穩。姑娘站起來，想跟他們一起走，可是一個員警讓她回去坐著。對此，酒鋪老闆顯然並不高興。

她木然坐回原處，不過只坐了一小會兒，隨後就慢慢站起，蹣跚走到我們的桌旁，半睡半醒地要一杯羅姆酒喝。老闆很不情願地給她倒了一杯渾濁的飲料，我們付錢後，老闆俯身對泰格用德語輕聲說，最好趕快離開。那幾個人很快就會回來找這姑娘，那時會有麻煩的。當姑娘發現我們要走時，她向前俯著上身，一隻手托著腮幫，另一隻手默默地解開她那很髒的粉紅襯衫，隨後要我們每人付一個法郎。

那時候一個法郎不算什麼錢，何況無論如何不能說這錢是白扔了吧。

身後門簾聲還沒有響完我們就已經跑到碼頭的邊上了，我們互相看了看，誰也沒說話。水面上飄蕩著的小船什麼顏色的都有。它們散發著刺鼻的氣味，有的香噴噴，有的臭烘烘。香的是柑橘和其他各種水果，臭的是魚。還可以感覺到另一種東西。那就是我們剛剛與之告別的海的氣息。我們回到下榻的旅館，在飯店又吃了一次法國魚湯。味道好極了，不過也是最後一次吃它了。飯後立即去打好行李，趕快，趕快！奔向巴黎！

時光流逝，算來已經過了五十多年，這差不多是人的整個一生，我現在的睡眠也已很糟糕了。

夜裏經常醒過來，這時我總是默默地翻閱著記憶，像是在舊櫃櫥的抽屜中亂翻一樣。突然，在黑暗中一個黑臉姑娘在看著我。一雙傷感的有些困倦的眼睛，雪白的牙齒，敞開著的粉紅色襯衫裏藏著一對小乳房，黑得像是兩捧黑漿果。

上帝啊，我想，這能是她嗎？我驚訝地對著那臉用法語問道：

「是你嗎？」

從五十年悠久歲月的深處一個聲音輕輕地，好似銀針劃在天鵝絨上一樣輕地回答：

「是的，是我！」

鑽石聖器

在日什科夫中學上低年級時，教我們自然課的是薩斯卡老師。他是一位上了年紀的老先生，個兒比瘦子稍許胖一些，比高個兒稍許再高一些。教室裏，當他在課椅間踱來踱去，打著手勢講解課文時，他那模樣就活像在我們頭頂上跑來跑去的一隻盲蜘蛛。我們也用這個諢名兒叫他。不過，他爲人不壞。他的莫大愛好是蝴蝶。他給我們講蝴蝶的生活習性，講它們美麗、嬌嫩的翅膀，最後照例勸說我們不要耽擱，馬上到瓦茨拉夫廣場的民族博物館去參觀一下，那裏有一大間展覽室，陳列的統統是蝴蝶，還有大量外地蝴蝶標本。他補充道：正如海洋有五光十色的貝殼，陸地便有五光十色的飛鳥和蝴蝶。

有一次正上著課，他冷不丁伸出一根長長的手指點著我，問我博物館去了沒有。我敏捷地回答說正打算下午去呢。下午我當眞去了，還邀了同學蘇克作伴，他收集蝴蝶。他是索博特卡人，假期後帶回來一小匣蝴蝶標本。我那時候什麼也沒有收集，除卻女孩子的微笑。可是，那算是什麼收集品呢！

我們參觀了很久，陳列櫃裏擺滿了來自世界各個角落的這類嬌嫩的美麗展品。後來，我們正打算換個展覽室去看看，卻見一個姑娘走了進來，一個很年輕的漂亮姑娘。她的小步子——啊，那是向疾駛的龍騎兵小分隊吹響的嘹亮的號角。我們一下子站住了，開始回過頭來逆著順序參觀展品，設法同姑娘打個照面，瞧瞧她的臉。乍看之下，她似乎羞怯得過分了，但毫無疑問她很漂亮。這我一看便知，決不會錯。每當見到美麗的姑娘或者美麗的婦人，我的心便開始顫慄，雙膝乏力。而且會突然感到一陣悲哀！因爲有那樣多的美在我眼前溜走了，一去不復返。且不說得到它了。

雖然她執拗地一個勁兒俯身在陳列櫃上，我的眼睛和目光終於迫使她抬起頭來看了我一眼。她這樣做了，臉上立刻漲得通紅，彷彿她看出了就在這一刻我愛上了她。我們的目光又有幾次相遇，可是她的眼睛重新逃進了亞馬遜河的原始森林。後來，只一會兒功夫，我稍稍一想便發現自己已經不可救藥，蝴蝶身上的美全部像燈籠一樣熄滅了。我必須將心事告訴蘇克。他是個很有才智的夥伴，這一點我今天看得很清楚。他勸我打起精神，徑直走過去同姑娘訂個約會，譬如說到日什科夫的山崗上。那時候情侶們都上那兒。可是我覺得這麼做不很合適。在這些陳列櫃中間，姑娘像落在陷阱裏一樣，且等她出了博物館吧！我們又一次參觀展品，不過只是走馬觀花而已，隨隨便便，漫不經心。我的全部注意力都在姑娘身上，薩斯卡老師這個時候看到會對我很不滿意的。

過了一會兒，姑娘朝門口走去了。她把垂到臉上的頭髮甩到肩上，急步走下樓去。她的頭髮像蜜一樣，金黃色的。不過，那蜜是從春天第一批開放的花朵中採來的，那種蜜最爲清亮。

「趕快到博物館的臺階上去跟她說吧，那兒挺合適。」蘇克給我出主意。

可是姑娘出了門，飛快地跑下了寬闊的臺階，我連喘口氣的功夫都沒有。博物館門前的噴水池徒然淙淙作響。

我看見她在瓦茨拉夫廣場對面的人行道上，在一輛開過來的電車前面急急地走著。到了電車旁邊，她微微回頭看了我一眼，臉上帶著溫和的嘲諷神情朝我笑了笑。我和蘇克在她後面追趕，險些兒撞到一輛從索科爾開來的電車下面。我拉住了蘇克的衣袖，央求他不要離開我。這時候姑娘已沿著廣場快步朝前走去，我和蘇克跟在後面。蘇克是個很好的夥伴，有他陪著我心裏比較踏實，不感到那麼絕望、那麼不知所措了。無論遇到什麼情況，蘇克都頭腦清醒，當機立斷。而我呢，那種眾所周知的、由愛情而產生的恐懼攫住了我，掐著我的喉嚨，在如此需要語言的時候，卻說不出話來。

在通往穆斯台克的馬路上，姑娘停住了腳步，先是站在陳列著衣料和絲綢的櫥窗前。蘇克催促我走上前去，可是沒有用。於是我們站在離姑娘不遠的銀行大樓的櫥窗前，呆望著新發行的土耳其獎券。後來，姑娘轉身去看林特先生放在假花一起出售的極樂鳥羽毛和鴕鳥羽毛。我們無可奈何地端詳糖果點心店的奶油蛋糕。在果子街的街口，有魏德爾先生開設的一家名聞遐邇的摩登帽子店。姑娘當然在這裏也站了一會兒，讓我們有機會在這場追逐中領略一番轉彎角上克爾什先生店裏的鑽石戒指和珍珠項鍊。她離開這家帽子店以後便不再停留，邁著快步一直走到民族劇院。民族大街上行人熙熙攘攘。不，那兒根本不合適。在濱河大街我答應蘇克上了查理士橋我便同她去說，絕對同她去說。如果她不是那麼漂亮，我的勇氣會大一些的。

「到了查理士橋你可非說不行了。她也許是要上小城區，在那兒她往哪座房子裏一鑽，一切也就完了。姑娘朝咱們笑呢。要是僅僅這樣跟在她後面一個勁兒地追，咱們可就既狼狽又愚蠢了。」蘇克向我指出。

言之有理。我答應他不再追下去了，上了大橋我就去說，不管結果怎樣。

那是一個美麗的五月的黃昏。其他黃昏根本不應該存在。坎帕島的丁香花成串兒掛在河水上。丁香花豈不跟托莖朝上的葡萄串兒一個樣麼？水面上撒滿了夕陽留下的色彩繽紛的小蝴蝶結兒，河水愜意地伸著懶腰，恰似一個嬌媚的女人。水壩的梳子梳理著流水。

終於，我終於毅然下定了決心。在小城塔前面我加快了步伐，險些兒沒踩了姑娘的腳後跟、鼻子撞在她的頭髮上。可是就在這關鍵時刻，我卻停了下來，想喘口氣，於是她又跑掉了，穿過大橋街到了小城廣場。這一次蘇克可當眞生氣了，他宣稱如果我不在廣場上同她去說，他就轉身回家。

我的心快跳到嗓子眼裏了，我再一次靠近姑娘，同她並肩而行。不料我還沒有鼓起勇氣說出話來，她卻有點兒驚慌地開口了：

「上帝啊，這兒不行！媽媽常到這裏來買東西，會瞧見我們的。」

這最後幾個字給了我勇氣，我慌裏慌張迸出一句：那在什麼時候呢？她迅速而胸有成竹地說：

「明天下午在洛雷達❶旁邊。」

我鬆了一口氣，幸福地說了聲再見便站住了。過了一會兒，我回到等著我的蘇克身邊。他已深信我碰了釘子。我抱著他的肩膀，高興地笑了。

「現在咱們上斯赫奈爾去喝杯啤酒吧。」

洛雷達湮沒在切爾甯斯基宮的下面，又灰暗又陰森。不如說，它更像一座古老的要塞，即使春天的陽光照射在它身上，它也沒有一絲笑意。正面牆上的屋簷下，沒準兒有烏黑的炮口會從窗戶裏探出來哩。

---

❶ 布拉格的一座小教堂，在赫拉德強尼區。

我兩點鐘就到那兒了。前一天倉促中忘了約定準確的鐘點。爲了消磨冗長的等待時間，我一一參觀了那些古老的祭壇，它們彷彿被過去的時代遺忘在這裏了，一副老態龍鍾的模樣，置身其間我感到心情鬱悒，不由得想望青翠的樹木。

每次穿過迴廊，我都跑出大門四下張望。直到近四點鐘，我才終於瞧見她出現在上面洛雷坦斯卡街的拱廊上，正朝臺階匆匆走來。我彷彿覺得我從迴廊帶出來的暮色迅速消失，隨著她向我走近的每一步，有個隱身的教堂司事在點亮一支又一支的蠟燭。當我們彼此伸出手來時，懸掛在天庭的那盞晶瑩的大吊燈便在我的頭上華光四射了。

這不是女孩子，是一朵鮮花。我嘗到了生活中有時叫作人間幸福的滋味。

夠了！我畢竟不是要講一則庸俗的中學生戀愛故事，這種戀愛一般都以慌亂的莫知所云的談話開場。不言而喩，我們朝著佩特馨山的方向走去，沿著斯特拉霍夫❷大門前面防護牆和餓牆之間的那條路。從瞭望台我們開始下山，到了通向金斯基花園的旁門，從那裏又回到馬哈紀念像和纜車車站。

我心情激動地凝望著姑娘的臉。從那個時候起，我無法想像生活中可以沒有她。我們在馬哈紀念像前站了片刻。我望著詩人清秀的面容，心中歎了一口氣：

---

❷ 布拉格的一座體育場。

求求你了，卡雷爾・西內克，讓這個美麗的姑娘今天就答應我吻她一下吧！

可是馬哈沒有聽從我的請求。

過了纜車車站我就不得再和她同行了。她說在卡爾麥利斯卡街肯定會碰見家裏的熟人，於是匆匆離去。她總算告訴我，她叫卡蜜拉・N.，她答應後天再在洛雷達旁邊見面。我心裏暗自歡呼！

我偷偷地尾隨著她。

一方面我不願意這樣快就同她分手，再說我也想知道她住在哪兒。在公貓飯店旁邊，緊挨著聶魯達街的一幢房子裏，她消失了。

「你要上哪兒呀，這樣修飾打扮。」媽媽見我花了較多的時間刮臉、照鏡子，不由得問道：「有女朋友了吧！」

「瞧你說的，媽媽。」我故作驚訝地說：「怎麼會想到這上面去了？」

可是在心裏，她的懷疑使我非常高興！

第二次的約會我們走了同樣的路線，從波霍熱采到佩特馨山。一輛輛纜車在我們身邊靜悄悄地馳過。這一次我同姑娘說話大膽了一些。我不想自我吹噓，不過我彷彿覺得那時候我已相當熟練地掌握了談話的藝術。我想吻她。可是我很快便明白，同卡米爾卡❸談這個話題決非易事。我覺得自己有點兒怯懦。馬哈就不是這樣，洛麗不得不聽命於他。

「那可是罪孽呀。」對於我的請求，姑娘反覆說道：「當然是不可以的！咱們這還陌生著哩，你就要求接吻了。」

我暗暗詛咒那間古老的懺悔室，它緊靠在蒙了一層塵土的迴廊的牆上。可是我彷彿覺得那只腐朽的櫃櫥在朝我做著鬼臉。

對卡米爾卡我不知該怎麼辦，洛雷達我走過多少次了，它的迴廊彷彿從不曾像那時候那般陰森。七座顏色暗淡、落滿塵土的祭壇說明上帝在這裏怎樣被冷落了。轉彎角上小禮拜堂裏的聖女斯塔羅斯達❹已經名副其實是個刨花和鋸末製成的木偶，掛在十字架上，絲毫不存在什麼神聖感。許多年之後，今天只偶爾有個下巴頦上留著一把鐵銹色毛刷子鬍鬚的小夥子，帶著幾分嫉妒注視她那漂亮的虯鬚。至於那間古老的懺悔室，不知怎的它已扭轉身子背對著我們的時代。由於缺乏罪孽來餵飽它的肚子，它已明顯地變得衰弱不堪了。而世界各地不知有多少形形色色的罪犯和流氓惡棍逍遙法外，想也不曾想到要反省一下自己罪惡纍纍的一生。

一個十八歲天眞青年的斯文、羞怯的親吻畢竟不能打上「罪孽」的標記吧。罪孽畢竟是

---

❸ 卡蜜拉的暱稱。
❹ 在天主教中，聖女斯塔羅斯達是一位有鬍子的女聖徒。

與此全然不同的另一回事。應該有人向卡米爾卡解釋清楚，我本人儘管能說會辯，對此卻束手無策。

草地一派衰頹景象，滿是塵埃。誰若是有意看一眼迴廊中心的小教堂，可以踩著草地走去。可是沒有人上這兒來，只有一位大鬍子教士偶爾來此巡視一下小禮拜堂。那裏黑黝黝的，沒有窗戶。祭壇上燃著幾盞紅色的小油燈，越發增添了陰森森的氣氛。教士告訴我，人們曾多次發現，有不知羞恥的情侶在這些黑暗的角落接吻和擁抱。

而小城區的這位小姑娘卻拒絕我在明亮的藍天下，在鮮花爛漫的地方吻她一下。

我在迴廊上來回走了約莫十二次了，時間還不到一個鐘點。大門旁邊有座很結實的房子，裏面收藏著洛雷達的一件寶物。我又攔住老教士，向他打聽這件名聞遐邇的珍寶。他揚起兩道濃眉告訴我說：「那裏存放著許多做禮拜用的聖器和貴重的繡金教袍。這些寶物中最光彩奪目的是一隻很大的鑽石聖體發光❺。」老教士抖抖腰間的念珠接著說道：「發光體上鑲著六千五百顆鑽石哪。」他一面說一面意味深長地舉起了一根手指，「聖體發光華麗無比，確實是稀世珍寶。」

---

❺ 天主教舉行宗教儀式時使用的聖器，記憶體經過祝聖的聖體，中部有小窗，周圍刻作發光體形狀，故名。教會規定一般用銀製造，並鍍金或鑲以寶石。

過了很多很多年，我也去參觀了一次。當我看到這令人暈眩的黃金和鑽石的結合體時，我心裏說：哪怕是一朵小小的自古以來就象徵愛情的玫瑰花，也比這赫赫有名的鑽石聖體發光美麗得多啊。

更何況是愛情本身呢！

大約在第二次世界大戰中期，一位素不相識的中年男子來布熱弗諾夫敲我家的門。他的手提包裏裝著幾張紙，要求我將那首詠洛雷達的詩抄錄在上面。

在洛雷達古老的臺階上，
熱烈的話語聽似譫妄，
對著她的秀髮你低聲傾訴
深情何必有人領悟！

等等。

我高興地答應了他的要求。過了約莫一星期他來了，將一瓶波爾斯名酒放在我的桌上。這是桃仁甜酒，裝在粗瓷瓶裏。

我從未品嘗過類似這樣的酒。舌面上先是一股濃香，接著便是令人愉快的苦仁味。

那是在戰爭時期，這類享受無比珍貴。我每次只喝頂針大那麼一小口，閉著眼睛細細品味。今天我徒然尋找這種美酒，據說已不向我們出口了。

可是，往事銘刻在我心上是那樣的深，每當我走近洛雷達，看到它的塔樓，我的舌面上便泛出了苦仁味。

我懷著痛苦的渴望又匆匆趕去赴約。這樣的約會已經不知多少次了。一見姑娘走來，我便憤然撇下了古老的懺悔室。

姑娘微笑著走來了，彷彿什麼事也沒有發生！我很快忘記了一切，又同她沿著那條群鳥歡唱的老路朝佩特馨山的瞭望台走去。在瞭望台的陰影中，這位原就住在附近聶魯達街的姑娘承認說，她還從未登上過瞭望台。我們決定上去看看。電梯不開，我們只得一級級走上去。瞭望臺上只有我們兩人。姑娘很興奮，顯然受了感動……我輕輕拉起她的兩隻手腕，凝神注視她的眼睛。我牢牢地握著她的手，想把她拉到身邊來。當然她馬上看出了我的意圖，沒等我吻到她便將臉龐躲進我的下巴底下，就這樣一動不動，直到我鬆開手。然後她一溜煙跑掉了。

上帝啊，這有多麼丟臉。在我周圍，整個布拉格都瞧見了我這難堪的失敗！我還沒有喘過氣來，她的皮鞋已踱踱地在鐵樓梯上敲響。我不得不狼狽地跟在她的身後。出了瞭望台，一路上我們已不再說話。她沒有讓我吻她。沒有，沒有。

她沒有！

這是我同這位小城姑娘的最後一次約會。在纜車道附近她勉強答應了下次的見面時間，可是她不曾踐約。人們所歌唱的、稱之爲天堂的青春戀就這樣結束了。那首古老的蘇格蘭情歌也這樣結束了：先是悲哀地哭泣，心如刀割。其後是痛苦地自怨自艾，最後以沉寂告終。我不僅感到委屈，而且覺得出醜和恥辱。對於女人我還不甚了了。

後來，我徒然在以往約會的時刻到她住所對面的人行道上徘徊。只有一次，我瞥見二樓的窗簾微微抖動了一下。這便是一切！其後我一生中再也沒有見到這位迷人的姑娘。

公貓酒家當年還是個很清靜的所在，保留著聶魯達時代的古風。今天那裏卻是生意興隆，顧客盈門了。據說這家酒店供應的啤酒是世界上最好的！

多少年來我已練出一種本領，能約莫聽出是哪位客人上我們家來了：根據他們在樓下的關門聲、上樓的腳步聲、叩門聲，也往往根據他們按門鈴的輕重。我經常能猜中來者是誰。

不多幾年前，有人在敲門。是個姑娘，我心裏想。果不其然。

進來的是一個約莫十六歲的女學生，手裏拎了個半透明的手提包，裏面裝著幾本要我簽名的詩集。小姑娘身材苗條，金色的頭髮鬢角處蓬蓬鬆鬆，十分惹眼。不過對她來說這樣恰恰頗爲相稱，對此她自己大概也很清楚。初進來時，她忸怩不安，後來向我提出，要我給她在詩集上簽名留念。

我凝神看了一下她的臉龐，心裏似乎有所觸動。

當然行啦，我說，從她手裏接過詩集。她見我答應得很爽快，便又要求說，能否在一本上提詞，寫上她的名字。可以呀，毫無問題！

「你叫什麼名字呢？」

「卡蜜拉・V.。」

我吃了一驚，再次舉目凝視她那雙清澈的少女的眼睛。我審愼地問道：

「是隨母親的名字叫卡蜜拉吧？」

「不，是隨奶奶，媽媽叫弗拉斯達。」

「奶奶住在聶魯達街？」

「現在不住在那兒了。她跟我們一起過，住在阿爾貝斯廣場。」說著她驚訝地瞧了我一眼。我心裏飛快地計算了一下，暗暗歎了一口氣。幾乎已是一個人一生的歲月了。

我眼看就要打聽姑娘的奶奶了，想請姑娘轉達的美好語句已在嘴邊，甚至腦海裏閃現了見一見她的念頭。我的書櫃玻璃門上靠著兩根法國手杖，我瞥了它們一眼，馬上回到了現實。美好的言詞不如忘掉爲好。

這裏我要請大家重溫這樣一段記載：

查理士王四世逝世前不久，出於愉快的記憶，曾去探望他的侄兒、法國國王查理士五世。在巴黎王宮作客並舉行了幾次會談之後，我們這位查理士王還乘船沿塞納河到聖保爾宮，探望有了身孕、住在聖保爾宮等待分娩的法國王后。查理士王擁抱了王后，並一一親吻了王后的侍女們，她們都是他的親戚。之後，他要求也見一見波旁家族的公爵夫人。她是這位查理士王前妻勃朗卡的姐妹，是他兒童和少年時代在王宮裏一同嬉戲的小朋友。人們把公爵夫人領到他的擔架前。由於身患嚴重痛風，查理士王已不能行走。他倆互相對視一下，不禁都失聲哭了起來。

這是一位枯燥乏味、學識淵博的編年史家的記載，他還補充了一句，說那情景十分悲慘。我又看了看年輕客人那張可愛的面龐。實際上這面龐我很熟悉。我用開玩笑的口吻問她說，如果我在這幾本書上統統給她題上詞，她用什麼來酬勞我呢。姑娘猶豫了一秒鐘，然後說她一無所有，不過假如我願意，可以吻她一下。我反對說，要題詞的書有那麼多本，我想至少也得吻三下。

她爽快地、只是有點兒笨拙地把嘴巴送了過來。我在這微微張開、濕潤、甜蜜的嘴巴上吻了三下。我吻的是自己的青年時代。

三個金幣的故事

木雕的聖者比活著的
聖者更能辦事。

——李赫登伯克❶

我不善於講故事。講故事的時侯，我總是過於心急。詞和句子一個勁兒地向我湧來，催我匆匆了結，趕緊把故事講完，好像生怕我耽誤什麼事似的。其實我沒有什麼可耽誤的事。這純粹是沒有經驗，更確切地說，是沒有水平。我不善於處理細節，講到細節之處本來可以歇息一會兒，做點兒文字遊戲，然後再不緊不慢地講下去，而讀者也可以喘一口氣。我不善於故意放慢速度、在情節上來個停頓。我不敢偏離主題，其實這樣做倒往往能使講的故事戲

❶ 李赫登伯克（一七四二—一七九九），德國諷刺作家和文藝批評家。

劇化。總而言之，我不會講故事。所以我大多只寫詩。我覺得寫詩容易些。靠寫短篇小說我大概連蘇打水也喝不上。儘管如此，也有這樣的時候，興致來了，想給聽眾講個故事。

生活中我不止一次有過值得注意的經歷，儘管我並不刻意追求奇聞怪事。許多遭遇是在喝了幾口葡萄酒之後發生的，這又有什麼呢。我喜歡葡萄酒。我敢說這種飲料確能製造奇蹟。

我曾經讀過一則關於某女聖徒的故事。她的名字我忘記了。她所在的修道院的名字也忘記了。只知道她不僅虔誠，而且特別善良，待人親切。成群的乞丐總是擠在修道院門口，這位虔誠的婦女（順便說一句，她是一個非常迷人的女性）給他們發錢發吃的。在收葡萄的季節她還從修道院的院牆上把自己種的葡萄摘給他們。有一年夏天，葡萄欠收，虔誠的修女就沿著修道院的院牆走，把漂亮的小手湊到空無果實的枝杈上，細長嬌嫩的手指彎曲著，作捧東西狀。而只要她的手湊到哪兒，那兒就馬上出現一串晶瑩剔透的葡萄。乞丐們就從修道院的門口把這奇蹟般的收獲取走。每當我舉起酒杯注視葡萄酒那亮晶晶的光點時，我就會想起那只神奇的手。所以我也喜歡吻女人的手，吻她的手心，手心更甜蜜。

我心裏總放不下一次奇異的生活經歷。不過我得聲明，這並非只是趣聞一則而已。不，它不是趣聞。很多很多年以前布拉格室內劇院上演了一齣約日·哥茨女士寫的話劇。作者在劇中採用了這段經歷作爲笑料。我並不生她的氣，早就原諒了她，因爲她不瞭解情況。

好！現在就開始講吧！

那是五月的一個飄滿花香的美好的夜晚。我、鮑胡米爾・馬代西烏斯和我敬愛的約瑟夫・霍拉一起坐在一個小酒館裏。那酒館不知爲什麼叫做「在毛茸茸的號角旁」。那天是奈波穆茨基❷節的前夕，當時這個節日在布拉格是要隆重慶祝的。我們去的這家酒館在鮀鳥街，離一個景色宜人的小廣場不遠，廣場上有個很大的十字架。廣場的一邊是聖沃伊傑赫教堂的圍牆。這個地方至今我還記憶猶新。我妻子尙是姑娘的時候曾在酒館對面的一座房子裏住過，我常在那裏等她。我時常在教堂舉行晚彌撒之前看到瑪利亞・希伯奈爾夫人❸跪在落滿塵土的矮條凳上祈禱。聽說她就住在附近。

我們並不是這家酒館的常客，只是偶爾去一次。沙爾達去過兩三次。常到那兒去的還有詩人約瑟夫・馬赫，他能把自己寫的詩統統背誦出來。不過，我的上帝，別以爲沙爾達什麼酒館都去，要把他請來可眞是談何容易。一旦請到，那是貴客光臨，連幽默都提高了層次，氣氛隆重而高雅。酒當然就喝得不多了。至少在沙爾達起身坐出租汽車回家以前是如此。

---

❷ 奈波穆茨基是天主教會僞造的宗教殉難者，目的是抵消眞正的殉難者、宗教改革家楊・胡斯在捷克人民中的影響。一七九二年他被宣佈爲聖徒，理由是，他因拒不交代王后的懺悔內容而於一三八三年被捷克國王處死。實際上根本沒有這個人。

❸ 捷克演員。

那天時間已快到午夜了。我與霍拉和馬代西烏斯❹一起興致勃勃地談論捷克詩歌的重音問題。這是馬代西烏斯最愛談論的話題。他生動地說服我們，愛爾本擺脫重音規律是詩人的妙筆。詩人這麼做突出了節奏之美而避開了刻板的規律。聊天聊得特別有意思，引人入勝。糟糕的是，在尋求解決重音問題的辦法時，我們發現沒錢買酒了，正在興頭上突然散夥未免太掃興了。

我的兩個手指在西服背心的口袋裏摸一個小絹紙包已經摸了好一會兒，紙裏裹著三枚奧地利金幣。這是我外祖父的遺物。我是很愛我外祖父的。這幾個金幣他保存了幾十年，而且答應死後留給孫子輩。他的孫子輩中，我最年長，所以三枚金幣就給了我。母親流著淚囑咐我別丟失，要收藏好將來傳給孩子，說時她是眞的動情了。

好幾次我都想把小包掏出來，但每次又都放了回去。可最後還是頂不住了，我把金幣攤到桌子上，放在朋友們的面前。那時候刻著頭戴桂冠的皇帝頭像的奧地利金幣比面值要值錢的多。當我把小金寶貝的來源講出來以後，霍拉氣衝衝地叫我把金幣包好放回去，一本正經地嚇唬我說要把我的輕率告訴我的妻子，要勸她把金幣自己保存好。我只得聽從他，把亮閃

❹ 馬代西烏斯（一八八八—一九五二），捷克翻譯家、詩人、戲劇家、新聞工作者。他曾譯中國古詩取得很大成功。

閃的金幣又藏回深深的口袋。馬代西烏斯是個好心腸的人，他用自己的訂婚戒指敲敲酒杯，叫來了侍者，一聲不吭地把這個臨時抵押品放在侍者的托盤上。這已經不是第一次了。但這次卻有點特殊的背景。馬代西烏斯剛同他的第一個妻子離了婚。在這默不作聲的默劇之後桌上出現了滿滿一小壺酒，當然隨後接著還會上酒。我承認我心中一塊石頭落地，輕鬆地無憂無慮地喝起來。

時間晚了，酒店要關門，抵押的戒指也喝光了。我們滿心不願意地起身離去。霍拉家遠，在科希日區，馬代西烏斯住的近，我呢?也夠遠的，要到新特洛伊斯基橋。

白天這條路不怎麼好走。可那是五月的夜晚，葡萄酒在血管裏沸騰，走起路來腳下很輕快。我心滿意足、無憂無慮地從烏爾舒立卡走到火藥門。一般在這種時刻我會邊走邊想出詩句來。那天夜晚，我覺得腦海裏湧現的詩句特別精彩。我有點兒飄飄然，有點兒忘乎所以，儘管一路上這裏那裏不得不停下來歇口氣。這種時候我總是理所當然地認爲構想的詩句到早晨忘不了，一早起來記下就行了。遺憾的是，到早上一般都是一句詩也想不起來了，而頭卻疼得很厲害。

那天布拉格的街上幾乎已空無一人。夜畢竟已深，我卻突然煙癮上來了，簡直壓不下去。而口袋裏一個子兒也沒有。肚子也餓得咕咕叫。最糟糕的是渴得不行。儘管佩特馨山坡吹來甜柔的輕風猶如安琪兒扇動翅膀在我身後的電線上方飛翔，但這也無濟於事。魔鬼卻出現了。

誰都知道魔鬼是會以各種各樣的形態出現的。最經常的是變成一個美女，有時又變成狡猾善辯的梅菲斯特❺。但這次等著我的卻是繫著白圍裙的賣香腸的，他緊貼著火藥門的黑牆。我爲什麼不走到街對面去呢？兩次我都繞過了他那店前煮香腸的小鍋，兩次我又被那香噴噴的熱香腸給吸引了回去。我也看見那打開的裝滿香煙的香煙盒，我猛吸了一口誘人的煙香。第三次我已按捺不住，一步跨過去問他能不能換金幣，說我想買香腸和香煙。我從口袋裏掏出絹紙，挑出了一枚金幣。他拿過金幣，戴上眼鏡，在煤氣燈旁仔細查看。然後小心翼翼地藏到錢夾子裏，問我還有沒有？我老實地把另兩枚也拿給他看。他看了一番，毫不猶豫地說他全包了。給了我一張又髒又油的二十克郎鈔票，一個小麵包夾香腸，一大把香煙，煙我都裝進了口袋。然後，他不知從哪兒找出個蘇打水的瓶子，從瓶裏給我倒了杯臭烘烘的烈性李子酒。香腸我狼吞虎嚥地吃掉了，點了支煙，接著貪婪地一口把燒酒喝光。之後，我繼續往家走。不遠處站著兩個花枝招展的夜鳥，嘿嘿地訕笑著。我得承認，當時我的腳已經發沉，腦海裏的詩句也不見了。內心深處隱隱約約感到自責。我好不容易搖搖晃晃走到了赫拉夫卡橋，從那裏往屠宰場走去。由於那天夜裏空氣潮濕，老遠就聞到屠宰場牲畜內臟的腐臭味，這些腐臭下水有時由種花種草的人拉去當肥料。尚未卸車的牲口在車上哀鳴，感覺到同伴的血和

❺ 梅菲斯特是歌德名劇《浮士德》中的魔鬼。

死。這種哀鳴讓我有點害怕。有時我們在家裏也能聽到。

我不時不由自主地在西服背心口袋裏摸一摸，當然裏面已是空空如也。內心愈來愈惶惑不安。

從屠宰場到霍萊肖維奇火車站那條路環境並不優美。那時候那條街旁有一道塗著瀝青的木柵欄，一眼望不到頭。夜裏那裏連個人影兒也沒有。因此我學會了邊走路邊睡覺。其實不過幾分鐘，但很解決問題。我睡得如此高明、如此恰到好處，以至還能做點短夢，而且一走到行駛電車的石子路上，立即就會醒過來。從那兒幾步路就到家了。

人早上醒來，一般都會回想一下昨晚的事情。我跳起身，直奔我的衣服。從口袋掏出來的全是折斷了的香煙。上衣口袋裏發現了那張油漬斑斑的二十克郎鈔票，背心口袋裏是一團皺巴巴的空絹紙。我使勁回憶，至少要想起走往西伯爾納大廈時做的那些詩，可是一句也想不起來了。我朝鏡子裏一看，我的臉嚇了我一跳，頭髮裏也滿是煙絲。想起小金幣更是心煩意亂。嘴裏是一股子香腸和李子酒的苦臭味。

妻子比我先起床，對我當然不客氣。當時她還不懂得沈默要比數落更厲害。我們結婚還不久。新婚後的生活完全不是她想像的那個樣子。她遠沒有那位年紀比她大的女友明智、平心靜氣。那位女友早就給她丈夫出了個主意，告訴他以後無須道歉、解釋、許諾，只要印張小卡片，寫上：

親愛的！心別傷，
我發誓再也不這樣。

並且叫他每次夜裏回來不聲不響放到桌上就行了。

我妻子毫不留情地說了我一通以後，簡短地告訴我，昨晚我母親來了，問起什麼錢幣的事，說今晚還要來。我心裏咯噔一下，趕忙穿好衣服，羞愧地匆匆離開了家。

那天是奈波穆茨基節。布拉格到處是鄉下來的朝聖者。斯特洛莫夫卡公園離我家只有幾步遠。我跑出家門後徑直到了那裏，在野生動物苑附近的第一張條凳上坐下了。那時候公園裏還有電車穿過。我沉思了一會兒。五月中旬的節日讓我想起美人的面龐。

在日什科夫中學低年級上學時有位老師叫卡希克，教我們語文。全班都愛戴他，依戀他，敬佩他。他上課，我們都全神貫注地聽講。他是個英俊的中年男子，衣著雅致。他和藹可親，有魅力。我這時想起他決非偶然。他講課和朗讀時經常離題講別的，而我們總是緊張地聽他講故事。他對聖徒奈波穆茨基沒有好感。他相當詳細地給我們講了，幾年前進步報紙連篇累牘報導的赫爾本和馬哈爾同教會界進行的爭論，以及反對這位巴洛克時代聖徒的鬥爭。據說當時是使用偷天換日的手法，把兩個人倒換了一下。眞正的奈波穆茨基據說根本不是教士，而是有名的銀行家，他曾以極高的利息借錢給教士們。所謂的王后的懺悔和憤怒的瓦茨拉夫國王的嫉妒——這都不過是羅馬教會編造的神話和巧妙的詭計而已。老師認爲，鎖住奈波穆茨基教士舌頭的魔力同上帝的全能相比是太微不足道了。因爲根據天主教的教義，上帝畢竟比那教士可憐的舌頭有巨大得多的能力來向人們顯示自己在天堂的存在。耶穌會在被它征服的國家裏搞這花招的唯一理由就是：消除胡斯在捷克人民心目中的光輝形象，用一個五顆星環繞在頭上的假聖徒來頂替胡斯的形象，荒謬而惡毒。老師說完用手輕輕敲了一下講臺（所謂的教師桌）的綠色桌面。沒錯，事實就是這樣。

塞佛特，你上黑板這兒來，給我們說說……於是我趕快跑上去，險些兒在講臺上絆了一跤。

在斯特洛莫夫卡公園的新鮮而清香的空氣裏坐了一會兒，頭不疼了，但還有點昏昏沉沉。我上了電車，不久就到了布拉格城堡，混入大院子裏朝聖者的人群。聖維特教堂裏的這位聖徒的墓被圍得水泄不通。我往裏擠，直擠到銀白色的聖徒的墓碑前，那裏擺滿了鮮花，鮮花叢中蠟燭閃閃發光。墳墓前一場彌撒接著一場彌撒。總之，慶祝規模極爲盛大，我則站在皇家祈禱室下面離聖徒像那麼近，已經可以同跪在自己棺材前的他說話了。

我向他那銀雕的面孔投去的祈禱文說不上虔誠。好些話都是想把他光環上的星星打下來的。我把已故卡希克老師多年前灌輸給我們的一切都說了一遍，還加上我從反教權主義的讀物中看到的東西，關於這位倒楣的聖徒，那些讀物可眞講了不少。不過，我還是給了他一個機會。在我褻瀆神靈的禱告詞最後，我表示希望他能按我的心願顯一顯靈，幫我用什麼辦法找到我的金幣。這是很放肆的，但我表示，如果他眞屬於天使的行列，那麼這種小小的顯靈不過是舉手之勞。我還說，我母親是他的崇拜者，她到聖山朝聖時請回來了一個他的瓷雕像並立即放在請來的聖母瑪利亞雕像的旁邊。雕像放在內衣櫃上，兩個雕像前放著同樣數量的鮮花，白色的給聖母瑪利亞，其他顏色的給他。如果我母親知道我做的蠢事，她會多麼傷心！我一個勁兒地動之以情。我還告訴他，這三個金幣的贈送者對他也是虔誠的，肯定也是向他祈禱的。我只是沒有告訴他，我用純金的金幣換取水煮的香腸、臭烘烘的李子酒和幾支香煙太可惜了。是的，這一點我對他提都沒有提。

我在大教堂的祈禱時間不長，一刻鐘也就完事了。爲加強效果，我摹仿其他的朝聖者摸了摸鑲銀框的玻璃罩下的聖徒遺骨，並且稍稍畫了個十字，當然相當不經心。接著我對他說了聲再見便急忙沿著城堡的新臺階下到市區去了。路上我到史奈勒酒店喝了杯比爾森啤酒，因爲我有點口渴，另外，也因爲那張油污的二十克郎鈔票在口袋裏燒得慌，我想把它擺脫掉。

下午我很早就回家了。妻子一直還沒消氣，不跟我說話，一句不吭。但是，好奇心——所有女人共同的特點——卻讓她難以堅持住。她突然衝我說：

「你知道，我碰見什麼了麼？」我緊張地等她講。

「我今天到樓下的店裏買菜。給完錢，售貨員數錢時還給我一個小硬幣。太太，這個硬幣我不要，有點怪。請給我換一個。」第一共和國時期，十哈萊士的硬幣是深黃色，幾乎是金黃色，特別是新幣。「所以我就給她換了一個。到家後，我看了看這枚還來的硬幣，結果是這個小金幣。」她說著把它給了我。

「你說，它怎麼會跑到我的錢包裏來了！」

「天哪！」我吃驚地喊了起來。「快把你的錢包拿來給我看看！」

當我把錢包打開，在另一個夾層裏發現另一枚金幣，在第三個夾層裏又發現第三枚金幣。上帝啊！這個神聖的奈波穆茨基多愛開玩笑！我把三枚金幣並排放在桌上，倒在沙發上，心還在砰砰地跳。就在這時候門鈴響了。

「大概是媽媽來了。」妻子說。

與弗朗基謝克·赫魯賓❶的談話

聽說您準備寫回憶錄。我對它的企盼超過一切。最近一個時期以來，我大多唯讀回憶文學。您對這類文學有什麼看法？您看了奈茲瓦爾的《我的一生》以後有什麼感覺，有什麼想法？在奈茲瓦爾談到二〇年代時，不管他回憶的是什麼事情，您幾乎都在場。

和大家一樣，我後面也拖著一根長長的繩索，上面掛著形形色色的影子。它們有的在微笑，有的在罵我，還有的羞愧地默然不語。有些我恨不得把它們踢進忘卻的深淵，有些我又深願摟在我的心頭。但是所有的影子都緊緊地黏在一起，無法將它們扯開。它們無一例外地

❶ 赫魯賓（一九一〇—一九七一），捷克詩人、劇作家、散文家、翻譯家。他的詩清新、優美、富於音樂性，深爲人民喜愛，他也是捷克現代兒童詩歌的先驅。

向我報到。但是，回憶錄我是不會寫的。我的記憶力很差，僅此一點我就不能寫。而且，我不記日記、不留資料，至於各種報告的講稿，我都在做完報告向聽眾點頭告別後馬上就撕成碎片，扔到我走過的第一條陰溝裏，要不就從橋上扔進河裏。因為每次做完報告我都有甩不掉的內疚感。話說完就飄散了，但講稿卻是白紙黑字。還是讓它們都滾開吧！

但是，爲了避嫌，免得別人以爲我想把許多暴露自己的不體面的事情抹掉，我決定逐步給朋友和熟人寫二、三十封長信。根據需要和具體情況選擇一些人，對過去的許多經歷進行說明，承認過去的一些錯誤和不正確的觀點，當然在回憶自己周圍那些已經過世和尙未過世的人時，也想給他們在即將被人遺忘的肖像上增添點什麼。這方面我欠的債不少。生活中有時候我們寧願閱讀紀實性的作品，而不去欣賞哪怕是最吸引人的文藝小說。散文要求我們直截了當把事實說出來。詩歌則絕然不同，我們只有在事物發展終結時才需要詩歌。因此有時我們也喜歡拿起回憶錄。

奈茲瓦爾的《我的一生》我讀了非常激動。這本書多少也是對我的見證。在紀實和想像兩者之間，心中錶盤的指標一般是指向後者，當然這一點我毫不在意。奈茲瓦爾寫這本書不僅僅爲了文學史家，而且也是爲了讀者。他有時候把樸素平淡的事實提高到詩歌的光輝水平，他做得很對。

再說，難道今天我們還會在乎保留下來的古代羅馬人的形像是否眞實嗎？

我第一次見到弗朗基謝克・哈拉斯時我二十歲。不久我又同您和霍拉交上了朋友。同卡雷爾・泰格只是見面認識。在那寶貴的青春年代我同他坐在同一張桌子旁只有兩三次，還是靠您幫的忙。那時候我還在上中學，我的同學弗朗基謝克・奈恰塞克對泰格無限崇拜，在利本斯基中學的文學小組他詳細向我們介紹了泰格的理論，並稱他爲「捷克的小天才」。卡雷爾・泰格對您和對您整個一代意味著什麼？我們「年青一代」同他錯過了，對我們來說他已是神話了。

我非常喜歡卡雷爾・泰格。對他，今天比那時候看得更淸楚了。那時候我們幾乎沒有一天不見面。他待人誠懇，對朋友毫無私心。他在藝術上的知識令人嘆服，而且是個絕對無法收買的人。他學問之淵博、造詣之深難以想像。當我們把萬楚拉也請到一塊兒的時候，談話的高度和深度就更是達到了一個新的水平，給我敞開了精神世界的大門。

那時候在托比契書店的櫥窗裏以及後來在波洛維書店的書架上擺滿了外文書，泰格總要買上幾本。隨後就到旁邊的斯拉維耶咖啡館坐下，邊喝咖啡邊就翻譯起來。

但是我得從另一處說起。記不得是哪一年了。有一天我們一同走在塞納河邊，急匆匆地往什麼地方去，突然在我們前面出現了一個無比迷人的巴黎女郎，衣著特別雅致得體，耳垂和雙手上的鑽石閃閃發光，簡直像是從時裝雜誌封面上剪下來的。她下了汽車，從我們身邊走過，對我們當然是視若無睹。泰格把煙斗從一邊嘴角挪到另一邊，整了整帽簷，目送著那美女，滿有把握地說：可惜沒時間了，否則我一定不會把她放過的。

這情況與我們初見巴黎時差不多。只是，這次泰格並非那樣完全沒有機會。羅浮宮他沒去，不屑一顧。我們對它一點不感興趣。那裏我是後來獨自去的。但是我們卻走遍了所有的賣現代派繪畫的小商店。

我們長時間地泡在街頭露天咖啡館的茶座上，也沒放過馬戲和蠟像陳列館。因爲這一切都同我們的新藝術綱領合拍，也就是說藝術不再是藝術，馬列維奇❷用他有名的方塊結束了造型藝術的發展。詩歌主義流派就此產生。

泰格對我們意味著什麼呢？許多許多。當我們被邀請到捷克和摩拉維亞各地做報告時，是泰格每次給我們指導，準確地確立定義，有的段落爲了表達準確起見，他親自口授。當時的要求是很嚴格的。

他是一個非同一般的、卓越的文體學家。他下筆快，一揮而就。他常說，那是練出來的工夫，因爲上學時他常爲班上一半同學寫作文。

---

❷ 馬列維奇（一八七八—一九三五），原蘇聯畫家和藝術理論家。抽象派的至上畫派創始人，是第一個用抽象幾何圖形構成畫面的畫家。

在詩歌、造型藝術和建築藝術方面他是空前的權威。我想，如果我說，我常見卡雷爾・泰格站在日什科夫區過去的養老院的屋頂上揮舞自己的破禮帽的話，這絕對無損於哈弗利切克和洪齊克兩位建築家❸的名聲。

阿波里奈爾的詩是卡雷爾・恰佩克請進布拉格的。但歡迎它、並努力張羅使我們的讀者喜歡上它的則是卡雷爾・泰格。

在布拉格住得較久的法國教授多米努阿常說，巴黎的法國語文教師對法國現代藝術的瞭解還不如布拉格的中學生。這當然要歸功於泰格了。

當他的著作在我們這裏被禁止後，我從未懷疑有一天它們會回來的。果不其然。我很幸運等到了這一天。

在現代詩歌中，沒有哪一位詩人的名字同布拉格某地區的聯繫像您和日什科夫區這樣的緊密。

❸ 哈弗利切克（一八九九—一九六一）和洪齊克（一九〇〇—一九六六），捷克著名建築師，是該養老院的設計師。

我當然最願意表明我是日什科夫區的一員了。這個區是我詩歌「靈感的源泉」。它至今使我心潮澎湃。這個老區變化不大，至少表面是如此。但我想說的是，現代詩歌中發現這一迷人的城郊舊區的並非只我一人。還有諾伊曼。他年青時代創作的優美的詩歌《貧窮愛情的山坡》，正是在這一地區的神話般的奧爾尙別墅裏產生的。他那一代留著長鬍子的無政府主義者詩人經常坐在這裏，在百合花花圃之間。他們當時正準備勝利地奪取捷克文學的陣地。貧窮愛情的山坡離那裏不遠。現在這片山坡已經沒有了，已蓋滿了房子。

紮赫拉德尼切克的詩集《起重機》再次出版了。這是三〇年代捷克一本主要的詩集。我不知道，今天有沒有人意識到，約瑟夫·霍拉，主要是霍拉的《你的聲音》，對這本詩集（不僅對紮赫拉德尼切克的詩，而且對我們所有的人，霍朗也不例外）有碩果纍纍的重要影響。霍拉的作品只屬於你們一代嗎？他的偉大著作能再次對捷克詩歌的發展產生影響嗎？

說到二〇年代總說是沃爾克的一代，其實不完全恰當。更確切地說，應該是泰格全面地——從詩歌、造型藝術到建築藝術——確定了這一代的特點。至於說到抒情詩人，那應該是約瑟夫·霍拉自始至終——不管你願不願意承認——站在他們的前列。這一點您盡可以相信我。霍拉對當時的抒情詩有強烈的影響，而起初卻是對無產階級詩歌有影響。當時他對沃爾克也有影響。另外，眾所周知，無產階級的詩歌也是泰格發現和宣傳的。這影響一直延續到詩人們——包括霍拉——開始放棄無產階級的題材，而泰格開始創立詩歌主義的新綱領時爲止。那是一個忙於探索的時代，努力創新的時代。儘管後來霍拉多少有點改變了方向，但即使在那時他的影響也還存在。

提到他的詩集《你的聲音》和《風中的弦》，想到這些詩句，在我眼前就好像閃爍著水晶玻璃大吊燈明亮而顫動著的光芒。另外，特別喜歡霍拉的沙爾達正是在《風中的弦》看到了詩歌主義的一定影響。我們都認爲，霍拉是我們這一代的朋友，而霍拉也沒有反對。

這位「心靈詩人」的時代是會回來的。至於他對未來的詩人有否潛在影響，那可以等等看，有的是時間。另外，霍拉的詩始終沒有過時，它的光彩並未因時光的流逝而熄滅。

給讀者打開詩的大門，進去後由他們自己去理解。詩人萊昂—保爾·法爾格❹表達過這個意思，我不是逐字引用的。您如何看待這兒那兒出現的觀點（三十七年來，據我們所知，出現了不只一次），認爲根本不用管讀者，詩人可以把他們關在門外？

---

❹ 法爾格（一八七六—一九四七），法國詩人、評論家。他的作品和達達主義、立體主義和超現實主義有聯繫。

您的話使我想起了沙爾達，可惜一時想不起來他在哪裡寫過關於詩人在民族中的使命和地位問題，他說衡量一個詩人是要看他的詩對讀者群眾影響的大小。評價詩人要根據他的聲音所激發起的興趣的大小。我們對文化階層在民族中影響的深度不要估計過高，而同時也決不能貶低那些詩人，他們當今正在爲創新作嘗試——可能是固執的，但又是目標明確的——並爲自己的創作去奪取新的陣地。萬楚拉的小說在讀者中的反應開始根本不強烈。我接受泰格關於詩的思想，他認爲不革命的詩就不成其爲詩。而聶魯達從他的《墓地之花》到《受難者之歌》來看也是革命詩人，而且是很卓越的。任何嘗試，儘管讀者的行列短而稀疏——這裏只就文學而言——對詩歌的發展也不會是沒有意義的。但是它是否能存在下去則取決於當時其質量高低。當然這裏我只講一般道理。

那麼，詩歌裏的現代性意味著什麼呢？我想，凡是能以新的形式同我們正在經歷著的新的現實相一致的手段，凡是試圖反映新的現實、推動它或者改變它的手段就是現代性。當然指的是詩本身所固有的手段。有一條箴言這麼說：傾向性的詩是好的，如果它是一首好詩。這當然決不等於詩都應該是有傾向性的，儘管我相信，在恰當的時機，傾向性的詩有無比的力量。只要想想《西里西亞之歌》就知道了！關於濫用詩歌表現傾向性的問題，維克多・什克洛夫斯基❺曾經說過：用茶炊也可以敲釘子，但爲什麼偏偏要用茶炊？

正如我們所知，廣大讀者還是偏愛保守的、經過考驗的、習慣了的老形式。所以詩人不只一次同自己的讀者失之交臂，甚至發生衝突。如果不遷就，不讓步，就只能一而再、再而三地試圖去說服讀者。他的作品只能靠讀者才能生存，那麼他又怎能背棄他們呢！爲瞬息即逝的浮雲而寫或是在黑紙上寫黑字是沒有意思的。

我想，把羅素關於人類歷史的定義做一點小小的改動就可以用於詩歌。詩歌的歷史是那些違反最廣大讀者當時意願的偉大創作者的歷史，但他們追求的總是未來的詩歌——當然爲要爭取這些讀者接受新思想，他們必須進行不懈的努力。任何作品都不可能征服所有的人，這是理所當然的。正因爲如此，可以肯定地說，讀者如果永遠被關在門外，這並不是讀者的錯。這種作品是多餘的，是壞作品。

每個詩人，即使是最標新立異的，也希望有讀者。

我是贊同詩歌介入的，當然作家要有充份的自由。任何一個詩人都不能對人民和全民族的事業漠不關心，特別對我們這樣一個經常受威脅的小民族的詩人來說更是如此。介入當然不等於隨聲附和。詩是關於眞理的對話，應該是熾熱的、感染人心的。

一九六七年是沙爾達百年誕辰。肯定有人要在他身上大做文章，自命有解釋他的權利，

⑤ 什克洛夫斯基（一八九三—一九八四），前蘇聯詩人和文學理論家。

借其名行自己之實，恨不得要沙爾達把他背到背上就像聖克利什托夫背上小耶穌一樣，把他背到未來。您能說一說，沙爾達對詩人意味著什麼？他對當代詩的創作有什麼影響？

沙爾達與二〇年代一代人的親近決不是像有些人想像的那樣，是田園式的友誼或在酒店裏碰碰杯而已。他反對佩婁特卡和柯基切克等人的觀點以捍衛二〇年代的一代人，也不是出於仁慈的憐憫之心。沙爾達總是堅定地捍衛自己的以及每個人按照自己內心的規律發展自己、成長和更新自己的權利。這樣他就跟我們這些從年歲上間隔較遠的一代更親近，比跟恰佩克那一代要親近。但是，眾所周知，這並沒有讓我們有些人躲過沙爾達銳利的筆鋒在他們臉上留下的傷痕。奈茲瓦爾感受過多次。沙爾達同彼沙也交過鋒，寸步不讓地批評過霍拉，儘管，像我所說的那樣，他很喜歡霍拉。其他人更不用說了。但這一切是如此理所當然，完全是他的風格。笑臉和讚揚都收買不了他。對他的熱愛和忠誠也換不來他溫和的態度。在我們的時代他是我們最高的決定性的權威。儘管現在沒有、歷史上也從未有過不犯錯誤和可能有時不公正的權威。這樣的完人是沒有的。這是另外一個問題。我們欽佩他在捷克和世界文學方面極深的造詣、極其淵博的知識，崇敬他把過去和現在盡收眼底的天才。他的學識和教導不可能讓人不重視、不考慮。他道德方面的榜樣也給我們留下深刻的印象。沙爾達從未放過機會進行激烈的鬥爭。他的地位有某種高貴和精神貴族的色彩，這地位是他幹出來和鬥出來的。

他的私生活也是榜樣，是個極好的人。雖然平易近人，但在他那俊美而統帥式的高貴風采面前誰都得心悅誠服。他很民主，但決不缺少貴族式的風度。我們信任他，而最重要的一點：我們從他那裏學到了東西。今天，我們看年輕作家時總感到有點遺憾，他們無助地在文學世界尋訪，卻找不到有誰能對他們的書做出公正的評價。

他這個人熱愛美好的人性，會爽朗地笑。正像每一個相信自己擁有眞理的自由人那樣地笑。

厄俄斯❶，朝霞女神

二〇年代初，準確地說是一九二一年，阿爾圖什·切爾尼克邀請我到布爾諾去。他主持布爾諾《平等》報的文化欄，工作繁重，希望我去幫忙。那年我二十歲，已放棄學業，白吃家裏的麵包感到苦澀，家裏的麵包從來就不充裕。我立刻決定應邀前往。動身前一天的傍晚我還跑上維特科夫山岡，在那些熟悉的地方走了一遍，眺望布拉格市，然後從山岡的另一面下山回家。在未經修整的山坡上，在卡爾林殘廢軍人院上方的草地上，我坐下來向暮色蒼茫的城市告別。這座城市，除卻爲期數周的那些假期之外，我從未離開過它。爲了使告別儀式顯得隆重，灌木叢中飛出了一大群螢火蟲，我捉了幾隻放在火柴匣裏。臨睡前，我打開火柴匣，螢火蟲久久地對我閃著光。後來我睡著了，螢火蟲的光顯然一直閃到了天明。

---

❶ 希臘神話中的黎明女神。

第二天一早我乘上火車，下午已見切爾尼克在布爾諾火車站等我。我一下子就喜歡上這座城市了。那年頭流行著這麼個說法：布拉格大村莊，布爾諾小都會。布爾諾那時已有了由黑人爵士樂隊伴奏的酒吧間，而布拉格的弗萊克和托馬什酒吧還只有歌唱。

我和切爾尼克同住在尤利安諾夫，它靠近斯維塔瓦河的一條死水溝。這裏離奧勃讓內和比洛維采僅幾步之遙，上諾伊曼諾夫樹林和阿達莫夫斯基樹林也僅是小小遠足而已。

在《平等》報，我拿到的稿費不多，愚不可及的文章卻寫了不少。我在文化欄狂妄傲慢地攻擊了四位布爾諾青年作家：哈婁普卡❷、哈盧帕、布拉特尼和耶沙貝克❸。布拉特尼我不久便同他認識了，交上了朋友。哈盧帕後來在布拉格他本人的一次慶祝會上，我向他解釋了年輕時的輕狂。他寬厚地揮了一下手。哈婁普卡正當生命的盛年便因煤氣中毒而身亡。一次，也是在某個慶祝會上，我向切斯米爾・耶沙貝克提到了自己在布拉格時期對他的唐突無禮，他回答生硬，沒有原諒我。有什麼辦法呢，也許這件事在他心裏埋得太深了。

哈婁普卡的去世令人惋惜。他是個很有才華的人。

阿爾圖什・切爾尼克是搞交換的能手。他以《平等》報編輯和布拉格旋覆花社成員的名

---

❷ 哈婁普卡（一八九八—一九三〇），捷克詩人、戲劇家。

❸ 耶沙貝克（一八九三—一九八一），捷克作家、戲劇家和戲劇評論家。

義盡力同全歐洲的現代文化界建立關係，倒也不乏成效。他會法語和德語，說和寫都行，是個出色的新聞工作者，文筆生動。他同時又是很好的組織者。在尤利安諾夫他的那間小室裏堆放著一堆堆從歐洲各中心城市寄來的雜誌和書籍。他同許多人通信，同杜亞美❹和維爾德拉克❺。我們同戈爾及其妻子克雷爾的書信來往逐漸發展爲友好關係，儘管有很長時期我們雙方還沒有見過面。切爾尼克後來在巴黎的素馨街會見這對夫婦時，這個街名我們在書信中已寫過不知多少回了。戈爾的長詩《巴黎在燃燒》我譯出後發表在諾伊曼的《六月》雜誌上。泰格稱之爲新「地帶」。不過，我覺得這一說法不很確切，也沒有人回應。切爾尼克還同查拉❻、勒韋爾迪❼以及南斯拉夫的天頂派❽詩人通信。他也寫信到西班牙、德國。無論那裏出現同我們相近和相類似的新名字，他就去信聯繫。這個時期，他還寫出了一本動人的詩集，題爲《北極星》。這是我國絕無僅有的一本立體派詩歌集，可惜未曾出版。諾伊曼採用了其中

---

❹ 杜亞美（一八八四—一九六〇），法國小說家。

❺ 維爾德拉克（一八八二—一九七二），法國詩人、劇作家、隨筆作家。

❻ 查拉（一八九六—一九六三）羅馬尼亞詩人和隨筆作家。因創立藝術中的虛無主義的達達主義運動而聞名。

❼ 勒韋爾迪（一八八九—一九六〇），法國詩人。曾創辦並主編《北方—南方》雜誌，集合了後來發起超現實主義運動的幾個重要人物。

❽ 南斯拉夫詩歌流派。實質上是西歐表現主義在南斯拉夫的別名。

幾首，在刊物上發表了。這本詩集即使在今天也是可以出版的，在今天也還有可能引起注意。

阿爾圖什・切爾尼克爲我國現代文化做出的貢獻比今天人們知道的要多。可惜他的名字湮沒無聞了。

在布爾諾的采伊拉，大概在布裏安❾的妻子瑪任卡的娘家開設飯店的地方，我第一次見到了哈拉斯。一個年輕人走到我面前開門見山地說：

「你是塞佛特！」

我不假思索地回答道：

「你是哈拉斯。」

我們的友誼就這樣開始了，直到他令人遺憾地過早去世。我們的友誼是美好的，使我由衷地懷念、感喟和惋惜。

哈拉斯曾在布爾諾的彼沙書店當學徒，出了師。我們相識時他在哪兒工作，現在已經忘了。記不起來了。不過我想——實際上是確切地知道，他那時口袋裏從來沒有錢。他倒也絲毫不曾爲此而煩惱。

---

❾ 布裏安（一九〇四—一九五九），捷克戲劇和電影導演、戲劇家、詩人、作曲家、歌唱家、演員和戲劇理論家。

出版商卡雷爾・辛克有一次滿懷同情地笑著給我講了哈拉斯當學徒時的一件頗爲感人的事情。辛克在彼沙書店是哈拉斯的頂頭上司。他並不懷疑哈拉斯誠實可靠，然而有一天他發現書店的舊書部門有幾本書不見了，便責問學徒工哈拉斯。哈拉斯把他領到樓下一個近在手邊的書架面前。那裏所有短缺的以及辛克尚未發現的書，都一本挨一本整整齊齊地排在架子上。其中有波特萊爾、維尼❿、惠特曼⓫、巴爾貝・多爾維裏，以及其他這類文學巨匠的作品。捷克作家則有托曼、什拉麥克、諾伊曼和馬漢。辛克命令他馬上把這些書統統——用書店的行話——「扔」回原處去，按字母順序排進舊書架。哈拉斯當然照著做了。他儘管心裏老大不願意，卻也不敢違抗。可是過了一會兒卡雷爾・辛克來找哈拉斯時，卻見他兩手抱頭伏在櫃檯上，他在哭泣。那些書是商店中午休息其他雇員都去吃飯時哈拉斯的讀物。

我們剛認識，哈拉斯便介紹我去見馬漢。哈拉斯熱愛馬漢。我呢，不得不承認，初次見面就被馬漢強烈地吸引住了，永遠吸引住了。他的臉上有一種令人愉快的梅菲斯特⓬的神采在閃光。我們總是聚精會神地聆聽他。無論他說什麼，我們都覺得饒有趣味，詼諧機智。我們津津有味地閱讀他的《小火苗》和《面槽》，他的長篇小說《自由夥伴》我讀後至今縈迴腦

---

❿ 維尼（一七九七—一八六三），法國浪漫主義詩人、小說家、劇作家。

⓫ 惠特曼（一八一九—一八九二），美國詩人。

⓬ 歌德著名悲劇《浮士德》中的惡魔。

際，女主人公之一主動爲意中人解開衣扣那一幕生動地印在我的記憶裏。

在科利什傑果園，離劇場不遠的地方有一家咖啡館，那時候只在夏天才營業。坐在這家咖啡館高高的木平臺上，彩色帆布篷的下面，頗有置身輪船甲板上的感覺。哈拉斯、切爾尼克和我幾乎每天都去。有時馬漢也來同我們坐在一起。下午和傍晚，布爾諾散步的人群在咖啡館旁邊來來往往。馬漢生氣勃勃地回答著人們的問好。幾乎全布爾諾的捷克人都認識他，尤其是戲劇界。有時，他把羞紅了臉的芭蕾舞女演員叫到跟前，鄭重其事地把我們三個當作詩壇新秀介紹給她們，叮囑她們莫要小看了我們，因爲我們都將成爲大詩人。「到時候你們就沾光啦，誰曉得是在哪方面呢！」他補了一句，狡黠地哈哈大笑。女演員們微笑著，我們心裏喜滋滋的。當然，她們的微笑更多是衝著馬漢來的，不是衝著我們這三個靦腆的年輕人。

誰都喜歡馬漢。天啊，即使我忘記其他一切，這一點是絕對不會忘記的。

常坐到我們這一桌來的熟人中間，我最喜歡萊夫．布拉特尼。同他一起的是他的那位嫻靜、溫柔的妻子，以及另外一個更加形影不離的伴侶——致命的疾病，它最終奪去了這對夫婦的生命。布拉特尼好交友，但話語不多。他的腦海裏儘管一幕幕演出他將要寫的劇本，但生命只容他完成一部分。兩夫婦的腳邊，他們的小兒子伊萬內克——也是未來的戲劇界人士——正在蹣跚學步。

我們無論走到哪裡，都會遇見馬漢。在圖書館，他熱烈地向猶豫不決的讀者介紹情況。

在報告會上，他或是自己發表演說，或是有聲有色地插上一段話。劇院有首場演出，他不坐在包廂，卻寧願和美麗的妻子坐在普通觀眾席，有時一面看戲，一面聲音不很輕地大發討論，誰也別想制止他。他天生不受拘束，性情急躁，易於衝動，但與此同時卻又異常熱情，不知疲倦地助人爲樂。只有對著魚竿不得不沈默的時候，他才是安靜的。當然，這時他在腦海裏如何怒吼、叫喊、咆哮和歡歌，我們便無從聽到了。

有一段時間，我攜帶著最初寫出的詩稿去了布拉格，後來又回到布爾諾，但沒有再住多久。一次，我約了哈拉斯到科利什傑果園去，馬漢路過那裏，看見了我們。那是春天，馬漢剛從農村回來。我嘴邊有上百個問題要問，馬漢卻微笑著向我們詳詳細細地描繪他如何用一根火柴棍兒給地上一隻春遊遇到困難的小甲蟲幫了忙。講完之後，他拍拍我的肩膀，眞誠、友好地說了聲：「來玩」，便急急趕往劇場去參加一個會議了。

那已是多少年以前的事情！然而，即使我忘記了一切，這個印象肯定是不會忘記的。

我是從日什科夫窮困的居住區來到布爾諾的。在日什科夫，我親眼目睹了形形色色的貧窮景象，自己也親身體驗過，但是像布爾諾郊區哈拉斯的住所那般簡陋，我在日什科夫還不曾見到過。

他同年邁的奶奶住在一起，奶奶無疑是他的長詩「老媼們」中的一員。我不明白人們爲何指責哈拉斯，說他的這首詩帶有小資產階級情調。那都是第八句中的假棕櫚⑬造成的！

在那間獨一無二的狹小屋子裏找不到任何傢俱。屋子當然是直接通著外面走廊的。牆上釘著兩枚老大的衣鉤，一枚掛了奶奶所有的衣服，另一枚上則是孫子的全部行頭。奶奶睡在兩隻木箱上，墊著一床破舊的、睡得塌陷了的草墊。哈拉斯睡在地上，草墊同奶奶的相仿。然而，這裏畢竟也有令人驚喜的東西。屋子一隅有個高高的、結構相當巧妙的籠子，一隻小松鼠在裏面蹦來蹦去。小松鼠一見有人進屋便活躍非凡，兩隻玻璃珠子似的眼睛亮閃閃的，等著來人餵它好吃的。在這間屋裏也許唯有它感到挺舒服。哦，還有一樣東西別忘了；屋裏的另外一角掛著個可憐的小架子，上面放了一排書：全是法國貴族的名字，可是它們旁邊卻有一本《共產黨宣言》和克利瑪的《世界乃感覺，別無其他》。這便是年輕哈拉斯開始生活的天地。當他構思最初的詩句時，他看的就是這些書。

在布爾諾及其附近一帶，我和哈拉斯辦了幾十次的文化講座。我不知道工人們是否聽懂了，不過他們用心地聽著，提出許多問題，我們所到之處從未遭到冷遇。

在《平等》報編輯部我還認識了希貝什老人，沒過多久希貝什便去世了。他的葬禮是我從工人階級的布爾諾帶回的最強烈的印象。我們走在他的靈柩後面，同工人們的送殯行列在

⑬詩中寫到了老婦人的居室，有地毯、假棕櫚等，被當時的一些批評家指責爲小資產階級情調。

一起，前往布爾諾墓園。這裏我不想用什麼感傷主義的陳詞濫調，不過，那是我生平第一次看見上了年紀的男子漢淚流滿面。工人們確實熱愛希貝什。

當我應泰格的召喚回到布拉格，從而結束了這一段布爾諾插曲以後，我同哈拉斯經常有書信來往。那時布爾諾的旋覆花社已成立，哈拉斯、切爾尼克和瓦茨拉維克⑭開始出版《地帶》雜誌。與此同時，戈茲⑮出來主持文學組，出版《來賓》雜誌。

哈拉斯後來也告別布爾諾，來到了布拉格。

那是明媚的初夏的一天。菩提樹暮春的餘香和翠色欲滴的綠葉令人陶醉。我站在卻凱爾特酒店的櫥窗前等候哈拉斯。那天儘管陽光很好，我們卻鑽進了保凱爾特舒適的、然而門窗緊閉的酒店——就我記憶所及，那裏終日點著燈。我們坐在一個角落等待霍拉的到來。霍拉下午總在編輯部。哈拉斯給我們朗讀了他早期的詩作，我們談談說說，一直聊到了午夜保凱爾特將要打烊的時候，後來我們轉到附近一家關門更遲的酒店。大家知道，夏天的晚上過得很快。我記得當窗戶上映出了黎明的霞光時，我們連忙走去把泛著一股香煙味的深色窗幔拉上，免得曙光干擾我們，使我們過多地想到充滿各種各樣責任的新的一天的來臨。因此，可

---

⑭ 瓦茨拉維克（一八九七—一九四三），捷克馬克思主義文學史家、批評家、美學家。

⑮ 戈茲（一八九四—一九七四），捷克文學家及戲劇批評家，歷史學家。

愛的朝霞女神還得稍稍等待，才會看見我們從濃煙瀰漫的店裏走出來，深深吸一口清晨的新鮮空氣。

山羊如鏡飯館

我到杜爾諾夫去拜訪我的朋友，戲劇家巴爾多什的時候，經常是在令人愉悅的夏季。在這個季節，人間生活似乎顯得更加美好；有時春天也去，杜爾諾夫的春天特別美麗誘人。杜爾諾夫是巴爾多什的家鄉。他在布拉格雖然有住房，但他常常回杜爾諾夫，喜歡待在那裏，那裏是家。而布拉格，如他所說，只是個住宿之地。

在杜爾諾夫，雪白的雲比別處更爲經常地在湛藍澄澈的晴空飄過。我們喜歡外出散步，這些散步都是令人難忘的。有時甚至走到赫魯布山崖，一般只是去較近的富有浪漫色彩的瓦爾什台城堡，我還常在那裏過夜。

瓦爾什台城堡裏有一張馬謝克畫的聖徒克日基代爾的像。據說那臉是照著詩人馬哈的面容畫的。其實，詩人的面容肯定不是這樣。巴爾多什說，儘管如此，人們還是到這裏來瞻仰詩人的風采。憑藉這位詩人的光輝名字出現了一長串的僞評論家，僞作家以及其他文學騙子，延綿不絕，直至今日。

但是我們最常走的路還是沿著平原穿過寬闊的伊澤拉山谷走到蘇西山崖或是老弗裏芝台。在這裏，河水還處於青春少女期。儘管它已在碧綠平坦的兩岸間流淌，卻仍帶著點兒山區的秀氣。她吸引人們在她的岸邊坐一會兒，傾聽那匆匆流過的潺潺水聲。在那些醜陋而陰沈著臉的工廠尚未向河內排放污水使它渾濁之前，河水是多麼美麗啊！

沿河有一家孤零零的、彷彿被人遺忘了的小飯館，名叫山羊如鏡。天曉得誰給它起了這麼個漂亮的名字。我們有時到這家飯館坐坐。路上經常遇到茲丹涅克・尼耶德利教授和他在杜爾諾夫的朋友耶夏拜克教授。

我和巴爾多什一般坐在飯店外面靠門的地方。巴爾多什總是要一杯白葡萄酒和一塊乾麵包。他說這種吃法是眞正的美食家最高級的享受，因爲眞正的美食家除了物質欲望之外還應該有點兒哲學感。

在這條河的河岸上散步時，我每次都自然而然想起一位不知名的民間詩人的詩，它描寫了鄉村飯店的舞會景象，其中有這樣一句：

我的眼在你的眼中不再迷茫，
我倆好似伊澤拉河清波蕩漾。

詩句較一般，但很自然的音韻使它成爲我們的母語中可能見到的最美麗的詩句之一。奈茲瓦爾也承認這一點，他是這方面的高手。

我和作家巴爾多什是在旋覆花社認識的，但他並非這一社團的成員，只是作爲一個好朋友參加我們的活動。他年長幾歲，接近恰佩克一代，他不覺得需要參加社團。這位作家、戲劇家和戲劇史家是我們青年時期最感興趣的人物之一。我們敬佩他不僅因爲他作爲一個寫劇本的詩人能把豐富多彩的想像力同尖刻的嘲諷相結合，而且也因爲他作爲一個論戰家能用鋒利的攻擊語言窮追猛打戲劇界人士、演員和作家。此外，他看手相的本領高強，推算星象占卦也很內行。對此，奈茲瓦爾興奮得如醉如狂！除了從不輕信的泰格以外，我們大家也全都被他這一本領給迷住了。儘管我們並不太相信，但出於好奇心，還是心甘情願地把手伸給他看。奈茲瓦爾迷上了看手相，只有他一個人眞心實意地相信巴爾多什，甚至要求巴爾多什把這本領教給他。巴爾多什也願意教。這樣，我的手有好幾次被奈茲瓦爾用來做試驗。不過老實說，他對手相的分析愈來愈複雜、愈來愈難以置信。他能深入、準確地看懂嬰兒從娘胎裏帶來的奇妙的掌紋——一個人的生死之謎竟在他出生時就一勞永逸地刻在他緊握的小拳頭裏。奈茲瓦爾對我清晰的手紋特別興高采烈，他從我的手紋中推算出許多許多事情。但是，我覺得，他練習看手相主要是爲了姑娘們。他給姑娘們看手相時振振有詞，語氣熾熱，當然絕不是完全沒有私心的。當他已經沒有更多的可說、所有的手紋都已解說清楚時，他就開始吻姑娘的手心，有時這隻手他就再也不放掉了。

不知道為什麼巴爾多什特別與我親近。對他那仔細而又技藝精湛的占卦術，他自己說起來是如此嚴肅、內行和滿腔熱情，而我卻從來就不怎麼相信。當然，我從未把我這種褻瀆神明的懷疑告訴過他。

他住在維諾赫拉德區。我幾乎每個星期二都去看他。有好幾年都是這樣。巴爾多什住的地方同一般能想像的住房完全不一樣。他各個房間的窗戶都用捲簾遮上，裏面還要掛上不透光的厚窗簾。整天開著燈，那怕在夏天陽光普照著街道和房屋的時候也如此。他的兩間屋子所有牆壁上都掛滿了畫。一幅緊挨著一幅，就像男孩子集郵冊裏的郵票一樣。書桌和書架——這是他那兩大間房的全部傢俱。他從杜爾諾夫的老家取來了幾十幅納弗拉基爾的油畫和水粉畫。後來有人告訴我說這些畫並非都是眞跡。我搞不淸，那時候我對此不太關心。他那裏還有一幅約瑟夫・馬奈斯的畫，畫的是一位少女，這幅畫很美，色調柔和。另外還有幾幅更早一些的捷克繪畫大師的作品，我想大概是葛隆德、比本哈根、賓卡斯、巴爾維達等人的作品。顯而易見，這些畫都是他古老家族留傳下來的，而他又補充了一些當代現代派畫家的畫，如茲爾紮維、克萊姆利契卡、什帕拉和恰佩克等。他的叔叔曾經遊歷過世界各地，給他帶了約四十張極其美麗的印度袖珍畫。這些畫巴爾多什特別珍視。夠了！不必再一一枚舉了！反正房間裏掛得滿滿的，所有的畫都是好畫，珍貴的畫。巴爾多什對造型藝術很在行。

他的前廳也是掛得滿滿的。但大部份是古老的版畫。正面，光線比較陰暗的牆上掛著一幅大油畫，畫的是一個年輕漂亮的女郎睡在棺材裏。這是巴爾多什的妻子，是約瑟夫・恰佩克畫的。巴爾多什對所有的畫都有說法，有評語，唯獨對這張畫沈默不語。他沒透露，畫上的女郎是著名法學家漢耐爾教授的女兒、作家漢耐洛娃—普伊曼諾娃的姊妹。顯然，他不願向我透露與這張畫有關的秘密。

巴爾多什的這樁婚姻據說是他硬逼著那個家長制的舊式家庭同意的。婚後，他給年輕的妻子占了卦。星象圖很不吉利，甚至測出她不久將自願死亡。巴爾多什夫人聽從了星象的斷語，自己結束了生命。人們是這麼說的！

每次我一進他家，他當即就把門鎖上，而且還要加上鏈條。我問他爲什麼要有如此嚴密的防範措施。

「防範仇人。」

我聽了也就不便多問。他仇人雖然頗爲不少，特別在戲劇界，但我認爲，這些人還不至於來此破門而入。這種措施更近乎象徵性的。他不喜歡演員，儘管他們本應是和他很親密的。他有時還說，現在還應像古時候市政府規定的那樣，不許演員在人行道上行走。

我每週在巴爾多什那裏度過兩三小時，談話是極其友好真誠的。我們有說不完的話。我們倆人都喜歡喝很濃的黑咖啡。咖啡是在他所謂的神奇的廚房煮出來的，手藝不錯。他的廚房可誰也不讓進。顯然他的全部傢俱、床和衣櫥通通都在那裏。

那時我吸煙已吸得不少，但同巴爾多什相比我只能算是初學者和外行，或是個吸煙很有節制的人。巴爾多什抽煙是一根接著一根，並且以明顯的快感把口中的煙深深地吞下去。從好多方面看，他這個人是不平凡的、傑出的，但對自己的生命卻有些視同兒戲。他瘦長個兒，更確切地說是高個子。有一張很吸引人的臉，在淺黃色頭髮襯托下顯得格外蒼白。我喜歡他，但當我同他握手時，刹那間的感覺會使我一哆嗦，彷彿接觸到了一個生活在不見天日的黑暗、冰冷的深水中的生物。克萊姆利契卡給他畫的肖像眞實可信。然而，實際上他是個快活的人，有眞誠的喜劇意識和怪誕意識，是一個易於交往的好心的朋友，儘管他的仇人，不管是眞正的還是臆想的，確實不少。

他喜歡馬。但決不是胡赫萊賽馬場上的馬。從他家出來的路上有一個馬車站，一般停著兩三輛馬車。巴爾多什從這匹馬走到那匹馬，給每匹馬都餵一塊從公事包裏掏出來的麵包和幾塊糖。馬車夫可不歡迎他，甚至對他沉下臉。因爲只要他在街上一出現，馬匹就認出了他並立即發出愉快的嘶叫聲來歡迎他。他的恩惠對停著的馬車不是沒有影響。馬匹以騷動來回報他。而這打攪了它們的主人，因爲主人們正聚集在一架馬車裏打撲克。

巴爾多什寫了幾個劇本，都很不一般。但只有《吝嗇鬼》在舞臺上獲得成功。從文學角度看，其他的劇本在當時肯定也有意義，有內容。今天卻幾乎已經被遺忘了。

因爲巴爾多什的關係我得以結識了幾位戲劇界人士。在他家我認識了魁梧的詩人阿爾諾什特・德沃夏克，他大力推動了捷克戲劇。他總是穿著校官的制服，顯得很威武。我後來設法讓他們結交了難得出來參加會見的沙爾達。他們三人同民族劇院都有一段未了的恩怨，三個人都是以對抗官方機構「戲劇協會」的統治爲己任的一個組織的成員。這新成立的戲劇組織的機關刊物是巴爾多什創辦的《新舞臺》雜誌，由我——至少對外是這麼說的——擔任編輯。雜誌出版沒多久就停刊了，但這段時間已足以使巴爾多什又樹了不少新敵。

阿爾諾什特・德沃夏克是宏偉的話劇《胡斯信徒》和《新俄瑞斯忒婭》的作者。一天晚上他帶我們去蘇代爾酒館。德沃夏克的朋友、不安分的著名哲學家拉迪斯拉夫・克裏瑪在那裏等我們。與克裏瑪的談話起初活躍而有趣，最後卻以他的醉酒告終，他喝得幾乎不省人事。巴爾多什溜走了。德沃夏克表示歉意，說他穿著制服伴送一個踉踉蹌蹌的人不太合適，結果這一不妙的任務只好由我來承擔：把他送到他那像乞丐住的破房子裏去。那天晚上剛見面時我和克裏瑪約定了同哈拉斯會見的時間。哈拉斯早就想認識他了。哈拉斯年輕時讀過他的處女作。是哈拉斯最喜歡的十本讀物之一。可是克裏瑪後來沒有赴約。我也沒再見過他。不久他去世了。讓我感動的是，克裏瑪去世前的幾個小時還想起我，送了我兩本他的著作《世界乃感覺，別無其他》和《馬傑伊・波茨基維》，並寫了友好的獻詞。

我和巴爾多什交往中的一個隆重時刻是晚些時候才到來的。

那是春光明媚的一天，城市簡直沐浴在陽光和陣陣幽香之中。我敲開巴爾多什的門，走進他那陰暗憋悶的住房。我們一般坐在書桌旁，那天這個書桌上放著一瓶波麥裏酒和兩隻小酒杯。他比平時更熱情地迎接我，坐下以後他就想打開葡萄汽酒的瓶子，可是打不開。這有點兒破壞隆重氣氛。我只好幫他的忙，酒杯裏於是散發出芳香。我們相互祝酒後，他給我看一個用銀色的臘封好的信封。裏面裝著他準備存放在公證處的遺囑。但他不相信公證人會全部實現他的遺願，因此他請求我作遺囑的共同執行人。遺囑中也提到了我的名字。我當即表示反對，說他現在立遺囑未免爲時過早。他卻用平靜而理所當然的口氣說，他已決定在他認爲合適的時候自願離開人世。他談到死時坦然自若，要我別再試圖勸阻他。他決心已定，而且下這決心已有一段時間了。在這種情況下我很難再拒絕，於是我和他握手，保證一定設法使他的遺囑完完全全付諸實現。爲此他送我一個銀絲鑲邊的刻著聖徒伊日像的項鍊墜。現在這項鍊墜給我女兒戴了。他還送了我一幅什帕拉藍色時期的繪畫原作。這幅畫我後來送給了萬楚拉，當時我根本沒有地方掛。

收這樣的禮使我感到相當不是滋味，好像我的任務就是等他死似的。但當時沒有任何跡象說明他近期想要去死。後來我們再沒有提這件事，我也儘量不去想它。當我看到他日常對我國文化界表現的興趣，當我讀到他精彩的文章和他與戲劇界人士的論辯，我漸漸習慣了他對我的託付，更確切地說，我已把這一切都拋諸腦後，我與巴爾多什像過去一樣不間斷地交往。

當然巴爾多什也答應給我用星象圖算命。爲此我得告訴他準確的生辰時間，要準確到幾時幾分。當我從我媽媽那裏騙取這些數字時，她對我這種好奇心直搖頭。我的誕生時間記錄在祈禱書裏，她很樂意地給了我。巴爾多什對其準確性感到吃驚，說他算的卦因此也會更準確。

有一次去看巴爾多什時，我禁不住用了較長時間細看恰佩克的那張油畫。我雖然不迷信，但每個人的心靈深處畢竟隱藏著兩種心理：好奇和恐懼。最後我惟有暗自好笑。夜間我仰望星空，爲避免被人聽見，悄聲對星星說：見你們的鬼去吧。說罷我砰的一聲關上了窗子。晚安！

六月一個美好馨香的星期天。我到了杜爾諾夫，又和巴爾多什沿著伊澤拉河走去。這一天，杜爾諾夫城裏正有遊行隊伍慶祝聖體節。街頭搭著四座神壇。街面上撒遍了紅牡丹和初開的玫瑰花的花瓣，拐角的什麼地方傳來莊嚴的讚美詩的嫋嫋餘音，伴隨著玉珠落盤似的小鈴鐺聲。空氣中雖然飄浮著看不見的神香的煙霧，但神聖氣氛已被花園中的茉莉花香驅散。多麼美好的一天啊！特別是在這個城市裏，它和另外兩個城市形成捷克最美的三角區，特洛斯卡城堡的輪廓則隱現其中！

我們來到了山羊如鏡飯店。店員們還在打掃前一天星期六的店堂，但他們熱情地把桌子給我們抬到飯店前面的陽光下，鋪上雪白的桌布。屋子裏還散發著前一天的啤酒和香煙的臭氣。

伊澤拉河在太陽的照耀下閃閃發光，仿佛她的水波在沖洗著埋藏在附近縱向的哥牳克夫山下的瑪瑙。河水在碧綠的兩岸間活潑地流淌，悄聲低語，像是急於把它從奔騰無羈的姆木拉維河聽來的秘密傾訴出來。

巴爾多什像往常一樣要了一杯葡萄酒和一塊乾麵包。他把酒喝盡，麵包吃完，連麵包渣也用他那秀氣的但被香煙薰黃的手指撿起來吃掉了。然後煞有介事地望著我，告訴我他帶來了我的星象圖，說著遞給我一個封好的信封。

「信封請您現在別打開，等上了火車或到了家裏再說。如果您好奇的話，我可以告訴您，您只管放心。您的星象圖好得非凡。我想把我沒寫進您的卦裏的內容先告訴您，您肯定不會獨自看我給您算的卦。根據我對您的瞭解，您肯定會把您的卦拿給您在布拉格的女友看，她是一位溫柔善良的小姐。我若都寫上，她看了說不定會對您產生誤解，她會感到傷心的。她眞心地愛您，您活得要比她長。

「從星象圖我推算出您的過去和您未來的命運。這些都是用一些專門的獨特的記號標明的，而這些記號又是從留在第一宮裏相合的水星和金星的地位推算出來的。這是一個幸福的星座，因爲它具有藝術和愛情的特點。厄羅斯❶貫穿著您的一生，簡直是太過份了。儘管這對您的藝術工作有益處，但有點兒消磨您的意志。從您很年輕的時候起，婦女就對您有干擾，遺憾的是，到您年紀很大的時候，在大多數男人早已失去了這方面的興趣的時候，您仍舊得不到安寧。她們一出現，您就會有靈感，但同時，這當然是個悖論，您變得女性化。您缺乏堅強的意志。但另一方面，婦女也成了您最忠實的讀者。您成了她們的詩人。這倒也不是壞事。

「您通過一個您自己用微笑和吻建造的虛構的彩門進入了生活，只可惜您過於輕率。這一特點使您比較容易忍受許多生活上的苦難，但卻往往使您的親人相當苦痛。我想說，您簡直被婦女的魅力迷住了心竅。您爲她們的美徹夜不眠。您被一種永不泯滅的欲望所折磨。而您往往是什麼別的念頭都沒有。您正處在變回物質的路途之中，但目前您尚能免遭它的災難，當然不是永遠。好了，現在我已經在引述您的卦文了。總之，您完完全全是一個世俗的人。

「我感到奇怪的是，連河流也會以其似是而非的女人氣質使您激動不已。這可能是我們祖國的母語給她起的名稱所致❷。僅此名稱就足以喚起您的愛情想像力。對您來說女人無所

---

❶ 厄羅斯爲希臘神話中的小愛神。

❷ 在捷克語中「河」這個詞是陰性名詞。

不在。歸根結底這也不算是什麼壞事，但這說明您的不專一的性格。

「我饒有興趣地觀察到我們倆的不同，也許正因爲這種不同使我們能友好相處。顯然是截然不同的性格使我們相互吸引。剛才我注意到您喜歡茉莉花的香味，而我卻對此完全淡漠。當十月份枯萎乾黃的白樺樹葉落到我肩膀上時，當我第一次嗅到秋季枝葉腐爛的臭味時，我感到幸福。您顯然愛聽春季鳥兒的第一次歌唱，而我卻愉快地傾聽秋天飛到我杜爾諾夫庭院上空的烏鴉的叫聲。當您受女性美的奴役時，您感到舒服，而我卻迴避婦女。我倒不是仇視她們，但我寧願孤獨也不要她們來干擾。您肯定沒有想到，您腦海中形成的婦女形象其實完全是虛假的。婦女有兩面性。婦女的另一面既不和藹也不可親，而是很可怖的。您信任女人，爲此您將受到懲罰。不，女性決不軟弱。相反，她們更堅強。她們比男子勇敢，她們變得兇惡而無情。她們毫不寬容。男人願意把很多事情忘卻，也的確在忘卻。而婦女卻絕不。」

巴爾多什就星象對我做出的判斷發表了一番議論之後，我們慢慢起身離去；時鐘已敲響了十二點，我們走回城去。路上又遇到兩位朋友，尼耶德利教授和耶夏拜克教授，我們停下來同他們聊了會兒。

我問尼耶德利教授爲什麼伊澤拉河旁那古老的飯店起了這麼奇怪的名字。他模糊的解釋遭到了耶夏拜克教授的反駁。從此我再沒打聽到答案，也再沒到過這家飯店。

過不幾時，我去巴爾多什家的次數日益減少，後來基本上不去了。至於爲什麼，相當難說。馬哈爾當年在小品文中解釋自己為什麼同伏爾赫利茨基關係破裂時，說法很一般，即人們總是相聚了又分離。我和巴爾多什的情況顯然就是這樣，不過我們之間沒有絲毫紛爭或敵意。恐怕是疲於定期見面或者是我們中的一方興趣完全轉移。但我不清楚是誰轉移了。除此之外，我結了婚，而這畢竟是我一生中相當大的事情，這肯定是我們疏遠的原因之一。時隔不久，《民族劇院史》又一次使我們交往密切，這當然需要做些說明。

政治欄編輯雅羅斯拉夫·耶林奈克在《人民權利報》已工作了較長時間。這個人很謙遜，但他決不是個碌碌無為的人。他除了本職工作外非常關注文化領域，但凡可能他都幫忙。可是，這位仁兄突然出了個有點愚蠢的主意，為此還獻出了時間和精力。他認為，該是在布拉格建造第二個民族劇院的時候了，並且立即開始行動。雖然我覺得這主意並不好，也不合時宜，但根據巴爾多什的建議我答應同耶林奈克合作。彼沙一貫對事情抱懷疑和保留態度，根據他對捷克戲劇生活的瞭解在聽到耶林奈克的想法時報以不信任的微笑。第一個民族劇院的池座有時還是空蕩蕩的，何必要建造第二個。可是耶林奈克已經組建了第二民族劇院的籌建團。沙爾達對第一個民族劇院一向極其不滿，因而高興地笑著接受了這一組織的會員身份。他預料，民族劇院周圍的人至少會很惱火的。果不其然，他們大光其火，當然不久他們就意識到，這一設想是行不通的。

編輯耶林奈克立即開始收集捐款。確實湊集了一筆不小的款項，但這筆錢當然只夠支付爲這一想法進行初步宣傳和在全民族開展籌集捐款的費用。總之，很快就清楚了，想法雖然美好，但不現實而且多餘。結果只剩了一堆千元的鈔票，耶林奈克拿它們沒辦法。這時，有個人，我想就是彼沙，建議他把捐來的錢用於規模小得多但也是高尚的有文化價值的行動。他建議把錢用於一件不吸引人的工作，但這工作是必要的，而且誰也不敢從事，那就是出版一本《民族劇院史》。

耶林奈克高興地接受了這個建議。只要有錢，還愁有什麼辦不到！

我們很快就把最有名的作家聚集起來。教授和作家沙爾達、費舍爾、馬傑伊卡、尼耶德利和蒂勒。第一集《民族劇院及其建設者》由巴爾多什負責。他在這期間在捷克地區政府下屬的布拉格民族博物館工作，該博物館的戲劇部是他創建的，而且辦得很成功。

作者們立即投入了工作，不幾年，八集的大型著作出版了，而且裝幀得的確很有代表性。

我個人也參與了這一工作。我負責宣傳。宣傳得很不好，我這印象是準確的。我的性格絕對不適合做這種工作。不過由於這項任務我第一次得以乘坐飛機。當時坐飛機是一種小小的冒險。我飛到布拉迪斯拉發，然後又飛往療養地皮耶什佳尼去找沙爾達。我給他送去預付款。當時他在那裏的溫泉療養地已沒有錢用，但還想在那裏待下去。爲了這一任務我又開始和巴爾多什交往。我又不時去他那昏暗的住房，他的房間一切未變，我們仍然一起喝濃濃的黑咖啡，抽著大姆指那麼粗的煙捲。巴爾多什寫關於民族劇院的學術論著花了不到一年的時間，甚至可能更短。內容豐富的科學論述以辯論的筆調寫出，這在他幾乎是必然的。論述有創新，這在當時是空前未有、獨一無二的。他這一著作寫得很成功，是他畢生登峰造極之作。出版後他不得不為維護這一著作而戰鬥，這正合他的心意。辯論是他不可或缺的生存環境。他以至誠的喜悅期待著它。從這一宏偉的民族建築物上剝離掉虛偽的黃金貼面使他感到舒暢陶醉，因為從民族劇院誕生到今天總有一些小市民愛國主義田園詩派的人士給它貼金。哪兒談得上什麼田園詩！其實，哪一次不是鬥爭，而且一般都是同偉大歷史事件相聯繫的。巴爾多什的著作使幾個快被遺忘的捷克人的名字恢復了應有的光彩而再度輝煌。

巴爾多什的書出版以後我們確實很難得見面了，最常見面的機會是在別人的葬禮上。他顯然感到我把給他做遺囑執行人的任務已經遺忘，所以他要求奈茲瓦爾為他辦這件事，而且委婉地通知了我。奈茲瓦爾在此之前已經常去他那裏。巴爾多什在教他編排複雜的星象圖的技術。奈茲瓦爾是一個毫不掩飾自己學習熱情的學生。這樣，不久他倆就一起編星象圖了。奈茲瓦爾看手相的本領已經很高超，而且越來越細緻。當他大約第五次給我看手相時，我發現他手上戴了一個巴洛克式的大戒指，這戒指以前巴爾多什曾經戴過，並且說過裏面藏著一種致命的毒素。巴爾多什大概是在要求奈茲瓦爾為他履行我不聲不響拋棄不辦的任務時贈送給他的。

一九四六年巴爾多什去世了，年紀不算老。正像他數年前所下定的決心，他確實是自願離開了人世。至於他所收藏的豐富的珍品下落如何，我就不清楚了。我也沒去問瞭解內情的奈茲瓦爾。當時傳說這些收藏贈給了貝奈斯總統。

他剛去世不久，奈茲瓦爾跑到編輯部來找我，激動地在我桌上攤開幾張紙。這是一年前奈茲瓦爾給巴爾多什推算出來的星象圖。但他並沒把星象圖交給巴爾多什。他沒有勇氣這樣做。

星辰的位置已預示巴爾多什很快將死亡。時間據說極其準確。奈茲瓦爾熱情地向我解釋那仔細畫出來的複雜的圖，上面寫滿了數字和希臘字母。

我洗耳恭聽，遺憾的是，我得承認那些線條我一點不懂。看來我是一輩子也懂不了星象的秘密語言了。

一小塊匈牙利薰腸

在日什科夫，住房門前停一輛搬場車——這事跟商店裏出售的白麵包一樣平常。日什科夫的居民喜歡搬家。同鄰居拌了幾句嘴，搬家。同房東先生鬧了點彆扭，下個季度一輛掛著大商標的笨重搬場車便停在了門前。我們家也搬過幾次，倒並非由於這類不愉快的事件，而是一次從較次的房子搬進了條件較好的，另一次卻又是爲了房租可以便宜一些，這取決於經濟狀況。有幾年，我們住在查理士大街一棟漂亮的新房子裏，緊挨著「女玻璃商」——人們管拐彎角上那棟高大的分租房屋叫「女玻璃商」，它蓋了個頗具特色但純屬多餘的文藝復興式的小尖塔，老遠就可以望見。我們樓的一面牆甚至同這棟樓是連在一起的，它的拐角上還開了一家飯館。不過，在日什科夫哪兒沒有飯館啊！幾乎每隔四、五座房子就有一家。我們周圍便有四家飯館、兩家旅店和兩家酒店。其中有一家當年雅羅斯拉夫•伏爾赫利茨基常去光顧。我還聽說了原因何在，不過這裏就不講了。

我們住了幾年的那棟房子比較高級，這也可以從裏面開設的一家高級食品店看出來。喏，要說這家食品店，它門面並不大，可是整座樓裏飄溢著它的香味。即使走在附近人行道上，只要店門開啓，一陣濃香便撲鼻而來。我總是愉快地吸著從商店裏輕輕飄來的空氣。它是各種甜蜜氣味地奇特混和，是當年所有高級食品店都有的美妙無比、富有特色的氣味。凡是高級食品店就充溢著與此一模一樣的香味。對此我很熟悉，但並不意味著我都一一光顧過。絕對沒有。是我觀察所得。這種香味顯然再也不會回來了，它已永遠消失。我不想爲舊時代唱讚歌，不過我徒然在今天的各大食品店尋找這種香味，卻無法找到。當然我必須如實補充一句，從前在這類商店，櫃檯前面沒有今天這樣的長隊。今天的商店也不再有我年輕時候商店裏的那種令人肅然起敬的氣氛。從前走進高級食品店，人們幾乎情不自禁要脫下帽子來，正如當時走進藥店的人照例都脫帽一樣。現在走進藥店可早就不脫帽了。這種奇特的香味過去在糖果店裏也有。糖果店越高級，香味也就越淡雅。今天的糖果店也已全然不同。店裏擠滿了人，瓷磚地上污泥斑駁，亂哄哄的。詩意已經變了味。

那還不全靠金錢唄，我們不妨這麼說，事情可以簡單一些。

我們家買東西可不上這個高級食品店。說某某人「上科爾曼店」——科爾曼是這家高級食品店的老闆——言下之意便是此人家境富裕，吃的講究。只有極爲難得的少數幾次，通常是在耶誕節前，母親打發我上那兒去買香料和小鯡魚。他家的貨色比較新鮮，質量也好一些。

科爾曼先生頭上戴了一頂黑色小帽子，就是當年高級食品店的老闆和富裕商人常戴的那種，站在商店門前殷勤地朝世界和行人頻頻微笑，所謂世界指的當然只是我們那條街。我恭而敬之地向他問好。顯而易見這份恭敬是給與他店裏那些寶貝東西的，它們由他守衛著，神氣活現地陳列在櫥窗裏，可望而不可及。

無論何時我從家裏跑出來，從不忘記盯著科爾曼先生的櫥窗看上幾眼。如果有時間，譬如說不必急急忙忙趕去上學，我就站在櫥窗面前流連許久。因而有一次便發生了一件令我萬分激動、難以忘懷的事情。科爾曼先生微笑著朝我點頭示意，他走到櫃檯後面，用鋒利的刀尖兒挑了一小塊匈牙利薰腸遞給我。這是我有生以來頭一次品嘗匈牙利薰腸的滋味，它給我留下的印象，正如你們看到的，直至今天也未曾忘卻。

科爾曼先生幾乎每天都重新擺弄櫥窗裏的那些誘人商品。他托起沉重的玻璃門扇，把它穩當地扣住，然後熟練地將他的名貴貨物移來擺去，活像荷蘭畫家準備繪一幅傳世的靜物畫。他不時從玻璃門扇下面鑽出來，站遠一些端詳擺得怎麼樣。

櫥窗的中心照例是一尊富麗堂皇的「特爾德洛維茨」。也許你們已不知道此爲何物了吧，在今天知道的人已經很少，它是一種高級大蛋糕。當年在普通糖果店點心店裏我從未見到過。可是凡屬高級食品店，幾乎無一家不以這種令人讚歎的精美產品自豪！

這種蛋糕初看很像一段空心樹墩子，相當高，但不很粗壯。表皮上長著一根根向外戳出的圓滾滾的長刺，糖衣閃著金光，天曉得裏面包含著多少好東西。後來，蛋糕切到盤底，我才弄明白原來它是用黃油酥面簿片捲成的圓筒形，酥面片上撒滿了某種上等果料，想必是杏仁——當時我無法想像還有比杏仁更好的東西——還隱隱約約看得出來抹了一層薔薇色的果醬或桔子醬。鬼知道那時候是怎麼製作和烘烤的。零售時從上到下順著弧形的層次切，稱份量計價。「特爾德洛維茨」的價格非常昂貴。我不知道它的味道怎麼樣。當魏裏赫❶在巴蘭托夫製片廠拍攝影片《皇帝的麵包師》時，需要一尊「特爾德洛維茨」，他遍訪各糖果點心業，卻未能找到一個會製作這種蛋糕的人。手藝已經失傳了。除卻這尊驕傲的大蛋糕之外，始終吸引著我的是兩只不很大的木桶。一只裏面是烏黑的魚子醬，另一只裝了滿滿一桶玫瑰色的薰鮭魚片。這三樣無疑都是高級食品中的名貴貨，總放在最醒目的地方。在較大的陳列品中，引人注意的是一塊碩大無朋的瑞士乾酪，長著油膩膩的小酒渦兒，老衝我咪咪笑。我則用心地觀察它怎樣一天天在消瘦，因爲科爾曼先生每天都割下厚厚的一片拿到店裏櫃檯上去出售。在這塊瑞士乾酪的上面，別致地擺著其他各類乾酪：切開的紅皮荷蘭乾酪球，洛克福爾❷徽乾酪，蓋子打開的盒裝卡曼貝爾❸乾酪，布裏亞❹甜味乾酪。我這些知識你們不必感到

---

❶ 魏裏赫（一九〇五—一九八〇），捷克戲劇家、演員、散文家及詩人。
❷ 法國農村。
❸ 法國城市。

驚訝。每一種乾酪上都插著小標籤，科爾曼先生用美術字體在標籤上註明了一切。乾酪後面，一根鎳杆上掛著金黃色的火腿和黑乎乎的薰鰻魚，另外幾根掛了各式各樣一應俱全的香腸：裹著一層白黴點兒硬皮的匈牙利香腸、微微扭曲的維羅納❺香腸、光滑的灰白色米蘭❻香腸、煤煙薰黑的底洛爾❼香腸。它們的下面懶洋洋地躺著一截粗大的博洛尼亞❽香腸，它的橫切面猶如一輪紅太陽，照耀在小小櫥窗的天空。當然，上面這些還不是我想一一枚舉的全部香腸名稱。每天我都仔細研究這些商品，對它們瞭若指掌，連價格也記得一清二楚。唯獨所有這些好東西的味道怎麼樣，很遺憾，我卻始終一無所知。

對於酒，那時候我幾乎還不感興趣。可是漸漸地我也學會識別酒瓶了。而一個人年輕時學會的東西，到老年就不難尋找回來。威武的香檳騎士們，頭上戴著鋼帽盔，簇擁在一群身材苗條的美人兒中間，她們來自萊茵河畔的青山坡。而那些繪著村姑和葡萄藤的寒磣的梅爾尼克❾粗瓶子，卻像一幫僕役站在一旁，有幾個甚至頭上頂了一塊長方形的磨光玻璃，托著

---

❹ 中非共和國中部城市。
❺ 義大利城市。
❻ 義大利城市。
❼ 奧地利西南州。
❽ 義大利北部城市。
❾ 捷克斯洛伐克西部城市。

幾個雅致的白色長瓷盤，裏面盛著堆得高高的義大利沙拉，油亮的鵝黃色馬內司同玫瑰色的火腿條和碧綠的豌豆交織在一起，相映成趣。沙拉是科爾曼先生在商店後面的廚房裏親自製作的，味道想必很好。櫃檯上和櫥窗裏的沙拉盤通常一到傍晚就已售罄。

可別忘記，櫥窗裏有時還擺著金黃色的鳳梨哩，頭上披拂著一簇青灰色的冠毛，神氣十足。至於法蘭克福小腸子——那裏放了滿滿一大盤——獵人香腸和其他種種小商品我這裏就不一一細說了，它們輪換著裝點了櫥窗裏剩餘的空地方。

我們家買東西當然只上茲伏尼契柯娃太太的小雜貨鋪，它就在對面。鋪子旁邊的人行道上放著一個敞口木桶，裏面裝滿了鹹青魚，滾圓的死魚眼睛給我留下了深刻的印象。木桶沒有蓋，任憑馬車駛過塵土飛揚！科爾曼先生雖然也有一隻與此相仿的木桶，也放在商店門前，但是蓋得嚴嚴實實，蓋子上安了一小方玻璃。桶裏裝的不是鹹青魚，而是用黃油烤熟之後浸泡在鹵水裏貯存的科馬恰⑩鰻魚。離我們家不遠處，是令人不愉快的柯瓦爾先生的馬肉鋪，遠近聞名。那裏從早到晚顧客盈門，櫥窗裏擺著大塊馬腿，杆子上掛著無窮無盡的紅香腸，泛出一股刺鼻的煙薰味兒。

歲月在所有的日曆上同樣流逝，無論是牆上的掛曆還是桌上的檯曆。第一次世界大戰時

---

⑩ 地名，在義大利。

期困苦、饑餓的年頭來到了。科爾曼先生關閉了空空如也的商店，淒清的櫥窗上放落了百葉扇。而且，我想就連夾醃鰻魚的夾子和切香腸的利刃也換成插著鋒利刺刀的步槍了。他不得不去當兵。櫥窗裏的全部美景已蕩然無存，永遠消失了！

但是也不儘然！它的畫面保留在一個人的腦海裏。那個人就是我。櫥窗的美和唯一的一小塊匈牙利薰腸的滋味，我至今記憶猶新。

戰後不久，二〇年代初，諾伊曼約我給《無產階級文化》寫一首慶祝五一節的詩。那是在四月中旬，時間緊迫！詩不久就寫出來了。諾伊曼看的時候一個勁兒吧嗒吧嗒吸著他那杆短煙斗，臉上露出了詭譎的微笑。我知道這是爲什麼。可是，詩他採用了。我給這首詩定名爲「非凡的節日」，可是不久它就成爲我非凡的出醜了。

在這首詩——不，請原諒我使用這個莊嚴字眼——那就說在這首韻文裏吧，我首先向我國資產階級開了火，接著將矛頭指向兩個社會黨。

那年頭每逢五一節，通過瓦茨拉夫廣場的遊行隊伍有三支：共產黨的、社會民主黨的和民族社會黨的。那也是不同政治力量的一種較量，至少在布拉格是這樣。第二天的各家報紙便在遊行人數上展開激烈的爭論。一個數字來自警察局發佈的消息，另一個根據各政黨的統計。數字當然從來不會一致。

而我呢，則洋洋得意地唱道：

我們要一個新世界，合乎心願的世界，
生活那般美好，百花飄香，
大地在清新、溫暖的歡樂中小憩，
我們無產階級想望這樣的世界。

這幾句當然還可以。雖說毫無新意，也談不上什麼特殊的獨創性，甚至也不美，但從思想上看沒有什麼毛病，不會惹惱任何人。更爲糟糕的是後面，當我幸災樂禍、磕磕絆絆到了結尾處時，我慷慨激昂地寫道：

那個終生不見葷腥的人，
也想有一天無憂無慮
安坐在擺滿佳餚的餐桌旁，
一邊聆聽美妙的音樂，
那聲音宛如天使的翅膀輕輕抖動。

英德希赫·霍謝伊希[11]曾經說過：蹩腳的詩也是詩。不過，我們這裏且不談詩的藝術質量問題吧！

就我記憶所及，那幾年我國生活相當困苦，尤其是我們家。戰後有很長一段時期父親找不到工作，我們碟子裏的食物不多。這也在一定程度上促使我那樣不知羞恥地唱出了唯物主義最低級地調門：

我們也要吃豬肉白菜卷，
晚餐有酘牛肉或者辣子肉丁。

不過，談到這裏我不免要爲自己稍稍分辯幾句，同時也提一提諾伊曼對我的親切關懷。我寫出這樣的詩，要說也同這位詩人有點兒關係，當然絕對不是直接的關係。他爲人和善，依我看對我還相當偏愛。他見我這個日什科夫的男孩子肌容消瘦，有時便帶我上英德利什卡街宮殿飯店的小餐廳去。他告訴我說，當他感到有必要時就上那兒去。諾伊曼當時喜歡吃羊肉，那是從南方前線帶回來的愛好，不過他特別喜歡小牛肉，尤其是牛腰子，還有牛腳筒。我們常常一起要了牛腳筒，那眞是吃不完的。裝在盤子裏端上桌來誠可謂龐然大物。就著義大利沙拉一塊兒吃味道極佳。我非常喜歡。這兩道菜在今天已很普通，可當年對我來說卻是無比稀罕。

⑪ 霍謝伊希（一八八六—一九四一），捷克詩人、翻譯家。

末了是最要不得的那一段。我將親愛的科爾曼先生櫥窗中的一半陳列品都寫進詩句中了。

我們也要喝勃艮第⑫葡萄酒，
吃醃漬鰻魚。
我們的信念堅定不移、牢不可摧，
有一天我們也將安靜地
坐在桌旁，面前放著瑞士乾酪，
經歷了多少痛苦、貧窮，
今天在大地的豐盛恩施中
我們也要選取最可口的美味佳餚，
薰鮭魚、小香腸、一桶一桶魚子醬……
等等、等等。

喏，倒楣就倒在這裏。最初是一些讀者做出了反應。當然特別是那些我不曾以他們的名

⑫歐洲古國，現爲法國東南部地區。

義發言的人。那時候我年紀輕，剛愎自用，他們的叫囂使我產生一種惡作劇的喜悅。這麼大的興趣呀，哪怕是反面的！使資產階級驚慌，這正是我們最樂於貫徹執行的那條口號啊。

然而，這首詩引起的風波並不限於資產階級。共產黨領導、《紅色權利》報的主編鮑胡米爾・什麥拉爾把我叫到編輯部。他以愛護的口吻斷然向我指出，那些詩句寫得愚蠢，對工人階級的事業不利。

這點我自己也認識到了。可是爲時已晚，「非凡的節目」收進我的第二本詩集——書名我這裏不提了吧，因爲後來我把那首詩刪掉了——已經付梓，什麼辦法也沒有了。

這首五月浪漫曲對於我來說並未十分愉快地結束。詩句無論從哪方面看都寫得很拙劣，這我已意識到了。可是，嘴裏說出的話會飛走，白紙黑字寫下的卻赫然留在那兒了。而且，誠如我們拉丁文課本裏說的，它們不會羞紅了臉。我多麼希望把這首壞詩從世界上抹掉啊。幸而來自各方面的炮火把它狠狠地打落了。我天生遇事不很認眞，因此也就心情輕鬆地從這次事件中擺脫了出來。

我未來的妻子在她辦公室的處境可是尷尬得多。她的同事和上司時不時就嘲弄地把這道菜端了出來，而且不帶餐巾。

我對文學史沒有多少興趣。儘管如此，我認爲舊事重提，把早已像不光彩的詩句一樣湮滅了的某些意見和觀點拿出來重溫一下是相當有趣的。

學生時代，我常在博物館閱覽室熱忱地閱讀過期的《現代評論》。那上面有勃謝辛納⓭、諾伊曼、索瓦⓮和赫拉瓦切克的詩。我也閱讀那些我不很明瞭的論戰文章。可是這份報紙戰後卻大幅度向右轉了，許多響亮的名字早已不再在它的版面上出現。喏，就是這座堡壘，在它的塔尖首先發出了頑固不化的反動分子、極端個人主義者、批評家阿爾諾什・潑羅哈茲卡的聲音。儘管維吉爾勸導我們對死者只宜隱惡而揚善，可是對此人我壓根兒不想這樣做。潑羅哈茲卡是個醜惡的傢伙，死心塌地同一切進步事業爲敵，宣傳虛假的、脫離現實的頹廢思想和貴族式的病態心理。他後來的所做所爲純粹是挑釁性的。

他回答《橋》雜誌的意見徵詢時連譏帶諷，答到第三個問題便大肆發作起來。

「第三個問題麼，」阿爾諾什・潑羅哈茲卡接著說道：「是整個問題中思想幼稚的登峰造極的表現，新的藝術是否像某些年輕的或乳臭未乾的舞文弄墨之輩發號施令的那樣應有階級性，應是無產階級的和共產主義的。天啊，詩人難道可以像士兵一樣進行集體訓練、像理髮師一樣學手藝、像黨派鼓動員一樣加以培訓？提這樣的問題是怪誕的，對整個一代人做如此要求更屬荒謬。只知道和只承認自己那個階級上帝的教會爲唯一合法的、凌駕於一切教會

⓭ 勃謝辛納（一八六八—一九二八），捷克詩人。

⓮ 索瓦（一八六四—一九二八），捷克詩人，印象派詩歌的代表。他的許多描寫捷克風光，尤其是捷克南部風光的詩篇非常著名。

之上的教會，這是最愚昧、最野蠻的教權主義。給一個詩人規定這一或那一靈感源泉、或者禁止這一或那一靈感源泉都是行不通的。作爲個人，你可以隨便從什麼觀點出發，關鍵是拿出有藝術價值的作品來，不要把黨派的宣言和綱領拿來做詩，而是最完美、最富有個人特色地表現自己的思想感情。是自己的思想感情，而不是看來的、聽來的、從各個角落搜羅來的仿製品；不要把自己的觀念和希望強加於人。不管怎麼說，每一個詩人本質上都是主觀的。沒有非個人的詩歌，沒有集體藝術。再說，那些青年文人能大量接受諸如無產階級專政、階級性和共產主義這類畸形的東西，並且信以爲眞，這件事實本身就說明他們精神水平之低下。」

這位批評家就這樣滔滔不絕，狂怒中還故弄玄虛地用了許多華麗詞藻。然後，在挖苦了霍夫麥斯特爾的兩首短詩之後，他盛氣凌人地以這麼一段話結束了他的攻擊：

「除此之外，還有一首正統的「無產階級詩歌」，是由雅羅斯拉夫·塞佛特炮製出來登載在《無產階級文化》上的。」之後他大段大段引用了「非凡的節目」中的句子——其中大部分我上面已經老老實實主動引用了。末了，他慷慨激昂地說道：

「這是饕餮無饜：一下子吞食一桶魚子醬！說明這只肉體的胃有多麼強。而那只能忍受並消化這種詩的『精神胃』——它是直接用愚鈍的混凝土澆制出來的——無疑就更強了。」

過了好些日子以後，在《文學觀察》上發表的許多寶貴意見中，出現了安托甯·索瓦的溫和批評，他的口氣是平靜、和藹的。我很喜歡這位詩人。他的詩歌風格令我感到愉快。我們大家都喜歡他，特別是約瑟夫・霍拉。索瓦的坎坷遭遇也引起我們的同情。不知有多少次，索瓦受到了幾乎足以致命的打擊。美麗的妻子拋棄了病魔纏身、永遠鎖在椅子上的詩人。約瑟夫・霍拉對我們講過，有一次他應邀去看望索瓦。詩人高興萬分，徒然想走上前來迎客。他張開雙臂，搖搖晃晃只邁了兩三步便又倒在椅子上了。索瓦獨自同兒子住在一起。兒子忠誠地留下了。有人曾把他妻子的照片拿來給我們看，她確實非常漂亮，是個很有風度的女人。顯而易見，要她對這位詩人忠貞不渝得有非凡的深情和耐性。生活委實殘酷地捉弄了這對夫婦。

在一篇題名爲「處於新舊社會詩歌之邊緣」的文章中，詩人第一次談到了他在創作《暴風雨後的悲哀》時，日子何等困難。

「我名副其實過著無產階級的艱苦生活，『日復一日』沒有歡樂，經常餓肚子。」當他必須去參加一次葬禮，或者應邀參加某人的婚禮時，他不得不向比較走運的朋友借一件黑外套。後來，他自己手頭稍稍寬裕了，便常將這種恩惠給與生活困難的朋友們。因此他很早就瞭解受壓迫者的不幸，對那些有權勢又有金錢者的生活觀也有了認識。這一嚴正認識促使他尋求合適的詩歌形式「以表現普通的、全人類的痛苦。」這便是《暴風雨後的悲哀》。年輕一代——他指的是我們——切莫忘記，同勞動無產階級的理想靠在一起問題就不難解決，便能發揮自己的力量和才華以創作另一種模式的社會詩歌，更加高尙、更爲生氣勃勃的社會詩歌。如果說老一代的創作從觀念上看是感情用事的——索瓦繼續寫道，那麼對眼下年輕一代的創作我們該怎麼看呢？除卻少數例外，年輕一代的創作也依然如此。那些抗議，或者在詩歌中津津有味、不厭其詳地描寫各種美酒佳餚，描寫資產階級的享樂，追逐金元的海外商業奔波，在爵士樂嚎叫聲中借酒消愁，對工廠剝削的仇恨，凡此種種難道不都是感情用事的尖銳號召，要求人們對廣大社會不履行自己的義務嗎？人類只要仍處於新生的過程中，仇恨只要未能以滿足被壓迫者的要求而告終，那就根本不會產生人們期待已久的正面謳歌共同勞動的詩歌。

索瓦基本上為我那首倒楣的詩做了補充注解。可是，我們的觀點——從下面即將引用的泰格的話便可看出——已經不折不扣地歸結為一個公式：反對資產階級。同這個階級我們絲毫沒有「共同勞動」的意願，而是要推翻它。因此，我們怎麼可能同意這位偉大的、親愛的詩人呢？要知道，那時候我們唯一承認的詩歌是進攻性、戰鬥性的，唯一承認的文學是無產階級文學啊。

對我那首詩作出反映，評論其拙劣內容的許多最重要的文章中，我這裏將諾伊曼的意見留在了最後。使這位詩人惱火的倒不全是我的那些不得體的詩句——而是泰格為我那本詩集撰寫的跋。

泰格的這篇文章確實寫得太過分了，對當時初出茅廬的年輕詩人以及他們的詩集也一味評價過高。他寫道：

「《全是愛》（這便是我那本詩集的名稱）除卻自己的傳統、今天年輕人的氣氛和今天的革命氣氛之外，沒有別的傳統。詩集取材於無產階級的現實生活，從這個領域汲取新的創作精神和新的勇敢精神。新的勇敢精神，詩集歌唱它和它的希望，粉碎有關工人階級的虛假幻想，撕下資產階級和僞社會主義詩人強加給工人階級的可悲的、政治殉難者的光輪。它正確反映了工人階級，歌唱他們最基本的物質願望，亦即人世間各種神聖的美食和神聖的美酒佳釀。」

這位後來有著毫不妥協的批判精神的泰格，在先鋒派的紅旗下顯然對詩集《全是愛》評價過高了。而諾伊曼當時已估計到泰格將是他頑強的論戰對手，因此他在《無產階級文化》上發表的那篇長文中便想及早提醒泰格注意。在評論我的第一本詩集的那一段中，諾伊曼清楚地表明了他對我的新作的失望。他說，他曾相信《淚城》[15]的作者在發表了處女作之後會繼續前進，不僅聽到circenses[16]的呼聲，也將聽到panem的呼聲。塞佛特在那首「勇敢的」「非凡的節日」中雖然對這一要求有了認識，但只是在最原始的狀態，並且將它推向了庸俗

[15] 塞佛特的第一本詩集，一九二一年出版。

[16] Circenses和panem兩字均爲拉丁文。前者意爲娛樂，後者意爲麵包。古羅馬人認爲人生應有麵包和富有刺激性的娛樂。

的享樂方向。諾伊曼接著寫道：如果詩集的跋將這首詩看作是「新的勇敢精神」，用以粉碎有關工人階級的虛假幻想，那麼這只能說是無知，暫時也許會博得年輕人的歡心，但是爲了他們的利益，最好還是緘口不言爲佳。

關於這首不幸的詩諾伊曼談了這麼多，至此我想可以收場了。不過，我還需要補充幾句，用一件小事來結束這過於冗長的五月的插曲。

一九二八年十月中旬出版的一期《文學報》上，刊登了約瑟夫・霍拉同伊萬・奧勃拉赫特進行的一次耐人尋味的對話。其中霍拉向奧勃拉赫特提出了這麼一個問題：無產階級出生的藝術家有時寫的卻是描繪資產階級的和豪華生活的文學作品。對此奧勃拉赫特回答道：這是事實，人們並不永遠生活在他們所出生的那個階級和階級目標裏。不過，這也可能是一種逆反心理：生活貧困——夢想豪華。性饑餓的人寫出最狂熱的色情作品，吃不上晚飯去睡覺的人夢見最盛大的宴會。塞佛特的那首一度在文學界引起小小轟動的寫美食的名詩在我看來是完全可以理解的。在今天，雅爾達⑰已經有條件把瑞士乾酪吃個痛快，葡萄酒也可以開懷暢飲了，因此大塊瑞士乾酪之類在他的詩裏也許不會再出現，葡萄酒也只做象徵性比喻之用了。

⑰　雅羅斯拉夫的暱稱。

直到過了整整半個世紀之後，卻還有一個人發表了意見，這是一位年輕的莫拉維亞歷史學家。我已不記得是在哪兒看到的了，他寫了一段文字，舊事重提：

「非凡的節日」一詩最能說明塞佛特的革命概念了。這首詩不久前仍被曲解爲詩人自私自利追求資產階級享樂的表現。實際上它是一個健康青年的眞誠表白。這個青年不滿足於對未來的許諾和空話。他對世界所持的態度完全不同於舊的、對窮人的痛苦僅僅表示同情的社會詩歌。

我相信這是評論我那首拙劣的倒楣詩的最後、最最後的意見了吧。

但願如此！法國人說：爲了一隻煎蛋餅發出了那麼多的叫囂。我能否說：爲了一小塊匈牙利薰腸發出了那麼多的議論呢！

詩人椅

哈拉斯結婚了，皆大歡喜。弗朗基謝克和莉布希卡這一對年輕人終於成了家。哈拉斯曾經給他的這位心上人、後來的妻子寫了九百多封情書。偉大的愛情，情書都在這裏！小倆口在維諾赫拉德的庫任瑪街找了一套住房，雖然樸素無華，但很舒適。青年建築師赫滕爲他們設計了現代化的內部裝潢。我們常在那兒坐的那間較大的屋子，四壁擺滿了書櫥。

哈拉斯夫婦很好客，他們家的大門是敞開的。每天都有人去，我們常常一聚就是五、六個。有兩位是常客，幾乎總能見到，那就是弗朗基謝克・比德洛和約瑟夫・帕利維茨。前者住在維諾赫拉德，離此不遠；後者的家就在拐彎角上，近在咫尺。

哈拉斯有一張詩人椅，給他招來了不少煩惱。原來，赫滕出於一番好意給他設計了一張現代化的、舒適的安樂椅。赫滕管它叫詩人椅，因爲他在扶手上裝了一塊白色毛玻璃板，旁邊的小槽兒裏放著鉛筆。建築師的設想原是讓哈拉斯坐在這張安樂椅上構思，隨時把靈感和詩句舒舒服服地記下來。據我回憶，哈拉斯從來不坐這張詩人椅。至少在我們面前他從來不坐。客人們沒完沒了地拿這張椅子取笑他，使他感到厭煩。不僅如此，詩人椅的消息還傳到了社會上，成了個笑柄，哈拉斯覺得受不了。

然而，哈拉斯的知心朋友弗朗基謝克・比德洛卻非常喜歡這張椅子，總以一副天經地義、滿不在乎的神氣坐在上面。比德洛的嘴巴一向刻薄，可是哈拉斯真摯地喜歡他，因此從不計較。比德洛常畫哈拉斯，而這些畫，特別是僅可在家裏看看、不登大雅之堂的，可一點兒也不友好。

不過，比德洛生就這麼個脾氣！

「鼻子長得像根肉刺。」他評論哈拉斯說：「我瞧這張畫挺好嘛。」比德洛也愛畫哈拉斯的妻子布尼卡。他大概從小就管她叫布尼卡❶，因此對這個怪誕的綽號誰也不感到驚訝。每當他想惹惱哈拉斯，他就畫一張，譬如說，布尼卡穿著游泳衣在同哈拉斯的某個朋友接吻。當哈拉斯接連開了幾瓶葡萄酒，布尼卡面有慍色時，他就畫布尼卡自己捧著整瓶酒大喝特喝。

這些都是沒有惡意的玩笑，哈拉斯一生氣，比德洛便嘻嘻哈哈把畫撕掉了。可是他的歪點子一忽兒一個，又詼諧，又快樂。有時卻也頗爲惡毒。

---

❶ 布尼卡在捷語中意爲「細胞」。

他坐在詩人椅上，一刻兒也不安分，在玻璃板上不停地畫了又畫，一般畫在場的人，或者大夥兒嚼舌攻擊的人。可惜所有這些畫都被他隨即擦掉了。他還一邊畫，一邊發些尖酸刻薄的議論，對誰也不留情。「他那張嘴巴就是不肯安靜一會兒。」哈拉斯常說。

譬如，有一回我和他乘電車從布拉格上哈拉斯家去。電車開到瓦茨拉夫廣場時，上來一位漂亮的年輕婦女，眼睛裏帶著喜悅的神色。比德洛欣然站起身來讓座。爲這個座位她要付出的代價可不輕。比德洛站在她面前，馬上輕薄地向她獻起殷勤來。幸而她把這當作戲言，一笑置之。她，正如人們說的，有音樂聽覺。當比德洛提出要送她回家時，她拒絕了，態度已較爲嚴肅。她說她已經結婚，丈夫在家等著她。比德洛聽了卻若無其事地說沒有關係。「咱們告訴他，讓他今兒個睡在沙發上吧。」她噗哧一下笑出了聲，直笑得眼淚都流了出來。到了下一站，她滿臉緋紅地下了車，比德洛還親熱地朝她揮著手。

哈拉斯常對他說：「你這張不乾不淨的嘴巴早晚會讓你倒楣的！」誰曾想到他這話竟不幸而言中！

除了這一點之外，比德洛當然是個好夥伴。他雖然說話尖刻，但在我們中間從不惡意傷人。有一次他上布熱弗諾夫我家來做客，事後我們懷念了很久。

德軍佔領之後不久，糧食供應也開始緊張起來，食品迅速減少了。有一次，我家從農村弄到一隻鵝，這可是大受歡迎的東西。要把比德洛從他習慣去的地方吸引到遠在布熱弗諾夫我家來，在我幾乎是難以辦到的，是鵝把他請來了。他很喜歡，吃得津津有味。看到這樣對他胃口，我們心裏也很高興。飯後，孩子們拿了紙和鉛筆來，要他給畫一張畫。出乎我的意外，他欣然接過了筆。他取了一張紙，在上面點了約莫二十個小點兒。

「這是罌粟籽。」他一本正經地說。然後畫了彎彎的幾個小鉤兒，說是小茴香。接著又以同樣的方式畫了胡椒粉和辣椒末。最後他把這張空空如也的紙遞給孩子們，說他畫的是「無」，說這張畫是他的最佳傑作。看到孩子們臉上的失望表情，他又拿起筆，只三下兩下就活靈活現地畫了一頭大象，長鼻子伸在一隻大木桶的圓洞眼裏。這是一頭只喝比爾森啤酒的大象。隨後他又添上一隻快樂的老虎，興高采烈地品嘗著蘸芥末醬的德布勒森小腸子❷。末了還畫了自己的面孔，咧著大嘴做鬼臉呢。

他常說，他的鉛筆是用他從皮亞韋河❸帶回的刺刀削尖的，這把刺刀他每星期都用氰化鉀擦得雪亮。因此他的畫才那麼犀利、尖刻。不過他的觀察力確實無比敏銳，無論什麼人他只看上一眼，便能抓住這人臉上的某個特點，把它大膽誇張到怪誕的地步。

納粹佔領時期，每逢星期五——有時也在一個星期的中間——我們都上諾瓦克快餐廳

---

❷德布勒森爲匈牙利東部城市，以食品工業著稱。

❸皮亞韋河，義大利東北部河流。第一次世界大戰中，奧地利和義大利軍曾在此激戰。當時捷克受奧匈帝國統治，許多捷克士兵被派到這條河上作戰。

去。它座落在霍萊肖維采，正對著博覽會大廈。快餐廳同它旁邊的肉鋪相連接，肉鋪的一個掌櫃常把一些不要供應證的肉類或臘腸賣給我們。

佔領時期，比德洛找不到地方印刷出版他的繪畫作品。朋友們都樂意買他的畫，尤其是有他們本人在內的那些。在快餐廳，比德洛也能找到個把買主，那裏的顧客五方雜處，形形色色：有布拉格的舞臺歌唱家和演員，有伊日・普拉希❹和工作室近在咫尺的雕塑家因德日赫・維耶爾古斯，有電影女演員、包括聲名狼籍的如阿丁娜・曼德洛娃這類靈魂骯髒的美貌女人。有幾次奈茲瓦爾也去了。還有許多其他著名的或不很著名的藝術家……以及一些無聊之徒。比德洛是那兒的常客。他說家裏太寒冷！冬天，他用畫壞了的四開繪畫紙燒火取暖。他先把繪畫紙泡在水裏浸透，然後搓成團，曬乾了使用。他堅持說這東西燒起來跟無煙煤不相上下，只是來源太少了。

有時，我們離開快餐廳以後，只要知道哪兒可以喝到葡萄酒，便又上那兒去。因此有一回我們同帕利維茨一起到了博覽會大街一家冷落的酒吧間，那兒供應葡萄酒。我們剛坐下叫了酒，卻見一個年輕的、喝得醉醺醺的希特勒黨衛軍踉踉蹌蹌走了進來。比德洛打量了他一下之後，若無其事地走過去，坐到他的旁邊，並且馬上開口對他講了起來。我們一個個驚得

---

❹ 普拉希（一八九九—一九五二），捷克演員。

發呆，可是聽不見他在講些什麼。那是後來才知道的。當時只見德國人坐在那兒，比德洛滔滔不絕地說個不停。我們就等著這個黨衛軍站起身，把比德洛逮捕入獄了。可是，沒有發生這樣的事。哪兒的話，德國人看上去好像還挺用心地聽著哩。

比德洛先用黑顏色給他畫出等待著他的昏暗前景。他不會長期待在布拉格的。必須去東方，上前線，那兒可是活地獄哪。蘇聯近衛軍的魚雷迫擊炮可怕極啦，把活人統統燒成焦炭。

毫無希望了，他將死在那裏，柏林的老母親徒然望眼欲穿，盼著他的家書。她盼不著了。接到死亡通知書，她會嚎啕痛哭，最後傷心地死去。一番有聲有色的描繪講得這個黨衛軍支持不住了，他身子一哆嗦，眼睛裏滾出幾顆淚珠，落在佩帶著死亡標記❺的黑制服上。

事後比德洛好不神氣，誇口說他是唯一使黨衛軍掉淚的捷克斯洛伐克人。我不免想起哈拉斯的那句話來。德國人又踉踉蹌蹌走了出去，我們心上的石頭才算落地。比德洛則得意洋洋地微笑著。

戰爭期間，啤酒和葡萄酒在商店裏都已絕跡，出售的一律是無法上口的東西。燒酒和烈性酒當然也買不到了。可是，會動腦筋的捷克人卻自有辦法。有酒癮的人開始在家裏自製燒酒。第一次世界大戰時期有人自釀黑啤酒，難喝之至。第二次世界大戰人們就釀造土燒酒。

---

❺ 德國納粹黨衛軍的制服上有骷髏標誌。

有個地方生產蒸餾器，比德洛也弄來了一套，是用銅和玻璃巧妙製造的。一隻金屬小鍋，什麼東西都放進去製酒：發酵的水果、白糖、骯裏骯髒的糖漿、蜂蜜、放陳了的果醬。引酒的玻璃蒸汽管用盛著冷水的臉盆進行冷卻，因此人們管這種家釀燒酒叫臉盆酒。

頭一遍蒸餾，滴出來的流體渾濁不清，需要再蒸餾一次。酒徒們有時甚至再反覆蒸餾兩次，忍痛損失一半出酒量。

比德洛的釀酒儀器放在朋友家裏，就在哈拉斯住的那條街上。比德洛同他的母親住在一起，居室狹小，外面通著一條公共走廊，在那裏釀酒，整條街都會立即發現，而私釀酒是被嚴厲禁止的。他製作燒酒後來達到一定的水平，做出的酒可以上口了。不過，當他拿著一瓶燒酒來到哈拉斯家時，布尼卡可當眞發了雷霆。那酒喝起來味道雖然不怎麼樣，但是特別凶。作爲懲罰，比德洛於是畫了一張布尼卡：身上只穿了一雙襪子，手捧半公斤的比德洛產品在喝著。

不幸的是，哈拉斯說的那句話終於應驗。戰爭快要結束，人們對於戰爭將如何結束已無可懷疑。有一回在普洛哈澤克飯館——它就座落在今天的和平廣場——弗朗基謝克大談戰爭結束時希特勒將會怎麼樣。在場者中有一個是告密分子。一月中旬，比德洛被蓋世太保帶走，從此再沒有回來。我們從此再也沒有見到他。

他被送進了特雷津❻。就在戰爭即將結束時，他得了傷寒症和白喉。有一次德國人要把患病的囚徒拉出去處死，弗朗基謝克使盡渾身力氣掙扎著站起來，裝作沒有病。有些活下來的人親眼看到了他爲生命而作的這一絕望鬥爭。

比德洛的哥哥，鐵道部一名高級官員，在最後幾天終於把患病的弟弟從蓋世太保手裏救了出來，將他送到布洛夫卡。這事是怎麼辦成的，我不淸楚。他同馬爾卡洛斯大夫在一起，將奄奄一息的病人護送到布洛夫卡。在那裏比德洛去世了，正是在五月九日，在蘇聯紅軍開進布拉格、全市歡聲雷動的那個美好的五月天。

戰後，哈拉斯在德依維采別墅區找到了一套較爲寬敞的住房。他家又經常高朋滿座了。我們又常去坐在他那間四壁擺滿書櫥的房間裏。哈拉斯的那張詩人椅依舊放在靠近一邊牆的地方。如今沒有人再坐在上面了。

當屋裏只剩下我和哈拉斯時，親愛的布尼卡端著黑咖啡走進來，哈拉斯瞥了一眼那把空椅子，聲音裏含著難以掩飾的眼淚，歎息著說：

「只怪他那張嘴巴，把他給害了！」

---

❻捷克北部的一座小城市。第二次世界大戰期間，德國法西斯曾在這裏設立了一個著名的集中營，後來又將整座城市改爲猶太人集中區，關押被納粹佔領的歐洲各國的猶太人。

一盒荷蘭雪茄

卡雷爾・霍爾基❶的一生漫長而豐富多彩，他晚年定居在布拉格老城區的哈威爾街，離古老的聖哈威爾教堂很近，近得就像俗話說的紙團兒能夠拋到的距離。每次我從慕斯台克經由梅蘭特利赫街去老城廣場時，只要有時間，我決不會偷懶，一定會到哈威爾教堂去站一會兒，去尋覓一段小小的溫馨而略帶傷感的記憶。

在這座幽暗的、今天有些荒涼的教堂裏，緊挨著入口處的右首牆角處有一個小神龕，裏面立著一座手持念珠的盧德的聖母瑪利亞的雕像，當年曾是雪白的，而今已佈滿了灰塵。我對這雕像太熟悉了，這就告訴你爲什麼。

在今天的民族大街上曾有過一家鋼琴製造廠，確切的地點已經不得而知了，老闆貝內索

---

❶ 霍爾基（一八七九—一九六五），捷克記者，作家。

娃—馬海因諾娃夫人是位極其虔誠的教徒。有一年，她去法國的盧德朝聖，回來時把一尊聖母瑪利亞的雕像帶回布拉格，捐贈給這座靜謐的教堂。很久很久以前，這裏曾經發生過暴力行動，聖杯派❷的信徒們湧到教堂前面把寫有協議書❸的木板釘在教堂的大門上。悠悠歲月像個碩大的磨盤，能把世界上許多事物磨爲齏粉。現在，這裏闃然無聲，一片寧靜，充滿了悲涼。甚至教堂的大門也常常是關著的。賣蠟燭的老太太告訴我說，這是因爲供桌上的桌布和燭臺都曾被人偷竊過。

瑪利亞的雕像送到教堂舉行安放儀式時，教堂的鐘聲一齊敲響，而我正好身臨其境。那時我大概十三歲，不會更大。是媽媽帶我去的。不記得舉行慶典的消息是怎麼傳到日什科夫的。去時，和我們同行的有達利米羅瓦街的盧日契科娃太太，她是媽媽多年的好朋友。盧日契科娃太太還帶上她的女兒海蘭卡，讓她參加儀式中龐大的女侍童隊伍。她們排成行等在教堂外邊。海蘭卡比我大一歲，當女侍童可合適了。老實說，儀式眞夠氣派。開始我都不知道

---

❷ 十五世紀初葉，以胡斯爲精神領袖的改革派要求實行宗教改革，改革內容之一是普通教徒在彌撒儀式中也能同主禮教士一樣領受「聖體」（餅干）和「聖血」（葡萄酒），而不是只准領享聖體，因此也稱爲聖杯派。

❸ 一四三三年，羅馬教皇在組織「十字軍」五次征討胡斯軍均遭慘敗後，在巴塞爾宗教會議上向胡斯派作出妥協，雙方達成協定，其內容之一是普通教徒在彌撒儀式上可以同領聖體和聖血。

該往那兒瞧了，不過因爲我喜歡海蘭卡，索性就看她吧。她兩鬢垂著烏黑髮辮的臉龐高高地在香火繚繞的煙霧中浮現。我的大衣翻領上別著一枝迷迭香，點綴著雪白的條帶，像個新郎官似的。不知道當時自己爲什麼會有這種感覺。海蘭卡的媽媽對她看得很緊，連舉行儀式的過程中也目不轉睛地盯著她。也許不是對她有什麼不放心，大概也是出於愛吧。是的，她眞是迷人。

我只有一次成功地帶著海蘭卡走出日什科夫區。我們到布拉格城裏去了。但是一直到了希伯恩斯卡街的國家火車站我倆才敢並肩走在一起。生怕讓日什科夫區的人看到。在布拉格的街道上我們仍覺得不夠安全，於是鑽進了哈威爾教堂，躲在聖母瑪利亞的雕像下。教堂裏空蕩蕩的，只有在很遠的角落立著一個滴滿燭淚的蠟燭架，上面有幾支細蠟燭還在燃燒，旁邊一位老太太在打盹。這時我們彼此握著手，等確知無人進來時，我們輕輕地親吻起來。這是初夏時節，教堂裏謝了的百合花散發著令人陶醉的芬芳。

您認爲這是罪孽嗎？是褻瀆聖地嗎？哪兒的話！我們親吻時還作了禱告呢。聖經上也說：

愛情的威力同死亡一樣，
情欲像地獄堅不可摧，

灼熱似火。

其實，事情也到此爲止。現在回想起來還覺得好笑：我當時只是撫摩了她的手，自己還眞羞得不行。

海蘭卡很早就去世了。那時，日什科夫區白喉橫行。我也傳染上了，但很快就挺了過來。海蘭卡卻被它奪走了生命。

我記不得青年時期忘卻一般是怎樣的，該是很快吧。但又不會忘得一乾二淨。今天我在去霍爾基家的路上就想起了往事。走在這些地方要不想也難。

從學生時代我就喜歡霍爾基。記不得最初是什麼事使我們對他如此傾倒。很可能是聶麥茨發現的他的那本選集。我們迷上了這本書，甚至放在書包裏同教科書一起帶到學校。直到我們已經開始讀蓋爾奈爾和諾伊曼的時候，我們對他的崇敬仍未稍減。我們崇敬他，因爲他勇於坦承心中之所想，是一位自由而且不隨波逐流的作家。

後來，當我已經出過幾本書並且能夠自稱是作家的時候，我才結識了霍爾基本人。有一次我坐在斯拉維耶咖啡館看報，一位上了年紀的人走過來在我的桌旁站住了，他面容和善，雙目炯炯有神，一頭濃密的花白頭髮。他看了看我，友善地說：

「您是塞佛特吧！我是霍爾基。」

從此我們就成了朋友並且時相過從。霍爾基和所有優秀記者一樣，是一位活躍的、極其勤學好問的人。作爲報紙的特寫作家，我們早就把他與這一文體的大師聶魯達和恰佩克同等看待了。生活不給他休息的機會，他也不讓生活安靜。他感情易於衝動，動作敏捷，善於觀察。他似乎無處不在並且文路很廣。在他年輕的時候還沒有報告文學這種形式，一切問題都只能使用特寫來表達。而他做得很好，他的文章切近情理，像詩一般溫暖動人。他能像俗話說的那樣把話說到你的心坎裏但格調從不失高雅。他的回憶錄第一卷很吸引我，第二卷我沒有讀過。回憶錄的書名是《和平的煙斗》。這本書寫得活潑，幽默，敍事筆調歡快，因而很吸引人。書的內容有很大一部分涉及捷克文學生活，雖然沒有什麼不爲人知的事實，但卻是用全新的方式來敍述的，而且不乏機智和幽默。這是一本極好的讀物，在人們對歷史小說已經厭煩的時候它是很突出的。書出版了，旋即遭到禁止。大概只保留下來一兩本。所以被禁止倒不是內容上有什麼問題，而只是因爲作者的名字。霍爾基年輕時在我國的政治生活中不時地同右派站在一起。例如，他曾爲捍衛自己的岳父杜利赫❹而去反對馬薩里克，但他的反對從未越過得體的界限，這是必須承認的。不過這些事在他身上留下了終生的烙印和標記，儘

❹ 杜利赫(一八四七—一九二七)，第一次世界大戰期間曾主張捷克在戰後成爲俄國管轄下的王國。

管後來他以自己的平靜和通達又獲得了許多人的同情。他同對立陣營的人們一直保持著友好往來就是證明。他是一個對手，但決非敵人。

霍爾基七十五歲誕辰時我曾前往祝賀並寫了幾行韻文作爲賀詞。只能這樣說，因爲那算不上一首詩。

青年時期的霍爾基在漫遊世界的旅程中曾到過盧德的神泉。他在那裏住了幾天，認眞進行了觀察和瞭解，回國後曾就此行出版了一本小冊子，名爲《盧德七日》。小冊子寫得言詞激憤，表現了青年人所特有的無所顧忌。他對小姑娘蘇比露的奇蹟和發現奇蹟的那個婦女頗爲不恭。火藥味很濃的小冊子在捷克天主教界激起了一陣憤怒的波瀾。

有罪的詩人也曾去過那裏
書中白紙黑字寫得明白。
然後我乞求盧德聖母的寬宥，因爲霍爾基對她顯聖的山洞也曾進行過無情的攻擊。
當時您對他肯定不屑一顧，
時光飛逝。今天您那秀美的雕像
站在聖哈威爾教堂

幾乎可以望見他的樓窗。
小時我曾捧著您的聖像
走到教堂，注視著燭光。
可又愛上了
有黑辮子的小姑娘。
所以在這垂暮體衰之年
我還常來教堂。
可您依舊那麼漂亮，注視著我
像當年一樣。

然後我開玩笑般地央求聖母寬恕詩人並把他的陽壽再延長二十年。他有滿腦子的計畫和打算卻無法執筆，因爲他那時和大家一樣，不得不提著購物袋到處跑，爲家人弄些食物。

排隊！排牛奶，排肉，排那些個七零八碎，
爲家人儲備，他責無旁貸。
謝謝了，聖母，祝您健康，
相信您會恩准我的願望。

幾天以後，霍爾基到布熱弗諾夫我家來看我。那時他常到布熱弗諾夫修道院的聖瑪凱塔花園去散步。他抱怨說，從前澤耶爾經常光臨的這座好看的花園現在竟然如此地遭到冷落。巴洛克式的大暖房瀕臨倒塌，古老的八角樓全都被地下水浸透，沃依傑赫泉水上了鎖封閉起來，因爲當地的洗衣工總是去那裏洗涮衣服。昔日鵝耳櫪樹綠蔭覆蓋的甬道，如今樹木已經乾枯，最後，座落在黃楊叢中的精緻日晷已被雜樹野草所淹沒。

「如果我還年輕，」霍爾基說：「也許在花園的破敗中也能發現美。可是，人老了，對此唯有傷感。」

我有一盒荷蘭雪茄，那時很珍貴，是一位朋友贈給我的。我把它送給了霍爾基，他喜歡抽雪茄。

霍爾基點上一支，雪茄煙那特有的香氣在室內繚繞，他微笑著對我說：

「我剛才向您講那座破舊的花園，實際上想說的是另一件事！您使我想起自己年輕時的罪過。知道我做了什麼嗎？我跑去看那聖像了。倒不是去祈禱，不是的。我爲自己的不禮貌去向聖母默默地道了歉。您知道，生活會教育每一個人的。一個人即使在有理的時候，也用不著使用激烈的語言呀。再說我本來就是個堅決的女權主義者嘛。不能說步入老年我轉變得像聖徒保羅那樣了，但至少稍稍有一點兒轉變吧。」

說罷，他吐出了一口銀白色的漂亮的煙圈。

詩人墓前隨想四則

1

一般我都在三月初去維謝赫拉德墓園。那兒有我的好幾位朋友。有時，我彷佛覺得如今只剩下我孤零零的一個留在這裏了。今年我去的那一天春寒料峭，墓園裏人跡罕見。我首先朝赫魯賓的墓地走去。他的墳墓最新。他三月一日剛去世。

遠遠的我看見有個陌生姑娘站在他低矮的墓前，手裏捧著一束雪蓮花和幾張祈禱文——至少我看著像是祈禱文。我停下腳步，站在馬哈墓旁等待姑娘離去。赫魯賓的墓前地面狹窄，只容得下一個人。況且，我也想獨自在那裏待一會兒。

從青年時代起，亡故者的長眠地對我就有一種神秘的吸引力。我喜歡上墓園。我的童年和少年時代都是在靠近奧爾尚斯基墓園的地方親切度過的。墓園離我家不遠，我們家的一個孩子就葬在那裏。我家窗下，每天都能聽到哀樂和送葬車的軋軋車輪聲。然而，這種吸引絕非病態。我去那裏栽花、澆水。在奧爾尚斯基墓園度過的既有愉快的春天，也有淒涼的秋日，但是對於死，我卻從來沒有想到過。

今天可是想到了！

我還經常去那座墓園的老區，就是緊挨著日什科夫街道的那部分。我在墓碑間徘徊，一次又一次尋找墓石上的題詞。有一回我把這些題詞告訴了奈茲瓦爾，他說他將寫一本書，書名就叫《墓上的題詞》。

過了好一會兒，赫魯賓墓前的姑娘將那束雪蓮花放在薩劄瓦❶墓石上，壓在赫魯賓的名字上面。墓石四周，幾株番紅花已鑽出地面，長長的卵黃色蓓蕾宛如一朵朵的小火苗，燈芯則沿著墓石的邊緣深埋在泥土裏。

姑娘走過來了，我不得不稍稍閃到一旁。兩排墳墓之間的小徑很狹窄。不過，我不如坦率承認了吧，我想看她一眼。她很年輕，挺有魅力——唯獨年輕人才會有的魅力。手裏拿的不是祈禱文，而是袖珍本《號角浪漫曲》❷。她到了近旁，我能仔細看看她的臉龐了。我的心

❶ 薩劄瓦，河名。赫魯賓曾在這條河支流附近的農村裏度過了童年。
❷ 赫魯賓的一本詩集。

不禁突突地跳動起來。幸而我站得離馬哈墓非常近！

一種溫柔的、既古老又甜蜜的情思輕輕吹拂到我的臉上。怎樣的憂傷啊！

亡友有這麼一位讀者，我不禁暗自稱羨了。

II

約瑟夫・霍拉去世後，爲了憑弔故人，我曾拾級登上偉人祠。那是在夏天，石級曬得發燙，花圈上枯萎的玫瑰散發著凄涼的香味。現在我站在赫魯賓的墓前。兩座墳墓令人感慨不已。就譬如說吧，有些人硬是不相信赫魯賓的話，不相信他確實病了。

我撫摩著墓上那塊磨損了的薩劄瓦大磐石，心裏在想，也許小弗朗基克❸的光腳丫當年曾在這塊石頭上踩來踩去的吧。他喜歡講述那條芬芳的河水。

當黎明的曙光把我們從酒店裏趕了出來時，我倆常一起走過埃利什欽橋。我們俯視河水，傾聽堤壩上夜間聽得分外清晰的淌水聲。弗朗基謝克去聖安托寧教堂那個方向，我朝屠宰場

❸ 弗朗基謝克的暱稱。

和特羅依橋這邊走。說實話，有時我們心裏很不是滋味。妻子在家裏夜不成眠，哭個不停。然而，詩神卻在微笑。我們整夜談論她，無數次向她傾訴愛戀之情。

霍拉去世以後，茲丹卡•霍羅娃太太常上我家來。她很傷心。我的妻子有時向她發牢騷，抱怨我很少待在家裏，說我晚上老在外面浪蕩，霍羅娃太太安慰她道：

「聽我說，親愛的阿林卡，如果我的貝比克今天能回到我身邊，哪怕他天亮回來我也不會生氣，半句怨言也沒有。我會笑臉相迎，幫他脫下衣服，甚至給他洗腳，把枕頭拍鬆。」

她思念丈夫。她有偉人祠的鑰匙，常去那裏。可是，她不喜歡那狹窄潮濕的過道，掛滿蜘蛛網，充斥著一股黴爛花束和燈芯點燃時發出的臭味。她常說，在那關鍵時刻她若是稍稍思考一下，就會選擇碧綠的青塚。不過，霍拉在偉人祠還算舒適的呢——如果能這麼說的話。

有些閃爍著嶄新金字的骨灰盒堆放在架上最後一行的格子裏。偉人祠已經不折不扣擠得滿滿的了。

不記得是怎麼個來歷，我的朋友澤倫卡曾受命管理維謝赫拉德墓園和偉人祠中文化人的有關事宜。他相當輕蔑地說：

「我們把那些盒子一只只往最後的空格裏塞，塡得滿滿登登，活像儲藏室的架子上塞滿了鳳梨罐頭。」

弗朗基謝克•赫魯賓安息在離偉人祠不遠的地方，雖然擠在兩座墳墓之間，但鳥兒在那裏歌唱。

III

赫魯賓六十壽辰時，阿爾巴特羅出版社在它的宮殿禮堂眞誠地爲詩人舉辦了一次慶祝會。那是九月中旬，禮堂裏擠滿了人。誰都想同他握握手。我也一樣。

最後，赫魯賓總算從人群中脫身，神色有些疲勞地走來，在我這一桌坐下了。我和他這才有了片刻時間在盛大的慶祝會上回憶一些別的事情。四十年的友誼。四十年在他的蔚藍天空下，沒有一片陰雲。我帶著幾分拘謹——我倆之間當然從來沒有這種習慣——舉杯爲他祝壽。何曾想到這竟然是我倆在一起喝的最後一口酒了！

爲那漫長的四十年，這口葡萄酒已經夠了。那是既美好又辛酸，既愉快又飽經憂患、又苦澀又混濁不清的四十年。我們的生活道路和經歷的兩次世界大戰就是這個樣。

何曾料到那是我和他最後一次坐在一起了！然而，我畢竟是能夠料到的。我應該仔細看看他的臉。他去世以後，阿爾巴特羅出版社給我寄來了慶祝會上拍攝的幾張照片。其中有一張是我們兩人坐在一起時拍下的，他的臉不禁使我吃了一驚。這是已被死神吻過三次的臉。

照片上，赫魯賓凝視著不明確的什麼地方。不，他凝視的已是身後的什麼所在了。在臉的內部，僅由一層薄薄的蒼白皮膚勉強遮掩著的，彷彿還有一張臉在望著我們，一張眾所熟知的生命慘遭毀滅的臉，一具微笑著的骷髏。

九月，陽光依然明媚，正在成熟的蘋果長甜了。九月像五月一樣美麗。十一月卻是黴爛、悲苦的月份，滿眼空桌子。

萬靈節，詩人去世後第一個萬靈節，他的墓上插滿了蠟燭，中心放著一瓶菊花。

當我還是個小男孩的時候，不知怎的看到菊花我就有點兒想哭。

IV

每年耶誕節我們有個慣例，坐在捷克斯洛伐克作家出版社或阿爾巴特羅出版社的門市部，在作品上爲讀者簽名留念。平時人們見了聳聳肩膀的書，到耶誕節也往往會暢銷。赫魯賓從來不愁讀者太少。他有大讀者，也有小讀者。在寬敞的門市部，等候他簽名的長蛇陣彎彎曲曲繞了一屋子。父母把孩子帶來了，不計其數的孩子吵吵鬧鬧，詩人卻耐心地、面帶微笑地簽著名。這裏發生了許多有趣的小插曲。不過，那個在桌子旁大聲喊叫的小男孩說得也有道理。他扭身要媽媽告訴那位先生，別在他的書上亂塗一氣。簽名常常令人精疲力竭，勞累不堪。赫魯賓的手有時痙攣了。

一九七〇年的秋天，孩子們徒然等候著他們的詩人。他病了，不得不去布洛夫卡醫院神經科就醫。在那裏醫治無效，疼痛未能止住。有一次，他在醫院給我打了個電話。很久以來，我們彼此都親密地戲稱對方爲閣下。我聽到話筒裏他的聲音說：「想想看，塞佛特，我這病可能同閣下的一樣哩！」我那病雖然帶來很大痛苦，但並非絕症。非常遺憾，他的病卻是另外一類。

次年二月底，赫魯賓在妻子和兒子的陪同下，去波希米亞的布傑約維采，就醫於一位著名的外科醫生。

汽車行至馬奈斯館後面的濱河大道時不得不停下來換輪胎。爲了操作方便，車子開到下面的河邊。赫魯賓下了車，目光順著冬天渾濁的河水朝查理士大橋那邊望去，嘴裏低聲感歎：「瞧這布拉格，還有點兒捨不得放我走呢。」

幾天以後，赫魯賓回到布拉格時，已溘然長逝。

有一年冬天，耶誕節前下了較大的雪。我從家裏出來，乘車前往維謝赫拉德墓園。我已很久不曾去了。要不是那些鐵柵欄和那塊薩割瓦墓石，尋找赫魯賓的墓地將是困難的。它被大雪淹沒了。

離開墓園時，我走的是老管理所旁邊的那條道路。我帶著孩子氣的興趣，幾次回頭去看自己留在雪地上的足跡。這片雪地還沒有被別人踩過。也許，這只是爲了同那位古代哲學家一起感歎：「既然長生不可求，那就讓我們在身後留下一些什麼吧，用以證明我們曾經生活過。」

最先擁抱誰

我在回想我們的青年時代。那年頭，一個詩人哪怕初出茅廬，在發表了薄薄一本詩集之後也會在很短時間內讀到爲數不少的評論文章，篇幅有長有短，不僅在文學期刊和專業雜誌上，而且也在報紙的文化欄。那年頭，我國有各種不同的文學評論家，仁慈的和嚴峻的，優秀的和拙劣的，人人都不難瞭解在維謝赫拉德❶或其他地方，他應在哪座墓前佇立，獻上一束感激的花，低聲說幾句感激的話。

我也一樣。文章的作者們有一個時期曾給我點出了好幾位最傑出的詩人的名字。也許是爲了讓我有所選擇吧。聶魯達、哈萊克、斯拉德克❷、托曼。還有一位他們遺忘了，我也很

---

❶ 布拉格的一座墓園。

❷ 斯拉德克（一八四五—一九一二），捷克詩人、翻譯家。

喜歡什拉麥克。從聶魯達開始，我依次在他們的墓前站了一會兒，最後在什拉麥克墓前結束。他是這幾位詩人中最後去世的。在他那陰鬱的墓地上方，和藹的胡姆潑列赫❸在微笑。這都是很久以前了。

在天氣和暖的季節，我有時讓家人送我去維謝赫拉德墓園，在偉人祠的臺階上小坐片刻。我喜歡去那地方。那裏有知音——正如一位朋友說的。他的住處離墓園不遠，他經常上那裏去。

我知道不應坐在墳墓上，可是我的腿腳疼痛，行走困難，想必在我腦後的亡靈們是會原諒我的。況且他們中間還有兩位詩人是我的夥伴呢。

浮雲在飄逝，沒有一點兒聲音。墳墓一動不動，深深地插進大地。寂靜是亡靈的聲音。可是詩歌活潑的語言卻像溫泉在噴湧，令人神清氣爽。我最後一次去那裏是在美麗的戀愛的月份❹。丁香花濃香撲鼻，馬哈的墳墓近在咫尺。

上面提到的詩人中，除卻卡雷爾・托曼之外，其餘幾位我已無緣同他們握手。親愛的什拉麥克在世時，我從未見過他。每當我凝神注視他的面容，或者僅僅看到他的名字，我的臉

---

❸ 什拉麥克葬於他的故鄉索博特卡。胡姆潑列赫爲一座古狩獵城堡，在索博特卡附近。

❹ 指五月。

上便感到令人愉快的撫摩，心裏不由得想起少女的微笑和親吻。我很喜歡他的那些描寫少女的詩。

我同托曼卻有交往，甚至很親密。他給我以友情。我們住得近，他邀請我上他家去做客。他患病以後已無法出門，但他很想瞭解文學界的情況，他的熟人和朋友們的情況。他喜歡霍拉，也經常問起霍謝伊希。

夏天，我有時發現他在大門上貼了一張小告示，恰似我們在布拉格小飯店的門上常見的：

今天在花園。

這是辛酸的打趣。托曼那時已患病，他家的園子又小又荒蕪。

夏天，我有時給他帶去一些沃伊捷什卡的泉水，泉眼在本篤會修道院的花園裏。泉水清冽，托曼很喜歡。我用一隻在茲比羅赫❺買到的水壺裝泉水，那原是斯拉德克生前的用品。

托曼遷居白山平原肯定多少有點兒事出偶然。在此之前，他住在維列斯拉維納。他不喜歡那地方，距離布拉格遠，住房又不舒適。搬到布熱弗諾夫以後，他很快就習慣了，彷彿生

---

❺ 城市，在捷克境內，是詩人斯拉德克的故鄉。

來就是屬於這個地區的。在這裏他度過了艱苦的晚年。是副教授赫拉硬把他那顆出了毛病、過度疲勞的心臟控制住，使它平靜下來，至少有幾年維持了勉強可以忍受的狀況。他在附近一帶的名勝古蹟地區度過了整個戰爭年代。我經常看到他如何頑強地同疾病做鬥爭。他的小兒子在北歐音信杳然，這也影響著他的健康。戰爭切斷了兒子歸國的一切途徑。

在形勢特別惡劣的時期，我們常到托曼那兒去尋求鼓舞和力量。這位被自己的心臟捆住了手腳，同時又爲失眠症所苦的詩人，白天和黑夜都收聽世界各地的新聞廣播。「我不用下床就又在世界各地漫遊啦。」他常說：「尋找一線希望。」有時希望不多。形勢惡劣，而且往往每況愈下。然而，希望畢竟微露曙光，漸漸變成不容置疑了。

布熱弗諾夫這個郊區，無論是它的山谷，或是兩側的山坡和高處的大體育場，都秀麗異常，宛如仙境。微風送來叢林的清香。地平線上，那鬱鬱蔥蔥的地方是星辰禁獵區。從那兒到白山只有幾步之遙。當托曼還能稍稍活動的時候，他常乘坐電車去禁獵區。電車終點站離聖母瑪利亞勝利教堂很近。他去那兒閑坐，在教堂的大院子裏休息。從白山戰場❻可以清楚地望見日普山❼。戰爭期間，我們曾怎樣對著這個山頭望了又望啊！

---

❻　白山在布拉格西面。一六二〇年十一月八日捷克貴族與斐迪南二世的軍隊在此激戰兩小時後貴族軍慘敗，捷克民族從此受異族奴役達三百年之久。這便是歷史有名的「白山戰役」，「白山」遂成爲捷克民族喪失自主的象徵。

我第一次拜訪托曼是霍拉帶我去的。托曼眼睛片後面的嘲弄目光起初使我感到有些疏遠。我沒有意識到橫亙在我們之間的年齡的高牆。他伸出友好的手也沒有消除我的這種疏遠感。那時他也缺乏我們年輕人的革命熱情，他是抱著懷疑和寬厚態度來看待我們那些初出茅廬的抒情詩的。當無標點詩開始在我國傳播時，他微笑著告訴我說，他把那些詩交給孩子們去塡上逗號和句號了。「讓他們學學！」他同英德希赫・霍謝伊希很要好。霍謝伊希比他年輕九歲，兩人曾一起在巴黎待過幾年。

「有一天，我們在貝爾福獅像旁邊相遇了，此後便終生不再分手。」霍謝伊希說。一談到托曼他便滔滔不絕，話題很多，事情也確實動人。在當時，他講的這些舊事以及托曼在法國和英國流浪時所經歷的困難與貧窮，也許比他的詩更加打動我們。譬如他的故作姿態，對吃飽肚子的體面的小資產階級所流露的輕蔑。在我們眼裏，他的衣褶上有巴黎林蔭道的塵土在閃光，他的鞋上彷彿長著一對天使的翅膀。

圍繞他的流浪生涯流傳著許多趣聞和軼事。我聽勞林主編講過，一次在拉尼❽舉行的聯誼會上，有人談到了曾在參議院圖書館任職的托曼，說他有一天沒跟任何人打招呼就不辭而

---

❼ 日普爲一小山頭，在布拉格市郊。相傳捷克人的祖先是從這裏進入捷克境內的。

❽ 地名，捷克一農村。

別，去了巴黎，甚至帽子都還掛在衣架上哩。一位來賓湊趣說，詩人嘛都是那麼不可靠。馬薩里克總統聽了卻說道：

「這樣的事我也會幹的！」

在托曼這個人物身上，我們看到了一位受詛咒的詩人的生活和傳奇。我們熱愛他，在我們心目中，他是藝術家浪漫主義的自由的化身，因而我們便竭力效仿他，甚至我們手裏拿的也往往不是筆而是酒杯。他的那些旋律優美、吟詠重返寧靜家園之樂的詩篇曾使我們陶醉了許多年。我說的是我們，確實並非我一人如此。哈拉斯也喜歡托曼的詩，雖然他同托曼沒有到擁抱的程度。而我則是懷著崇敬之情同托曼友好交往的。

還在戰前，我就常見他整晚喝酒，直喝到深夜。那時他的健康也允許他這樣做。這個嗜好他無意戒除，也從不放棄飲酒的機會。因此，他大白天走回家時，半途倒臥在陽光地毯上的事情，也屢有發生。

一個明媚的夏天的早晨，他派人傳話給我，要我趕快下去，說他在熱哈克酒店等我。那是一家門面不大，但很舒適的酒店，在人民之家的前院，人們常去喝口葡萄酒。在那裏聚首的大多爲人民之家的工作人員。我見托曼長時間地夜遊之後情緒極佳。他熱烈歡迎我，心裏像是有許多話要說。在這種時刻一個人不喜歡索然獨處。可是，我剛剛坐定斟了一杯酒，卻見我的妻子帶著兩個孩子推門進來了。她到編輯部去找我，人家告訴她我在下面的酒店裏。

我曾許諾過孩子們，答應給他們在排字機上每人澆鑄一枚圖章。妻子當然面有慍色。怎麼不呢！時間這樣早，我不在編輯部清醒地工作，卻上這兒喝酒來了。幸而托曼挽救了僵局。他慈愛地把兩個孩子抱到膝上，說要給他們講一個關於花苞兒、薔薇花和小青鳥的童話故事。說著他便講了起來。但願我這裏的覆述能有幾分像他講的那樣動人。可是，我沒有把握！

從前有一個國度，那裏的國王有一位年輕美麗的妻子。有一天早晨，國王決定騎馬去黑沉沉的森林打獵。王后勸他不要去，可是沒有用。王后說她昨夜做了一個不吉利的夢，今天又正是他的生日，要爲他祝壽！可是國王不把這些話放在心上，他吻了一下王后的額頭，騎上馬奔馳而去，一轉眼的工夫就進了黑森林，在王后的視線中消失了。不料，這座森林當時正被妖魔控制著，樹葉一動不動，小鳥不歌唱，沿途也看不到一頭野獸。整個林子跟死了一樣。國王不覺已到了密林深處，他感到口渴難忍，可是哪兒也找不到泉水，哪兒也不見潺潺的小溪流動。這時忽然飛來一隻醜陋的烏鴉，它落在國王的肩上，啞啞地叫著說：「來呀，國王，跟我來呀。」國王於是騎著馬跟在烏鴉的後面前進，來到一所半倒塌的小茅屋跟前。茅屋裏住著一個老巫婆。她馬上給國王調製了一罐飲料。國王先小心翼翼地呷了一口，覺得味道挺好，像是上等葡萄酒，於是便捧著罐子痛快地喝了起來。誰知他剛把罐裏的飲料喝完，巫婆和烏鴉就忽然不見了，他的腦袋卻打起轉來。國王心裏明白他在森林裏迷了路。他四下張望，不知如何是好。他騎著馬跑啊、跑啊，跑了很久，卻發現又回到了原來的地方。就這樣他不停地繞著圈子。正當他完全絕望了的時候，卻一眼看到路上長著一棵薔薇，那上面只有一個花苞兒和一朵薔薇花，旁邊棲息著一隻小青鳥。鳥兒對國王歌唱，要他順著一條路筆直往前，直到看見一塊大青石。國王照著做了。當他撞在大青石上時，他瞧見了一口泉水。國王馬上跪在泉邊喝了個足。這是仙水。喝罷站起身他的腦袋已不暈了，後來沒費什麼勁兒便找到了歸途。不一會兒王宮已在眼前。王后正滿面愁容坐在窗前繡花哩，一見國王回來了，她連忙扔下手裏的活兒，把針別在靠墊上，歡呼著跑去迎接國王。兩人幸福地擁抱了。「親愛的王后，」國王過了一會兒問道：「你在繡什麼呀？」王后漲紅了臉，把她的綢睡衣拿給國王看，上面繡了一個花苞兒，一朵薔薇花和一隻小青鳥。

孩子們聽出了神，妻子撲嗤一聲笑了。一切皆大歡喜。這確實唯有這位詩人才能做到！

這個故事我後來不得不多次覆述，孩子們老是央求我講酒店裏的故事。我在開場之前每次都不忘加上一句：作者卡雷爾·雅羅米爾·托曼。

詩人去世後不久，由博羅維出版社出版的他的抒情詩集便問世了。托曼將他一生的詩作結集成冊，只有少數幾首沒有收入。集子不厚。托曼在世時，奈茲瓦爾有次失言，對詩集的篇幅微露輕蔑之意。托曼聽了很難受。他和奈茲瓦爾確實是截然不同的兩個極端。奈茲瓦爾寫了數以千計的詩，大把大把撒給讀者，要他們大量消受。我見過奈茲瓦爾怎樣寫詩。他點燃一支香煙，坐在打字機前，長詩便在他的手指下面在打字紙上滾滾而出。寫畢他只草草看一眼就交稿了。至少他那些超現實主義的詩是這樣寫成的。而這類詩他寫了不計其數。

托曼則不然，他像一個在生命的旅程中散落手中的碎玉珠璣的人，誰忠誠地把它們揀起就會得到巨大的喜悅。他對自己寫下的詩，每一首都瞭若指掌，連小小的逗點也不會記錯一個。在這方面，他同終生只寫了一本詩集的貝茲魯奇❾很相像。

他的詩一點不朦朧，絲毫不晦澀費解。它們是明朗的，富於人情味，很有感染力。它們既眞實可信，又有神韻。在他的詩裏，沒有倉促草就、靠空洞韻腳巧妙裝點的句子。它們不是著了顏色的棉絮，猶如我們在一些忙於落筆的詩人們的作品中常見的那樣。他的詩歌獨具匠心，無法效仿，帶有濃郁、深刻的捷克氣息。

托曼寫詩肯定毫不輕鬆，爲此他付出了生命。他的才華是吝嗇的，不肯輕易揮霍。他的詩大多凝練、熱烈、富於戲劇性，表現了一位藝術家簡練、高超的功力和嫻熟、精湛的技巧。

有過幾次，我陪伴托曼穿過一條景色很美的野徑去體育場。那時的路面不像今天這樣修整得平坦。山下是煙霧籠罩、呼哧呼哧喘著粗氣的斯米霍夫區❿。小路上長著一叢叢盛開的野薔薇，有時甚至兩側都是。這使他想起了故鄉的田埂。他深情地凝望著這些花。

---

❾ 貝茲魯奇（一八六七—一九五八），捷克詩人，終生只寫了一本詩集《西里西亞之歌》和後來的一首詩「藍色蝴蝶」。他的作品雖然數量不多，但內容豐富，意義重大。

❿ 指斯米霍夫區的火車站。

「你問我是怎樣寫詩的嗎？我幾乎根本不寫。我不會對著一疊紙，撕了一張又一張，寫上幾句，看著不夠滿意，揉掉扔了。我是長時間地一面想一面走，長時間地構思，反覆推敲。只要一句詩乃至整首詩沒有脫穎而出並且在我看來已無瑕疵，我就改了又改。我感到的創作的愉快是在拿筆之前。拿筆以後便只是記錄而已，那已純粹是機械性的工作了。」

沙爾達在一篇評論托曼的文章中曾分毫不差地猜中了這一創作過程。這篇文章對認識眞理頗有教益。文章說：你感覺得出，這些詩句是在長久的徘徊、漫步中，在望不見頭的公路上吟詠出來的。詩人在落筆之前已能背誦了。

托曼說，當他讀到這篇文章時，他不禁驚呆了。他寫了一封信給沙爾達，表示感謝，信中描述了他怎樣爲沙爾達的洞察力感到吃驚。

我雖然從不輕視別人的教導，但這一寫作程式同我的畢竟相去甚遠。對我來說，沒有一句詩不是隨想隨落筆的。我寫詩相當輕鬆，不過揉掉的紙張卻也不少。我的詩句是在鉥金筆的筆尖上生成的。不過，托曼的話對我也有啓發。原本用十五個字來表達的意境，經過推敲卻證明只需八個字就夠了。與此同時，思緒彷彿扔掉了負荷，輕鬆了，欣然起舞，翩翩飛翔，化爲另一句詩。正因如此，這位卓越的詩人才只需要這樣少的言詞便使他的作品顯得十分完美，更主要地是顯得偉大。

布熱弗諾夫古老製磚廠的土坯場，當年幾乎就在托曼家的窗前。戰爭期間，德國兵在這裏練打靶。劈劈啪啪的槍聲伴隨著托曼心臟的跳動聲。他痛苦地聽著這兩種聲音。

生命將要結束時，他有三個願望：迎接解放那一天的到來，見到兒子，最後還希望在病床上翻一下他的新詩集。一向對他不很和善的命運，這次卻全部滿足了他的三個願望。

他迎來了解放。這一天他很吃力地下了床，穿上節日的盛裝。之後不久他擁抱了兒子，最後至少也看到了《詩集》的校樣。他在書尾寫了短短幾行跋，末了以淒然向讀者致意結束。

他去世後，布熱弗諾夫決定將拉德龍卡街改名爲托曼街。這是一條很漂亮的街道，今天處在綠化帶的邊緣。街上灑滿了陽光，微風吹拂，但也有春天的風暴。站在它的人行道上可以看到布拉格以南的遼闊地帶。右邊，在斯托杜爾基小教堂的後面，低低的布林德山岬一片蔥蘢。左邊，入夜可以看到汽車的燈光從拉德維附近的樹林裏鑽出來。站在正中心舉目遠望，楚克拉克細長的電視塔高聳在茲布拉斯拉夫的上方。街道沿著古老的拉德龍卡莊園蜿蜒而下，通往白山街。

我受命向布熱弗諾夫的居民們宣佈這一決定。在街中心，靠近公園、緊挨著一株野薔薇的地方，搭了個僅能容下一人的小講臺。那株野薔薇至今仍在。那天，它正開著花。

臨刑前五分鐘

在世界文學作品中，肯定沒有一本陀思妥耶夫斯基傳記會不提到或者不著重描寫陀思妥耶夫斯基被判處死刑，臨刑前又死裏逃生這一事件的。不言而喻，誰會遺漏這麼驚心動魄的幾分鐘呢：犯人們——其中就有陀思妥耶夫斯基——已被押解到彼得堡的謝苗諾夫斯基廣場，在千鈞一髮之際沙皇下了赦令。對於一位作家說，那該是多麼可怕、震憾心靈的經歷啊。而他是一位富有獨創性的作家，他懷著創作的喜悅，善於把人的靈魂剝到精光，審視人體裏被七情六欲驅趕的激蕩的血液，直看到它的最深層。

然而，對於這樣一件在他的生命中堪稱登峰造極的大事，陀思妥耶夫斯基卻寫得出奇地簡單，而在大赦後他從西伯利亞流放地寫給自己哥哥的許多書信中，卻怒衝衝地詳細描寫了囚徒的痛苦和他們所受到的非人待遇。這些與面對死亡的恐怖比較起來，畢竟是不可同日而語的啊。關於那幾分鐘，他只是平靜而簡單地寫道：他們給囚犯們穿上赴刑場的白色囚衣，三人一組綁在木樁上。陀思妥耶夫斯基在最後時刻還同夥伴們擁抱告別。然後有人讓他們吻十字架，在他們頭上把劍折斷，因爲他們是貴族。在最後幾秒鐘，他意識到自己是多麼愛他的哥哥，就這些。敍述之簡單，口吻之平靜，恰像我這兒寫的一樣。

一九四五年五月初，我們幾個編輯、編輯部的職工和行政人員在希貝恩街的人民之家已在準備解放後的新報紙《勞動報》。同我們一起在那裏工作的還有一些人，他們正在準備不再是地下版的戰後第一張《紅色權利報》。五月五日，星期六，布拉格市民開始砸德國商號的招牌，逮捕納粹兵，布拉格起義開始了。我們於是全部留在編輯部不再回家。其他人也參加了進來：排字工、整版工、輔助工，另外幾名編輯也匆匆趕到。我們馬上動手幹了起來，不多一會兒工夫印刷機就隆隆轉動，送報人已將頭一批印出的報紙送往全市各地了。街上響起第一陣槍聲以後，過路行人也紛紛躲進人民之家，他們無法再安全地穿越街道，既上不了日什科夫山，也去不了普拉什納城門。人民之家的屋頂上飄揚著捷克斯洛伐克國旗和紅旗。它的花園裏，栗樹正在開花。栗樹叢中的那棵銀杏樹在我國相當名貴。它是這座宮殿尙爲貴族金斯基所有、花園爲貴族禁園的那個時代的遺物。

捷克人民佔領了馬薩里克火車站，德軍便炮轟車站。炮彈波及人民之家，庭院裏榴彈片和槍彈四處亂飛，因爲德國人不僅在波日切的依姆卡、而且也在鄰近的安格洛班采增援了兵力。子彈甚至在我們的打字機上方和女打字員的頭頂上呼嘯。因此我們將整個編輯部轉移到地下室，搬進印刷部、鉛版部，以及更下一層的紙張倉庫。這是什麼樣的寫字桌啊！戲劇性的日日夜夜就是這麼度過的，星期六，星期天，星期一和星期二！

起義指揮部設在約瑟夫廣場的日什卡兵營。根據它的指示，人民之家這個據點必須守住。這裏的小分隊已勉爲其難地簡單武裝起來。他們勝利地解除了駐守在火車站對面的專利飯店的德軍武裝，弄到了一些槍隻和彈藥。然而，形勢很快就變得於我們不利起來。德國人攻下了馬薩里克火車站，在那裏見捷克人就槍擊。我方只有少數幾人最後突圍成功，空手躲進了人民之家。在此之後情況急轉直下，德國人接著佔領了哈夫裏切克街和希貝恩街拐角處的一棟房子，發現了高級食品店儲藏的葡萄酒和香檳酒。由於這家食品店的地窖已奉命同人民之家打通，德國人一下子便到了人民之家。這裏只有爲數極少的幾名守衛人員，分佈在地下室和大門之間。而德國人卻是開著裝甲車逼近我們的。地下室的唯一保衛人員用步槍打死了頭一個闖進來的德國兵。他一頭栽倒，恰巧就栽在我的面前，使我生平第一次有機會看到死亡臨頭的情景。德國兵倒在地上還大聲叫嚷，要他的同夥們開槍。他自己已沒有舉槍的力氣了。不，甚至連扳動一下步槍扳機的力氣也沒有了，那支步槍就橫在他的身旁。生命很快就從他肚子上的傷口裏流走了。

有一刻兒工夫我們不知所措地在他的血泊中踩來踩去，然而牆洞裏出現的一名軍官，命令我們舉起手來。他把婦女叫到一邊，讓她們留在地下室，命令我們男人從後門出去。我們走上哈夫利切克街，從那兒朝正在燃燒的馬薩里克火車站的車站大廳走去。押解我們的德國兵冷笑著要我們確信，一到火車站就把我們統統槍斃。他們先叫我們坐在鐵軌上，那裏離一堆剛被槍殺的捷克人的屍體才幾步遠。我們得坐在那兒，等待停在身後的那輛老長的傷兵列車開走。列車上滿載著重傷員，躺在一層層的床板上。在那裏，我們親眼目睹德國兵怎樣平白無故地開槍打死了一個小夥子。小夥子身上帶著的一把倒楣的奧地利時期的舊軍刀從外套裏面露了出來。接著他們又打死了一個中年男人，幾個德國兵硬說看見他開了槍。兩人都被左輪槍打在脖子上，鮮血從腦後的傷口裏湧出來，景象極慘。中年男人沒有作聲，小夥子臨死前卻痛苦地嚎叫。

不明白究竟爲什麼，不過顯然僅僅由於傷兵列車已無法迅速開出車站而大火正在蔓延的緣故吧，德國人命令我們站起來排成兩人一行，然後押著我們穿過貨車站和希貝恩街，朝日什科夫山上驅趕。位於日什科夫邊緣的鐵路管理局已經起火，對面的保加利亞飯店也是一片火海。熊熊烈焰灼得我們不得不用手帕遮住了面孔。唉，車站上面的這條道路啊，曾經有過多少次，多少次，我幸福地、喜滋滋地在此奔跑。從童年時代起就在此奔跑了。每到假期，我總是急匆匆地經過這裏，興高采烈地上克拉盧比去度假，回來時又經過這裏投入媽媽的懷抱。而今天我們走在這條路上，一言不發，滿懷著憂慮，甚至不知道要走向哪裡。

到了赫拉博夫卡附近，我們拐彎下山了，朝著卡爾林區波傑布拉德的伊什軍營走去。在那裏，德國人叫我們靠牆站立，再次等著。我們又一次被告知，說在軍營的院子裏要把我們統統槍斃。可是院子裏的德國人正忙著逃竄，撤離布拉格的準備工作尚未做完。

我們路過赫拉博夫卡的時候，春風拂面，維特科夫山上的果園送來陣陣丁香花的馨香。在這座山上，在煙霧繚繞的火車站上方，我曾幾度於白晝和傍晚同一個姑娘手拉著手兒漫步，無憂無慮地嬉笑著，輕鬆的心裏裝滿了天眞的歡樂。我強烈地回想起山上棕色的夏季紫羅蘭，它們是那樣的芬芳，直到今天我也沒有聞夠。還有那座至今猶在的瞭望台，那是觀賞布拉格風景的最佳觀賞點之一，儘管山下火車頭冒出的煙霧使景色有點兒朦朧。

談判代表扛著白旗在街心兩次從我們身旁走過去又走回來，看也不看我們一眼。我們猜不出此時此刻談判的內容是什麼。談判進行了相當長的時間。我們大家也就在那兒經受著令人心焦的時刻。最後，德國人決定用我們交換一批逃走時被我方抓到的德國婦女、兒童和老人。我們站在軍營牆邊的時間有多久，我無從知道。離開人民之家以後，我的手錶在途中被一個德國兵摘走了。不過，我彷彿覺得那段時間長得永無盡期。

然後，德國人一聲吆喝，把我們朝四面八方驅趕。我和彼沙以及另外兩個同伴沿著防禦工事走了好一程之後，來到了特羅伊橋。在那裏，我們在朋友家度過了最後一個急風驟雨的夜晚。在一座當時幾乎是孤零零的分租房子裏，我們趴著窗戶注視著薛爾納的軍隊。這支軍隊的一部分當時駐守在從布洛夫卡到特羅伊橋的那條向下傾斜的公路上。他們的任務是將布拉格夷爲平地，然後逃去當美國人的俘虜。前一個任務幸而他們未能得逞，後一個則唯有一部分人完成了。

一個小國家的抒情詩人同一個舉世聞名的天才作家自然無法相提並論，這我很淸楚，我只是有點兒羨慕——如果能這麼說的話——陀思妥耶夫斯基的這一絕無僅有的經歷：被判處死刑，體驗了必須同生命告別和接受無情現實的滋味，然後死裏逃生，重新品嘗到生命的甜蜜，得救了。體驗那可怕的幾分鐘，當時間把人迅速拖向滅亡，之後卻又看到歲月像遼闊的美景一般橫在自己的面前。這片刻經歷何等富有戲劇性啊！這樣的經歷對於任何一個人來說，都有著多麼重要的意義，更何況是一個有能力把它準確陳述出來的作家呢。

除卻這一人生經歷之外，我在任何方面都毫無要同陀思妥耶夫斯基相攀比的意思。就我個人而言，我想說的是：

我和彼沙站在卡爾林軍營的牆邊，我從口袋裏掏出了麵包和一塊乾酪，那是我離開專利飯店時從德國人的貯藏室裡弄到的。麵包和乾酪都已不新鮮，但我們狼呑虎嚥地吃掉了。之後我就思念起家人來。我知道他們大體上是安全的。在下意識中，不知怎的我硬是不讓再也見不到他們的思想冒頭，斷然決然把它從腦海裏驅趕開。我呆呆地望著對面那些灰暗、醜陋的房舍。窗戶全都緊閉著，顯然出於謹愼。只是不時有哪扇窗上的窗簾微微撩開，露出了一張面孔。後來我的目光落到了離卡爾林高架橋不遠的鐵皮公共廁所上，想起了一件荒唐的往事。

很多年以前，不知何人——但顯然是個技巧熟練的畫家——用柏油色在那兒畫了一個姿勢很不雅觀的婦女。我們這些男孩子常常跑去看這幅畫。它在牆上保留了相當長久。我們感到興奮！在少年時代，這算得是一件很不尋常的事情了。如今，當我們站在軍營旁邊的時候，這幅畫又淸淸楚楚地浮現在我的腦海裏了，雖然在此之前這件不很高雅的往事我已遺忘殆盡。

我又呆呆地望著對面晦暗的窗戶。煙囱裏冒出了炊煙，我不由得想道，那些不必站在軍營的牆邊，而只是不時透過拉上的窗簾瞧著我們的人，該有多麼幸福！不知他們今天吃什麼午飯。請你們看在上帝的份上別以爲我勇敢，可是在那個時刻我確實沒有考慮死，儘管我們知道死已近在咫尺，它正在院子裏等著我們呢。

多年以後呢？

不久前發生過這麼一件事：我到了正是當年在那裏度過危機的地方，卻壓根兒沒有想起它來。直至回到家裏，我才突然發現我去了那些地方卻沒有意識到。

而今天回想這一可怕事件時，我的心情同那個飛奔著去追趕一隻新皮球的孩子回想去年患過的一場痲疹沒有什麼兩樣。

是的，請相信我吧。情況就是如此。祝你們順利。再見吧！但願不再有戰爭！

III 在煤炭市場的一夜

引言

詩人雅羅斯拉夫・伏爾赫利茨基家的窗前有一道風景線。伏爾塔瓦河好像就在窗下流過，石砌的堤岸上用粗笨的鐵鏈栓著兩個浮動泊位。大的一個不時有輪船威風凜凜地停靠，小的一個是供小一些的遊艇使用的，不一會兒就會有一艘遊艇長鳴著汽笛離去，而不遠處的另一艘則已放慢輪槳等待空出的泊位。遊艇上總是擠滿了人，而輪船的雙層甲板上卻時常有空位子。

成群的蒼蠅戲弄著空氣，
快啊！開船的鈴聲已經響起。

一個晴朗的七月的星期天，炙熱的驕陽使布拉格很快成爲一座空城。許多街道像鄉村小鎮一樣寧靜。布拉格，不是躲到了遠處的什麼森林裏，便是在這裏，在伏爾塔瓦河邊。

我靠著船舷，看著布拉格城堡，民族劇院，馬奈斯畫廊怎樣一一在我眼前駛過，緊接著就靠近波多利了。這裏也曾有過碼頭，但很久以前拆除了。現在，數以千計的人在岸邊安逸地躺著。眞是數不清的人體，有老有少，有的魅人有的不那麼漂亮，全都臥在曬熱的沙灘上。輪船離開這一片赤身露體的人群，匆忙地朝著茲布拉斯拉夫的方向駛去，而岸上的人們在陽光下盡情享受著靜止不動的愉快。

我突然想起一件可怕的往事。

我看過一部美國拍攝的由斯賓塞·屈賽和布林敦·蘭卡斯特主演的電影《紐倫堡審判》。影片中，令人傾倒的馬琳·黛德麗也參加演出。她扮演了一個並不令人同情的角色，但是，儘管這樣，她的逼眞表演卻爲自己的七十壽辰贏得了一枝無與倫比的美麗玫瑰。她在影片中要求公訴人放映在德軍集中營繳獲的記錄片。這是些令人震驚的鏡頭。幾百個被迫害致死的囚徒的僵硬屍體堆在一起，重型推土機的大鏟子把屍體推進一道不深的溝裏用土埋上。

屍體一個個滾進淺溝。

不見一滴眼淚。

令我感到難以置信的是，在這樣的事件之後，在這些並非很久遠的事件之後，我們竟然能夠站在酒吧櫃檯前，悠然喝著啤酒或什麼別的飲料，同櫃檯後面漂亮的姑娘開玩笑，幸福地微笑著。這怎麼可能呢。那成千上萬的死者中有不少是我們的同胞啊，而我們卻能平靜地跨過這些可怕的事件繼續走下去，好像這些事從來沒有發生過。我說的不是年輕人。我們這些人都曾是目擊者啊。怎麼這樣快就都忘卻了！也許這是一種必然。也許不這樣就無法活下去。還是不要回憶吧。

可又怎麼能不回憶呢！

眼前又是幾千個人體。當然，這是些活著的幸福的人，他們根本不會想到死亡。爲什麼要想呢！可是光陰正在悄悄走來。無形無聲的推土機將把我們的僵直的雙手貼在身子兩側的軀體一個一個推進淺溝，然後用泥土和忘卻把我們掩埋。

也許會有一些區別。會有片刻的哭泣，幾聲歎息。然後呢，同樣是一片寂靜。

好了，不說了。一個開篇用這樣的結尾眞是不好。

古城大鐘❶

一生中，我們遇到的失望一次又一次，如果心裏不承認，人前又緘口不提，這便叫做生活的樂觀主義。失望從兒童時代就開始了，一直持續到生命的終結。

我還是個小男孩的時候，曾體驗過一次失望的滋味。那次的幻想破滅相當殘酷。現在我已不記得是在什麼情況下使我有了一個機會跟隨父親參觀古城議事廳。我們在那裏看了一處又一處，後來也被領進了大鐘塔樓。大鐘的維修保養人、古城廣場著名鐘錶師赫因茲先生給我們講解這座古老時鐘的機械結構。當時我對黃道十二宮還不怎麼感興趣，然而使我大爲驚訝而且感到悲哀的是，到了跟前我才發現那些聖徒——平時我站在鐘樓下面的人行道上懷著

❶ 位於布拉格古城廣場，十五世紀製造。大鐘上面有小窗户，每到報時，小窗户便自動開啓，有聖徒模樣的木偶出來表演。

無比虔誠的心情仰望、在我心目中已是半有靈性的聖徒——卻原來只是固定在木輪子上的半截兒身軀。是木頭輪子在徐徐旋轉。主耶穌並沒有邁動雙腿從一扇窗戶走到另一扇窗戶。他只有半個身子。耶穌最寵愛的門徒楊❷同樣沒有腿，手裏拿著鑰匙的聖彼得❸跟其他幾個一樣，也唯有半截可憐的軀體。

我從魔境中一下子醒了過來，感到一陣痛苦的震撼。幻想破滅了，從此我再也不可能那般入迷地仰望大鐘窗戶裏依次出現的行列。

儘管如此，我不得不承認即使在今天，我也常在古老鐘樓附近停下腳步，如果時間差得不多，我就看看櫥窗裏我完全不感興趣的陳列品，等待那樸素的一幕演出：財主把金幣搖得叮噹作響，死神點著頭敲響鐘聲，公雞最後一次啼叫。

站在那裏的當然不止我一個。通常還有一小群外國人和來訪布拉格的遊客。那兒的外國人一向不少。有德國人，他們爲數最多，有法國人，我也碰見過衣領上別著小旗子的一些美國人。我覺得最惹人注意的是美國人。也許這幾個美國人正是不久前在休士頓目擊登月火箭升天的吧。也許他們那時並不怎麼激動，只是帶著點兒好奇，十分平靜、安之若素地觀看著。

---

❷ 即約翰。
❸ 按照民間傳說，耶穌的門徒彼得掌管著天國的大門。

可是在這裏，他們卻眉飛色舞，指點著活動的木偶，幾乎到了大驚小怪的程度。他們興奮地望著鐘上藍色小窗戶裏每小時依次出現的機械行列。

唉，顯然他們沒有想到這些聖徒沒有腿！

還說布拉格充滿無限神秘性、其美無比的中世紀的魅力如今已不存在了呢。

穿著拖鞋出走

一八七二年七月七日，星期天，保爾・魏爾倫❶上街去給患病的妻子瑪蒂爾達買藥，藥店就在附近。在短短的路程中，他不幸遇上了韓波❷。韓波沒費多少口舌就說服了魏爾倫棄家出走，同他一起去比利時旅行。魏爾倫於是未去藥店，卻和韓波徑直到了火車站。瑪蒂爾達徒然滿巴黎找了他三天，走遍朋友家，甚至停屍間都去找過了。後來才知道丈夫同《醉舟》的作者一起到鄰國比利時去了。

上街買藥——我這裏要記敘的一件往事使我不由得想起了詩人魏爾倫。看來，有些作家的妻子假如病了，是不宜打發丈夫出去買藥的。

---

❶ 魏爾倫（一八四四—一八九六），法國詩人，印象派詩歌的代表。魏爾倫意志薄弱，曾偕同詩人韓波流浪到英國和比利時。後來兩人交惡，魏爾倫槍擊韓波，被判處兩年徒刑。

❷ 韓波（一八五四—一八九一），法國詩人。著名長詩《醉舟》是他的後期作品。

不過，我得從另一個地方講起。

第一次世界大戰後期，我們住在日什科夫區胡斯大街一棟簡陋樓房的一套簡陋住所裏。這棟破舊房屋地處轉彎角上，我們那套住所有一個莫大的也是唯一的可取之點：陽臺和廚房的窗戶都對著維特科夫山開闊的山坡。山坡上，從鐵路邊緣起，長著成片成片的金鏈花，春天開出濃密豔麗的黃色花朵，雖然不香，但波浪似的滿山都是，景色絕美。弗拉尼亞·什拉麥克曾寫過一首優美的詠金鏈花的詩。金鏈花謝了以後，鐵路兩側洋槐花的甜香便湧進了我家的窗戶。整棟房屋、陽臺和晦暗的小院子都瀰漫著這股甜香。一堵高牆把小院子同鐵路的路基隔開。高牆已圻裂，牆邊建了一些堆煤的木棚屋。春天的芳香在這裏很需要。院子又小又陰暗。戰爭期間，房客們在這兒養了一群母雞，它們徒勞無益地用小爪子刨著石頭地面，啄食牆上的灰泥。在這裏，大白天也不時有耗子跑出來同母雞分食房客們從陽臺上扔下的殘羹剩菜。到了傍晚天快黑的時候，母雞便一隻隻奔到院門旁邊，耐心地等待著有誰走來給它們開門，然後一窩蜂擁向樓梯，惹人發笑地一級一級蹦上樓去，準確無誤地找到各自的樓層和家門。即使快要下蛋了，母雞也一級一級地蹦，然後慌慌張張鑽進家裏，接著整座房子便迴響著它那歡樂的母性的歌聲，歌唱它創造了奇蹟：一個小小的、但在戰時非常珍貴的寶貝兒。

若問母雞養在哪兒嗎？或則在廚房裏，不過絕大多數都在那間狹小、幽暗的食品儲藏室。

這裏的一扇窗戶對著臭烘烘的天窗，無法儲存食物。不過，戰爭期間談得上什麼食物啊！

我家一間小屋的窗子朝著嘈雜的街道，正同金天使飯館隔街相望。飯館的鍍金浮雕掛在它的門額上。那座房子裏住著弗朗基謝克·紹埃爾，日什科夫區大名鼎鼎的人物，一個和善的人，晚年還寫過一本書，記敍他不平凡的一生。

戰爭結束了。雅羅斯拉夫·哈謝克❸回國後不久，就同他從俄國帶回來的第二個妻子搬進了紹埃爾家。有個從來都喜歡故弄玄虛的人說她是公爵夫人。她看上去不像。我們兩家的窗戶遙遙相對，我們能看到他們家左面的後屋和舒拉太太——日什科夫的街坊們都這樣稱呼她——總見她滿有興致地瞧著熙熙攘攘的街道上捷克人的生活。

隔了一座房子住著我的同學和朋友伊萬·蘇克。我只要站在陽臺上吹聲口哨，蘇克就會出現在他家的陽臺上。我們兩個常一塊兒玩檯球。蘇克住的那座樓裏有一家小飯館。不知爲什麼，大夥兒管它叫「頑石飯店」。那裏的一位房客是個玩檯球的行家，待人和藹，他教會了我們玩檯球的門道。

雅羅斯拉夫·哈謝克有時也上這家飯館裏來。他待不長久，這裏離他的妻子太近了。妻子總是徒勞無益地想把哈謝克留在家裏。一次，有人問哈謝克爲什麼不上金天使飯館，他不

---

❸ 哈謝克（一八八三—一九二三），捷克諷刺作家，代表作爲長篇小說《好兵帥克歷險記》。

以爲然地說那裏要爬樓，實際上金天使飯館只有三級臺階。

一個夏天的晚上，哈謝克衣冠不整地走進了飯館。他只穿了一件襯衫，趿著拖鞋，褲子用手提著。他坦率地告訴大夥兒，說舒拉把他的皮鞋、背帶和外套全部鎖起來了。他這是上藥房去，妻子患病，醫生開了藥方。他隨身帶了個酒瓶，說是就便捎瓶酒回去。沒等店主人把酒瓶灌滿，也沒等站著把一杯啤酒喝盡，他就同我們玩起檯球來了。他玩得非常糟糕。喝完第三杯啤酒之後，他下了決心，說非去買藥不可了，妻子在等著哩，酒瓶就先放在這兒，等他買藥回來時取走。他沒有再回來。

兩天後，有人果斷地在敲我們家的大門。門外站著面有慍色的舒拉，她氣衝衝地問道：

「雅妻謝克❹在哪兒？」

後來她對著我的母親哭了一會兒，抹抹眼淚走了。

不，哈謝克並沒有遇上什麼韓波，也沒有跑到國外去。一個星期之後他回家了。帶回一瓶啤酒，可是沒有藥。反正藥也不需要了。他的妻子已經恢復了健康。甚至健康得過頭嘍！他大笑著補了一句。

在這段時間裏，哈謝克趿著拖鞋、沒穿外套，在夏天的布拉格久久地遊蕩，當然去了所

---

❹雅羅斯拉夫的暱稱。

有可能去的飯館，在朋友和夥伴們中間——他們絲毫沒打算看重他的創作——寫了滿滿一練習本的《好兵帥克歷險記》。他伏在桌子一角寫稿，寫完幾頁就由夥伴中的某一個送去給出版商西內克。出版商按交稿數量付給他相應的稿酬。當然一個克郎也不會多給。哈謝克以此打發一天或一個晚上，第二天他若不願意對著空杯枯坐，就得提筆再寫。

這等樣子的創作條件不禁使人產生疑問：假如哈謝克有個清靜的環境，坐在書桌前舒舒服服地寫作，他的這部作品可能會是什麼樣呢？然而，這是永遠無法解答的、致命的「假如」。有可能假如哈謝克不是在潑灑著啤酒的桌面上，在酒肆飯館的喧鬧聲中，在一群貪杯的朋友之間爲了掙幾十個克朗買啤酒而從事寫作的話，這部作品也許不會問世，哈謝克就不會是譽滿歐洲的哈謝克了。

大家知道，哈謝克不久之後就去世了。舒拉太太也去世了。哈謝克的忠心耿耿的朋友、很有耐性的弗朗基謝克·紹埃爾也去世了。唯有帥克，這個胖乎乎、性格外向、絕對不懂得粉飾現實的迴圈性精神病患者——正如封·拉切克教授給帥克作的診斷中所說的——卻活在人間，快活地不僅朝著普津姆❺前進，而且幾乎遠行全世界，走向他從來沒有打算要去的地方。

❺ 捷克布傑約維采附近的一個小鎮。

母親出嫁的小教堂

我很清楚，誰也不會問我這個，這是不言而喻的事情。不過，如果有人感興趣，向我瞭解父母的婚姻狀況時，我恐怕要用純粹是今天的術語來概括這一婚姻關係的特點了：那是兩種不同世界觀的人和平共處。父親是社會民主黨人，母親則是一個嫻靜、溫和的天主教徒，一個竭誠信守上帝和教會的法規而不逾矩的人。她喜歡上教堂，藉以擺脫刻板的日常生活，擺脫每天例行的機械勞動。上教堂是她的詩。領聖餐她卻不常參加。不如說只有在生活中遇到不幸，她認爲那是上帝的懲罰，需要求得上天的寬宥時才去。

就這樣，在和睦共處中他倆各以自己的方式對生活做出反應。而生活往往並不順遂，戰爭時期還經常挨餓。饑腸轆轆的滋味我至今記憶猶新。當母親撲倒在日什科夫教堂冰冷、潮濕的方磚地上，當她虔誠地向聖母瑪利亞傾訴自己的煩惱，徒然想把淚水串成的念珠掛在聖母的纖纖手指上時，她的內心無疑感到了片刻的寬慰。而我則往返於兩人之間，從這邊跨到那邊，從紅旗歌到「千萬次歌頌你」❶，也許就在一天一晚的時間內。

但願讀者不要認為我以一些無聊的個人瑣事在此囉唆不休。現代詩人就往往完全從主觀立場出發將詩歌拋到讀者面前，以強調它的可能性，使它更有說服力。在我這不很重要的文學體裁中，我不免也要吹噓一下這種主觀主義的權利。不過這一文學體裁有其局限性，因為它不僅是可能，而且也往往就是眞實的。我要證實時代錯了，不管時代如何揭露我——雖然我還不很明白自己錯在哪裡。

否則的話，日什科夫一個窮家庭對於你們來說有什麼意義呢？這樣的家庭在布拉格數以千計。

在我看來重要的是從這些普通日子裏找出幾分詩意。這些普通日子有時也努力要使自己不像規定的那般普通。

美麗的，親愛的日什科夫啊！我有一次曾經說過，它是世界上最美麗的市區，確實是這樣！

人們談論偉大的時代和渺小的時代。可是一個時代是將要到來的偉大時代的開始，因為有更多的軍靴踐踏了更多的青苗。而各個時代猶如流進江河的溪水一樣，互相滲透。我沒有

❶ 基督教讚美詩中的一首。

打過仗。我更爲喜愛的是小鳥的鳴囀而不是戰歌。

有一次，那是在後來了，我們家庭正處於不很愉快的時刻，我無意間發現了父母的結婚證書。我這才驚異地發現父母的結婚地點既不在父親居住的布拉格，也不在母親的故鄉克拉盧比，而是在克拉盧比附近的一個小村子，因爲當時克拉盧比還沒有教堂。

米尼采村今天已同克拉盧比合併，它的小教堂座落在不很陡峭的山岬上。那裏遍地苔蘚，下面是碧綠的湖塘，成群鵝鴨弄皺了混濁的綠色水面。不知有過多少次，我想到那座教堂去看看，可是年復一年未能如願，直到不久以前。

那時候結婚，新郎新娘都互相贈送一件小小的結婚禮物。媽媽送給爸爸的是一條銀錶鍊，就是當年人們佩戴在背心上的那種。爸爸本來有一條所謂錶鍊，是用他已故母親的頭髮編成的，辮子已經鬆散，頭髮也都斷了，媽媽看著挺不喜歡。作爲結婚禮物的錶鍊我記得很清楚。雖然不很闊氣，可是那上面的小墜兒曾引起我莫大的興趣。小墜兒的末端掛著個嵌肖像的玻璃圓飾，裏面有馬克思像，翻過來是恩格斯像。

爸爸送給媽媽的禮物是一根金項鍊，上面垂著個小金十字架。由此可見父母雙方都彼此尊重對方的人生觀。兩件禮物曾多次送進布拉格當鋪——人們管那個國營機構叫布拉格當鋪——特別是在第一次世界大戰期間。當鋪座落在薔薇街，我不明白爲什麼偏偏設在這條街上，它與花朵其實毫無共同之處。

在當鋪，錶鍊和錶加在一起的價值也總是遠遠比不上沉甸甸的金項鍊。那根項鍊大約可當五十克郎。兩件結婚禮物最後都遇到了不愉快的結局。戰爭期間父親失業了，當票到期無力贖取，於是就「倒了」——這是官方術語——後來在什麼地方給拍賣了。媽媽爲此哭了很久。

要說我有什麼不滿，那是謊話。不同的世界觀沒有給我帶來什麼特殊困難。我喜歡跟著爸爸去參加政治活動和群眾大會，也同樣喜歡跟著媽媽上教堂，唱很長的聖母頌，站在她的長凳旁邊。

那時日什科夫區的聖普羅柯普教堂有一位年輕神甫名叫彼得•庫爾茲。他的姓我記得很清楚，名字卻已沒有多大把握了。這位神甫很受歡迎，尤其受女信徒們的歡迎。在斯洛伐茨科，一幫風騷娘兒們談到他的時候都稱他爲美男子神甫先生。他之所以使人著魔還不僅僅由於他的個人魅力——年輕，一頭金髮——而且也在於他是一位頂呱呱的傳道人。只要是他登臺講道，教堂裏就座無虛席。在他步上講經台的螺旋梯時，我彷彿聽到了信徒們幸福的歎息。

日什科夫的教區神甫年事已高，因此每年例行的聖山朝聖都由庫爾茲神甫帶隊。朝聖是日什科夫婦女的一次盛會，每年一次，誰也不肯放過這個機會。即使不是天主教徒，不信神的，甚至異教徒也不肯放過。這是頭等大事，熱鬧非凡。

去聖山朝拜聖母瑪利亞當然以教堂祈禱開始，祈求一路平安。祈禱結束之後，朝聖的隊伍便嚴格按照順序出發，他們從教堂的高臺階上魚貫而下，教堂兩側的大門剛打開，所有的鐘便一齊鳴響。最先走出來的是侍童，身穿白僧衣和紅黑兩色小裙子。爲首的手舉十字架，其他執錦旗的和執聖徒像的交錯而行。侍童後面是身著華麗僧袍的神甫，他的後面是一隊年齡較大的婦女，抬著聖安娜像。不錯，這尊雕像——聖母瑪利亞的母親——雖然衣裝漂亮，但帶著一定的持重和端莊，說明這是一位老夫人。抬雕像的以及排成幾行走在這位守護神後面的婦女也都一樣。

這些女人已不宜再追逐時尚。她們大多是上了年紀的寡婦和老姑娘，對人間歡樂已扭過頭去。跟在她們後面的是不計其數的伴娘，身穿白衣、頭戴花環。這些姑娘大部分將朝聖者送到弗朗基謝克·約瑟夫皇帝火車站——即今天的火車總站——朝聖者歸來時，她們再來此迎接。姑娘們的行列中夾著小夥子的隊伍，他們穿深色衣服，衣袖上佩戴綴著花結和小飾條的白綬帶。再後面便是聖母瑪利亞的木雕像了，被人用輕架抬著，宛如一朵閃著金光的白雲在悠悠飄浮。她那一身服飾是日什科夫信徒的驕傲。大裙子上的花邊那樣的纖巧、精細，誠可謂見所未見的了。裙子外面披了一件雪白的綢斗篷。雕像上原來畫著的衣服怎麼夠呢！花邊打成無數褶縐，在斗篷裏繞著身體裏了一圈。栗色頭髮上繫了一方樸素的頭巾，然後戴上一頂其高無比、鑲滿了寶石的沉甸甸的冠冕。寶石雖然都是玻璃，但仍然很華麗，同天庭之後的身份卻也相稱。這是朝聖行列中最漂亮的部分，是爲之出力並不惜獻出金錢和時間的所有人的驕傲和歡樂。聖母斗篷上那個碩大的字母M怎樣在閃閃發光，她的脖子上掛著多少串用眞珊瑚和各式玻璃珠穿成的項鍊啊！這類飾物越多，信徒們就覺得雕像越美麗、神聖。婦女們把爲此而進行的一切辛勤籌備和忘我勞動都看作是她們向這位聖母表示的信仰和尊敬，是向她祈禱、唱讚美詩的一種必不可少的補充。

長途跋涉、徒步朝聖的時代早已結束，現在乘坐火車了。人們已不像過去那樣悠閒，時代正朝著高速度發展。可是，即使在塵囂的火車站，朝聖者也在月臺上唱讚美詩，做祈禱，以此告別。

第二天，當他們手裏捧滿小禮物、小聖母像、念珠、祈禱書和小畫片兒快樂而疲勞地回來時，他們又受到了伴娘們和未能有幸去聖山的人們的隆重歡迎。教堂司事給庫爾茲神甫再次穿上華麗的僧袍，整個隊伍便又一路唱著讚歌返回教堂，也許神情有些疲勞、沮喪，但同樣莊重、嚴肅。送別他們的鐘聲現在又在迎接他們歸來。朝聖者們進了教堂，將雕像一一放在聖壇前面，然後俯伏在地，感謝聖母保佑他們平安歸來。從這個時候起人們便開始盼望明年的朝聖。直到戰爭爆發！

教區老神甫去世後，日什科夫區議會召開了會議，以便做出決定，向教會推薦何人繼任教區神甫一職。這是區議會的權利。

會議開得很有戲劇性。不過這並不在議事廳，那裏一切進行得很順利，事情是明擺著的。

戲劇性的場面發生在議事廳的大門外面，那兒聚集了爲數不少的婦女，緊張地探聽會議結果。當消息傳出，被推薦的人選是庫爾茲神甫時，人群興高采烈地散去了。

不料宗教會議卻拒不接受這一推薦，區會議不得不再次召開會議。這次會上的討論——它是在利葡斯海爾的油畫「維特科伐山戰役」下面進行的——也同樣順利。只是聚集在議事廳窗下的人群更多，氣氛更爲熱烈了。會議再次決定推薦庫爾茲神甫，窗下響起了歡呼聲。這情況我很清楚，當時我也在場。

可是，宗教會議依舊拒不接受。於是一切重複了第三遍，有所不同的是議事廳門外人數倍增，因爲信女們請出了丈夫前來助威。男性成分的參加壯大了聲勢。日什科夫的長老們這次推薦的依然是庫爾茲神甫。於是頗有點火藥味的歡呼聲在整個巴希列依廣場上回盪。卡雷爾・哈夫利切克・博羅夫斯基❷的雕像就立在這裏。

這下子宗教會議可厭煩透了，他們採取了斷然措施。庫爾茲調到某地的農村教區，一位上了年紀、一團和氣的老紳士被任命爲日什科夫新的教區神甫。他叫普羅哈茲卡，對人種學博物館有過貢獻，曾將他收集的民間表演耶穌誕生情景的資料捐贈給該博物館。那是他畢生

---

❷ 博羅夫斯基（一八二一—一八五六），十九世紀捷克著名作家、諷刺作家和詩人。一生爲爭取民族權利而鬥爭，曾多次被奧地利政府判刑入獄。

收集的成果。

日什科夫沉浸在憂傷之中，至少它的婦女是這樣。淒切的告別時刻已經來到。要不是庫爾茲神甫的某個虔誠的女崇拜者想出了一個好主意，惜別之情還會更加淒切。這位女崇拜者建議，給她們所熱愛的神甫贈送一隻做彌撒時使用的高腳杯，做爲臨別紀念。募款活動隨即展開，克朗和角子迅速交到了可靠人的手上，約莫一個星期之後一筆不小的錢款便湊齊了。幾名婦女受命去選購了一隻鍍金很厚、裝潢漂亮的高腳杯，底座上刻著眞誠的獻辭。一切已準備就緒，就等著舉行隆重的獻禮儀式了。我不淸楚母親在這件事情上參與了多少。不過，她是有幸將禮杯拿回家中存放幾個小時的人選之一。那是一種榮譽。母親高興萬分，父親的微笑裏卻帶著嘲諷。這樣，我便也有了一觀這件貴重的珠寶工藝品、這件聖器和紀念禮物的機會了。杯子裝飾著寶石，平臥在柔軟的天鵝絨托子裏。想要碰一碰這只杯子是不允許的。母親急急忙忙同時又誠惶誠恐地把它收藏了起來。

可是那天夜裏，等父母睡熟之後，我便躡手躡腳來到櫃櫥面前。櫥門吱呀作響，聲音很大。我只得一釐米一釐米地開啓，免得驚醒他人。我打開那只相當可觀的大匣子，取出高腳杯拿到窗旁，以便湊近了仔細觀賞。街上的弧光燈從窗戶裏透進了微弱的光。後來，我把杯子舉到唇邊，做出喝酒的樣子。我在杯裏的鍍金面上看到了自己怪模怪樣的面孔，彷彿對著一面哈哈鏡。

在那個時刻，我從空杯裏喝到了什麼呢？一點兒亮光和一點兒黑夜。一點兒秘密，一點兒希望、信仰、愛情？請上帝判斷吧。也許這個秘密至今仍在我的舌尖，我一生都想把它表達出來而始終未能如願吧。我不知道。

我把高腳杯放回原處，躺在床上以後卻久久無法入眠。我覺得一顆心快要跳到嗓子眼裏了。

約在二十年前，我有一本詩集出版了。爲這詩集的標題我曾搜索枯腸，想了很久。當拉迪斯拉夫·菲卡爾看了我的詩稿之後，他提筆在書名上寫了簡簡單單的兩個字：母親。詩集就這樣出版了。我深信這本詩集之所以獲得成功，不如說是書名起了作用，而不是由於它的文學價值。有人說，我在詩集中不厭其詳地描繪了自己的母親。說得對，確實是這樣！不過，今天若是站在母親的骨灰盒面前，我得承認我更喜歡的是父親。父親的個性使我同他更爲親近。哦，當然我也愛母親，可是在思想深處，我看到不如說那是對她的悲苦命運的憐憫。大家知道，表現在一首詩裏的思想有時看著似乎簡單，既明白又淸楚，然而它走過的道路卻可能無比複雜，既晦暗又朦朧。

是的，情況就是這樣。再見吧。

終於，一個夏季的星期天上午，我如願以償，踏上了古老的、顯然已很少有人踩踏的臺階，到了米尼采小教堂。臺階的縫隙裏雜草叢生。小教堂圍著矮矮的圍牆。牆下的一塊墓地長滿了亂草，同地面一樣平的墳墓一片沉寂。小教堂的大門可惜是關閉的。我透過門上的玻璃窗向裏張望，裏面東西不多，一派貧窮景象。玻璃上蒙了一層塵土，因而那景象無疑比實際情況更加破落、淒涼。

路遇小詩人

請彼肖娃太太莫要生氣，我總覺得茲博羅夫斯卡街在斯米霍夫區並不是一條多麼賞心悅目的街道。不過，我必須承認，從那兒到金斯基花園的確近在咫尺。離河岸也只有一箭之遙。而她和彼沙❶經常去的民族劇院就只消繞過佩卡雷克❷的倒栯雕像「伏爾塔瓦」——她傲然高昂的腦袋上從春天到春天落滿了海鷗的白色鳥糞——步行那麼幾分鐘便到了。此外，美麗神秘的坎帕島和島上的切爾托夫卡小溪也距離不遠。儘管如此，茲博羅夫斯卡街是淒清的。街上的店鋪屈指可數，商店都開設在與它平行的S.M.基羅瓦街。一幢幢陰鬱的分租房屋，跟維諾赫拉德區的不相上下。窗戶同對面樓房的那些神色沮喪的窗戶黯然相望。

❶ 彼沙（一九〇二—一九六六），捷克文學、戲劇批評家、文學史家、詩人和出版工作者。

❷ 佩卡雷克（一八七三—一九三〇），捷克雕塑家。

對我來說，如今這條街顯得更爲淒涼了。在這些晦暗樓房中的一幢裏，彼沙幾乎居住了一輩子。過去，我多麼喜歡上他那兒去，根本不在乎樓層有多高。我想念那張親切的、笑咪咪、帶著幾分嘲弄神色的臉。打心底裏說，我喜歡那張臉。我倆相識五十年，但親密的友情是到了戰爭年代才建立起來的。即使彼此有較長時間不見面，那是說有一個星期或者十天，只要知道同在布拉格就感到欣慰，因爲這意味著離得很近，可以隨時聚首，或者起碼可以通個電話。

一聽到是他的聲音我便高興地將自己交付在他那笑咪咪的嘲諷和百折不回的深厚情誼中去。那往往是他需要聊聊天、開懷一笑的時候，然後便又立即撲到工作上去了。

自彼肖娃太太將他的骨灰送進沙爾卡墓園至今已過去了好幾年。那是一個挺漂亮的墓園——如果墓園也得以這麼說的話。有我們熟悉的一位教堂老司事守護著亡靈。墓園居高臨下，可以俯瞰兩旁秀麗的沙爾卡山谷。山谷從利博采附近開始，至波德巴巴旁邊結束，兩邊都有一條湍急的溪水彎彎曲曲地流過。

他蜷縮在墓園東面矮牆下的黑暗中，安靜、謙遜，毫不招搖，跟他活著的時候一樣。我和他在人民之家共過幾年事，那是又艱難又苦澀的年月。我們的窗戶在後院幾乎正對著，每天我都見他伏在桌上。由於我有可能看到他的辦公室和辦公室地上那塊被他沉思著踱來踱去磨出了經線的地毯，我完全可以想像他的工作日是什麼樣。他工作直至深夜。當他生命行將結束，在逝世前不多久，他曾向醫生訴苦，說他一生何等辛勞。在此之前他卻從未講過抱怨的話。

他是個嚴格、認眞的人。作爲編輯，他的仔細已到了吹毛求疵的程度。每個字眼，每個逗點，若無十分把握他就決計不會放過。你們也許會說，工作嘛，就該如此。說得對。可是彼沙的細緻入微則是更進了一步。

他不會敷衍塞責，從來都是兢兢業業、埋頭苦幹，堪稱典範。交到他手裏的任何稿件，他都不會嫌其平庸而不從頭至尾讀過一遍。

出版社的頭頭審閱某部稿件之後，認爲有缺點不能出版，要他寫幾句例行公事的處理意見，最多不超過半頁就可以了。他卻寫了幾大頁的作品分析。

有一年夏天，溽暑已經開始，我們家正準備外出度假，卻不料郵局給我送來了一個碩大的郵包。一份稿件，長達數百頁。作者不僅自己繪了插圖，而且拙劣地裝訂成冊。然而，這確實同幼稚的創作無關。我略略翻了幾頁，便深信不疑它是編輯部所熟知的那種名利薰心的寫作狂的產品，委實不值得爲之浪費精力。今天我已不知請誰來爲我作證，當時我是開玩笑！我將稿件重新包紮好，打發一名員工把它送去給彼沙，說是有人送來編輯部給他的。我心裏暗自想著怎樣過一會兒就去把他從這可怕的勞動中解放出來。上帝知道我原來是這樣打算的。可是忙亂中不知怎的我竟把這樁事情給忘記了。過了約莫一個星期我走進彼沙的辦公室，卻見他在酷熱的下午挽起袖子坐在那兒，稿件剛剛看完。他用責備的目光瞥了我一眼，說：「是你給我送來的！在這樣的大熱天我看了整整一星期。」在此我不得不羞愧地承認，當時我都沒有勇氣將實情告訴他了。

僅在捷克斯洛伐克作家出版社的檔案室，他留下的稿件分析和處理意見便超過了五百篇。而他在那裏才工作了幾年啊！總共沒有多久。這是驚人的辛勤勞動的證明，是無名英雄的功績，而知道的人卻寥寥無幾。

作爲報刊的戲劇評論員，他寫過一千多篇文章。也就是說有一千多個夜晚他是在劇場裏度過的。遇有特殊重要的首場演出，前一天就得有評介文章見報。我這裏還沒有提彼沙寫了多少篇書評，以及爲此他必須閱讀多少作品。除此之外尙有他寫的文學論文、研究文章、序言和跋，以及所有其他等等。

這一切說明了他辦公室的那塊地毯上經線的由來。那是一間狹長的、稍嫌昏暗的辦公室，放了一張稍嫌古老的沙發。沙發上，主人當然是不休息的，而是堆放了幾百本不斷更新的書籍。

在悠悠歲月中，我們曾一起度過許多美好的時光。的確，湧上心頭的往事何等多！他五十壽辰時，我寫了一首長長的樂觀主義的小曲向他祝賀，最後幾句是：

那就祝願你，但是我確實不想
給命運劃地爲疆，
唯願三十年後人老體衰日，
與君共把布拉格凝望。

不過，我們也在一起經歷過相當辛酸的、我寧願不再回想的時刻。三月佔領❸的第二天，我們倆一同走在瓦茨拉夫廣場上，趾高氣揚的希特勒黨衛軍臉上掛著厚顏無恥的嘲笑在廣場兩邊的人行道上溜達，熱淚盈眶的布拉格人不得不退到一旁給他們讓路。我確信他們之中起碼絕大多數都倒在斯大林格勒前面的什麼地方了。

五月九日❹那天我們兩個也來到了那裏。那是在德國人把我們從卡爾林軍營前面釋放了之後。廣場上，風塵僕僕、滿載著蘇聯士兵和我國人民的坦克正在駛過。整個廣場和聖瓦茨拉夫雕像上還落滿了不久前空襲留下的白牆灰，辦公室扔出的德文紙張狼籍一地。但是，這一切彷彿已經遙遠得如同隔世了。這些最美好的時刻我也將它們從記憶裏推開，因爲它們永遠是同最令人傷心的時刻連結在一起的。

❸ 指一九三九年三月十五日德國法西斯對捷克斯洛伐克的佔領。
❹ 指一九四五年五月九日。

我再也不會去躺在茲布拉斯拉夫附近的伏爾塔瓦河岸上了。我同萬楚拉❺以及萬楚拉長篇小說《天氣多變的夏天》中的一個人物曾多次坐在那裏。游泳場的救護員舒拉——長篇小說的另一個人物——從附近的游泳場給我們送來清涼啤酒。同樣，要我再去坐在金斯基花園邊上那棵盛開的丁香樹下，也會是困難的。曾有極其珍貴的幾次，我和彼沙一同坐在那裏，他是那樣地高興。

然而，最難忘懷的莫過於我們兩個在一起經歷的那一天了，我特別喜歡回憶它。如果可能，我願意每年都回到那裏，舊地重遊。

那是六月，乾草收割季節。前一天我們在納霍德參加了一次晚會。會上彼沙做了報告，納霍德的演員們朗誦了詩歌。次日，我們乘坐公共汽車到了拉基博日茨凱山谷。大家知道，那兒離納霍德有一段路程。

我是一個城市人，出生在城市，也在城市生活了一輩子。當我患病住到克魯什內山麓的杜比小療養地時，我幾乎每天都乘坐電車到代普利采的咖啡館去喝一杯黑咖啡。「你不是爲了咖啡去的。」彼沙笑著說：「在杜比你也能喝上，只是那兒缺少陰溝的臭氣罷了。」

彼沙是農村人。他出生於波希米亞南部的小城鎮，一到田野和蒼翠的林木下面他便高興

---

❺ 詳見〈證詞〉篇。

萬分。他酷愛金斯基花園，花開時節總要偷閒前去看看，哪怕一忽兒工夫也好。但凡可能，他就上坎帕島去散步，樂滋滋地把那條橫貫坎帕島的幽徑叫彼沙巷。咖啡館他很少光顧，只在劇院晚場散戲之後才偶爾去去，我卻是將無數美麗的春天和夏日消磨在咖啡館裏的。

那天在姥姥谷，我卻也經歷了令人心醉神馳的時刻。那顯然是我們一生中唯有在這片國土和這個地區才能領略到的。我們崇敬的事蹟和我們熱愛的傳奇已將這個地區化為神聖了❻。

從早晨起，天氣就明媚宜人。遠方，拉基博日采的小城堡閃閃發亮，繽紛的色彩是那樣的富有暗示性，發人幽思，猶如溫岑斯・莫爾斯塔特先生的版畫精品。這位藝術家也是善於抓住每一個美好細節不放的。遠處山谷的什麼地方，人們在收割乾草，一陣暖呼呼的微風吹來你便突然間什麼都聞到了：乾草的香味，剛割下的青草和已成熟的草原的芬芳。草原上，陽光酣飲著清晨的露水和各種隱秘的玉液瓊漿。我們沿著一條草原小路漫步，斑斕的四野令我們眼花繚亂，目不暇接。白色和黃色的野菊花，一叢叢藍瑩瑩的鼠尾草和血紅的雞冠花。還有那邊的飼草，泛著一片嬌豔的紅暈，更別提所有那些不停地搖曳顫動的綠顏色了。

❻ 這裏指的是十九世紀捷克女作家聶姆佐娃的長篇名著《外祖母》。這部小說在捷克家喻戶曉，深為人民所喜愛。小說以納霍德地區一個優美的山谷為背景。該山谷被後世親切地稱為「姥姥谷」。

草原小路上長滿了矮矮的、被人們踩倒了的小草，兩側的千里香和淚汪汪的深紅色的石竹花給小路鑲了邊。沒有它們就不像在夏天了。

我們到潘克爾家居住過的潮濕的地下室看了看，然後又匆匆返回小路，以便再度聆聽遠處傳來的鋒利的大鐮刀的呼嘯聲。就在這當兒一幕魅人的幻景出現了。

我們看見一個小女孩，一雙曬黑的小腳丫在高高的草叢中奔跑著。她在奔跑，急急忙忙，辮子甩在肩頭，眸子晶亮晶亮——唯獨孩子才有的明眸。她在我們身旁跑著，可能嘴裏正念念有詞地說著什麼。她跑到前面去了，旁若無人，彷彿我們壓根兒不存在。我們情不自禁想伸出手來撫摩被她這突如其來的出現而攪出了波紋的芬芳的空氣，撫摩她跑過的草原和她一雙小腳踩過的路面。她從我們身旁匆匆跑過的時候，我們清楚地看到她的腳丫無意間揪下了一朵野花。

它留在小女孩的腳趾縫裏了，恰似古代美貌的公主在大腳趾上戴了一塊寶石。

特裏斯坦・科比埃爾❶的煙斗

六月初的一天，我們將英德希森・霍謝伊希送到了維謝赫拉德墓園的墓地。歸途中，我們在米斯利科伐街下了電車，準備在那兒換車。我們在站臺上等了一會兒，這時霍拉建議不如就便上杜莫夫卡老咖啡館去待一會兒。它就在轉彎角上，拉紮爾斯卡街的旁邊。霍謝伊希以前每天都上那兒。我們有時也去。

在靠窗的一張桌子旁，我們看到了霍謝伊希的好朋友卡雷爾・孔拉德❷。霍謝伊希多年來總坐這張桌子，桌面上攤著紙張和翻開的書本。現在孔拉德獨自一人，想必已在心裏唱完了安魂曲中短短的獨唱部分，正等著什麼人到來同他合唱哩。

❶ 科比埃爾(一八四五—一八七五)，法國詩人，善於以現實主義筆法描寫航海生活。
❷ 卡雷爾・孔拉德(一八九九—一九七一)，捷克小說家，詩人。

過去幾年裏，曾有多少次我見到過霍謝伊希坐在這裏工作。翻譯稿一般都催得很急。約他譯的絕大數是民族劇院將要排演的法國劇本。不過，你若以爲他不喜歡有人走來打擾或者甚至坐在他的桌旁，那就錯了。人聲喧鬧、煙霧瀰漫——這家生意興隆的老咖啡館所特有的氣氛——卻正是他所需要的、不可或缺的工作環境。他已習慣於上這家咖啡館來。他譯得很快，就這麼邊寫邊回答坐在近旁的朋友們的問話，絲毫不受影響。他要了一杯又一杯黑咖啡，偶爾也用啤酒代替咖啡，不停地抽煙。晚上沒錢吃晚飯。

可是，一旦翻譯的是詩，情況就完全不同了。在這種時刻，誰也不得打擾他。他顯得脾氣暴躁，很不耐煩，大夥兒對他也就敬而遠之。他一支接一支地點燃香煙，聚精會神地思索。詩可不是鬧著玩兒的，他說，那是非常嚴肅的事情。詩歌可比在努塞爾斯凱河谷上架橋重要得多哪。那陣子關於在這個河谷上架橋的事正在報紙上徒勞無益的展開討論。

他、迪克，還有恰佩克都屬於這樣一類翻譯家：他們雖然各有自己的特色，但譯詩卻要求絕對忠於原作。在遮蓋了作者姓名的情況下，從理論上講讀者應看不出這是譯詩，應覺察不到這些詩已跨越本國語言的領域而進入了另外的語言王國——當然這種跨越並非沒有一定程度的篡改，因爲有翻譯就有篡改。霍謝伊希以此評定翻譯質量的高低。他喜歡哈努什・耶利內克❸，對伏爾赫利茨基和維傑斯拉夫・奈茲瓦爾的許多譯作卻不甚贊成，認爲這兩位詩人譯得過於自由，並且譯文中留下了他們本人的許多個性痕跡。他們譯得挺好，可惜其中往往來雜著一些令人不盡滿意的東西。有時潦草從事，有時漫不經心，失之膚淺。

法國譯者力所難及的，霍謝伊希做出了成績！法國譯者總的來說文筆優美，可是翻譯外國詩歌他們卻用了可憐的散文。就連波特萊爾，這位對詩歌形式畢竟算得上內行的名家，也只是用散文翻譯了那些絕妙的詩歌。

捷克語言是極為豐富的語言。一切都可以轉變為捷克語。既不會破壞原作的形式——也不致削弱詩歌的表現力。即使原詩出於最複雜的作者之手，捷克語也能遊刃有餘，需要的只是較多的推敲而已。這些話都是霍謝伊希說的。

霍謝伊希不喜歡廉價、陳腐的韻腳。落在詩句上的韻必須像落在花朵上的蝴蝶兒一樣。這不是一件輕而易舉的事，然而他有許多次卻百分之百的做到了。

在譯過的詩人中，他喜歡裏克蒂斯❹，但尤其愛科比埃爾。他往往帶著幾分不露痕跡的媚態仿效科比埃爾的風格。

藝術不瞭解我，我也不瞭解藝術，當我們問到他本人的詩歌創作時他回答道。他正在譯科比埃爾，留給自己寫詩的時間很少。咖啡館的領班過來問他想要點什麼，他引用了科比埃

❸ 耶利內克（一八七八—一九四四），捷克詩人。

❹ 裏克蒂斯（一八六七—一九三三），法國詩人、小說家、劇作家。

爾的話說：一切都想要，空恨法郎少！

一次，我見他正在整理詩集《黃色的愛》的選譯稿。這本詩集後來由麥蘭特裏赫出版社出版了。那天他給我念了幾首。不過，他特別喜愛的是另外一首，寫詩人及其煙斗的，他也翻譯了：

……我使頂棚化爲天幕，是雲，
是海，是沙漠和奇蹟。
呆滯的目光將它們注視……
……………………
靈魂，生命的枷鎖，
已在另一番和諧中旋轉！
……我在熄滅——他在入睡。
……………………
睡吧，安撫繆斯神有我。
且把夢兒做完……
可憐的人啊！……須知一切都是煙。

——是吧，一切都是煙……

聽他念完之後，我確實被迷住了。儘管我沒有說話，他也看了出來。他伸手從衣袋裏掏出一隻煙斗，遞給我說：

「拿著吧。這是從巴黎帶回的。在蒙帕納斯的一家飯館裏，我從喝醉的海員手上買了來。他還說這是特裏斯坦‧科比埃爾用過的哩。」

這只煙斗造型有點兒不同尋常，帶著幾分猥褻。幾天後，當我在斯拉維耶咖啡館拿出來給大家看時，卻引起了奈茲瓦爾莫大的興趣。他喜歡一切超自然的東西，一切使他想入非非、形而上學、荒謬和虛妄無稽的東西。他向我保證說，這只煙斗很可能就是科比埃爾本人用過的。這類事情已屢見不鮮，況且科比埃爾也不會平白無故就成了寫海和水手的詩人呀。見他用那樣渴望的目光看著這只煙斗，我便不再猶豫，我對他說，只要霍謝伊希不反對，我就把煙斗送給他。

我多想知道這只煙斗今天在誰人手裏，是誰在用它抽煙啊！

科比埃爾有一首著名的長詩，寫一個名叫赫爾巴契的水手。這首詩可讓霍謝伊希傷透了腦筋。原來赫爾巴契有個綽號，是海船上使用的塗了柏油的雙股大纜繩。霍謝伊希怎麼也想不出這種纜繩捷語叫什麼。後來有人建議他到維諾赫拉德的一家飯館去打聽一下。當年從世界各地回來的捷克水手都上這家飯館。果然，當他向一位從土倫❺回來的水手講明情況之後，瞭解到這種纜繩捷語叫做「雙料兒」。他喜滋滋地回來了，終於給這首詩的主人公找到了名字。他暗自得意地說：這下子科比埃爾可該服了吧！

有時也發生這樣的情況：時間已晚，他收拾起書本和紙張，放進手提包，套上了鋼筆，卻不得不叫來領班低聲說：「領班先生，記賬吧！」領班計算一下他喝了多少咖啡和啤酒，抽了多少支煙，然後記在帳單上，放進錢包的單獨一層。這只錢包碩大無朋，鼓鼓囊囊，胸前的口袋放不進，只得揣在後褲兜裏。霍謝伊希出了咖啡館，走進新鮮空氣中。

可是，沒走多遠他就拐進了新城塔下面的庫邁酒店。這家酒店座落在沃迪契卡街的街尾，離杜莫夫卡咖啡館約莫一百步。

我們也常去那家酒店。那兒供應的烤肉串在布拉格首屈一指，味道極好，無論喝酒的還是不喝酒的顧客都喜愛這種加了蔥頭和芥末的小吃。

幾乎就在庫邁酒店的正對面，藥劑師兼詩人雅羅斯拉夫・貝德納什經營著一家古老的藥房。他在這裏不僅調製藥品，而且也做詩。他的詩字裏行間滲透了一股古老藥房的神秘香味，至少有一個時期是這樣。

---

❺ 法國港口城市。

在貝德納什值夜班的日子，有時霍謝伊希走來按電鈴，他從夜間售藥的小窗口塞進一張紙條，上面用大字寫著：

抗睡藥。

過了一會兒，小窗裏出現了貝德納什的一隻手，托著二十克朗。

霍謝伊希結婚後，大家以爲這下子他將放棄咖啡館的那張桌子了。我們對他瞭解太少。他不曾放棄，有了女兒也不曾放棄。在夫妻關係中，他不是個好伴侶。具體情況我不清楚，不過聽人說他的婚姻既不美滿，也不十分幸福。

我們幾個就這樣坐在他平素坐慣而今他已一去不返的桌子旁，懷念著他。我們起身離去時，卡雷爾．孔拉德拍拍我的肩，鄭重其事地要求我將來在他的墓前也像今天在維謝赫拉德墓園一樣致悼詞。

「你講得很美，催人淚下，我的一隻袖子整個兒都被站在旁邊的那位夫人哭濕了。」

爲了不致破壞他的黑色幽默，我伸出手，帶著一臉的嚴肅和關切答應了他。

過了三十年，在一九七一年的十二月，我實現了這一諾言。

在煤炭市場的一夜

自從霍拉同我們——我指的是哈拉斯和霍朗——相識以後，他和我們之間有十多年的歲月是被友好的握手輕輕抹掉的。可是另外有十年卻高高地隆起在記憶裏，久久不曾消失。那時他早已是一位享有聲譽的詩人，早已掌握了詩歌的奧秘，而我們卻還在暗中摸索。我們還在磨礪寫詩的筆鋒——我仍在人行道的馬路邊緣——霍拉則已是捷克現代文壇的著名詩人了。

不過，這點差異在喝下一兩口酒之後便被忘記了。霍拉難道不是來自捷克最著名的紅葡萄酒產地之一嗎？那時候夜鶯經常爲我們歌唱。

你要去了——那一天還很遙遠，
是夜鶯，不是雲雀，它的歌聲

伴隨你細心的聽覺。

我很幸運，過了一段時間我的工作地點就跟霍拉的靠得非常近。我甚至可以從窗戶望到他在編輯部的辦公桌。他給《紅色權利》報編文化欄，同時爲這個欄目撰稿，在編輯部他也寫詩——並非只爲第二天的報紙，也是爲了日後出版單行本揚名文壇。對於他的詩歌創作，我當然無比好奇。我想知道他寫詩時的面容，想看看掛著露珠兒的詩句在他的額頭下面放出異彩時他的神情是什麼樣。我一向深信，他的詩大部分是用亮晶晶的光線織出來的。不過，霍拉在寫詩的時刻也普普通通，沒有什麼不一般。在一團煙霧中，他凝視著打字機捲筒上的詩稿，只有擱在煙灰缸上被遺忘了的香煙，才說明他心神專注。

有一次，我見霍拉情緒不很好。他頭痛，服了幾片藥，喝著蘇打水。不難想像他沒有光顧溫暖親切的臥榻，尼古丁薰黃的手指表明他一宿未睡。他承認是同哈努什·耶利內克和維克多爾·迪克在祖法利酒店坐了一個晚上。那是一家很舒服的酒店，座落在庸格曼❶廣場，就在庸格曼古老大衣的下擺底下，恐怕今天還在。那時政治形勢已經尖銳化，他們在酒桌上爭論了許多問題。維克多爾·迪克很有辯論口才。

---

❶ 約瑟夫·庸格曼（一七七三—一八四七），捷克詩人，翻譯家、語言家和文學史家。

霍拉面前放著打字機，半張紙上密密麻麻地打上了唯一的一句話。我彷彿漫不經心似地用眼角瞟了一眼，裝作什麼也沒有瞧見。霍拉思想不能集中，他很煩惱，低聲罵了自己一句：「約瑟夫，你這……總是那麼不中用。」我走遠了一點，他抽出打字紙，相信我什麼也沒有看見，把紙揉成一團，扔進了紙簍。

霍拉一離開辦公室，我便從紙簍裏找出那張紙來。可是，我馬上對自己的這一行為感到羞愧，於是把紙撕了。

卡雷爾・托曼有一次興致好的時候對我講過，說他做詩要先在腦海裏醞釀很久，直到每一句都想妥之後才坐到桌前，然後一字不改地寫出定稿。霍拉——我想並非只他一個——卻是有了得意的頭一句便要動筆的人。

當我開始落筆的時候，我從來不十分清楚下面將怎樣寫，結尾會是什麼樣。前一句詩解開了後一句的扣兒，霍拉在恰佩克家解釋說。

卡雷爾・恰佩克聽了這話帶著幾分孩子氣地笑了起來。他說，當他蘸筆寫下第一句時，整篇作品已在他的腦海裏了，不妨說連最後那句怎樣寫都已胸有成竹。

然而，霍拉的詩絕不是一串兒雜亂無章的思緒。他不僅在愛情上吝嗇，用詞也一樣。他常說，詩歌誠然是語言構成的，但語言卻不宜多。他喜歡托曼。托曼的鄉土氣也使他感到親切。有一次在聊天中他說托曼的「九月：我的兄弟耕完地，卸了馬」是捷克現代詩歌中最美的一首。他說，詩的結尾他不那麼喜歡，可是頭上十句是用青銅澆鑄的。他和托曼都喜歡索瓦。

一九二八年，我和霍拉夫婦去了克爾科諾什❷，住在佩茨，從那兒出發上科林草舍。我們到達草舍時，剛巧草舍正面牆上的擴音喇叭聲音嘶啞地播出了索瓦去世的消息。霍拉渾身哆嗦了一下，眼睛片下面淚光閃爍。後來他低聲地，不如說是自言自語地吟誦了索瓦的那首扣人心弦的名詩，寫坐在田埂上的老人們。當時，詩句只在我的腦海裏沙沙響地一掠而過。可今天，它們卻使我感到陣陣寒顫。

霍拉是個農村人。他喜歡農村，喜歡回憶洛烏特尼采附近的多布希尼❸，回憶易北河和日普山麓洛烏特尼采的田野。我常去克拉盧比，從另一面看日普山。霍拉雖然有一雙細長、柔軟的手，但他像田間幹重活的人一樣骨骼粗壯。我們曾經向他預言，說他將會長壽。

然而，雲雀有時卻也對我們歌唱：

啊，那是雲雀，晨光的使者，

不是夜鶯！

❷ 捷克山脈名。

❸ 這裏是霍拉的故鄉。

今天，每當我站在維謝赫拉德偉人祠面前，我總有這樣的感覺：坐在石棺上的守護神還沒有把他的赤腳更深地踩在霍拉的詩歌上。我確信霍拉的詩還會重放光彩。

的確，坐在桌旁寫首詩並不那麼困難。英德希赫·霍謝伊希常說：蹩腳的詩人也是詩人。較爲困難的——如果不說簡直就是困難的——是寫出令人難以入眠的詩。它們像渴望已久但又得來意外的吻那樣激動心靈，像蜂螫一樣灼痛。它們銘刻在你的腦海裏，無論是由於陶醉、憂傷、驚喜，還是歡樂。

詩人必須使讀者無法擺脫他的詩句，無法忘卻，至少陪伴他們走過一段人生道路。直到今天，我還經常聽到霍拉的聲音，儘管亡故者的聲音是我們最早忘記的。霍拉的詩像聶魯達的詩一樣活在許多捷克人的意識裏。霍拉是他故鄉的泥土和風雨塑造成的。時代記下了他，他也清楚地記下了自己的時代。他不會被人忘記。他跨進了捷克偉大詩人的行列。

伏爾赫利茨基晚年曾經哀歎：

> 啊，詩歌的音樂，我不會再讀到了！

是的，霍拉的詩他沒有讀到。

有一個夏天的傍晚，我和霍拉在等候沙爾達。他要去克列門廷努授課，答應順便來赫爾布斯托伐酒店同我們坐一會兒。酒店當年開在克列門廷努的對面，正朝著它的一個大門，位置在查理士街和百合花街的拐角上。沙爾達來了，我們只是羞怯地小口啜著酒。這是對長者表示的恭敬。沙爾達同霍拉彼此親熱地以你相稱。對我們這些人他也稱你，但那只是老師的微笑，不能也不應錯誤估計的微笑。當然，我們尊敬地稱他您，殷勤地幫他穿上大衣，將手杖送到他的手裏。只要桌上放得下，他總將手杖橫放在桌子角上，正像早期的基督教徒將劍放在使徒的書信上一樣。在沙爾達的建議下，霍拉朗誦了他行將出版的詩集《風中的弦》中的幾首。這本詩集問世後沙爾達曾給以非常熱情的讚揚。

時鐘敲過十點，沙爾達坐進了出租汽車。我和霍拉送別他以後又回到酒店去喝那尚未喝盡的酒。待到酒店打烊，午夜已經過了，我們還到斯帕列那街舒普酒店轉了轉，那裏總能找到個把熟人。之後我倆便分手了。霍拉將走很長一段路去科希日，我穿過民族大街和煤炭市場回家。夜色很濃，月亮還沒有升起。剛才下過了一場沛雨，空氣十分清新。

幾條富有歷史意義的小巷子通到一塊三角地。那是由幾座不同年代的古老房屋以及牆上有聖馬丁像的一座教堂構成的。三角地很久以來就成了一個小廣場，人們至今管它叫煤炭市場。這是一個令人欣慰的地方，處於布拉格最繁華的市區中心，但直至今天仍有可能在這兒享受些許耳目清靜。曾有很多年，此地是鮮花市場。當年莫札特曾在這兒的一座房子裏憑窗凝望這娛人眼目的場地。他晚上回家，摘去了令人難受的假髮。假髮上散落的香粉彷彿今天仍在這些屋頂上飛舞。

那些鮮花啊！多麼美麗！

眞遺憾，當我說無論何時跨進這個地方，這裏總有鮮花、色彩和馨香猶如羅馬噴泉的銀水一般沙沙作響、淙淙噴湧，晶瑩的水花四處飛濺，這話也許有人不信。這也難怪，鮮花市場早已不存在了。

那天晚上，那兒還有賣花人的貨架。我走進靜悄悄的市場時，我是那樣的疲勞，不得不在賣花女的帆布罩上坐了下來。這些帆布罩是她們夜間覆蓋那些嬌嫩、芬芳的商品的。這一刻我記得很清楚，我往帆布罩上一個柔軟的凹坑裏坐了下去，那裏春雨之後積了一點水，我感覺到了水涼。可是隨後我便進入了睡鄉，而且睡得很熟。

只過了很小一會兒工夫，我醒來了。使我大爲驚訝的是，我並不在煤炭市場，而是在斯特羅莫夫卡的玫瑰園，坐在園中心的一張長椅上。時間已是清晨，六月的清晨頗有涼意。老陳列館塔上的時鐘報出了早晨的鐘點，玫瑰花朵開始舒開花瓣兒，就連玫瑰花晚上也要睡覺。

第二天，我將這件奇事講給霍拉聽了，他笑得前仰後合。而奈茲瓦爾，這位對一切幻象和神秘事物都很熱衷並且深信不疑的老兄，則向我保證說，是天使樂隊中那位吹小號的天使把我領到斯特羅莫夫卡去的。那個樂器我至今尚未見識過，可是夜裏我有時聽到它的樂聲。

蕭伯納說過：出現奇蹟固然是件好事，可惜現在不發生了。因此我也唯有相信那一次的事情雖然荒誕不經，卻也頗爲簡單。我在睡夢中站起身沿著熟悉的道路走到了埃利什欽橋，過橋後直走到斯特羅莫夫卡，在那裏結束了我的遠遊。我家離那兒很近。

那座橋已經拆除。不過，那是一座漂亮、宏偉的橋。它的塔上節日飄揚著旗幟。

我家園中的小薔薇

攝影是藝術還是非藝術，這個問題很久以前我就深信是解決了的。可是沒有！我個人認爲攝影是藝術，也曾爲之爭辯。時至今日卻仍有許多人試圖說服我們，說就連那些當今在格調上被人們稱爲登峰造極的攝影作品，也同藝術毫無共同之處。他們執拗地拒不承認攝影是藝術，也不承認畫家的守護神聖盧卡什。眾所周知，聖盧卡什繪聖母瑪利亞的肖像取得成功，創建了歷史悠久的畫家行會。那就也成立一個攝影家行會吧，如果認爲有此必要的話。誰若是喜歡在天上有個守護神，我永遠不會反對，對誰也不會反對。悉聽尊便！向守護神祈禱也無妨。誰愛怎麼說就怎麼說，可是攝影中畢竟有藝術！

不過，眼下這個問題與我無關。我坐在佩特馨果園的長椅上，不耐煩地等待著攝影師約瑟夫・蘇代克的到來。小路上灑滿了芳香的陽光。已有好幾年了！他總是過了很久才到。他曾信賴地告訴我，說他上午喜歡多睡會兒。

當時布拉格一家主要出版社正考慮出版一本介紹布拉格的大型畫冊，由蘇代克負責攝影，打算委託我撰寫序言和圖片說明。這事雖然還沒有牢靠地定下來，我卻盼望著同蘇代克一起工作了。計畫後來落了空，出版社原以爲蘇代克兩三個月就可以把圖片拍攝出來。蘇代克把他們奚落了一番，說最快也得兩年時間。這絕對不是說他的手腳特別慢。他做事是那樣地細心，認眞，考慮縝密。他不喜歡匆匆忙忙。要那樣不如把出書的任務交給新聞記者去完成。他拍攝布拉格雖說已有好幾年了，但顯而易見他將拍它一輩子！一輩子也拍不完。

那次在佩特馨山，我們卻以爲《布拉格》一書將會出版，我準備給蘇代克當助手。他總算來了。攝影機已裝在三角架上，扛在他的左肩。這個肩膀上還掛著一隻沉甸甸的皮口袋，裏面放了幾個鏡頭和其他必需的攝影用品。一條胳臂拿這許多東西夠難爲他的了。攝影機是舊的，式樣也不新，可是他讚不絕口，說它多少年來忠誠可靠。他的大部分作品都是用這架攝影機拍攝的。

那一天，全身披掛的布拉格光彩照人。處處是明媚的春光，樣樣籠罩著節日的喜氣。有人把小城區的玻璃窗全部擦淨了，古色古香的門楣上也拂去了塵埃。開滿鮮花的斯特拉霍夫山坡和神學院花園宛如一匹泡沫翻滾的瀑布，從山頭徐徐傾瀉，直淌進小城區的大街小巷。然而那是靜悄悄的瀑布，闃無聲息。它的上方，一群灰色的鴿子在高空盤旋，用雙翼在藍天描畫精確優美的弧線，恰似當年我熟悉的那位小姐用冰鞋在埃利什欽橋下的冰場上描畫弧線。

昔日的冰場今安在！

那位迷人的、穿著一雙兔毛小靴子的小姐今安在！

見鬼去吧！

經過這些年，就連那座美麗的大橋也已蕩然無存！它曾高踞於河水之上，橋中心微微晃動，猶如一個少女行將翩然起舞！當年夜深人靜，我和赫魯賓有時同到橋上溜達，我們輕輕地唱著歌，親熱地摟著脖子。

可是，何必這樣徒然感喟呢！蘇代克已將三角架插進路上的沙土，他四周環顧了片刻，把架子挪動了約莫三次。一切都用左手。外套上右邊的袖子空自晃來晃去，第一次世界大戰中他失去了右臂和一部分右肩，這事他從來不提。應徵入伍前他是已經出師的裝訂工，從戰場回來，他什麼也不是了。出於無奈才學的攝影。可是他愛上了這門手藝，掌握了嫻熟的技巧。

做攝影準備時，他把牙齒也用上了。這會兒，他嘴裏咬著一塊骯髒的棉布，加上一腦袋蓬亂濃密的頭髮，那模樣就活像一隻叼著一塊肉的獅子。我要給他幫忙，他便叫我打開口袋，將一號暗盒遞給他。他把手握成個望遠鏡的樣兒湊在眼睛上，久久地仔細眺望小城區那些錯落有致、永遠美不勝收的屋宇和尖塔。我請他也拍攝一下老城堡臺階上方的城堡塔。我腦海裏出現了詩句和笑咪咪的往事。

他長時間等候合適的陽光。也許等半小時，也許整整一小時。陽光沒有等來，他扛起攝影機，我們順著一條小徑登到高處，在那裏再次等待。他像雅各同天使搏鬥❶一樣同陽光搏鬥。

他又一次——這是第五十次了——鑽進黑布。他一言不發，神情非常專注，只偶爾輕輕對自己說了聲他的口頭禪：「音樂響啦。」在準備打開暗盒的關鍵時刻，他吩咐我扶著鬆動的三角架。整個儀式雖然進展緩慢，但嚴格認眞、一絲不苟。到了晚上這五、六張底片沖出來後，他卻皺著眉頭把它們撂到了一邊。光線不足，沒有一張達到他預期的效果。第二天，我們回到同樣的地點，一切重複了一遍。

遺憾的很，那張城堡圍牆和典型的城堡塔也拍攝得不夠成功。因而過些時候我便忘記了腦中的詩句，美麗的回憶也在古老幽暗的某個地方變得蒼白了。在這種地方回憶一般總是過些時候就要熄滅的。

一個美麗的夏日清晨，我沿著濱河大道急步朝查理士橋走去。我遠遠看見有位畫家正在一幅巨大的畫布上作畫。橋上原來還有兩位。我不知道他們作畫時心裏有什麼想法。也許是

❶ 根據《聖經．創世記》，雅各夜間同天使摔跤，搏鬥了一夜，得了勝。

說蹩腳的畫家也是畫家吧，或者他們壓根兒什麼想法也沒有，只是用畫筆蘸上顏料而已。在蒙馬特拉這類人多得很。此時不由你不想到攝影美。

攝影萬歲！它還年輕，但是它將萬古長青。我凝神注視蘇代克的一幅傑作，是他拍攝的許許多多布拉格照片中的一幀。那黑絲絨般的美，那深沉的、賞心悅目的幽暗！多麼豐富的灰色層次，一步一步引向光華四射的地方。柔和細膩的陰影使人想起薄如蟬翼的婦女內衣上的暗影。

我和蘇代克到了貝斯基迪山。在山上，我們這裏那裏漫無目的地走著。身邊的纜車我們不屑一顧，只是快活地在陡峭、難行的拉德霍什基山坡上攀登。我們爬過一塊塊林中岩石，跳越經春水沖刷而露出地面的樹根。突然，蘇代克收住腳步，說：「等等，音樂響啦！」他叫我把三角架給他——攝影機他總是自己拿著，從不離手。他將三角架插進苔蘚，仔細端詳一截粗壯、發紅的松樹根，是我剛才走了過去而未曾注意的。他站到樹根面前，然後退了幾步，再次回到攝影機旁。樹根摟抱一樣緊抱著一塊破裂的岩石。

後來當我在布拉格蘇代克的家裏看到這幅照片時，我幾乎不相信自己的眼睛了。照片上樹根之美不啻米開朗基羅❷的雕像！誰說攝影不是藝術。

---

❷ 米開朗基羅（一四七五—一五六四），義大利文藝復興盛期的雕塑家、畫家、建築師和詩人。

蘇代克因而已是布拉格的一個小小人物。這樣說絕對沒有嘲諷之意。青年攝影師談到他時總是尊敬地稱他爲蘇代克先生。

布拉格的文化界對他都很熟悉。他是各個展覽廳和布拉格各場音樂會的一位熱忱的、顯然也是最經常的參觀者和聽眾。凡是稍有意義的展覽會，決不會見不到蘇代克，有時甚至會多次見到他。他總是獨自前往，在一幅一幅作品前流連、徘徊，沈默不語，全神貫注。在美術方面他很內行，不僅他本人的作品可以作證，他對雕塑和繪畫的濃厚興趣也足以說明這一點。他是許多著名藝術家的夥伴和朋友。他給他們的作品攝影，他們贈送他畫作爲酬謝。

從青年時代起他便密切關注弗朗基謝克・蒂希❸的繪畫。他的關注並不是柏拉圖式的。當蒂希在巴黎和布拉格流浪，身無分文，生活十分困難時，蘇代克總是樂於解囊，買下他的素描和繪畫。雖然他不曾按蒂希過高的索價如數付給，但他交款迅速，並且準時將錢匯到巴黎。這往往是蒂希賴以生活的唯一財源，尤其是當他和妻子同在巴黎的那個時期。後來當蒂希的畫價十倍、二十倍、甚至更多倍地上升時，蒂希不免傷心地想起在那些貧困歲月中蘇代克從他手上買去了怎樣一筆財富。蘇代克將這些畫仔細收藏起來，視爲珍寶，即使開展覽會也從不肯出借。他知道它們的價值。

❸ 蒂希（一八九六—一九六一），捷克畫家。

蘇代克去世後，人們在他的第二寓所發現了蒂希的畫。這第二寓所是他晚年在小城區的烏沃茲租賃的，只用了幾年。那些畫都捲著收藏在床底下有點潮濕的角落。

他幾乎從未邀請過誰光顧他的這個寓所。那裏存放著畫家和雕塑家贈送給他的禮物。他曾爲他們的作品拍攝過照片。遺憾的是，竟沒有人想到爲蘇代克收藏的肖像畫立份清單，辦個小型展覽會。這些收藏品爲數可觀。至於他在漫長歲月中拍攝的照片，那就更是不計其數了。

他一生都是布拉格所有重要音樂會的忠誠的、不知疲倦的聽眾。他在音樂上的造詣究竟有多深，能否內行地侃侃而談，我不清楚。不過他熱愛音樂，懂得欣賞。有一次他上我家來，我給他放唱片，是二十來部不同作品的選段，有古典的也有現代的。他幾乎都能準確無誤地說出作者是誰。

斯美塔那音樂廳或藝術家之家的禮堂無論何時有吸引人的音樂會，他的空袖管——它通常總是從衣袋裏滑了出來——便在通往大風琴的臺階上晃來晃去。要不然就見他坐在樓廳的地面上，同那些站著的聽眾在一起。聽時他聚精會神，誰也不理睬，誰也不得干擾他。

音樂廳的領票員起初見他到來不免感到尷尬，他那不修邊幅的儀表簡直難以想像。可是過了些日子他們對這位百折不撓的頑強客人也就習慣了。音樂廳的大門對他永遠是敞開的。場間休息時，他在燈光明亮的走廊上、在衣冠楚楚的聽眾群裏泰然自若地活動，毫不介意身穿黑禮服的紳士和梳著漂亮髮式、穿了長長的晚禮服的女士們。不妨說，他全然不在乎。

對於一個在人間孑然一身，僅有一隻手，而且是一隻左手的人來說，要做到衣冠楚楚談何容易。雖然他有個妹妹同他生活在一起，但看來她爲人冷漠，對哥哥的衣著也像她對自己的衣著一樣，不怎麼感興趣。也許，她早晨給他繫鞋帶，但也僅此而已。鞋帶未繫而上了街的情況也屢有發生。對於自己在公共場合的儀表如何，蘇代克根本嗤之以鼻。由於身體上有缺陷，際遇坎坷，再加上對社會懷著幾分叛逆情緒，他將自己塑造成一個古老的、中世紀流浪漢的特殊形象。鬍子一星期也不刮一次，頭髮聽其自然，長得倒還不快。衣服皺皺巴巴，熨燙和撫平在他看來都是純屬多餘。掉落的扣子只有最爲必要的才縫上，再說他也無法縫得很好。他把自己的外表看作是世上最無足輕重的事情。

他對詩人們說，人間是一場盛大的化裝舞會，他裝扮成乞丐模樣在舞會上自得其樂。對此誰若稍有異議，哪怕說得極爲婉轉，他也會感到屈辱，一輩子耿耿於懷。也許他有道理。在這方面他非常特殊，完全自行其事。

有許多年，他工作和生活都在一間破舊不堪、油苫蓋頂的小棚屋裏。那是在小城區的烏耶茲德，一棟分租房屋的院子裏。這棟房屋幾乎正對著纜車道的入口，離米赫諾夫斯基宮僅幾步遠。棚屋原先也是攝影工作室，面積本來就很小，蘇代克又將這很小的面積只隨便那麼一揮手分隔成更小的三部分。最舒適的要數那間暗房了，那兒放了一隻石槽，裝有自來水龍頭和紅燈泡。這寥寥幾樣便是一切。其他東西無非是一堆取之不竭的破爛而已。後面那部分勉強算作吃飯間，放了一張小桌和兩把椅子。桌面上不言而喻堆滿了用具——廚房用具和攝影用具。他和妹妹在這裏休息、吃晚飯。餘下一間是會客室，不過主要用作存放唱片的儲藏室。同時也是音樂廳，一架唱機立在地上。入晚這地方又一變而為可憐的臥室，放兩張折疊床。然而，如此清苦的生活條件主人卻安之若素，並不影響他的情緒。唯有外人來此才看到這裏的貧困。蘇代克本人看不到，也絲毫不在乎。他有自己的幸福觀，當然那是只有一條胳膊的人的幸福觀。

我還忘了一件事，蘇代克收藏的唱片極其豐富。這些唱片他珍藏在哪裡，我不清楚。數十年來他肯定收集了幾十張，不，幾百張珍貴的唱片。

一言以蔽之，他那個家雜亂無章到了難以置信的地步。布列東的超現實主義來到這裏大概會得其所哉。茲爾紮維的一張素描捲著橫放在碟子旁邊，碟子裏是一瓶硝酸，一些麵包皮和咬了幾口的小香腸。這些東西的上方，巴洛克式天使的一個翅膀和蘇代克的一頂無簷軟帽掛在一起。帽子已到了壽終正寢的邊緣，正瑟瑟顫慄。

凡此種種蘇代克的妹妹都以令人稱羨的安詳神態袖手旁觀。她心裏很清楚，以整理和清掃的名義進行的任何干預都會破壞秩序。也就是說，在這無與倫比的雜亂無章中，蘇代克卻準確地知道什麼東西在哪兒。他像管風琴手熟諳所有的琴鍵和踏板一樣，對他的物品和破爛兒都瞭若指掌。他需要什麼，不假思索便能伸手拿到。譬如說，當他想起年輕時在科林❹收藏的一張已有四十年歷史的唱片時，他便到某一堆東西的最下面去取，唱片果然取了出來重見天日。令人不勝驚歎，它居然完好如初。

這種絕無僅有的凌亂是如此別致，內容如此豐富，它已接近於一件奇特的、別開生面的藝術品。只要看一看藝術出版社出版的蘇代克一本專著中他本人選用的一張細部照片就足以證明了。

這間小屋的窗戶對著一個小花園。說到小花園，我們的眼前便會浮現一小塊土地，充滿了色彩、芳香、關注和微笑。可是蘇代克的小花園恐怕是全布拉格所有小花園中最可憐的一個：空空如也。一兩叢灌木，一棵東倒西歪的小樹，落滿了小城區的煤煙。然而，正是這扇窗戶和這塊不值一提的小園地卻產生了蘇代克最漂亮的攝影作品之一，畫面明朗，充滿了詩的魅力和令人心醉神迷的美。

每週一次有蘇代克的朋友們來到這間小屋，在這奇特的環境裏聚會，有時達十人或十五人之多。那裏怎麼容得下，不得而知。有一位告訴我說，他坐在約瑟夫·瓦格內爾創作的貝德日赫·斯美塔那的頭像上，其他人或是席地而坐，或是站著。蘇代克在舉辦別具一格的音

---

❹捷克斯洛伐克西部城市。

樂會。他跪在唱機旁邊，小屋裏迴響著幾個世紀中最著名、最優美的樂曲，從巴赫❺、維瓦第❻至斯特拉汶斯基和韋伯恩❼。蘇代克收藏了不少最名貴的唱片珍品。凡是能買到的唱片他自己買。買不到的有布魯姆利克教授——他在小城區的一位老鄰居——和其他友人從國外或美國給他寄來。蘇代克特別喜歡維瓦第。

約瑟夫·蘇代克這個名字在國際上已享有聲望。我手上有一本美國出版的權威攝影雜誌，它認爲蘇代克是現代攝影的世界性奠基人及藝術創作者之一。我不妨說，他是化攝影爲藝術的首創人之一。在這方面我國有幾位先驅，可是在將攝影從單純記錄提高到藝術的這一過程中，蘇代克是唯一取得了成就的人。與此同時攝影依舊是攝影，是攝影機的機械產物。

他的女賓們和音樂會的女聽眾們常饋贈他一些自己做的美味食品。大多數是各式甜點心或者扇貝蛋糕。甚至還有宮廷扇貝大蛋糕。這種蛋糕有時堆滿了鮮奶油。最稀罕的要算宮廷扇貝蛋糕了！扇貝蛋糕❽這個詞兒聽起來似乎不登大雅之堂，可是它穿著那麼一條用白糖、杏仁和香草做成的百褶小裙子，爲它破一次戒，也就值得了。我說的破戒當然是指醫生規定

---

❺ 巴赫（一六八五—一七五〇），德國作曲家。

❻ 維瓦第（一六七八—一七四一），義大利作曲家和指揮。

❼ 韋伯恩（一八八三—一九四五），奧地利作曲家。

❽ 扇貝蛋糕的捷克原文含有懦弱、無勇氣的意思。

的飲食禁忌。與此同時，眼前還有一幅田園詩似的畫面：身穿比德邁式❾大裙子的女士們圍坐在一張精緻的小桌旁。桌上放著杯子、茶壺，中間端坐著一尊扇貝大蛋糕，也是比德邁式的。啊，那美好、恬靜的日子！

有一次我去他家，正碰上這位朋友津津有味地吃著這種扇貝蛋糕。這兒沒有杯子和玫瑰花飾的小茶壺。他坐在小室後部的桌子旁。瞧那場面！不，什麼場面！那是音樂會。蛋糕的濃香勝利地蓋過了這間瀕臨分崩離析的老棚屋裏各式各樣破爛兒的黴腐味。

要不是這些聽眾和朋友偶爾有所饋贈，或邀請他去進餐，他的膳食經常很不像樣。一般都在工作地點的速食部湊合一頓。有一次他上我認識的一位朋友家做客。女主人款待他喝牛肚湯。這是蘇代克特別喜歡的湯，他一口氣喝了六盤，也就是說滿滿一鍋子，外加幾個麵包捲。為了證明他心滿意足，他解開了那幾顆必不可少的扣子，美滋滋地舒了一口氣。平時他不談論吃，對於按時就餐、飲食的選擇以至食物的質量，他一概置之度外。

那天早晨，我準備好了紙張，鋼筆裏灌了墨水，正打算寫一篇關於蘇代克的回憶錄時，門鈴響了，郵遞員送來畫家什魯台克夫婦從利多姆涅日采寄來的一封信。他們是蘇代克的朋

---

❾ 比德邁風格，藝術上介於古典主義和浪漫主義之間的過渡時期風格，興起於十九世紀二、三〇年代。

友。信裏有一段文字熱情地談到了蘇代克，說他如何來到他們那裏，如何興致勃勃地拍攝中部山脈。他在佩魯茨看到了菲爾晚年的幾幅風景畫，畫的就是這個地區，他於是決定了自己的選題。什魯台克夫婦還風趣地描述了蘇代克怎樣把田間幹活的婦女們嚇著了：爲了換底片，他在公路旁邊的溝壑裏鑽進了一隻黑口袋。後來，他順路到了什魯台克家，看到畫室牆上掛著他的一張攝影作品：窗臺上的白薔薇。他說：

「這是塞佛特家的小薔薇。我得上他家去看看。已有很久不曾去了。」

他沒有再來。他得了可怕的、痛苦的疾病，去世了。

照片上的那枝小薔薇我樂於承認是我家園子裏的，蘇代克有一次親自把它採了去。那是他的攝影精品之一，是在小城區一座分租房屋裏拍攝的，窗臺上落滿了塵土，窗子朝著庭院裏的一塊小園地。

斯拉夫舞曲第十六首

當時，我感到有點兒悲哀，這是實話。我同一位年輕的捷克散文家在交談，他是一個受過良好教育、合乎潮流、事業上很有成就的人。他讀了我的手稿之後，突然帶著坦率的驚異神情問道：

「請問，這博胡米爾・波朗是什麼人？」

他從來沒有聽說過波朗其人，從未讀過他的作品。人有時候就是這樣倒楣——如果可以這麼說的話——謹小愼微，高尚謙遜，而這一切又絲毫不是故作姿態，它們就跟頭髮和眼睛的顏色一樣是生就的。再說他也壽長，波朗活了八十好幾。也許太長了些，尤其是他早已決心擱筆——絕非喪失了寫作的能力而是他不願意寫了。他年輕時就寫得不多，如今既然已沒有人對他的觀點表示特殊興趣，他本人又認爲自己已不屬於這個時代，那又何苦再執筆呢。他是屬於這個時代的。聽不到他的聲音是一件憾事。

他八十壽辰那年，人們爲他舉行了小小的慶祝活動。他的一本論文集出版了，雖然他寫得很認眞，但是正如我國常有的情況那樣，該書出版後卻幾乎沒有引起迴響，也幾乎沒有讀者。那是一本戲劇論文集，不是在布拉格出版的，也未曾大事宣傳。這便是全部經過。

曾經有很多年，波朗爲比爾森劇院的話劇團寫評論，充當他們的衛士，還經常是該劇團保留劇目的倡議人。可是，他們完全把他拋諸腦後了。他去世以後，他們甚至不曾爲他從屋頂垂懸一幅黑布，哪怕僅僅是裝裝樣子也好，免得人家說他們不悲歎哭泣。他去世了，被人遺忘了，很快就被遺忘了，也可能是今天的劇院裏已經沒有人知道他，也有可能是因爲他在兩千字宣言上簽了名。這我就實在不清楚了。

可是，博胡米爾・波朗從事捷克文學批評畢竟也有五十餘年之久。他是頭一個撰文介紹諾伊曼的人。文章寫得極好，其中許多論點至今仍有價值。他還評論過什拉麥克和托曼。他是一位對造型藝術也很內行的評論家，能像沙爾達一樣寫這方面的評論。

我們那一代人都敬愛波朗，把他看作一位對我們很有教益的評論家。哈拉斯、康拉德、比布林則視他爲年長的、忠實可靠的朋友。他和彼沙也有深交。波朗開始發現我們時，我們這一代還都初出茅廬，他則已很有成就。他關注著我們，幾乎直到這一代人的結束。

他不是個每天都寫評論的人。又跟沙爾達一樣，他只評論自己感興趣的問題和作者。其他一概不置可否。然而，與沙爾達有所不同的是，他從不挑起和推動論戰，沙爾達卻正是在這方面流露出不加掩飾的樂趣。哪怕有個同他意見很不合的人向他挑釁，波朗也會不予理睬。沙爾達可說是通過文學媒介同我們這一代人接近的。他相當仔細地閱讀了我們的早期作品之後，才同我們中間的某幾個人有了友好交往，特別是同霍拉和哈拉斯。

波朗卻不僅作爲批評家而且同時作爲朋友來到我們中間。我有這樣的印象，他同我們很投機。他在布拉格只有一位同時代的朋友，是他每次來到這裏從不忘記要去探望的，那便是歷史學家維爾斯塔特。

波朗是一位對書信體頗有研究並且掌握了這門藝術的最後僅存的少數人之一。他的書信不是隨隨便便倉促寫來而是深思熟慮之作。它們像文學小品，內容和格式都很講究，文筆優美，讀來令人心曠神怡。這些書信使我不由得不想起書信體尙是一門藝術時一些光輝的名字。今天情況卻大不一樣了！人們匆匆忙忙寫上幾行，或者撥個電話號碼。在今天誰也沒有功夫和耐性坐下來攤開信紙寫長信，當然情書例外。

有一個時期，當鄰邦德國開始發出不加掩飾的初步威脅時，波朗來布拉格的次數增多了。他說在比爾森他有時感到憂慮不安。不，那不是個人安危之慮。我從未見過還有什麼人談到死比他更爲泰然。也許慕尼克啤酒窖傳到比爾森的叫囂聲更爲頻繁。也許什科達工廠❶的煙

---

❶ 比爾森，捷克西部城市，爲重工業重要生產中心，生產軍火及重型機械。啤酒釀造業也馳名。

囪日日夜夜黑煙滾滾他看得更為眞切。也許從比爾森大工廠廠門裏開出來的龐大的重武器他能數點得更清楚。

就在這危機四伏的時期，有一天下午，天氣晴朗，我同他一起沿著濱河大道朝民族咖啡館走去。突然，附近的斯拉夫島上送來了悅耳的音樂聲——德沃夏克的《斯拉夫舞曲》❷。我們兩人決定上若芬島的古樹林中去走一走。

我們心裏很清楚，事情不在於制度和共和國，而是關係著一切：關係著我們的語言、文化以至一切與捷克民族相聯繫的東西。我們知道，從世界地圖上抹去一個國家對於希特勒來說不是什麼問題。在這憂心忡忡的時刻，正是安托寧·德沃夏克使我們感到分外親切。雖然他不像華格納❸那樣有高昂的英雄氣概，沒有李斯特❹那種貴族式的莊嚴，不像蕭邦❺那樣淒婉動人，不像韓德爾❻先生那樣穿著絲綢花背心，他甚至連英姿勃勃的相貌都沒有，他

---

❷ 德沃夏克（一八四一—一九〇四），捷克作曲家，作品有交響樂《自新大陸》、歌劇《水仙花》等。他的《斯拉夫舞曲》共兩集，以斯洛伐克、南斯拉夫、烏克蘭、波蘭等斯拉夫民族的舞曲音調為基礎。

❸ 華格納（一八一三—一八八三），德國作曲家。

❹ 李斯特（一八一一—一八八六），匈牙利作曲家。

❺ 蕭邦（一八一〇—一八四九），波蘭作曲家、鋼琴家。

❻ 韓德爾（一六八五—一七五九），德國作曲家。

的長相倒不如說更像一名正直的製鞋師傅。

他是一位淳樸的無產者，誠如約瑟夫·瓦格內爾在創作魯多爾芬❼前面的德沃夏克紀念像時說的那樣：要不是他長著這麼個天才的腦門，他在內拉霍澤維斯❽當個補鞋匠原也可以過得蠻不錯。他的捷克精神正飽含在這種淳樸性裏，使他深深地紮根在這塊土地上，無論他在國外如何春風得意，他也不會離開這片國土。

很遺憾，我沒有受過音樂教育，可是沒有音樂我會覺得日子過得空虛。生活必須有音樂，必須每天聽音樂，對於音樂我幾乎從不知何謂厭倦。

至於《斯拉夫舞曲》，我沒有一天不聽到其中的某些段落在迴響。在這些樂曲中，我們彷彿聽到了民族遺產中極爲豐富的音樂才華，無比優美的民歌旋律，以及人民無時無刻不流露的舞蹈天賦。在《舞曲》中，舞蹈的歡樂以獨具一格的藝術表現力在所有的旋律中噴湧迸濺。

當我們來到若芬島的古樹林中時，《舞曲》已接近尾聲。也就是說光彩照人、毫無倦意的美姑娘此時已停下舞步，她在這片鄉土的草地上坐了下來，仰望天空。

樹葉在輕輕顫動，薔薇色的河水恰似少女的雙頰——當你向她低聲訴說甜蜜的撥動心弦

---

❼布拉格的一座音樂廳。

❽地名，在捷克中部，離布拉格約二十公里，爲作曲家德沃夏克的故鄉。

的衷曲時，卻不料話兒被河邊的大樹聽去了。這會兒已不是跳舞而是休息，舞曲在這夏日寧靜的夕照中有節奏地時起時落。

我想起了姆爾什基克❾的一篇動人的小說。一位老神甫黃昏時分出門散步，走到了村外。大地沉浸在落日的餘暉中，四周景色美得驚人。老神甫面對他所熱愛的鄉土激動得不知如何是好，不由得跪倒在這美景面前了。

我們信步走去，整個布拉格在這夕陽西下時分也是美得驚人，光彩奪目。它是那樣的富有魅力，怎不令人為之傾倒呢！舉目望去，幾步之外民族劇院在閃閃發光。另一邊的赫拉德強尼宮則宛如偶爾才在我們眼前閃現的我國王冠上的一顆寶石。

我們的頭腦中和心靈裏都清清楚楚地感覺到了戰爭的逼近和它的恐怖，正如風濕病人在骨骼裏感覺到陰雨天氣一樣。

現在不妨設想一下，所有這一切都有可能毀於一旦。劇院唯剩下燒焦的殘垣斷壁，赫拉德強尼宮一堆淒涼的瓦礫。

第十六首舞曲輕輕結束，我們感到背上一陣寒顫。

---

❾ 姆爾什基克（一八六三—一九一二），捷克作家。他的著名小說有《五月的童話》和《桑塔·露西亞》等。

每當想起你，親切的、摯愛的波朗啊，一九三七年夏季我倆在一起度過的那個六月的一天，那可怕的時刻，便會浮上我的腦際。

請卡雷爾·列格爾原諒我引用他的詩句以結束這篇回憶吧。本來我用不著表示歉意，詩句很美。可是，我冒昧地將他的詩句做了一點兒改動，把「金太陽店」故事詩裏他顯然十分熱愛的故鄉柯林暫時改成了布拉格。

……可是布拉格保住了？

「保住了，」我說：「保住了！」——「保住了？」——「保住了，保住了。」

第十四顆星

在克拉盧比一年一度的集市上，出售的東西眞是無奇不有，其中還有聖徒畫像的彩色複製品。攤販們在石子路上鋪了一塊破破爛爛的大帆布，上面擺開聖徒的畫像。由於攤位佔地太大，他們被趕出了位於廣場的集市市場，被安排到市政府前面的一塊小空地上。也許由於美德往往伴隨著惡行，虔誠往往伴隨著黑色的罪惡，所以緊挨著這些聖像的後面就坐著一對唱低級庸俗歌曲的歌手，一男一女，他們把畫在帆布上的畫掛在卡爾班莊園的鐵柵欄門上。男的邊唱邊用一根長長的藤條指點著畫上極其恐怖的情節。這應該算是當時的一種連環畫吧。而女的呢？她一邊用女高音給男人伴一兩句唱，一邊賣著印出來的歌詞。

市政府半地下室的窗子裏楊納特家的兩個小女孩總是對著我笑。她們是我多年的夥伴。有時她們和我一起在大門口聽唱，和我一樣被嚇得乾咽口水。那時我才十歲。

就在這些畫的前面，我第一次聽到了「伊欽」這個城市的名稱，第一次看到了它那古老的塔門。唱歌的人特別強調這些畫是「手工」畫的，畫上那座塔門顯得非常陰沈。這也有它的道理，因爲歌曲講的是伊欽一個裁縫的悲劇。這裁縫叫約瑟夫·特恩卡。爲了要和情婦結婚，他親手把妻子，五個孩子的母親，給吊死了。他的情婦是熱萊茲尼采人，經常在伊欽情人們相會的椴樹林蔭道上等他。裁縫把作案現場佈置得像是他妻子是自殺的。但正如世上通常的情況一樣，結局是事與願違。

裁縫特恩卡被逮捕，罪證確鑿。後來被絞死在赫拉代次克拉洛維。不幸的情婦後來想要照顧可憐的孤兒，但沒有獲准。顯然，這女人還不那麼壞。她不斷受到良心的譴責，最後決定自盡。她從伊欽塔頂跳下，摔死在聖雅古普教堂的門前，那地方老太太們正在賣小花環和春天帶著毛茸茸葉芽兒的枝條。

關於這一血腥謀殺案，十年以後我曾寫過一首詩。今天讀這首詩簡直讓我哭笑不得。既幼稚又糟糕，還不如集市上唱的歌像樣呢！

我寫那首詩的時候已經去過伊欽了。我愛上了的、後來成爲我妻子的姑娘是伊欽人。她雖然住在布拉格，但幾乎每個星期天都要回家。有時我和她一起去。有一次我到克爾其醫院看望安塔爾·斯塔謝克，他認眞地對我說，伊欽有許多漂亮的姑娘，但總有一個是最漂亮的，說時狡黠地笑著。那時他已經是八十多歲了。

我第一次到伊欽是同女朋友一塊兒去的。剛過科比德蘭她就開始有點坐不住了。她熱情地叫我從車窗裏看伊欽城後面的幾個小山頭，遠遠的，灰乎乎的，像一堆堆罌粟花子兒。它們是貢布林克山、勃爾德萊茨山、塔波爾山。那靠左面矮一點的已是維利士山了。最後出現的是可愛的擇賓山和它上面的小教堂，但這個小山頭幾乎已經在伊欽城裏。在出現擇賓山時，伊欽的塔樓已隱約可見。塔樓下面就是伊欽城的市中心了。

第一次我對她那迫不及待的心情不很理解，但是，在我來過一次以後，也愛上了伊欽。

我知道，戴爾奇城堡可能更有意思、更漂亮，而在其他地方，比如斯拉沃尼采和蘇西采，都有更值得一看的建築物。但是，伊欽以及它的正方形的中心廣場、塔樓、宮堡和教堂都有其獨特的嫵媚和樸實無華、不矯揉造作的天然魅力。沒有任何特別宏偉壯觀、激動人心的東西，但一切都那麼親切。要不然，目空一切的弗利德朗茨公爵也不至於無緣無故就看上伊欽。

有時我一個人去伊欽時，我也把頭探出車窗外，以便及早見到城市周圍的小山頭，也就是巨人山地勢平緩的山前地帶。可只要我一看見塔樓，我就恨不得馬上跑過去，滿懷深情地攔腰抱住它，親它、吻它；哪怕吻它那金色和黑色的塔鐘也行。這是因爲我們把有些地方同自己在無比幸福時淌出的淚水聯繫在一起了。

我第一次經過塔樓門洞來到伊欽廣場時，是個星期天。我的女嚮導雖然最先指給我看的是聖雅古普教堂和緊挨著它的宮堡，那時宮堡拱廊上瓦爾什坦貴族騎士們的馬刺還鏗鏘作響，但是，在我們遊覽整個漂亮的廣場之前，她先把我帶到廣場離我們最近的角落，那裏在拱廊拱頂的暗影中有一家點心店。這店是盧蓋什先生開的，是伊欽最好的一家點心店。

那裏當然一點馬刺的鏗鏘聲都沒有，只見和氣的盧蓋什太太在櫃檯後面微笑。那時她已經不很年輕了，但仍很漂亮、迷人。其實她怎麼可能年輕呢，據說，奧地利的軍官們還曾經時常在她這家點心店裏聚會，並向年輕的老闆娘獻殷勤哩。她呢，給他們往水晶酒杯裏倒上金黃色的、紅色的和玫瑰色的酒。嘿！你看，畢竟那裏還是響過馬刺的鏗鏘聲的。不過他們獻殷勤是白費勁。沒有任何流言蜚語流傳下來，這便是證明。

她有一雙胖乎乎的漂亮的小手。如果她給我取點心時不用銀鑷而用她漂亮的手指頭，我一點也不會在意。男人說起這樣的女人，總是用豐滿兩個字來形容。柔軟這個形容詞是法國人給女人想出來的，他們確實對這檔子事在行得很。

過了一會兒，店鋪後面的紅門簾捲起，進來了一位灰白頭髮的老師傅，穿著白圍裙，戴著高高的白帽子。他端著一個瓷盤，盤裏放著點心，他的造型藝術新作品。在他身後，從隔壁麵包房衝出一股熱騰騰的香氣。

不過，聖雅古普教堂我們也還是去參觀了。

星期天上午廣場上演奏軍樂。以盧蓋什夫婦的點心店爲起點的拱廊曾經是集體散步的地方。散步一般經過藥店，走到市政府就到頭了。散步的絕大多數是年青人。伊欽曾是個學生城。

軍樂隊正在演奏歌劇《漂泊的荷蘭人》中的紡織女之歌，我們也愉快地投入了這一無憂無慮的年青人的人流，頓時我們覺得年輕了十歲。

夏天盧蓋什先生的店門總是敞開的。周圍的行人可以聞到焦糖、炒堅果、巧克力和開心果的香味，還有香噴噴的馬林果果醬。

下午，學生的集體散步一般是在胡斯大街。

這時的散步已不那麼富有節日氣氛了。我岳父的麵包房烤製的香氣濃郁、令人垂涎的麵包吸引著散步的人群。

麵包的香味是香中之王，是地球上我們生活中的香味之祖。聞到它的香味，我們會想到戰爭。我們也會想起天主教主要禱文，祈求這天天不可或缺的食物。母親曾把「麵包」字樣以及一片切好的麵包、刀子和小鹽瓶的圖像用紅線繡在厚麻布的桌布上。這香味是舒適、安寧和家鄉的馨香。

岳父也爲地方駐軍烤麵包。每到下午士兵們往車上裝麵包時，整條街都是香噴噴的。

星期天上午軍隊的伙夫總是把幾個極大的裝滿了肉的淺烤盤送到麵包房的烤爐裏來烤，大多是烤豬肉。那香味足以把沉睡的舌頭喚醒。麵包房的工人們幫了忙可以得到一大盤肉和一塊鬆軟的麵包。不難看出他們吃得有多香。士兵也給了我一塊肉，我沒拒絕。時光已過了半個世紀，但那塊肉的滋味我至今記憶猶新。

另外，您吃過麵包裏夾烤火腿嗎？就像維也納經常做的那種？沒吃過？那太遺憾了，您沒嘗到一種特別美味的食品。

天啊！我怎麼老講這些庸俗的口福之樂！您一定會懷疑我是個享樂主義者。可我自己倒不這麼看，儘管我自己知道自己的毛病，而且喜歡美食。

對文化方面的事我也是不會忘記的。天空麼，一般只有要下雨時我才會去看它一眼。形而上學離我相距甚遠。但對於據說是不存在的人的靈魂，我卻常常想到。

雅羅斯拉夫·伏爾赫利茨基和弗艾斯特都是在這個城市的城牆之內發現了自己遲到的愛情，而且吸取了創作的靈感。

弗艾斯特的艾娃就是伊欽勤奮的業餘話劇演員們送給他的。不僅是他們的演出，而且是戲的女主角使這位作曲家著了迷。出於感激他把自己的作品《伊欽組曲》獻給了這個城市。雅羅斯拉夫·伏爾赫利茨基給他的伊欽女友寫了幾十封極其優美的情書。這些信都保存下來了，但至今沒有發表。

弗艾斯特後來怎麼樣，我不清楚。至於伏爾赫利茨基，我知道，他照例又失戀了。這樣講下去，我們已經同小市民散佈流言蜚語相差無幾了。算了，把這些回憶擱置一邊，還是回到椴樹林蔭大道上去散步吧。椴樹的花開得很茂盛，繁枝交錯，在我們的頭上形成了一條黑黝黝的蜜蜂通道，它在千百隻蜜蜂嗡嗡的吟唱聲中顫動著。

對年輕人來說這是多麼好的散步！他們隱藏在粗壯的三百多年的古樹後面，頭上還滴落著蜂蜜。

星期天在北面拱廊散步的人群像波浪似地湧動，低聲細語。離拱廊頂頭不遠處有一座建築物，其機關式的陰沈氣息同其他的房子略有區別，而且很不合拍。這就是伊欽城的監獄。那裏的監獄長是維柯先生，他有一個長得很漂亮的女兒。

有一個夏天的星期日，我們正在廣場上散步，他的女兒安娜·維柯娃從窗戶裏看到了我們，便馬上跑出屋子朝我們迎上來了。她認識我妻子，但她卻想跟我談談。當時她覺得自己很不幸，一見面就急急忙忙跟我述說她的痛苦。

她無論如何也不願意留在伊欽了。她說不管怎麼樣也要去布拉格。她要我在布拉格給她找個工作。如果我幫不上忙，她就自己去闖闖，找個活兒幹，哪怕當傭人也成。

安娜·維柯娃確實是個漂亮的姑娘，烏黑的眼睛，長長的黑睫毛，迷人的目光投到每一個人的身上。我本想請她原諒，因爲我在這類事情上是很笨拙的，但是，我躲不過她那美麗的乞求的眼神。她的要求我認爲是荒謬的。她那烏黑發亮的粗辮子，有點古色古香地盤在頭頂上。反正是美得很。

沒辦法，我只好答應了她，到布拉格去找找看，儘管我根本不知道怎麼找，到哪去找。

我居然給她在布拉格找到了工作。不過是碰巧罷了。至於什麼工作我就不說了，我有我的理由。是在離我工作地點不遠的地方，這在當時是不多見的。可是我沒想到，各種情況的巧合使我這次努力最終對安娜・維柯娃的命運起了決定性的作用。

當我在布拉格的街道上嚮往那灑滿陽光、微風送來山花芳香的廣場時，她卻一味地想從這些地方逃出去，無論如何也要逃出它們的勢力範圍。

其實我並不怎麼相信命運。如果設想，人的生活軌跡是事先規定好的，人只能沿著它活動，就像開了發條的兒童玩具那樣，那麼，這種想法是令人難受的。但是我又不能因此而不相信有時候對某些人來說，生活際遇就像是在玩一種類似命運的奇怪的遊戲，人甚至沒有違抗它的意圖，而是自願讓它把自己拖向毀滅。

柯克托❶在他那篇多半已為我國讀者遺忘了的故事中引用了伊朗的一個傳說：一天，一個年輕的園丁突然來到他主人面前，急切地求主人借給他一匹快馬。因為早上他遇見了死神，死神威脅了他。他想當天趕到伊斯帕罕，以便躲過這場災難。主人把馬借給了他。中午主人也遇到了死神。他問：「你為什麼今天威脅我的園丁？」「我沒有威脅他。」死神答道：「我只是遇見他吃了一驚，驚得抬了抬手，因為我應該到今天晚上才在伊斯帕罕結束他的生

---

❶ 柯克托（一八八九—一九六三），法國詩人、小說家、劇作家。他在藝術技巧上的創新，對歐美現代派文藝有一定的影響。

命。」

類似的情況我們家裏也發生過。我有個姐姐，住在利伯萊茨附近的寧靜的玫瑰谷鎮，安寧而心滿意足。她最不嚮往的、最不想幹的事，確切地說，她覺得最讓她難受的事，就是坐車去布拉格。她在家裏，在花園裏的玫瑰花叢間，日子過得很安寧，不少人也有這種想法。但有一天，她突然無緣無故地硬要去布拉格。沒有任何重要理由，就是想去。人們怎麼勸她放棄這念頭也白搭。她的女婿那天本來有事，沒時間開車送她。但她竟然說服了他！後來女兒也跟著一塊兒去了。誰知出了利伯萊茨沒幾公里就出了車禍。別人都平安無事，連汽車都沒撞壞，唯獨姐姐一人死了。

正是這些事讓我感到安娜・維柯娃是受著命運的支配。

她來到布拉格後，我還經歷了她的兩次戀愛。不過我要說清楚，我並未干預她的生活。一則是她曾求我幫忙，再則有關的那兩位都是我的朋友。我得承認，兩次戀愛都不是她的錯。錯就錯在她那少女之美。第一次是我的朋友畫家M.愛上了她。我承認，當時我沒想到，突發的愛情能把一個表面上很正常、理智的人搞成什麼樣子。他不再工作了，這我還能理解。糟糕的是，他連飯也不吃了，像丟了魂一樣在布拉格街道上遊蕩。儘管我不善於、也沒興趣在這種棘手的事情上做些什麼，但爲了我所喜歡的朋友我不得不進行相當無情的干預。幸而那只有幾個難熬的星期。畫家現在早已去世，但那時候過了好久以後，他只要一想起那事，還至少要緊緊抓住我外衣的袖子，害怕得全身發抖。

不久以後，我另一個朋友又愛上了安娜・維柯娃。這次要複雜一些。安娜・維柯娃也有點兒愛上了這位作家S.。可惜對方已經結婚。這次她要我幫的忙我難以做到。朋友S.有個年輕的好妻子，因此這事也不得不合理地收場。此後有一段時間安娜・維柯娃從我生活中消失了，只是偶爾聽到點她的消息。直到有一次我又遇到了她，她又不滿意了。布拉格也不夠她施展的了。她覺得不開心，想去巴黎或柏林。這一回我當然幫不了她的忙。當我知道她愛上了一個駐布拉格的德國編輯，我還挺高興。我祝她幸福。由於她不停地追趕命運，不久她就和她的朋友一起去了。

還在德國備戰達到頂峰、準備佔領捷克斯洛伐克之前，他倆就逃回了布拉格。她丈夫認爲到莫斯科更爲安全，安娜・維柯娃暫時留在了布拉格。

但是，德國佔領之初她就被逮捕了，關在龐克拉茨監獄。見過她的人，包括《絞刑架上的報告》的作者，都說她還是那樣漂亮，在監獄裏表現得很堅強，昂然不屈。只是頭髮已經灰白了。納粹頭子海德里希被暗殺後，在那些殘酷的日子裏她被處決了。

據說她和弗拉迪斯拉夫・萬楚拉一樣是在柯比利西刑場被槍決的。

有一年六月，天氣極其美好。美好的夏季在捷克天堂❷就更加景色宜人了。至少我是這麼覺得。在這個地方我覺得像在自己家裏一樣，像是屬於我的！

六月底我去了布拉霍夫斯基山。途中我在一個紀念碑的基座上休息。那是紀念一八六六年伊欽附近一場不幸戰役的死難者的。當時距那次戰役還不到一百年。

我向來總是在那裏長久地眺望下面的利布尼和特洛斯卡。那時候還沒有什麼遮擋。今天，在那裏登高遠眺，前面已經擋上了一堵樹牆。

那是多美的景色！田園詩似的誘人的小村莊利布尼和它的小教堂淹沒在開滿鮮花的草地的綠色海洋中，而遠方的特洛斯基古堡看上去一會兒是灰色的，一會兒是藍色的，黃昏時又是玫瑰色的。精雕細鏤的妖嬈景色吸引著人們投向她的懷抱，而雲雀的歌聲飛上天空，給蒼蒼穹宇挽了一個扣，恰似一枚亮晶晶的針飾別在新嫁娘婚床帳頂的錦幔上。

紀念碑發黑的沙岩石上，突然向我爬來一隻淡藍色的蜥蜴。它向四周張望，一看見我便鑽進紀念碑後面的草叢中消失了。

再見吧！此生再也見不到你了。不一會兒，又飛來了一隻孔雀蝴蝶。她輕輕地扇動著翅膀，一陣風來它飛走了。最後跑來一隻黑色的小甲蟲，在碑石上爬來爬去。它發現了碑上的刻字，便費勁地一個字一個字地爬。我這才發現德語的碑文。我待的地方正是這場戰役開始的地方，在戰區的邊緣上。

---

❷ 捷克天堂是國家自然保護區。地跨中捷克州和東捷克州。風景優美，以石林著稱。

伊欽經歷過這場戰爭的老人至今還樂於談論它。六月二十八日上午九點左右一條消息在伊欽傳開，說普魯士軍隊正向伊欽開來。

他們強大的炮兵從利布尼出發，經過克涅日尼采和伊諾利采朝伊欽進軍。很快奧地利獵人營就佔領了城外的切索夫卡高地，一小支輕騎兵隊伍佔領了克貝爾尼茨基公路和伊欽池塘之間的地段，所有這些地方在布拉霍夫旁邊的紀念碑那裏都能看到。普魯士士兵每前進一步都要付出鮮血的代價，儘管如此，他們仍努力前進，什麼也擋不住他們。奧地利軍隊第一發炮彈，正好打在一個沒有及時隱蔽的普魯士士兵的頭上，這成了雙方爭奪伊欽城的炮戰的號令。普魯士人仍不停地往前進。他們的撞針槍比落後的奧地利槍優越，「執行公務」要比奧地利槍迅速得多。普魯士的指揮官顯然也比較有經驗。奧地利將軍克拉姆・伽拉斯坐在伊欽飯館，就連薩克森❸的炮兵爲掩護敗下陣來的步兵而開進伊欽時，他都沒從飯桌上挪動一步。戰役失敗了，奧斯特魯然斯基魚池附近遺屍遍野。奧地利步兵在那裏戰鬥過。

伊欽本身到處是傷員。教堂裏、軍營裏、學校裏、城堡裏、卡爾東茨基監獄裏躺滿了傷員和垂死的人，但給他們哪怕是送點水喝的人都寥寥無幾。

通往克貝爾尼采的公路上遍地都是戰死的輕騎兵。輕騎兵，過去瀟灑倜儻，如今馬沒了，

---

❸ 薩克森在一八六六年普奧戰爭中是奧地利的盟國。

鋼盔也丟了。有的鋼盔嵌進了前額，漂亮的小鬍鬚翹在死人的臉上簡直有點可笑。可惜，昔日金色鋼盔的風采、紅色馬褲的傲岸之氣都已煙消雲散。

伊欽很快就駐滿了勝利大軍。普魯士大兵的軍靴咚咚作響，他們到處橫行霸道。所有的酒館飯店，所有的市民家庭都躲不過。能搶的搶，喜歡的就拿，毫無廉恥之心。奧地利的軍隊和老百姓則紛紛逃往布拉格。

而今天一隻小小的黑甲蟲正在死難軍官的名字上爬，夏日的靜謐中飄浮著芳香。

第二次世界大戰之後我又來到伊欽，在廣場上散步。一邊心裏計算著戰爭中這裏死了多少人，其數量眞是可觀。過去，廣場上有幾家伊欽猶太人開的大商店。這些人戰爭中幾乎全死了。我的一個伊欽朋友高利阿特一家被掃地出門，全家一半慘遭殺害。

奧托・高利阿特戰前在廣場上一座哥德式建築裏開設了一家女服店。每天早上他都把樣品掛在寬闊大門的木門扇上。但是他不喜歡做生意，他的生意並不興旺，他的財產也沒因此而增多。他更關注市里的事，在市議會工作。他走在街上總是像《聖經・舊約》裏的先知那樣陰沈著臉，樣子很嚴厲。其實他的爲人並不像有些人想像的那樣兇惡。他剛正不阿。他的床頭櫃上總是放著一本海涅的詩選《歌集》。他的妻子和藹可親，人們都很喜歡她。他們倆同最小的兒子後來都被殺害了。

但是，生活一路小跑似地朝前趕。高利阿特的房子今天已經是水果店了，櫃檯上一堆堆的柑橘和檸檬閃閃發光，顧客盈門。每當我走過伊欽監獄，心裏像針刺一樣難過。

安娜・維柯娃啊！世界是太可怕了！

不太久以前，一個我不認識的讀者給我來了一封友好的信。他說，前不久他到過伊欽。由於他剛剛讀過我寫的關於伊欽和關於裁縫特恩卡的詩，他禁不住數起聖母瑪利亞光環上的星星來。詩裏寫道：

唯有一尊石像屹立在廣場中央，
十三顆星星映輝在她的額上。

這位讀者接著寫道：我查看了一下光環，發現那裏有十四顆星星。您那次準是數錯了。信的作者雖然簽了名，但沒留地址。如果我能給他回信的話，我會這麼寫：

沒有，親愛的先生。我沒數錯。那次甚至是兩個人數的。但是，如果伊欽廣場上瑪利亞雕像的光環上有十四顆星，那是因爲那裏出現了一個小小的、不爲人知的奇蹟。

這第十四顆星從天上掉到那裏時顯然就是在安娜・維柯娃美麗的頭掉在柯比利西刑場沙土上的那一剎那。

IV

烏鴉飛滿天

引言

在布熱弗諾夫，我的大窗戶前面有個小花園。從前，花園外是一片苗圃，那裏從秋天到次年夏季都是綠油油的。再往前，越過一片農田是個報廢的採石場，夏天長滿了毛蕊花。一條公路從採石場伸向平地，公路的後面還是農田，遠方山坡上是一片小樹林。每逢三月，搬把圈椅坐在大開的窗戶前就可聆聽雲雀的歌唱，猶如坐在民族劇院的包廂裏。

現在，窗前開闊的空間早已蓋起房子，苗圃那一帶已變成用鐵絲網籬笆圍起來的住宅和別墅。過去常飛進院子的鷓鴣和山雞不見了，連冬天也不再光顧。當年在我們腳邊亂竄的野兔已逃得遠遠的。只有烏鴉對我們還保持著忠誠，而且數量越來越多。它們總是在十月底一般肯定不會再有好天氣的時候飛來。來時成群結隊，空氣中充滿了它們不祥的叫聲。它們還偏偏喜歡落在白樺樹纖細的枝條上，壓得枝條深深地彎下了腰。

有一年秋天，我把一隻被獵人射殺已經發臭的野兔埋在花園的肥堆裏。烏鴉很快就把它扒了出來，從此對我家的花園特別注意，神經質地不停地飛來飛去，給我的感覺彷彿要在我家窗下搭一座靈台似的。

秋季大概有一半比淒涼還要淒涼。我們每個人都會暫時停下腳步，困惑地回顧以往的歲月。在走過的人生道路上到處都有一張張可親可愛的面龐，到處都是我們心中不停呼喚著的、渴望見到的人。

在上千個面孔中我忽然看到一張幾乎已被忘卻的臉，使我想起一件往事。還在學生時代，在現今的民族大街上我經常遇到一位拿著手杖戴著黑色彎簷禮帽的老先生。我總是向他問候，他也總是微笑著把禮帽往上舉一舉表示還禮。這是散文家依格納特・赫爾曼。許多年之後，在二〇年代末，有一次可能是出於好奇，他在街上叫住我，問我姓甚名誰，這樣我們就算是認識了。

「年輕人，」赫爾曼後來對我說：「在同輩人中我已經沒有熟人了。他們都已不在人世。現在世上只剩下我一人了。」當時民族大街上一片嘈雜，滿街的人，有的匆匆趕路，有的駐足觀望。我不相信他的話。不是到處都可以碰到熟人和讀者嗎？不，他不是孤獨一人。

二〇年代初的一個秋天，我們旋覆花社出版過一個文集。赫爾曼曾微笑著向我提起這件事。現在已經記不得爲什麼那個秋天我們把書的扉頁也搞得非常惹人注目。文集的問世引起過一陣震動。當年集合在文集周圍並在文集最後一頁署名的人們，現在還剩下幾人？也就兩、三人吧！而如今仍然能一面輕喊著烏拉❶，一面把鋼筆蘸進墨水瓶的也只剩下我一人了，其他人都已謝世。我回首尋找他們的面容。他們出現了一下，但隨即又在善忘的昏暗中消失。我又翻出這本舊書，一陣悲戚之情不禁油然而生。往事潮水般撲來。昔日愛好的熱烈氣息早已冷卻消散。多少個姓名啊。依萬・高爾，弗依塔，喬格・格羅茲，薩德金，吉斯林，阿爾希本克！這些都是今天已經不爲人知的名字。我更爲思念的是另外一些人！

如果能夠同萬楚拉哪怕是只握一下手，我該會何等幸福！如果能讓我在斯拉維耶咖啡館再同泰格一起抽一袋煙，要什麼我都願意。如果我沒有帶煙斗，他也會很樂意地借給我，因爲我知道，他的口袋裏總是裝著好幾個煙斗，替換著抽。如果我還能在舒台爾酒館同奈茲瓦爾喝上一瓶葡萄酒，我會感到多麼高興。在這種時刻我一定會想起當年他滿懷激情地給我們朗誦他在文集中首次發表的新詩「神奇的魔術師」。那詩還是我送到印刷廠的，至今我還常常記起那令人著魔的序詩：

新文化，你夢中也在想，我用全新的方式給你歌唱，

啊，雌虎泉……

❶ 歡呼詞，意爲：萬歲！

翻著發黃的紙張，我不能不想到文集最後泰格那篇綱領性文章的結束語：

「新藝術的美來源於我們這個世界。藝術的任務就是創造出可以與一切世間之美相比擬的美，用令人目眩神迷的畫面和奇妙的詩的韻律展示世界如此美麗。」

書中「世界如此美麗」幾個字是用大寫字母印出的，還用兩隻小手伸出食指的圖案括起來。在印詩的時候我們也常喜歡採這樣的方式。

從旋覆花社文集出版到今天，已經過了五十多年了。又是令人憂鬱的十月，又是在民族大街上。周圍的生活奔騰向前，令人眼花繚亂。可是我感覺，在這世上只剩下我一個人了。

去奈拉霍澤衛司的路上

有一種看上去很優美、花瓣兒紅得招人喜愛的樸素的小花，過去我們管它叫做野芝麻。長在克拉盧比市郊的山坡上。我們總是採下很多，晾乾了，在春秋兩季犯咳嗽時煮水喝。

那並不是紅色的野芝麻，根本不存在這麼個花名兒。它的名字我最近才弄清。我被迫躺在莫托爾醫院的病床上時，找護士借了本書。彼得伯克著的植物學，書中還有畫家斯沃林斯基所繪細緻逼真的插圖。差不多過了七十年，我才在那本書中得知少年時採摘的花的準確名稱是奧冉卡・卡拉曼德拉❶。緊接著在下一頁又找到了它的近親，和它一樣的花，瑪露兒卡・克林諾派特。

啊，上帝！捷克人給這麼兩種不起眼的花兒起了多麼好聽的名字。

---

❶ 一種風輪菜屬的植物。

奧冉卡·卡拉曼得拉，瑪露兒卡·克林諾派特。發這兩個字的音時，空氣在上顎和舌尖處滑動。我反覆地唸著這兩個名字，就彷彿在撫摩這幾個字的聲音，像是對這旋律總也聽不夠似的。爲了把這幾個字很快地連著念下去，時常念顛倒了，念成瑪露兒卡·卡拉曼德拉，奧冉卡·克林諾派特。啊，不對，應該是奧冉卡·卡拉曼德拉，瑪露兒卡·克林諾派特。瞧，捷克文多麼神奇！能把很難念的外國字變成如此動聽的詞兒。

醫院病房裏，每天早晚都很忙碌。將要下班回家的護士必須把本班該處理的事做完才能向前來上夜班的護士交接。分發睡前服用的藥，準備服侍病人睡覺，拍鬆枕頭，還要拖著疲倦的身子再巡視一遍病人。

「護士小姐，您是最和善的，總是微笑著。」

「如果時間來得及的話，大家都會很和善，都會微笑的！」

我在想，差不多七十年來，每天都要睡在硬枕頭上。這其間有過兩次大戰。動了好幾次手術，有一次還是大手術。住過十次院。感受過如此多的愛，恨，惱怒，友情和敵意。一直到第十一次住院時才得知兒時採摘的花朵叫什麼名字。

現在又躺在這裏。我已經太老了，不會再有什麼未來的計畫，但是我還沒有老到不能對未來抱有某種希望吧，是不是，迷人的小奧冉卡·卡拉曼德拉？

「您在這兒？」護士長在半開的門旁說，「還有一針要打。」

可是我的心並不在那兒。我正坐在太陽曬熱了的石灰岩山坡上，看著通往奈拉霍澤衛司的狹長的道路。我的周圍滿是鮮花。那美麗芳香的河緩緩地、靜悄悄地向前流著，早已把年輕莽撞的我丟在後面。

三本處女作

成年人往往意識不到，孩子們對自己喜愛的人們之間的不和諧和憂愁觀察得很仔細，並爲此感到傷心。自古就有一種迷信，認爲童年不僅是天眞的，而且像是戴著快樂之花編成的花環，只有幸福和無憂無慮。但事實並非如此。童年其實是充滿了矛盾和疑慮，充滿了不愉快的遭遇，變故和悲傷。他們沒有說出來是因爲他們還找不著適當的語言去表達。

這原是大家都知道的事，我現在之所以說也是給自己聽的，因爲我正在回想自己的童年。我的童年並不幸福，這是眞的。

我父親比母親大約大十五歲。一種恐懼的思想長期折磨著我，怕爸爸會很快死去。大戰時媽媽爲缺吃少用而犯愁的心情，我也感同身受。爸爸丟了工作，想要報名去戰場淸掃地雷。媽媽說什麼也不讓他去。我極愛父母，但童年並不美好。

在小學和中學的低年級我曾是好學生。中學在學年末發表的成績報告上，我的名字旁總是閃耀著小五角星。那時對受獎勵的學生都是如此。

到了四年級我的成績就掉下來了。年度成績單上數學得了四分，剛及格。這肯定是個使父母傷心的意外事件。我很怕讓他們傷心便把我的想法告訴了一個要好的夥伴，約瑟夫•蘇漢奈克。他雖然比我高一班，年紀也大一歲，但我們兩家是鄰居，兩人的媽媽也常來往。他也喜歡詩，這是我倆友誼的關鍵。

蘇漢奈克提出了一個大膽的主意。改寫成績單，把及格改爲良好。這雖然達不到受獎勵的程度，但總不至於讓父母太傷心。當時我很怕，這是一種小小的罪過，應該算是僞造官方檔的行爲，會受到嚴厲懲罰的。可是一想到父母，我還是接受了他的建議。蘇漢奈克比我能幹，膽子也大。

給成績單動手術需要找個僻靜的地方秘密進行。在公園裏是不行的。我們決定去奧爾尙公墓。我有一個妹妹葬在那裏，她很小的時候就生病死了。在她的墓旁我覺得安全些。對於奧爾尙公墓我熟悉得很。童年時代我常常自己在那裏玩。我不是性格孤僻的人，眞的不是，或許正好相反，但是到公墓去玩時喜歡一個人遊蕩。從一個十字架到另一個十字架，從一座墳墓到另一座墳墓地看。等長大一些後，逐漸知道探尋捷克名人的墳墓。公墓入口處有一份說明。那上面所列的墳墓多數我都常去。文學研究家中只有黑塞克❶教授對這些墳墓認眞地關心並在精神上守護著它們，如果他知道我的愛好一定會很高興。後來有一次我向他談到我兒時的興趣，這促使他生動地講了一通在奧爾尚安息的人們的遭遇。哈弗利切克，馬奈斯，斯薇特拉❷，遜爾士❸和福格內爾❹的墓是我每次都去的，哪一次也不會錯過愛爾本的墓地。《花束集》中的詩歌，多數我都能背誦，作者那高貴的儀容也是我所喜愛的。正如我喜愛石座上哈弗利切克的金屬塑像一樣。每次去，我總要動情地良久站立在愛爾本的墓前。他的墓上經常擺著人們獻來的鮮花花環和花束，鮮花中間放著許多已經熄滅了的蠟燭。我把蠟燭一一點燃，照看著燭火的燃燒，然後從花環上折下一枝留作紀念。

妹妹的墓座落在靠近維諾赫拉德區公墓較高地段的兒童墓區之中，上面只有散花天使的瓷像。離她的墓沒有幾步路的地方就是有名的赫德利契卡家族的墓地。在整個公墓中，他家的墓修得最大也最壯觀。黑色大理石牆前有幾層寬闊的臺階，臺階上立著四尊真人大小用義大利白色大理石雕刻的人像。死亡天使攜著身著奧地利軍官禮服的青年，單腿點地跪著的是悲痛欲絕的母親，父親無助地看著這悲慘的景象。

---

❶ 米洛斯拉夫．黑塞克（一八八五—一九五七），文學評論家、文學史教授。

❷ 卡洛林娜．斯薇特拉（一八三〇—一八九九），文學家、爭取女權運動的戰士。

❸ 米洛斯拉夫．遜爾士（一八三二—一八八四），教授、體育運動組織者、捷克民族體育組織雄鷹體育協會的創建人之一。

❹ 因德里赫．福格內爾（一八二二—一八六五），體育運動組織者、雄鷹體育協會創始人和第一任會長。

墓碑上刻著斯拉德克的著名悼詩。爲了怕白色大理石受不住北方的天氣，雕像在冬天還要包起來。

我把朋友引到妹妹的墓旁，這位熱心的夥伴帶來了神奇的藥水，還帶著墨水瓶和鋼筆。那時候還沒有自來水筆呢。墓旁有棵小樹，樹根把墓都頂得有點歪了。樹下有個小圓凳，我們就在凳上開始了複雜的手術。在藥水的作用下字跡眞的消失了，不過那塊地方的紙有些發毛，新寫的字有點暈開。

當我把改過的成績單交給父母時，心都跳到嗓子眼了。媽媽比較容易糊弄。爸爸就看得仔細多了。顯然有些懷疑，還拿著成績單對著光看了一會兒。他倒是沒有說什麼，可是這沈默反而更使我不安，延長了我的痛苦。

假期後開學時我們照例要交出上學年的成績單。那時我不得不裝做把成績單丟失了去申請複製。班主任看我的眼光也是充滿了懷疑。成績單怎麼能丟呢！不過還是給了我一份複製成績單。要了兩個金幣。當時這可是個大數目，記不得那時是怎麼搞到這筆錢的。

從我家可以看到蘇漢奈克家的窗戶，我們之間有事要商量時，在陽臺上大聲喊就行了。

在公墓裏的這次合作使我們的關係更加親密。我們有許多年都是忠實的朋友，後來也是。離開學校以後我們還有來往。這時他已經使用伊萬•蘇克這個筆名，後來筆名倒是廣爲人知，眞名反而被遺忘了。到我們建立旋覆花社的時候，我們才由於文學道路的不同而徹底分手。

作爲個人，我們還曾在《人民權利報》編輯部裏共過事。

中學四年級時我們又把弗朗基謝克·聶麥茨，這位日後《捷克言論報》評論法庭審理的名記者，吸收了進來。那時我們三個一起試著寫詩，儘管總是失敗，我們三個一起迷上了弗朗基謝克·蓋爾奈爾，我們三個一起發狂般地崇拜諾伊曼。在文學和政治上，我們把他奉若神明。我們三個都成了無政府主義者。

我同這兩個同學的友誼對我後來的人生起著重要的作用，而我的童年，如果中學四年級還可以算作童年的話，也就結束了。

對於學校我已不再感興趣，五年級的學習成績也直線地降了下來。那時我已經退學了。聶麥茨的學習成績也變得令人擔憂起來。蘇漢奈克勉強地學了下去並且在日什科夫中學畢了業，而我和聶麥茨兩人不得不離開學校。

臨近四年級學年末期，聶麥茨的命運幾乎已經決定了。他有留級的危險。這時他想了一個大膽的計畫，他試著找個地方自殺。裝著在廁所上吊，讓我及時去解救他。

我雖然有一肚子的不同意見、擔心和恐懼，但爲了朋友還有什麼不能豁出去呢。我們一切都談定了。一天早晨我們兩人對準了懷錶的時間，聶麥茨準備了繩子，我帶上鋒利的刀。

上課時我緊張地注視著懷錶上的時間，時間一到我就衝出了教室。但很遺憾，我那時毫無搶救上吊人的實踐。結果，等我到了學生廁所打開門看到掙扎著的夥伴時，慌亂之中忘了應該跑上前去割斷繩索，而是發瘋般地跑回教室大聲呼救。

聶麥茨當然沒有死。老師把他抱了下來，過了一會兒他蘇醒了過來，如果他眞的曾經失去知覺的話。他的計畫和打算是對了。學生自殺事件對校方和老師所能帶來的恥辱，是日什科夫區一個模範高等文科中學所無法承受的。聶麥茨得到一份成績優良的學年成績單，條件是他必須離開學校。他滿心高興地照辦了。成績優良的成績單到手後，他就在外邊吹噓自己的手段。學校其實早就有所懷疑，我們的友誼多少也暴露了我。等校方聽到聶麥茨的吹牛後，就對我下了狠手。本來等待著聶麥茨的命運降臨到我的頭上。幾天後，我得到了兩個不及格，操行四分，被開除出日什科夫中學。

暑假後，我去維諾赫拉德區哈爾科夫街的高中去報名。學校對接受我不怎麼熱情，要我作爲自讀生入學。就是說用不著每天去上課，只須學年中期和末期去參加考試。聶麥茨也到那裏去當了自讀生。

此後，儘管有過良好的願望，可就是怎麼也學不進去。聶麥茨也是如此。不過一直到前幾年我還經常做惡夢。夢見自己沒有復習好就得參加考試。這樣的夢一年總要做兩三次，醒來後心裏還覺得害怕和難受。

在同劃滿各種縮寫的綠色課桌告別之前，我同聶麥茨就已走進了世界，這個世界從人民之家開始，也在人民之家結束。過了一段時間，聶麥茨由於薩波托茨基5的推薦，到克拉德諾《自由報》社去工作，此前他曾向那裏投過一些諷刺詩，而我後來則是去了布爾諾，到切爾尼克主持的《平等報》社工作。

從布爾諾回來後，我經諾伊曼的介紹到共產主義出版社去當編輯。

從此，我們青年時期的第一階段結束了，開始進入一個較爲嚴肅的階段。伊萬·蘇克首先在米納瑞克出版社出版了處女作：抒情詩集《森林和道路》。接著，諾伊曼在波羅維出版社爲聶麥茨出版了一本書。諾伊曼還親自確定了書名：《爲了自己和您，詩的片段》。最後我也出了書，一本革命詩集：《淚城》。發行量雖然不大，但很快又出了兩版。

這樣，我們在諾伊曼的《六月》週刊共同起步進入了文學生涯，但是隨後我們就分手了。我們各走各的路，各有各的方向，在文學上我們再也沒有聚首。

---

❺ 薩波托茨基（一八八四—一九五七），捷共領導人，曾任捷克總統。

切爾納街

卡雷爾・泰格的父親將他那棟座落在布拉格新城區切爾納街的分租小房屋賣給了與之毗鄰的修道院。修女教團將兩棟房屋打通，關閉了一個大門。這樣一來，造訪泰格家就必須去按修道院的門鈴。修女們出來開門，態度都很和藹。其中有一個，誠如斯洛伐茨科❶人常說的：年紀輕又輕，樣兒長得俊。我想親她一下，可是白費心機。雖然她並不生氣，總是咯咯地笑了，親吻卻不行。

老爺子去世以後，他家三樓空出了一套多居室的住房。因此，當伊希・沃爾克決定遷出斯米霍夫區他那不怎麼稱心的住所時，他就搬到了切爾納街。泰格給了他一間屋子。這兒距離考裏霍夫大樓的哲學系教室僅幾步遠，沃爾克定期前去聽課，當時尼耶德利教授正在講課。

---

❶ 捷克地名。

過不多久，詩人英德希赫·霍謝伊希也搬來了！他佔用了旁邊那一間。不過，我們只是難得才見到他在家裏。早晨他去統計局上班。對這個機關他很不滿意，經常牢騷滿腹。一下班他便匆匆趕往拉紮爾斯卡街轉彎角上的杜莫夫卡咖啡館，在那裏埋頭搞翻譯，一直幹到晚上，有時甚至到深夜。他從不在家工作，無法在家工作，他不會。工作時，他顯然需要咖啡館的喧鬧聲，杯盤叮噹，人聲嘈雜。他的小家庭就靠翻譯來維持生計。在統計局當小職員待遇菲薄，任務是將一些協定和檔之類譯成法文。在咖啡館他譯詩，也為民族劇院譯新劇本。

霍謝伊希是個很好的朋友，雖然他和我們這一代人稍微有些距離。他年齡大幾歲，處於托曼和我們之間。霍拉那時同我們要接近得多。

作為切爾納街的一名房客，霍謝伊希有點兒不一般。他永遠沒有錢。下午他在杜莫夫卡喝不計其數的黑咖啡，一支接一支地抽煙，經常沒有餘錢吃午飯，也沒有餘錢吃晚飯。

第一次繳不出房金，他向泰戈娃太太極力道歉。泰戈娃太太為人和善，她不計較，也不等著錢用。她揮了一下手。一個月以後，同樣的對話重複了一遍。第三個月，他已只是冷冰冰地通知她，說他依舊沒有錢。第四和第五個月他什麼也不說了。半年之後，他把房門碰得碰碰響，低聲對自己說了幾句難聽的話，儘管沒有人向他要過租金，他搬走了。

對於這一切，人們毋寧說只是感到有趣而已，並無嫌棄之意，不像霍謝伊希所猜測的那樣。不過，這已是他個性不平衡的一種表現。他不善於理財，再說他也從來不曾有過很多錢，缺乏學會這門藝術的機會。落拓不羈的生活方式他在巴黎就養成了，在那裏他結識了托曼。除卻這一點之外，英德希赫是個好人，隨時都樂於將自己的最後一個克郎、最後一支香煙同任何人分享。

與他相反，沃爾克卻完全是個有條不紊、堪稱典範的房客。我是泰格家的常客。在他家那間寬敞的書房裏，靠一邊牆放著大書櫥，擺滿了老爺子的專業性歷史書籍。同大書櫥並列但有點兒不太協調的，是泰格的書櫥，裏面大多爲現代法國文學作品及其捷譯本。

我們常坐在這間書房裏制訂宏偉的初步方案。有時一坐就是整個下午，直到晚上該去咖啡館的時候。

在泰格家，我們不僅常同沃爾克見面，而且也同旋覆花社初創階段的一些畫家和建築家聚會。同華斯曼、蘇斯、洪齊克和哈弗裏切克，尤其是同克雷察爾，後來當然還有奈茲瓦爾。當希瑪從巴黎來到布拉格時，我們絕對會在那裏見到他。那兒是旋覆花社遷往斯拉維耶咖啡館之前的第一個集會場所。牆上掛著希瑪給泰格畫的肖像，以及茲爾紮維畫的一幅很大的風景炭畫。

泰格的居室後面是所謂的沙龍，它的窗戶朝著切爾納街。波斯地毯上放了幾把舒適的安樂椅，罩著綠絨椅套，房間中央是一架大鋼琴，沃爾克常在這兒彈鋼琴。

當奈茲瓦爾參加進來以後，他常和沃爾克合奏鋼琴。對於沃爾克來說，這不啻是對忍耐力的一種考驗。生性急躁、充滿激情的奈茲瓦爾彈鋼琴總是快了兩拍，沃爾克徒然想要拉住他。不過，依我看他兩個都是很好的音樂家，尤其是奈茲瓦爾。那些美好的時刻啊，晴空萬里的青年時代！

在這間屋子裏，我生平第一次聽到了雅那切克❷。奈茲瓦爾熱情洋溢地彈奏並且歌唱了他的《養女》。

奈茲瓦爾曾經倚著這架鋼琴給我們朗誦「神奇的魔法師」❸。這首詩把我們給迷住了。我們喜歡聽，他也喜歡朗誦。他朗誦了不止一次。我不敢說他的朗誦有多麼出色，但是他善於抓住聽眾，這一點可以肯定。而激情他從不吝嗇。

在自己的書房裏，泰格不是那麼舒舒服服地坐著，而是縮起雙腿，蹲在椅子上。就這樣他不知疲倦地給我們讀阿波里奈爾的詩，邊讀邊翻譯。因此，我們不僅知道了《醇酒集》❹，而且也知道了立體詩和雅各❺、科克托❻、桑德拉爾❼的詩，還有勒韋爾迪❽和其他現代派

---

❷ 雅那切克（一八五四—一九二八），捷克作曲家，作有歌劇十部，《養女》爲其代表作。

❸ 這是奈茲瓦爾一九二二年發表的一首詩。

❹ 阿波里奈爾的代表作。

❺ 雅各（一八七六—一九四四），法國詩人。他的詩有神秘主義傾向。

詩人的詩，而我們以前所喜愛的維爾德拉克的優美詩集《愛情篇》則退到後面去了，因爲——這主要歸功於泰格——立體主義、未來主義以及查拉的達達主義都蜂湧而至，一股腦兒撲到了我們的面前。

泰格還從托皮契書店買回了全套現代藝術專論，因而我們也熟悉了畢卡索，布拉克❾，以及法國和義大利現代繪畫中所有引人注意的現象。

馬里內蒂❿第一次訪問布拉格時，曾來過這間書房。他還向我們吹噓，說他在開羅從一個什麼親屬手裏繼承了七所妓院，那是很能贏利的行當：說他把賺得的錢用來資助義大利的未來主義運動。他給我們朗誦了他的「解放了的語詞」，一面朗誦，一面在房間裏踱步，揮舞

---

❻ 科克托（一八八九—一九六三），法國詩人、小說家、劇作家。在他的作品中，往往幻想與現實相結合，神話人物以現代人形象出現。他在藝術技巧上的創新，對歐美現代派文藝有一定影響。

❼ 桑德拉爾（一八八七—一九六一），瑞士法語詩人，隨筆作家。曾創造一種有力的新詩歌風格，以表現充滿奮鬥和艱險的人生。

❽ 勒韋爾迪（一八八九—一九六〇），法國詩人。他的反傳統的詩歌藝術手法給超現實主義派以很大的啓發。

❾ 布拉克（一八八二—一九六七），法國畫家。與畢卡索一起創作立體主義繪畫。

❿ 馬里內蒂（一八七六—一九四四），義大利文藝理論家。曾發表《未來主義宣言》、《未來主義文學宣言》、《未來主義戲劇宣言》等，提出一整套未來主義的理論主張。他曾積極參與義大利法西斯黨的活動。

著雙手，時而蹦一蹦，時而蹲下，是個無比活躍開朗的義大利人。他對捷克語言深爲讚賞，說這是唯一使他有了好幾個姓的語言，一會兒清清楚楚地聽到了馬里內蒂霍⓫，一會兒又是馬里內蒂姆⓫。這在任何其他語言中都是罕見的，他打心眼兒裏感到高興。可惜此人後來在埃塞俄比亞戰爭中聲名狼藉。作爲飛行員他參加了這次戰爭，從此也就被我們從心裏拋棄了。

有一次，那是陰沈沈的十一月的一天，奈茲瓦爾正在彈奏斯特拉汶斯基的《彼得魯什卡》中一段優美的旋律，泰格拉了一下我的衣袖，把我領到窗前。對面那座樓裏，在下面一層有扇窗戶垂著厚厚的深色窗簾。窗簾邊上出現了一隻被風濕症損害了的女人的小手，一張佈滿皺紋的小臉，戴著一幅金屬框架的眼鏡。

她是埃利什卡·克拉斯諾霍爾斯卡⓬。

⓫ 均爲馬里內蒂一詞的捷文變格。

⓬ 克拉斯諾霍爾斯卡（一八四七—一九二六），捷克女作家、詩人。捷克著名作曲家斯美塔那的許多歌劇的歌詞均出自這位女作家之手。

英屬圭亞那

在布拉格的普瑞考辟大街和果市大街之間的樓房底層有一條比較冷清的過道。那裏很安靜，有幾家老式的店鋪。有的鋪子至今還使用木製的大門，打開時像是張開的翅膀❶。夜間關門時兩扇木門用鐵插銷銷上，外面有一條粗門閂，門閂上還有一把大鐵鎖。當時的普瑞考辟大街已經追隨維也納之後變成了比較新式的街道，可是過道裏的商店仍只是用自己的古色古香招徠顧客，像是受保護的上一世紀的文物。現在已記不起那些商店都賣些什麼貨物，尚能記起的只有一家，那是一個專賣郵票的小店鋪。可能這是當時全市唯一的專營郵票的商店，也許還有別的，但我沒有聽說過。對於兒時的我來說，那裏賣的是異國風光和美妙的探

---

❶ 布拉格許多舊式商店的大門的門頂是圓的，外層的木門朝外開，因此打開後像是張開的兩隻翅膀。

險。一些大的文具紙張店也賣郵票，貼在紙帶子上，在櫥窗中擺在墨水瓶和鉛筆當中。不過，我總覺得不是味兒。文具紙張店散發著的完全是另一種氣息，另有其迷人之處。過道裏那家商店具有獨特的、無可替代的吸引力。那是一種專業性的、令人尊敬的商店。它吸引著所有的郵票愛好者。那時候，集郵才剛剛開始，只是一種個人的精神嗜好。第一次世界大戰前，布拉格大概沒有多少集郵者。去那家商店的大多是些上了年歲的人，用收集郵票來消磨時光。孩子們對此也很認眞。因爲這是他們所接觸到的第一個比較嚴肅的遊戲。

對於孩子們來說，收集郵票也是他們的首次探險。他們的心可以隨著目光漫遊全世界。少年收藏者能夠搞到的都是些幾乎一文不値的郵票，都是很容易找到的。因此，當他們得到一張比較珍貴的、譬如來自法國或英國殖民地的郵票時，就會覺得特別幸運。這是他們的眞正的財富。

開始集郵時，我們都是把郵票貼在用過的練習本上，稍後才放在那種叫做閃光本的、蒙著黑漆布的硬殼筆記本中。要達到更高的水平還需要過很長的時間。

現在讓我再來說說過道裏的那家舊式商店。那裏總是充滿魔力，總有新的發現會給你帶來驚喜。開始時我們只是站在小櫥窗前出神地張望，後來有人告訴我們說，這店裏一個克萊查的貨也有，可以儘管進去看看。原來靠近店門處有一個大麻袋，裏面滿滿地裝著從信封上剪下的郵票。

這幽暗小店的女老闆坐在櫃檯後面織毛線，你給她一個克萊查她就很和氣地把手慢慢插進痲袋，然後把五個手指縫所夾著的郵票都撒到你的帽子裏。克萊查當時算是小錢，對大人來說是小錢。一個小圓麵包那時賣兩個克萊查。但是在這裏，一個克萊查也能買到些許快樂。

如果女老闆覺得手指夾出的郵票太少，她就伸手再夾一次。不過這一次就只伸出兩到三個手指，視情況而定。

我不得不承認，女老闆對我頗有好感。看到我時總是微笑，還問我姓甚名誰，上幾年級什麼的。每一次我的帽子裏都裝了差不多兩把郵票。然後我光著頭跑回家，把自己的財富攤在窗前的桌上。幾乎整個世界都在這裏，至少是我所瞭解的、或者起碼是我略有所聞的世界。歐洲和美洲。

當然，在那堆郵票中沒有任何寶貝，但是這種失望並沒有使我喪失信心，希望總有一天會出現奇蹟。但奇蹟一直沒有發生。儘管如此，在這些普通歐洲郵票當中總還能夠找到某種稍爲珍貴一些，而且是我還沒有收集到或是從來還沒有見過的郵票。我還曾多次發現從殖民地寄來的郵票，這些是使我興高采烈的珍品。一個克萊查我還能想得到什麼呢！那時一個克萊查只能買一支奧地利最次的香煙，僅此而已。這小錢所能買到的希望和快樂也眞是夠廉價的了。

我能連續坐上幾個小時，仔細欣賞貼滿郵票的練習本。冬天下雪時，大片的雪花落在窗上。我常想，要是老天不下雪而是下郵票那該有多好啊，我不是可以在玻璃窗上揀郵票了嗎？

在那個時期，我有個小夥伴。是猶太大街上一個富商的兒子。那孩子心地善良，我們倆很要好。他也收集郵票。有一次在耶誕節後他把一本包得嚴嚴實實的大本子帶到學校。那是一本很漂亮的集郵冊。集郵冊這三個燙金字凹陷在硬殼封皮上。每一套郵票的前面都有一頁紙印著該套第一張郵票的複印品。郵票的分類已經是很講究很在行了。我看得出了神。這樣的東西對我來說只是一個無法實現的夢。小朋友看出了我的沮喪。他建議我們倆今後一起集郵，都放在這個本子裏。我很樂意地接受了建議。把自己的郵票本和一些尚未貼上的郵票都拿來放在那漂亮的冊子裏。我沒有覺得這樣做有任何不妥之處，我的小朋友也是這樣。剩下的郵票我們就拿去交換，因此冊子裏的郵票不斷增加。

但是，災難隨後就降臨了。當小朋友的父親得知我們在進行聯合行動後，他就把兒子的集郵冊要回來，放在商店裏屋的保險箱裏。我哭哭啼啼地去要。可是他絲毫也不心軟，說了聲集郵冊是他兒子的財產後就把我推推搡搡地轟出店門。

不過我和小朋友之間的友誼並未因此而中斷。過了幾天他就開始把郵票一張一張地帶給我，還保證說一定要把我的郵票全都還回來。但是，已經晚了。這次災難的震撼把我對郵票的愛也給震掉了。儘管還往練習本裏貼郵票，但心裏總不是滋味，也不再去收集新的郵票了。一大快事終結了。遺憾！集郵曾給予我如此多的美好時刻，以至於在四分之三世紀之後我仍然深情地憶起這段往事。

別了，戴尖帽子的瑪利亞娜。別了，林肯總統。別了，老虎，長頸鹿，原始森林中的野花！

同今天相比，兒時的時光過得特別慢，至少對我來說是如此。那時我希望時間快快地過去。我也不知道是爲什麼！總是不顧一切地想要儘快地擺脫童年和少年時代。眞的，簡直到了荒謬的地步。臉上一根毛也沒有時就老拿著剃刀刮，外出時手腕上還要套上硬袖口。起初是揀父親剩下的麻布袖口，不過這需要洗，漿和燙平，需要花錢。後來有了賽璐璐的，用水洗洗就行了。不過賽璐璐的袖口會發出一些響聲，與人擁抱時就在對方的耳朵邊嘩嘩作響。因此，在這種時刻我總是把它摘下來放在身旁。結果又把它忘在那裏。直到今天，每當回想起這情景，妻子還拿我取笑。

不過，早在找硬袖口戴之前，外出的時候我就已經裝出一副高傲的樣子環顧周圍了。當然，首先注意的是漂亮的姑娘們。

放郵票的練習本在抽屜裏躺著，我已經不再玩賞它了。腦子裏有許多其他的、我自認爲是更好的事情。

有一年春天，我同日什科夫的一位年輕姑娘沿著階梯一起攀登佩特馨山頂的瞭望塔，愛情之風吹拂著她的衣裙和我的頭髮。瞭望塔的玻璃廳裏只有我們兩人。我們在環形廳裏繞了幾圈，從各個方向觀賞城市的景色。要下去時，我迅速做出了決定，欲望驅使著我。我摟著姑娘的脖子，急速地吻了她一下。

老天爺，這簡直是英雄行爲！起碼我是這麼想的。有生以來的初吻。姑娘嚇得眼睛一亮，接著就哭了起來。但是，在回家的路上我們已經手牽著手幸福地走在一起了。

爲什麼在這裏講這種蠢事！這種大孩子式的接吻給我的感覺就像是以前在帽子裏發現了好看的外國郵票一樣。我把這初吻恭敬地貼在了記憶中，也像是把郵票貼在集郵冊中一樣，貼在顯著的地位。至今仍保留在那裏。

愉快的時期開始了。白天像邁著舞步一天天舞過去，白天被黃昏所吞噬，然後，變成了充滿神秘和魔力的馥鬱的夜晚。

佩特馨公園在晚間可以聽到數以百計的情侶們的親吻聲，好似花苞在綻裂，雖是悄悄的，但總能被人們聽到。那時我們正處於青春年華的絕好時期，不過，它也有一個缺點：我們沒有深刻地意識到這是絕無僅有、一去不復返的幸福。

啊，是的！我們在繼續收集。但已經不像兒時收集郵票那樣快樂。先是收集苦澀的教訓，我想，這種教訓在生活中決非可有可無的。然後是大大小小的失望和失意。生活在飛逝。一直到收集了一臉皺紋，滿頭白髮。最後，人總要到達一種從容的聽天由命的境界，這就是衰老。媽媽過去常說，青年人總是嚮往未來而老年人只是回憶過去。不過，這樣的結局似乎太慘了些。事實也並非如此。如果老年人連一點嚮往也沒有，那他很快就會陷入絕望。我想，老年人也各有嚮往。嚮往能夠緩解時光的衝擊。能夠給人以力量，並且多少總還能煥發些許活力。

如果我們把話題停留在那些彩色的小紙片上，凡是集郵的人，不管他是否承認，都是嚮往著能夠得到一張藍色的毛里裘斯和稀有的英屬圭亞那郵票。

我也一樣。儘管我心中念念不忘的並不是郵票。我嚮往的是別樣的事物。完全不同的事物！是更美好的！是可望而不可即的。是的，衰老也並非只有憂傷，布瑞金納❷這樣說過。

我這一生中認識兩位集郵大家。一位是諾伊曼，另一位是保烏切克。前者集郵出於對藝術的愛好。他喜歡郵票因爲每一張都是小型的美術作品。保烏切克是記者，出版工作者，永恆的理想主義者，是個好人。對他來說，集郵是他的終生癖好。在那個年代，記者是一種繁重而冒險的職業。要求有創造性，行動迅速和反應敏捷。要求哪兒有事就能在那裏出現。這些本領保烏切克都有，而且善於運用。在此情況下他還有餘力收集郵票，編輯部和辦公室裏所有字紙簍都是他洗劫的物件。

我常到保烏切克家去串門，一坐就是幾個小時。保烏切克夫人斯拉芙卡煮得一手好咖啡，

---

❷ 布瑞金納（一八六八—一九二九），捷克詩人，象徵主義派的代表。

是較濃的那種黑咖啡，保烏切克則不斷設計出很好的出版計畫和集郵計畫。諾伊曼吸著煙認真聽著。他對自己的這位忠實朋友太瞭解了。當時的集郵和現在不一樣，全世界的郵票都收集。郵票的種類沒有現在這麼多，而且只收藏蓋過郵戳的。對沒有蓋過郵戳的還不信任。根據我的記憶，那時也還沒有什麼分類。保烏切克把同一類的郵票每一百張用線繩捆成一束。他這樣做的初衷也有用之謀點小利的意思，不過我的印象是，他好像從來也沒有能換回錢來。我喜歡聽他們談論有關郵票的事。諾伊曼當時已經開始收集第三批郵票。以前收集的已經贈給別人了。兩人都羨慕英國國王的郵票收藏。特別是他的粉紅色和蘭色的毛里裘斯郵票，而且據說都是整版的。

此外，保烏切克是我國最大的理想主義者。他從自己的經營活動中從不謀取私利而且還總往裏墊錢。他曾出版了我翻譯的勃洛克❸的《十二個》，翻譯得很糟糕。

天上雖然不會像下雪那樣往下掉郵票，但在人群之中，我眞是徜徉在郵票堆裏。數百萬郵票從各地飄到布拉格來，把森林公園裏老展覽館的兩個大廳和兩個碩大的側翼大廳都擺得滿滿的。在布拉格一九七八年世界郵票博覽會上，誰也不可能把展覽的所有部分都看全。展品中有最珍貴的夏威夷傳教士郵票，粉紅和藍色的毛里裘斯以及珍貴中最珍貴的女王：胭脂

❸ 勃洛克（一八八〇—一九二一），原蘇聯詩人。

紅的英屬圭亞那。看上去普通而簡單，但卻是無法得到的。

我已是老人，如果現在不開始恢復集郵，以後就沒有時間了。是比爾森的一位非常好的女士把我引上這條路的。她在寫給我的又聰明又風趣的信件中總夾上幾張捷克斯洛伐克新郵票。最初我審視著郵票，眞有些不知所措，但很快我又成了集郵者。這次是平靜的，已經沒有往日的狂熱。我只收集捷克斯洛伐克的。應該說，這是一種很好的消遣。

博覽會期間，陳列在郵政博物館的老式郵車在布拉格的街上行駛。身著當時制服的馬車夫坐在駕駛臺上吹著號角。這情景使多少集郵者和非集郵者感到激動，那些心臟在大衣裏面砰砰跳動的人們回想起兒時坐在媽媽的懷中或是爸爸的膝上聽到的關於小布偶趕著郵車去羅基察尼的兒歌。

博覽會期間，一位集郵很專業的詩人來我家做客。他說在博覽會上遇到一個擁有英屬圭亞那的幸運兒，這次把郵票帶來參展。這人把一個裝有這貴重郵票複製品的銀色的紙箋贈送給詩人。我仔細地觀賞了複製品，毫無驚人或特殊之處。可是郵票的價值高得令人頭暈目眩。世界上只此一張。我腦子裏忽然在想，博覽會上兩個帶槍員警看守著的那張上了高額保險的郵票會不會是一張只值幾文錢的複製品，而眞品卻藏在某處堅固的保險櫃裏？

不久前，小孫女手裏攥著幾張揉皺了的外國郵票，讓我給她好好地貼在練習本裏。用過的小學練習本！你看！集郵萬歲！

畫家費爾迪什·杜沙贈送的狗

孩子們小時候我們家都養過些什麼，我委實記不清了。最初是紅螞蟻，兒子在達利博爾卡附近鹿溝的土坡上捉來的，養在裝黃瓜的空瓶裏。後來，螞蟻爬得滿屋都是，徒然尋找它們失去的王國。兒子用那個瓶子又捉了滿滿一瓶沒有翅膀的小紅蟲。你們不知道這是什麼蟲吧？我後來查了佈雷赫姆大百科才弄清楚。那上面還附了插圖。原來是有名的紅象椿蟲，是兒子在古城石級的牆縫裏發現的。我不喜歡這種蟲子，看了覺得噁心。它們準是從奧爾沙內墓園的古墓裏，我相信是從棺材裏爬出來的。其後，我給孩子們買了一隻金倉鼠，沒過幾天失蹤了。顯然它不喜歡廚房裏光溜溜的漆布地板。金倉鼠之後，我買回家一對蠑螈和一隻雨蛙。雨蛙不久便一命嗚呼，八成是餓死的，沒有足夠的蒼蠅餵它。最後又買了一隻豚鼠，它長著一對玻璃球似的、不會轉動的眼睛，溫馴、愚蠢到了極點。最後兩個孩子開始了混聲二重唱，鬧著要養狗。

絕對不行，我斬釘截鐵地說。你們玩膩了，難道要我在家侍候狗？這且不說，下午還得牽著它出去溜達，一路上每碰到個拐角、碰到根路標都得陪著它站下來。不行，說什麼也不行。

遺憾的是，我這果斷立場沒過多久就動搖了。我們常去民族大街的保凱爾特酒店——不如趁早承認了吧，我們幾乎每天都去。實際上是弗朗基謝克·哈拉斯把我們引去的。他給彼特出版社編輯《青年創作》叢書，下午常在這家酒店會見年輕作者。他喜歡同年輕作者交往。大夥兒取笑他，說他這是在舉辦詩歌講習班了。不過，不如說這使他感到欣慰。他同年輕人坐在一起，給他們以指導。起初只是他經常在那裏，朋友們便一個個自動跟去了。那是一間長屋子，煙霧繚繞，熱烘烘的，瀰漫著一股隔壁高級茶食店送來的香味。地方很可人意。

將軍兼作家魯道夫·麥代克也常來這家酒店。他自稱是極右的右翼。可是他說他跟同僚們話不投機，寧可上我們這兒來。在這裏雖然他聽到的許多話換了別人會覺得是凌辱，麥代克卻只是一笑置之。有一回，哈拉斯對他說，他是我們的階級敵人，他回答道，他感到不勝驚訝，爲什麼只有三天❶。因而保護國初期他去世後，約瑟夫·霍拉曾去他的靈前弔唁。他埋葬在他妻子的父親、他不幸的岳父、畫家安托甯·斯拉維切克的墓地，同是不幸人。

---

❶ 捷語中「階級」同「三天」諧音。

當政治形勢極度緊張，生死存亡已迫在眉睫之際，有一回麥代克來到保凱爾特酒店。他剛參加了官方某要員的葬禮。我想他不是直接打那兒來的，說他面有哀傷之色是謊話。他身穿將級軍服，胸前掛著全部勳章。當時的局勢已不容人們友好地坐在一起田園詩般地喝喝葡萄酒了。交談往往變爲舌戰，舌戰變成不加掩飾的爭吵。情緒激動的哈拉斯氣憤中衝著面帶微笑的麥代克大喊大叫，罵他是掛勳章的法西斯。麥代克聽了臉上漲得通紅。他站起身，把勳章和綬帶一一揪下來，狠狠地扔到桌子下面。他的舉動來得過於突然，過於猛烈，把所有在座的人驚得好幾秒鐘沒有出聲。過了一會兒大家才走去給他揀起勳章。那都是麥代克在第一次世界大戰中獲得的。他的勳章很多。

我相信全部勳章都歸整還原了，至少大家做了努力，然後給他小心翼翼地塞在外衣口袋裏。之後談話比較心平氣和，聲音也低了。麥代克顯然有些審慎。

然而，沒有比在麥代克家做客更令人感到親切的了。他住在日什科夫山麓紀念碑管理大樓的三層樓上，一套漂亮、寬敞的住宅。

光是門旁過道裏排著的空酒瓶就有多少啊！

室內一扇大窗戶對著當年的馬薩里克火車站。一溜溜的列車、冒煙的機車頭、黑乎乎的車站大廳、縱橫交錯的閃爍的鋼軌，籠罩著團團煙霧。這景色不如說是莫內❷筆下的一幅畫，正是印象派繪畫的色彩。另有幾扇窗戶對著果園，牆上掛著兩把土耳其軍刀。麥代克坐在軍刀下面，神情安詳、和藹、尤其是在酒杯裏映出他的笑容的時候。

此外還有那位吸引人的、很有魅力的愛娃太太。長著一雙美麗的眼睛，兩道目光危險地掃來掃去。她的剛烈性格使她難以否認她是安托寧・斯拉維切克的女兒。父親熾熱的血仍在她的血管裏流動。這個家很漂亮，雖然並不十分平靜。

常去保凱爾特酒店的還有畫家費爾迪什・杜沙。他不喜歡麥代克。通常一見麥代克進來，他就悄悄起身，不惹人注意地不辭而別。他是貝茲吉德人，臉上帶著這個美麗山區的秀氣。我們大家都喜歡他。他不是什麼大畫家，也不是現代派。不過，我們從不同他談論繪畫。他兀自用一支憂鬱的筆劃他的風景畫。其實，他還不如搞木刻的好。在這方面他很出色。記得彼特・貝茲魯奇對他做的「西利西亞之歌」的木刻插圖感到滿意，說它們很傳神。

有一天晚上，還沒等我抽出椅子坐下來，杜沙就轉身對我說：

「聽我說，你們家有孩子。你不想要一條小狗嗎？我有四條討人喜歡的小狗，都是純種，還立了家譜哩。毛茸茸的小獵犬，長得可漂亮了。你隨便挑一隻吧，我送給你。」

這番突如其來的盛意使我受寵若驚。我接連嚥了兩口唾沫。真糟糕，我沒有多加思索便貿然點了頭。

---

❷ 莫內（一八四〇—一九二六），法國畫家，印象畫派的創始人之一。

第二天下午，我和妻子乘電車去斯波日洛夫，隨身帶了一隻盛蘋果的空筐。我們把一窩小狗撥來倒去翻看了一陣——這些小狗還有那條母狗，杜沙一股腦兒都養在自己的床上——最後選中了一條背上有鐵銹色花點兒、一隻眼睛像戴著單片墨鏡似的小花狗。我們的選擇得到了杜沙的讚揚，他說這一隻最機靈不過了。告別前，杜沙讓我們看了他繪在玻璃板上的組畫，是採用民間手法畫的雅諾什傳奇。其中有幾張色彩明快，很有風趣。

小狗身上有跳蚤。我這麼指出之後，杜沙若無其事地回答說：

「那沒有關係，我身上也有。」

腦際縈迴著這句話我們踏上了歸途，返回遙遠的布熱弗諾夫。這可不是一件容易的事。小狗壓根兒不喜歡待在筐子裏，它的活潑可愛給整個電車車廂帶來了歡笑。多虧它討人喜歡，我們才順利地把它從斯波日洛夫帶到了我們的修道院。

當我們把小狗從筐裏倒出來，倒在屋中心的地毯上時，孩子們的歡呼聲把房子都震得搖晃了。我們圍著小狗坐在地毯上，看得出神。大自然如果願意，能造出多麼可愛的東西啊。

發生的頭一樁事情是小狗把地毯澆濕了一塊。不過，顧全它的體面，我得補充一句，它確實拼命想把這灘水給掩埋起來的。經過這番壯舉之後，它馬上衝出我們在地毯上的包圍圈，一頭鑽進敞開的臥室，跳上了我的床鋪。我斷然把它從床上抱下來。要說，這也怪不得它。不久前杜沙的妻子棄家出走，杜沙出於苦悶和孤獨把母狗抱到了床上，放在腳邊取暖。我們到杜沙家時，也是在他的床上看到那條母狗和四條小狗的。

我們連哄帶拉把小狗領到前廳。那兒的一個角落鋪著一床兒童用的小墊褥。可是要它明白唯有這裏才是它的窩，是它應該而且必須待著的地方可著實不容易。我不懂犬語，不過我有這麼個印象，小狗在低聲哭泣。後來它睡著了。

我們一家人圍桌坐下，討論給小狗起什麼名字。我建議叫它阿朗卡，可是被否決了，雖然阿朗❸聽來挺悅耳，是狗的名字。不知道孩子們是怎麼想到的，他們開始叫它費爾迪什。由於這麼一叫小狗就跑過來，孩子們便認定這個名字它已聽熟，於是就這麼叫下去了。

我抱歉地把這件事告訴了杜沙，本擔心他會拂然不悅。哪兒的話！他聽了挺高興，放聲大笑起來。他甚至還挺歡迎呢。

第一天，到了孩子們該牽著費爾迪什出去散步時，兩個孩子爲了爭奪那根皮帶吵得不可開交。最後是這樣解決的：每人輪流牽一會兒。可是時隔不久，還不到兩個星期吧，他兩個又爲應該由誰牽著親愛的費爾迪什出去散步而爭吵不休了。我不得不再次給他們當仲裁。最後，事情果然不出所料，牽著費爾迪什出去遛腿的是我和我的妻子，而且總在我們最不合適的時間。

---

❸ 阿朗卡爲阿朗的暱稱。

可是費爾迪什卻很愛孩子們。一到他們放學回家的鐘點。它便準時等候在門口。兩個孩子中若有一個需要多上一節課，遲一些回來時，它便再去門口等候。

較爲麻煩的是上午，我和孩子們出去了，小狗交給妻子照料。我們不曾想到，等待著她的是什麼樣的困難。妻子要採購，然而狗是不允許帶進食品店的，她得採取各種措施。有時她央求過路的熟人替她執一會兒皮帶，有時把皮帶拴在門把手上。可是實踐證明後一種辦法很不可靠。有一次，她把狗拴在一筐蘋果的筐環兒上。不料她還沒有從商店裏走出來便聽到了叫喊聲。小狗拉翻了筐子，滿地的蘋果直滾到電車軌道上。電車不得不停在那兒等著她撿蘋果。這件事情發生以後，我們決定讓妻子出門時，把狗鎖在家裏。於是她把門鎖一旋，輕輕鬆鬆上街去了。費爾迪什關在廚房裏。誰知她一小時後回家來，卻見門前圍著一群人，他們七嘴八舌對她迎頭便是一頓非難，說屋裏有人在虐待狗。的確，透過緊閉的窗戶也能聽到狗的哀嚎，聲音之淒厲鐵石心腸的殺狗人也會軟下心來的。妻子走進廚房一看，屋裏成了瓦礫堆，費爾迪什卻在瓦礫中狂喜地蹦跳著歡迎她。牆上有濕乎乎的一大片水跡，比一人還高，是費爾迪什在絕望的竄跳中弄濕的。後來我把這件事講給朋友們聽的時候曾略肆渲染，說成濕到了天花板。

等孩子們去就寢以後，我和妻子連忙坐下來兩顆腦袋湊到一起：這狗怎麼處置呢？我們的決定是送人。這麼一條漂亮的純種狗，毛茸茸的小獵犬，賣給親兄弟也得五百克郎哩，白送人肯定誰都歡迎。我找了幾個熟人，可是他們都婉言拒絕了。最後我想起一位好朋友，他有孩子，小狗送給他再合適不過了。

我把這件事向他提了，也許說的時候口氣有點兒自以爲是。他冷冷地、陌生人似地朝我看了一眼，然後一反平素同我講話的聲調，一面死死盯住我的眼睛，說：

「哪怕搭上一頭金豬我也不要！」

原來我忘記了，他家也曾養過一條狗。

我感到受了侮辱，便再去找別人。可是一個也沒找著。我的交遊卻是夠廣的哩！一些內行人勸我把狗送到某個機構去，在那兒只要交一筆訓練費他們就管訓練。地點據說在布拉格郊外的什麼所在。

在此期間，費爾迪什撕破了我妻子的黑羔皮暖手筒，是它從櫃櫥裏拖出來的，弄壞了她的絲綢桌布和一雙鱷魚皮的皮鞋。它叼著皮鞋得意洋洋地跑了來，活像勝利地把一條鱷魚撕成了碎片。我的拖鞋也給它弄破了，不過，我只是揮了一下手，反正拖鞋已經穿舊。

最傷腦筋的是它的大小便。我們教育它，要它先打招呼，我們便放它到門前的草地上去。有幾次它確實照著做了，對著房門汪了兩聲。然而更爲經常的情況是，它一味貪玩，直到最後一刻才汪汪叫，於是半途便撒在了臺階上。秋天事情好辦！拿塊破布抹掉就是了。糟糕的是在冬季。臺階上的尿有時結了冰，我們得去撒上沙子。有一次，天天來此送信的女郵遞員在結冰的臺階上滑倒了，從上面一直摔到底下。她手裏還抱著個郵件袋哩。那天的郵件袋裝得鼓鼓囊囊，分門別類：「這檔裏的信兒歡樂，那檔裏的悲哀。」多虧有這只郵件袋，她那一交才沒有摔得過重。她狠狠地罵了我們一通。

這次事件之後，我下定決心要擺脫這條小狗。妻子固然反對，說在訓狗場狗要挨揍的。我向她保證將採取另外的措施。

我也曾嘗試著把小狗還給杜沙。可是他誠懇地對我說，他留下一隻已經足夠了。就這樣他還滿床都是狗哩。他的狗全是送人的，因爲他不會做買賣。

從保凱爾特酒店走回家的時候，我在路上想出了一個陰險的辦法。我們星期天常牽著費爾迪什出去散步，若是走得遠，我們有時就給它解掉皮帶，讓它撒腿跑一跑以舒展筋骨。它只要一感覺身子自由了，便立即四面看一看，接著撒開腿飛也似地跑掉了，天曉得上哪兒，要過很久才會回來。我將效仿童話故事蜜糖餅小屋裏那個狠心爸爸的做法——他把孩子帶進樹林，然後溜之大吉。我不會把費爾迪什帶到樹林裏去，守林人八成會打死它的。我將帶它上民族大街，在那裏費爾迪什一溜煙跑掉後，反正很容易就會找到新的主人，對此我深信不疑。

晚上，我通知家裏說，明天我將把費爾迪什送進訓狗場，一個月以後接回來。那時它將是一條又聽話又乾淨的小狗，什麼都唯命是從。於是出現了動人心弦的告別場面。我們談論費爾迪什的時候，它豎起耳朵諦聽著，顯然聽懂了。從它那雙聚精會神的眼睛裏，我斷定它聽懂了。

那是一個銀色的冬日的清晨。枝頭殘存的野薔薇紅花朵上掛著白霜，模樣兒十分可愛。冬天已接近尾聲，深深吸口氣便能聞到一陣潮濕的、二月天特有的芬芳，令人心曠神怡，它彷彿預告著春天的來臨。我給費爾迪什在碟子裏倒了些牛奶，泡了一塊白麵包，外加一塊香腸。儘管這是費爾迪什喜歡的早餐，它卻碰也沒有碰一下，只是用心地不時朝我看看。我給它拴上皮帶的時候，它也絲毫不像平素我們準備出門時那樣興高采烈。我彷彿覺得它有點兒嚇呆了。我們沿著斯皮裏特卡旁邊的那條老路，在菲阿爾卡的上方朝佩特馨山走去。到了斯皮裏特卡的牆邊，我解掉它的皮帶，等待它一低腦袋飛奔而去。這一帶它很熟悉。在這些地方它一會兒就會回來的，我只是想試試我的計畫而已。可是，費爾迪什卻緊緊跟在我的身邊寸步不離，而且還繞在我的腳上，弄得我幾次踩了它。

關於狗，人們已經寫了大量著作。雖然我一本也沒讀過，但我能充分想像書裏描寫了狗的一切非凡的和不那麼非凡的稟性。譬如說，它們能看出哪個人怕狗，這我知道，我自己也有過許多事例足以證明。然而，要說狗能洞察人的思想，知道他下一步要做什麼，我卻做夢也不曾料到。我們走到玫瑰園，走到瞭望台，繞過聖瓦夫任內茨教堂，踏上了寬闊的園中大道。上帝啊，我一生在這裏走過了多少回啊！可是不帶狗。現在我只要一解開皮帶上搭扣，小狗就守著我寸步不離了。看來在這裏已無計可施，於是我決定回到街上去。我們走回體育場，從那兒下坡到白山大街。站在克拉洛夫卡電車站我改變了主意：等電車開動之後我將跳上車去。小狗站在我身旁，驚惶地注視著我的臉。我等候著，電車上乘客不多，當它已開始行駛時，我快跑幾步，縱身跳上踏板的中間一級。可是枉費心機。小狗已先我而在。車到下一站的波霍熱列茨，我們雙雙被趕了下來，因爲狗沒有裝在筐裏。

我又給費爾迪什拴上皮帶，穿過洛雷坦斯卡街到了赫拉德強尼廣場。我看看小狗，它用飽含痛苦的眼神望著我。我打心眼兒裏感到難過，可是我不能後退。當我正處在這不愉快的矛盾心態中時，我一眼看見了什瓦爾岑布林斯基宮附近的電話亭。我走了進去，小狗當然也跟著進去了。這時我做了一件至今感到臉紅的事。我先裝作打電話的樣子以解除小狗的疑慮。趁它不注意時，我把皮帶拴在一塊放東西的小板上，然後飛快地衝出門去，在自動關閉的門關上之前我還按住了費爾迪什的一條腿。小狗哀叫起來，我連忙跑開，繞過鐘樓跑上聶魯達大街。一路上我還聽到費爾迪什在電話亭裏的哀哭和吠叫聲。那是淸晨，廣場上幾乎沒有什麼人。如果什瓦爾岑布林斯基宮裏的大使先生還在夢鄉的話，他准會被吵醒的。電話亭裏的狗鬧得嚇人。可是我自顧朝揚斯基山崗跑去，從那裏到了勃謝迪斯拉沃夫，穿過從前的骷髏街下到市場街。一輛電車剛巧從小城廣場開來，我跳上車，這才放下心來。車往斯米霍夫駛去。

再也沒有狗了！我鬆了一口氣，可是心頭卻不免感到一陣苦澀的內疚。

可憐的、多好的費爾迪什啊！

在安琪爾站我下了車，走進了書店。這家書店的主人奧達·吉爾嘉在今天已有點兒像傳奇人物了。他是我的朋友，我知道他跟拜倫爵士不同，他不喜歡狗。我擁抱了他。當我對他講述了這個狗的故事之後，他給了我一本新出版的沙爾達筆記，還拍拍我的肩膀補了一句：

「幹得好。」

我的火腿生意

我的好友溫岑茨・馬謝克——願他安靜地長眠——當年曾是人民之家後面側屋印刷廠的職工。他是細木匠，用一把小鋸做鉛版下面的木托子。從他幹活的馬凳上，隔著狹窄的小院可以望見我在編輯部的寫字桌。他不時上編輯部來，送做好的印報紙的鉛版。編輯部有一名勤雜工，但一個人承擔所有雜務外加跑腿的活兒，忙不過來，馬謝克便欣然給他幫忙。編輯們常常打發他去買小吃、打啤酒。總之，他成了編輯部一個不可或缺的人，對面印刷廠有時徒然到處尋找他。不過，他們也是睜一眼閉一眼罷了。馬謝克手腳俐落，助人爲樂，無論誰都可以隨時隨地找他幫忙。可是他更爲經常地是在我的辦公室。這不僅由於我那會兒也許比較大方，同他分享一口酒，他也喜歡我。我常把一些重要事情委託他去辦。爲我尋找丟失了的手提包，找不著就替我買個一模一樣的，免得家裏人發現。他還大約兩次給我找回了忘記拿的大衣。此外，他給所有的人買啤酒，到大樓的一家老酒店去買葡萄酒。什麼事他都做得又快又熱心。在編輯部大夥兒管他叫秘書。名副其實的秘書！他懂得守口如瓶。

《人民權利》報編輯部的這種田園詩般的生活，德國人一來就可悲地結束了。其後的情況便很惡劣。《人民權利》報遭到封閉，取代它的是《民族工作》報。編輯部的生活很快變得苦澀。一些編輯被捕入獄，社會民主黨機關的許多工作人員流亡國外。其中也有議員雅羅米爾•奈恰斯。德軍佔領後，奈恰斯常來編輯部，籌備非常時期的報紙。他儀表堂堂，很有風度，是一個正直的社會主義者。我們大家都喜歡他。不久，他流亡倫敦，成為捷克斯洛伐克政府的一名成員。遺憾的是，他過早去世了。他把妻子和美麗的、正在大學念書的女兒留在了國內。我們經常想起他的指導，儘管這些指導有許多是錯誤的。局勢的發展並不像他估計的和我們預想的那樣。

戰爭步步升級，不久就席捲了全世界。德國人氣焰囂張地逼近了莫斯科。記得就在那時候，有一次我遇見了朋友拉基斯拉夫•克哈斯。他剛在什麼地方參加了一次扶乩會出來，幾個懂門道的人圍著一張小茶几坐下，問它德國人會不會佔領莫斯科。據說小茶几用大寫字母果斷地寫道：絕對不會。

布拉格不久就出現了物資匱乏、貧窮和饑餓。

有一天，馬謝克跑來找我，他神色詭秘，顯得很激動。他是趕來告訴我，說他有一個老相識是開火腿作坊的，此人現在答應賣給他一批寶貴貨。作坊幾乎就開設在人們叫作小柏林的中心，也就是在霍萊肖維采靠近斯特羅斯梅耶廣場的那幾條街道，那兒有現代化的住房。

我們兩人馬上跑去了。走進作坊時，只見作坊主人正在把鉤子上掉落的一塊醃豬肉從爐火裏撈出來。他給我們每人切了一塊略微燒糊的醃豬肉，外加一片軟軟的麵包。醃豬肉的味道那麼鮮美，我此後再也不曾吃到過。

作坊主人然後說，他可以賣給我們一批貨。這在當時已屬相當危險的行徑，到後來則是要掉腦袋的。他大膽耍了個花招，從德國人手裏騙取了三十六根新做得的火腿，願意賣給我們。

那時在布拉格，火腿已是美麗的回憶。而這兒，在黑禿禿油汪汪的杆子上，卻掛著三十六根火腿，噴香地裹在粗帆布裏。檢查員隨時會到來，火腿必須立刻運走。

他斷然反對我們提出的辦法：分幾次乘電車運往人民之家。他借給我們兩隻裝臘腸的大筐和一塊帆布，要我們找輛雙輪車馬上推走。

馬謝克想辦法弄到了車子。他家就住在霍萊索維采，到處都有他的熟人。深夜，他推著車子穿過燈火管制的街道，將火腿送到人民之家。我幫他抬到木通道口。我們找來值夜班的勤雜工打開了通道門。爲此我給了他一根火腿。這樣，我們就順利地把火腿運到了我的辦公室。

這間屋子是我從瑪利耶·蒂爾斯霍娃太太手裏接過來的，她曾在這裏編輯《繁花》雜誌。

屋裏擺滿了擱置不用的舊傢俱。然而，從這裏直到過道盡頭，躲在放著《人民權利》報合訂本的書架後面，卻比較隱蔽。因此我對這些破舊傢俱也就不在乎了。那天下午，我已把一個櫃子騰空，擱板上鋪了白報紙，火腿便放進了櫃子。

我拿出一根火腿給馬謝克，自己帶回家一根。我們得步行回家，乘坐電車是不行的，火腿香味四溢。

這批貨質量很好，是正統布拉格火腿。個頭稍賺小了些，金黃色裏帶點兒玫瑰紅，一個個笑容可掬，活像一幫小姑娘。櫃子裝得滿滿的，一開櫃門濃香撲鼻，著實教人喜歡。我把櫃子上了鎖，把窗戶對著涼爽的秋夜敞開，然後便同馬謝克離開辦公室，回家睡覺去了。

次日晨，我到編輯部時，一上樓梯便聞到了香味。我們忘記了，清晨還有清潔工呢，也得給她一根火腿。她很容易就發現了香味。不過，她是個善良的女人。

這些已經給人的火腿得計算一下價錢呀，我心裏說，拿起筆來。可是，主編也發現了香味，他很驚慌，嚴厲吩咐我入晚以前必須把火腿弄走。我賣給了他一根，然後依次分給其他編輯。我們當然沒法兒過秤，只得論根賣。被捕人員是免費贈送的，由馬謝克分別送到他們家裏。

我也想到了奈恰斯太太。

夏天，我們在舒馬瓦—恰霍羅瓦度假時，曾見到她和她的女兒。奈恰斯太太頭髮稍微有些灰白，她和藹可親，容貌悅人。女兒薇魯什卡皮膚黝黑，滿頭烏髮，一朵嬌豔秀麗的鮮花，充滿了少女的嫵媚。奈恰斯走了以後，母女倆憂心忡忡不是毫無道理的。她們並不諱言心裏的恐懼。

在恰霍羅瓦，我們同這對母女度過了幾天愉快的日子。晚上，飯店裏總有人彈鋼琴、跳舞。那是薇魯什卡最後的跳舞了。馬謝克來到她們家時，卻發現大門上打著蓋世太保的戳記。母女倆一同被捕，而且很快——我想就在當年——被殺害了。能夠對這樣一個美麗的少女下毒手，這幫禽獸的面目也就可想而知了。

到了傍晚，櫃子裏還剩下三根火腿。主編又買去了一根，其餘兩根我和馬謝克分享了。第二天，櫃子空了，大家舒了一口氣。

餘下的事情便只是向編輯部同仁們收齊錢款去交火腿賬了。錢收來之後，我卻怎麼也算不清賬目。我斷定在這筆買賣裏我大概要把褲子也賠上了。我於是學著斯溫伯恩❶的樣子「連忙念念有詞感謝上帝，不管他在哪裡」，感謝他因為我還會寫詩。我寫詩畢竟比做買賣要擅長一些。總之，我大概計算錯了，我從來就不會計算。不過，在今天我可不能以此吹噓了。今天，不會計算被認為是個嚴重缺陷。

---

❶ 斯溫伯恩（一八三七—一九〇九），英國詩人、批評家。他沒有宗教信仰，主張無神論。

我賠了一個月的工資。沒有關係！反正保護國的鈔票也不值錢。一些人過上了幾天好日子，我也一樣。馬謝克和他的孩子們在整個戰爭年代都感激和懷念這個時刻。我有時打開那個榫頭鬆動的舊櫃子，半年以後還嗅到一股火腿香味。

賠那點錢值得。

馮．霍普審發

苦澀的萬靈節到了，白濛濛的暗淡天空宛如從外面望見的候診室的窗戶。低懸的太陽透過它冷冰冰地照射著。陰沈的天氣不由得你不緬懷往事，天空充滿了往事。

在彼塞茨基墓園的眾多墳墓中，有一座我應當滿懷感激地走去，在它面前佇立致敬，至少在這紀念亡靈的時節。維萊姆．科斯特卡是我的一位好友。他的名字被時間抹掉或者被冷漠的風吹走是不公平的。他不該受到這樣的待遇，至少在我們這一代人看來。

他是科皮德諾人，第一共和國時期在總參謀部的新聞處工作。納粹佔領後這個單位撤銷了，保護國政府總理埃利阿什將軍把維萊姆．科斯特卡派到文化部，責令他監督捷克書籍的出版工作。

我想凡是未能逃脫納粹黑制服的控制而被迫呼吸保護國污毒空氣的人，肯定誰也不願意再回首當年那場殘酷的穿著制服的假面舞會，儘管人血橫流的年代離開我們已經很遠。

我一生從未想望過持有武器。當兵這一行對我來說是陌生的，我不曾服過兵役，沒有學過刺殺。我也不是那種只承認這一類英雄主義的人。然而，我畢竟也有過那麼一個時候打心眼兒裏羨慕那些及時逃脫並且手中握有武器的人。手中握隻槍該多麼教人欣喜若狂啊。槍是希望和保證。在那險惡的年代，槍是自由的翅膀，沒有武器便感到絕望。

可是，一切都已過去。留下的唯有布拉格房屋上褪了色的字跡：去河邊，去果園——這些房屋的牆面戰後沒有修理過。此外當然還有留在人們心頭的痛苦和悲傷，他們的親人被這場骯髒的風暴埋葬了。

科斯特卡就任之前，奧古斯汀·霍普博士，一個生長在布拉格的德國人、第一共和國時期當過《布拉格新聞》的編輯，被任命爲文化部出版監察處處長。這事也許可以說既好又壞。好的是霍普並非一個對所有捷克事物一概瘋狂敵視的人，他的德國出身畢竟受了捷克環境的薰陶。壞的方面顯然是他對捷克情況過於瞭解，要瞞過他就不很容易。

我有時和鮑胡米爾·諾瓦克一起懷念親愛的科斯特卡。諾瓦克認識他比我早，同他關係親密。我這裏就先讓他來說說吧。聽他談吧！

他同維萊姆·科斯特卡初次見面還早在一九四〇年的夏天，那時作爲弗朗基謝克·鮑羅維出版社的一名編輯，他前去洽談瓦沙—特拉夫尼切克辭典的再版問題。友好接近則是在後來，當兩人屢次於火車上不期而遇之後。諾瓦克乘火車回家——他住在尼姆布林柯附近的霍日阿特維——科斯特卡則是回故鄉科皮德諾，也在這條鐵路線上。這樣，兩人就有了比在辦公室更好的機會彼此熟悉了。起初，科斯特卡在捷克文化方面的造詣使諾瓦克產生了好感。作為一個軍職人員，有這樣的造詣是令人吃驚的。尤其是他對捷克現代美術瞭解頗深，對蒂希很感興趣，喜歡茲爾紮維、約瑟夫·恰佩克、斯沃林斯基。但他也懂得捷克現代詩歌，閱讀霍拉、哈拉斯、奈茲瓦爾和赫魯賓的詩，熟悉程度勝過一般認為的好讀者。總之，諾瓦克很快就認識到科斯特卡是好人，是個可以信賴的捷克人。他掌握情況，興趣廣泛，這在諾瓦克後來處理某些初看頗為棘手之事時，成為很好的指南。科斯特卡坐在伏希爾斯卡街的辦公室——它後來搬到了瓦爾什登宮——同諾瓦克談書籍、談作者、談出版商，開誠佈公地向他介紹自己的工作和遇到的困難。應付這些困難可一點兒也不輕鬆。

我這裏若不借此機會說一說弗拉斯基米爾·拉達的《石桌飯店》一書的出版經過，將是很遺憾的。從這件事情上可以充分看出科斯特卡的為人。

一九四〇年秋，科斯特卡把諾瓦克叫到辦公室，因為有人寫了匿名信提醒科斯特卡，說問題並不在於這部小說本身，而是拉達掩護了小說的真實作者卡雷爾·波拉切克❶。波拉切

❶ 卡雷爾·波拉切克（一八九二——一九四四），猶太籍捷克現實主義諷刺作家，一九四四年死於納粹集中營。

克是猶太人，他的作品在保護國是禁止出版的。

那天，科斯特卡同諾瓦克的對話大致是這個樣：您瞧，諾瓦克，有人提醒我——此人顯然是你們那位說話不夠謹愼的頭頭身邊的——說你們將出版波拉切克的一部長篇小說而用了畫家弗拉斯基米爾·拉達的署名。爲此我讀了原稿，我直截了當地對您說了吧，這部小說若是拉達寫的，他準是從頭到尾剽竊了波拉切克。如果您告訴我這是波拉切克寫的，那麼許可證可以拿去。如果您一口咬定作者是拉達，我就不批准這本書，我要把拉達叫來，對他說他不想丟臉就趁早別幹這種剽竊勾當。

諾瓦克小心翼翼地問他爲什麼把作者是波拉切克還是拉達看得這樣重要。

我覺得重要，是因爲我不願意在你們眼裏成了傻瓜，居然認不出波拉切克的筆墨，輕輕易易就給愚弄了。再說，萬一出了事，面臨入獄的威脅，我知道實情就不會在這上面做文章，而是編出謊言來，說得比眞的還像。蓋世太保如果仍要把我關起來，我就要他們講出是什麼道理！

聽了他這番令人信服的言詞之後，諾瓦克說了實話。離開的時候他不僅帶著出版許可證，而且高興地看到自己沒有認錯人，科斯特卡是好樣的。

一九四〇年還出版了兩本詩集：哈拉斯的《希望的雕像》和我的《熄燈》。熄燈！這是布拉格實施燈火管制之初街上響起的叫喊聲。

哈拉斯詩集中寫布拉格的那些優美、熱情、反納粹的句子統統沒有刪掉。檢查員雖然把它們勾去了，可是科斯特卡又一一勾了回來。在我那本詩集裏，好幾處有紅鉛筆做了記號，可最後也是一句沒有刪。連那首寫九月大動員的詩和那些一目了然是指國家興亡的句子，也全部保留了。順便提一下，這兩本詩集後來還未經官方許可但在科斯特卡的默許下，再版了。

我想如果談談我的朋友霍拉、霍朗、哈拉斯和奈茲瓦爾的作品也許更好一些，免得人家懷疑我好虛榮。我從來不希望這一惡劣品質同我連在一起。當然，檢察員對他們的作品干預到什麼程度我不很清楚。不過，我準確地知道科斯特卡處理他們的稿件決不會是另一個樣。檢查員勾去的地方，他加以恢復，作品一如原稿出版了，儘管內容大部分都是反對當時政局的——有時隱蔽，有時半隱蔽，多數情況則是不加掩飾地公開表示反對。

在我的詩集中，檢查員勾掉了這麼幾行含意一目了然的詩句：

熄燈！莫讓睫毛上
顫抖著的露珠兒滾落，
別作聲，不要作聲，無須悲傷
我對自己說：瞧有多麼明亮
在這暗夜，一切遮上了黑布，

人人像影子，蜷縮在樹幹旁！
我知道，我知道，那轟隆聲響
聽來分外清楚。

這幾句詩科斯特卡也放行了，在許可證上他劃掉了 Bewilligt—nein❷兩字，寫上 Bewilligt—ja❸。許可證上簽署：馮・霍普審發。這馮・霍普當然是他寫的，字跡模仿得足以亂眞。這個簽名他經常使用。

在「鮑日娜・聶姆佐娃的扇子」一詩中，許多詩句都有檢查員的刪除標記。不過，在一一列舉之前，我想借此機會先談一談這首詩和哈拉斯的「我們的鮑日娜・聶姆佐娃夫人」是怎麼個來歷。原來，我們兩人寫了同樣的題材，出於同樣的緣由，而彼此並不知道。那一年，鮑日娜・聶姆佐娃誕生一百二十周年的紀念快到了，出版社的保險櫃裏存放著佩特爾・迪林格爾根據《外祖母》一書繪製的約莫二十幅水彩畫。出版社約我給它們配上詩，周年紀念時出版。這事我婉言拒絕了，沒有接受。但是我表示願意寫一首長詩以紀念聶姆佐娃。出版社

❷ 德文，意爲：不同意
❸ 德文，意爲：同意

領導欣然同意了。他拿著那些水彩畫又去請哈拉斯配詩，得到的答覆竟同我的完全一樣。哈拉斯只答應寫一組詩以紀念鮑日娜・聶姆佐娃。我們兩個對各自的承諾彼此都沒有說起過，因爲我們心裏都牢記著那個迷信的說法：不到時候不要把創作計畫講出去，否則計畫多半會落空。直到兩份稿子都到了出版社領導的桌上，我們才通了氣，兩人都不禁放聲大笑起來。因此，實際情況並不像有些人寫的那樣，說是什麼競爭。

讓我回到檢查員的鉛筆上來吧。在「扇子」❹一詩中，不僅個別句子，而且整整幾節都得刪去。首先是以這行開始的一段：「人民應該呼喚誰……」，其次是：「黑暗中唯有黑暗在轟響……」，最後還有：「命運給她的嫁妝是……」直到結尾：「恐懼到來時我呼喚她」。長詩出版了，這些地方都保留了，一字未動。原來科斯特卡塡了一張新的許可證，把那張有刪節標記的換了下來。與此同時，諾瓦克將原稿中凡有紅鉛筆標記的那幾頁統統用同樣的紙在打字機上重打了一遍，當著科斯特卡的面放進先前送審的原稿中，有刪除標記的那些當然是取出來扔進火爐了。

「披著光明」一詩的情況也一樣。這首詩特別使我感到親切，我喜歡回想它。這倒不是說詩寫得怎麼出色，而是它的出版經過。檢查員的紅鉛筆把它砍得體無完膚，奄奄一息。這

---

❹ 即「鮑日娜・聶姆佐娃的扇子」。

首詩是在戰爭時期的艱難時刻我伏在廚房桌子上寫成的，妻子正在一旁做飯。檢查員不喜歡「祭壇上撕破的花邊」、「踐踏聖維特教堂的皮靴聲」這類句子。有一段，從「今天我已明白，燕子爲何飛回……」起，至「勝過鴉片和大痲」止，想必是超負荷了，被檢查員一筆勾銷，但是枉費心機。科斯特卡把所有這些被紅鉛筆勾掉的地方都一一恢復原狀，放行了。他另外塡了一份許可證，簽上霍普的名字，於是詩集按原稿出版，甚至一淸二楚是要求正確引用柯拉爾❺詩句——這些詩句每個學生都熟悉——的那兩行也保留了下來：

囚徒知道，時代要改變，
囚徒知道，他的時代引領他走向哪裡。

我在保護國時期出版的最後一本詩集《石橋》，其經過情況也相同。許多詩句已在檢查員紅鉛筆點燃的火焰裏焚燒，然而這本含義至爲明顯的詩集也完整地出版了。

必須指出的是，這些都發生在那樣的日子裏：我們的耳邊還迴響著纏了黑布的喪鼓敲出的令人毛骨悚然的鼓音，眼前晃動著夜鬼們舉到頭上的通明的火炬——大隊人馬正把亨德里希的屍體送往布拉格宮。在那裏，活希姆萊正等候著哩！那是在我們驚魂未定的日子裏。當

---

❺ 柯拉爾（一七九二—一八五二），捷克民族復興時期的著名詩人，以寫愛國主義詩歌著稱。

時弗朗克❻威脅布拉格說，至某某天某某鐘點為止，兇手如仍未搜出，他將下令把布拉格的男性居民每十人中處死一人。那時，利迪采❼和列紮基❽的焦土還冒著黑煙，失去孩子的母親們在哭泣。是在那樣可怕的險惡時期，那時捷克人的頭顱一個接一個落地，其中也有弗拉迪斯拉夫・萬楚拉那顆漂亮、高貴的頭顱。

我喋喋不休地一味談論自己的詩集，不免感到羞愧。其實，哈拉斯的《共振》、霍朗的《初證》和霍拉的詩，原稿上都劃滿了檢查員的紅線，都是經維萊姆・科斯特卡一一恢復後出版的。而霍朗那句猶如咒語般的絕妙詩句，也得以在適當的時機莊嚴響起：「國家，悲悲慘慘可憐巴巴，然而天上人間唯有她，千看萬看只想看她。」奈茲瓦爾的詩集《城外五分鐘》、霍拉的《小提琴手楊》、察西烏斯❾的《聖燭節著火了！》等等，也都無一不曾受到科斯特卡的恩澤和撫慰。否則在那樣的年代，這些詩集中有多少詩句會被扔到桌子下面啊！很多詩集也許根本不會問世，另外一些則可能支離破碎、面目全非，看了會令人傷心落淚。可是，它們統統出版了，內容同今天的新版本完全一樣。

---

❻ 弗朗克（一八九八—一九四六），德國法西斯分子，戰爭罪犯。一九三九年德軍佔領捷克斯洛伐克後，無數捷克愛國人士遭殺害，他是主要兇手。

❼❽ 均為捷克村莊。亨德里希遇刺後，德國法西斯為了報復，曾在這兩個村子進行大屠殺。

❾ 察西烏斯（一八八三—一九五一），捷克詩人，小說家、戲劇家及新聞工作者。

我這兒還沒有談到非法增印本呢。這類書不計其數，所冒風險也不亞於前者，因爲見證人更多。一本書只要估計能暢銷，出版商便要求印刷廠將活字盤留下不要拆掉。第一版售出以後，印刷廠在科斯特卡的同意下使用一九四二—四三—四四年的舊許可證印刷新的所謂增印本，而扉頁上的書名、印數等項則保留原樣，不予更動。由於納粹只批准小印數，科斯特卡便以這個方法變魔術，它照例是同模仿霍普的簽名連在一起使用的。

因此，我的《春天，再見吧》就印了兩次，《披著光明》也一樣。《石橋》甚至印了約莫五次。

每一個在保護國生活過的人，都高度讚揚科斯特卡的勇敢精神。他所冒的風險可以從埃斯奈爾事件中得到證明。埃斯奈爾的那本書是溫賽・施瓦爾茨簽發的，此人後來作爲德國叛徒被處死了。

在詩集《我望見偉大的城市》中，檢查員的干預竟達三百處之多，而科斯特卡幾乎沒有讓它們留下幾處。經他的默許我在勞動合作出版社簽發了埃斯奈爾的《全世界歌唱愛》。菲謝爾翻譯的《浮士德》，科斯特卡很痛快地就批准了，不曾有什麼猶豫。他替菲謝爾署名伏伊傑赫・依拉特。紹代克翻譯的《哈姆雷特》用的署名是阿洛依斯・斯柯瑪爾。

科斯特卡很擅長運用這類文學保護色和隱身法，他還卓有成效地幫助了不幸的奧爾登[10]，讓他使用假名K.依萊克和J.亞庫布出書。

然而，我這裏羅列的事實多麼不完全啊！而且東鱗西爪！那雙無私的手究竟做了多少事連諾瓦克都不清楚，我知道的就更少了。況且，情況也不會僅限於博羅維出版社的詩人。這筆帳也許只有科斯特卡本人心中有數吧。

戰爭剛結束，我同科斯特卡就見面了。他作爲過去保護國的一名官員遇到了一些麻煩。但知情人沒費多少事就給他迅速把麻煩排除了。

有一次我問他當初他心裏是否也感到害怕，尤其是在亨德里希遇刺之後。

「害怕，那還用說。」科斯特卡笑了：「可是有什麼辦法呢？那些硬說在任何時候什麼也不怕的人，說的不是實話。人人在一定時刻都會體驗到什麼叫做害怕。不過，怕實際上僅是序幕，隨後必須看行動。因此關鍵在於怕了之後怎麼做，從怕字產生的是什麼。」

維萊姆·科斯特卡是一位勇敢的捷克人。

---

⑩ 奧爾登爲猶太籍，納粹佔領後處境悲慘，他的四本詩集均用假名出版。

詩的獻禮

到了霍希采，剛走出車站大樓，迎面便有一股清新、芳香的氣息撲鼻而來。這是附近克爾科諾什山吹來的輕風。我如饑似渴地呼吸著這克爾科諾什山林和河水的馨香。當地人對此已不像我們這樣驚喜不已，他們習以爲常了。可是我們這些走出布拉格煙霧，將煤煙和粉塵留在身後的人，到了這裏便彷彿突然跨進了一個完全不同的、更加美好的世界。

萬歲，下克爾科諾什的霍希采！這座石頭和雕塑家的城市。

從我很熟悉的伊奇諾到霍希采距離其實不遠，景色卻有點兒變了，不過同樣魅人而饒有情趣。霍希采群山環抱，這就很美了，遍地是樹林，而幾處正在開工的採石場又爲這裏的風光平添了特色。猶如任我們挑選的白麵包或黑麵包、軟麵包或硬麵包一樣，採石場爲雕塑家們提供了不同規格的大小砂岩塊。這些採石場都已歷史悠久。當年哥德式的雕塑家就用這裏的砂岩雕刻苗條、秀麗的捷克聖母像，馬蒂阿什・布勞恩[1]曾在這兒選用合適的砂岩塊爲什波爾克伯爵的庫克斯城堡雕刻了《美德》和《惡行》。

雕塑家約瑟夫·瓦格內爾❷常說，當他站在這樣的砂岩面前時，他聽到石塊中有少女的聲音。可惜我什麼也聽不見。不過有一次我挨著一株茂盛的千里香坐在採石場旁邊，我彷佛看到隱匿在石塊中的許許多多少女的乳房。在無生命的物質中聽到聲音，這恐怕是唯有雕塑家才有的福份吧。

從霍希采火車站到雕塑家瓦格內爾的住所並不遠，幾分鐘就到了。遺憾的是，這次迎接我的不是瓦格內爾本人。他已去世，同他的祖先們一起長眠在聖戈塔爾德附近的山崗上。他的妻子瑪利耶出現在他家樓梯上的「飛雲」旁邊。她也是一位雕塑家，而且不是個碌碌之輩，儘管她始終設法隱藏在丈夫的影子裏。她為人謙虛，比謙虛猶有過之。人長得瘦小文弱，很難想像這位迎接客人的弱女子如何揮動鐵鑿和大錘敲鑿堅硬的岩石。

我覺得在這種場合小小恭維幾句是合適的，況且這種恭維也完全不傷大雅，是真誠的。

「這您可是有所不知嘍！您得瞧瞧我在馬奈斯館的模樣兒，一邊玩九柱戲，一邊抽雪茄！」

不，這不可能。然而確實如此！我不禁想起瓦格內爾曾經講過，他幹重活的時候妻子和

---

❶ 布勞恩（一六八四—一七三八），奧地利雕塑家，自一七一〇年起一直生活在布拉格。

❷ 約瑟夫·瓦格內爾（一九〇一—一九五七），捷克著名雕塑家。作品有作曲家斯美塔那像，德沃夏克像，詩人伏爾赫利茨基像，查理士四世像等。他的作品富有詩意。

兄弟怎樣給他幫忙。

這位魅人的瑪利耶太太不僅擅長把握鐵鑿、掄十字鎬，她還有另外一手。她是波米安先生的高足，頗有點名氣，擅長使用今天已被許多婦女所鄙夷的器具：平底鍋和小鋼叉。與此同時，她是一位異常好客的女主人。

烤製味道極美的霍希采蛋糕捲也是她的拿手戲。

布爾諾藝術學院展覽館的面牆上，有她創作的三個亭亭玉立的少女像，她們使我難以入眠。我跑去觀賞並不僅僅由於雕像上的少女神采動人。它們還證明一雙婦女的手長在眞正的雕塑家身上，就能做出怎樣的成績。

我走進屋子，在瓦格內爾起居的房間和工作場所走了一圈。我彷彿覺得他的目光像靜靜的燈光在凝視著這裏的每一件東西。他是個很有風度、令人愉快的人物，非常和藹可親。臉上坦蕩剛正的神氣就喚起人們對他的信任。他不會傷害人。也許連傷害人的小小念頭也不會有。他去世後這裏顯得空虛、凄涼。不過他的妻子小心翼翼地守護著他的所有遺物。

由於她和他像兩顆石子般一模一樣——正如夫婦長期生活之後性格甚至面容有時都會相像——因此一切都保護得很好。更何況，這裏面還有女性的成分！

我嘴裏已在咬第三塊霍希采脆皮蛋糕捲，一面用心地傾聽著這個家庭的種種打算。她有兩個兒子。一個是畫家，另一個是雕塑家，但兩人什麼都會。他們準備在花園裏蓋一間明亮的陳列廳，把父親的雕塑作品，主要是澆鑄像，陳列在裏面。這些塑像的原件早已分散在捷克和摩拉維亞各個城市的美術館。瑪利耶太太以崇敬和熱情的口吻談論著丈夫的作品。

「您還不知道我們曾經居住過、瓦格內爾在那兒工作過的伯利恒吧？您也沒有見過布勞恩的那些驚人的、令人叫絕的作品哩。咱們今天去看看吧。下午就去。那地方可漂亮啦。咱們走愛爾本的米列金❸那條路。米列金的祈禱餅您准知道的吧！」

米列金的祈禱餅？那還能不知道！我常在伊奇諾的集市上買給孩子們吃。那是兩塊黏合在一起的小蜜糖餅，塞滿了核桃仁。一塊上面用杏仁嵌成一個小十字架。在這一帶曾經是備受歡迎的兒童食品。「那眞是沒說的啦。」瓦格內爾的小兒子、雕塑家楊附和道。

什波爾克的伯利恒❹！那是陽光明媚的一個春天的下午。這樣好的天氣自然界能有幾回啊，更何況來到這綠蔭幽谷！我們在一塊石頭上坐下了，據說當年《三博士拜主》這一雄偉浮雕製作時，伯爵❺就常坐在這地方觀看。浮雕鑿刻在一塊矮矮的岩石上，刻得很深，石面上已長滿青苔。布勞恩在它的對面砍出一張矮石凳，好讓伯爵坐得舒服些。瑪利耶太太從附

❸ 米列金爲詩人愛爾本的出生地，在捷克的東北部。

❹ 根據《新約聖經》，耶穌誕生在伯利恒的馬槽裏，有東方的博士前來朝拜。此處是指雕刻家布勞恩以這個故事爲題材創作的雕刻作品。

❺ 指什波爾克伯爵。

近湧出泉水的洞穴打來了沁人心脾的泉水，拿出自己烤製的麵包，切成片兒。對於眞正的美食家來說，這兩樣東西都是無上佳品。就在這個地點，在伯利恒、荒廢了的雅各❻井和奧努弗裏烏斯❼之間，瓦格內爾用圓木蓋了一所小屋。奧努弗裏烏斯像是布勞恩雕刻在一塊偶然露出地面的巨石上的，它曾使愛爾本那樣著迷。寂靜的樹林，瓦格內爾的大錘聲聲敲擊，幸福的、田園詩般的角落充滿了和諧。

就在這裏，在枝葉搖曳的老雲杉樹下，在小鳥鳴囀聲中，瓦格內爾的《詩》從石頭深處探出了她高貴的面容，腦袋微微支著。這尊雕像是這位雕塑家在難得的創作激情中如癡似醉地鐫刻出來的。雕像完成後，他用雕刻鑿在石頭上寫了一句獻詞——在瓦格內爾來說是如此典型的獻詞。他將雕像獻給一切受詛咒的詩人！

我們靜靜地等待著，瑪利耶太太在回憶。

戰前，她同瓦格內爾在這林中幽谷只住了不多幾年，但那是幸福的歲月。夏天一清早，野兔在不遠處沙沙地啃著多汁的紫苜蓿，樹端飄落著芬芳的、濛濛細雨般的露水，他倆穿上高筒靴出去採蘑菇。回家的路上一同到鄰近的村子去採購，帶著五公斤重的大圓麵包、煉乳

---

❻ 雅各爲《聖經．創世記》中的一個人物。
❼ 天主教的一位聖徒。

和一塊紙包的黃油回到家裏。約瑟夫動手幹活時，日頭已經曬得很熱。瞧他怎樣快活地往掌心啐口唾沫，怎樣興致勃勃地開始敲鑿他親自從採石場挑選來的石塊，此情此景眞値得一看。是的，那就是《詩》，一座令人讚歎不已的美麗雕像——手裏抱著一束月桂，將它緊貼在鬢角。這是一座融莊嚴與熱情於一體的雕像，一時沒有其他作品堪與媲美。它就橫在那邊的苔蘚上，在中午的陽光下還渾身塵土。約瑟夫對這件作品感到高興和滿意。他自己也渾身塵土便開始磨光、擦淨雕像了。

「這種快樂和滿意感您也準是深有體會的，當您成功地寫出一首詩，從書桌旁站起身的時候！」

外加一點兒必要的散文：廚房裏蘑菇餅飄香！您還能要求什麼呢？

離此幾步外的亂草叢中，也許今天還能找到底座的碎片兒。附近蒲公英正在開花，它們是當年那些歲月在這裏留下的唯一的黃金。

回憶往事使瑪利耶太太的眼睛亮起來了，唯有年輕姑娘生平第一次嘗到幸福時，眼睛才這樣明亮。

在伯利恒，他們有時也接待布拉格來的朋友，馬奈斯協會的雕塑家和畫家。熱烈歡樂的談話在這兒展開，討論藝術問題，滔滔不絕。沒有這樣的時刻，幸福也遠遠不會圓滿無缺。

冬天，瓦格內爾夫婦到林子裏去找小樹墩子。約瑟夫用了幾個雕刻小小的人體軀幹。由於佔領❽來得緊急，這些小作品沒能帶走。戰後他們發現這裏已被盜竊一空，小屋毀壞了。翻倒的門扉上，有鉛筆刻寫的許多不堪入目的德文謾罵字句。他們沒有再蓋小屋，懷著沉痛的心情告別了伯利恒的田園詩。

瓦格內爾後來在烏姆普魯姆工藝美術學校任教，開始創作紀念像：斯美坦那像和伏爾赫利茨基像——在兩次預賽中他都取得了勝利。可是，一切都越來越困難了，他已漸漸接近生命的終點，過早地、悲慘地接近了終點。

一九七六年三月初，瓦格內爾教授昔日的幾名學生來到了霍希采，在他的故鄉和他的墳墓前紀念他誕生七十五周年。他們帶來了幾十封信，都是他的學生們寫的，放在一隻黃銅匣子裏，匣蓋上裝飾著一對金屬翅膀。除卻書信，他們還將自己新作品的照片放進匣裏。此外還有二十年中去世學生的照片。去世的已有好幾人。

學生們在信中表述了他們對這位卓越老師的懷念。這些信實際上是一部合唱曲，幾乎同樣的歌詞，同樣熱烈的曲調。瓦格內爾愛他的學生，他們也愛他。這種師生關係他的學生終生難忘。每一封信裏都談到了敬仰和感激，寫信人由衷地感謝他，表示了對他的藝術遺產的熱愛。我有幸瀏覽了這些信件，它們完全把我吸引住了，使我深爲感動。

---

❽ 指第二次世界大戰開始時德國法西斯對捷克斯洛伐克的佔領。

「在那充滿希望和信任的年代（那是一九四五年），我們非常幸運能有雕塑家約瑟夫·瓦格內爾在校當我們的老師。他的作品和他的爲人和諧一致，兩方面都堪爲師表，影響著我們的成長。」米洛什·赫盧帕契在開頭的一封信中寫道。

「我很幸運能在瓦格內爾老師的指導下邁上雕塑之路。」另一名學生寫道。這句話幾乎在絕大部分信中以不同形式反覆出現。

女雕塑家佐爾卡·蘇庫波娃—科日阿諾娃講了一件動人的、令人心裏感到暖乎乎的事情，它能說明許多問題。

瓦格內爾希望助教對學生的作業除卻給予建議之外一概不要干預。這位年輕女學生有一次在創作一座男子立像時，有條腿老也做不成功。助教馬列約夫斯基看到了她的窘困，給她改了改，把那條腿完成了。「他碰了我的腿啦。」女學生詼諧地說。可是瓦格內爾教授走來檢查作業了。「那條腿有點兒彆扭，您沒做成功。」這位女學生，正如她自己承認的，說話往往不假思索，常要「走火」，她脫口說道：「這是剛才助教先生馬列約夫斯基給我做的。」教授不再說什麼，靜了片刻，他的眼睛濕潤了。事情很清楚，換了任何一個人做法都會是：責備學生，批評助教。可是教授走開了，他一切都自己忍受。

女雕塑家愛娃·克門托娃在校時曾有過一次不可思議的、對她的命運來說起了決定性作用的感受：有一天，當她在畫室裏看著瓦格內爾工作時，她得到了無比重要的關鍵性的啓示，這影響了她的整個一生。不，這一幕她無法準確地描繪。她只知道那是同某種偉大性結合在一起的奇特的幸福感。這種偉大性填滿了整個空間，也填滿了她的靈魂中的空間。這一刻她永遠不會忘記。她深信如果沒有這番感受，她的生活會是另一個樣子。

我承認，她這話我絕對相信。我也有過與此相仿的感受。不，我不想說我懂得雕塑藝術。不過，在瓦格內爾的工作室裏待了一會兒之後，今天我敢說我明白雕塑是怎麼回事了。

學生們在他的墓上獻了花圈和鮮花。有一個花圈的飄帶上的題詞是：爲了詩的遺產。瓦格內爾的軀幹雕像使我讚歎不已，無論是立在礫石上的、飛翔的，還是其中也可說是最美的一個：臥像。在這些作品上看不到廉價的、嘩眾取寵的雕刻效果，他只在木料或石料上落下洗練的幾刀，無生命的物質便有了生命，其形象之完美足以使它們流傳後世。這些軀幹雕像是值得注意的，它們爲數眾多，但最使我喜愛、讚賞的是一些少女像，例如《春》、《藝術》、無比美麗的《月桂》等。尤其是《大地》，這尊雕像的面容和婀娜的身姿攫住了我的心。我多麼想坐在她的旁邊，長時間地凝視她那深色的光華，綽約的風姿和栩栩如生的面龐啊。能看到這樣的作品產生，而且幾乎就在我們的眼睛面前產生，人生畢竟是美麗的！

這些純潔的阿爾忒彌斯❾式的少女——誠如佩奇爾卡說的——雖然不露出膝部，但臉龐

---

❾ 阿爾忒彌斯，古希臘最重要的神祇之一，在神話裏是一位貞潔的女神。

卻由此而格外的楚楚動人，它們輕輕地說出了作者妻子的青春美。這些作品詩意盎然，令人為之傾倒。熱烈的旋律在沉重的石體裏激蕩。石頭以深深的寧靜撥動著我們的心弦。這是沒有文字的詩，是僅靠雕塑家自古以來便已使用的簡單工具，憑藉雕塑藝術點燃的詩。來自他的故鄉的粗糙石塊有時彷彿是用手掌磨光的，有時鋒利的刀尖又在女性的面龐上織出一方細軟的面紗。鑿子和錘子，這兩件沉重的鐵器在塑像的表面失去了分量和粗笨，一味追隨著雕塑家夢中的輕柔線條亦步亦趨。

瓦格內爾熱愛音樂和詩歌，它們也報之以愛。他的少女群像是一首輕快的情歌，人們用眼睛來傾聽。他是一位將詩寫進石頭的雕塑家，一位以雕像代替韻律的詩人。

瓦格內爾的《詩》一九三七年曾送往巴黎參加世界博覽會，獲得了大獎。當雕塑家馬約爾⑩和德斯皮奧⑪參觀這件作品時，馬約爾抬起手象徵性地碰碰帽子說：這才是一位雕塑家哩！

三月，在他誕生七十五周年紀念日，我至少也得去洛布科維茨卡公園，看一看他創作的雅羅斯拉夫・伏爾赫利茨基紀念像吧，那是他晚年的作品之一。去霍希采他的墓地對我來說

---

⑩ 馬約爾（一八六一－一九四四），法國畫家，二十世紀最重要的雕塑家之一。

⑪ 德斯皮奧（一八七四－一九四六），法國雕塑家。

已經過於遙遠了。春天已在門口，空氣潮濕、芬芳。黑山鳥早已看準了春天要去歷險和歌唱的樹木。可是我彷彿覺得，紀念像上托著詩人的那兩位繆斯神眼淚汪汪。

啊，不，她們沒有落淚！是我想到這位好人的艱辛遭遇時，心裏感到憂傷。他只在短短的一個時期走進過我的生活。

雖然在馬奈斯協會我認識他已經很久，但我們的友好接近是在後來，在布熱弗諾夫決定修復本篤會聖馬爾凱塔修道院塑像的時期。

有一天傍晚，下班後他同畫家蒂希坐在洛雷達的花園餐館裏。我打拱廊匆匆經過時，被蒂希瞧見了，他喊住了我。是的！那晚上我們過得很愉快。大約兩天以前，弗朗基謝克·蒂希和我曾一同在瑪爾揚卡舞廳觀看了一位普通魔術師的表演，這會兒蒂希將看到的全部魔術和戲法給我們維妙維肖地學了一遍，瓦格內爾挺高興。後來，我們沒怎麼猶豫就決定陪伴蒂希上霍拉酒館去，那是蒂希喜歡去的地方，在卡爾麥利特街。可是那家酒館不一會兒就打烊了，我們挪到了附近馬爾特茲廣場的美術家酒館。從那裏出來只跨過查理士大橋，我們又拐進老城議事廳旁邊的賓德利酒館去看了看。那兒供應的葡萄酒雖然味道很好，但顧客太多了。因此我們坐了個把小時之後起身離去，到了雷瓦酒館，在那裏看到哈拉斯正獨自坐著。他喜悅地歡迎了我們。午夜過後，雷瓦酒館關門，我們又到了附近斯帕列納街的舒彼酒館。那兒坐著奧勃拉赫特，他沒趕上開往克爾切的末班火車。在這以後怎麼樣我就不知道了，以名譽擔保，什麼也不知道了！據說瑪利耶太太早晨有點惱火，不過怒氣不大，爲時也不長。

瓦格內爾邀請我參觀他在學校的畫室，我很高興，盼望著那一天的到來。我的手還在門把兒上，他已經打開了一瓶紅葡萄酒。他不是嗜酒成性的人，但喜歡在聊天的時候稍稍喝兩口。從那一天起我們之間就建立了友誼，直到他去世。可惜時間太短了，死神已站在門外。善良、正直的人彼此很容易結交，而且只要有一點兒可能，他們就很快活。

我凝視著雅羅斯拉夫·伏爾赫利茨基身上那件胸前敞開的短披肩，種種往事將我牢牢釘在長椅上了。

小時候跟著媽媽上奧爾尚斯基墓園去掃墓，我在墳墓旁邊閒逛。媽媽要我祈禱，我便裝出一副祈禱的模樣。今天，我確實想虔誠地祈禱，可是我已經不會祈禱了。我背不出祈禱文的詞句。媽媽的祈禱書已被妹妹從老家拿走，我什麼也沒有了。那本祈禱書的封面上有聖母瑪利亞的畫像，她的心上插著七把刀子。

我要是有一塊米列金的祈禱餅也好啊！可是就連這類宗教品今天在米列金也不再生產了。

斯米霍夫的骷髏舞

男人通曉許多事情，不妨說男人通曉一切。他們擺弄複雜的機器，在自動化裝置面前確實不會比女打字員在打字機面前困惑多少。但是，他們一接近女人便常常會出現這樣的情況：他們對女人原來壓根兒就不瞭解。我知道，您會說女人不是機器。女人當然不是機器，然而儘管如此！另外還有一些男人，他們出色地計算出了從來也看不見和望不著的星球軌道的偏差，可對於他們自身運行軌道中每天遇到的女人，卻不甚了了。女人在一舉一動中表現的如此獨特、如此奇妙的種種，他們全然視而不見。

甚至也不乏這樣的作家！在作品中他們談論女人的心靈，談得令人折服，因爲他們熟讀了心理學。可是他們本人的婚姻卻由於自己的過失翻了船，弄得很悲慘。而這些作家還是頗有名望、受人尊敬的哩。在這方面最糟糕的常常是涉足哲學園地的一些人。

活像女人富有吸引力的神秘性就眞那麼神秘莫測似的！也許倒竟然確實是這樣的呢？

不過，這裏我要寫的是關於卡雷爾·泰格的死，根本不宜從結尾處開始，需要從頭說起。亡靈也要求我從頭說起。

當泰格和我決定首次去巴黎觀光時，他慫恿我跟他一起去做一套像樣的新裝，以便出外代表這個國家，雖然並沒有哪個人要我們代表。同時也多少代表一下我國的現代藝術，這倒是我們自己希望的。在布拉格，我們的衣著非常隨便。

泰格認識民族大街的一位杜雷克先生，他是裁縫，鋪子開設在從前的聯合咖啡館那邊。這可不是一家普通裁縫鋪，縫工也不便宜。我手中的錢少得可憐，未免有些猶豫，可最後還是被泰格說服了。杜雷克先生爲我們選擇了一種叫做「胡椒和鹽」的灰色英國衣料，不久便把衣服做成，兩周之後我們已穿著走在巴黎的林蔭大道上了，頭上戴著「磨掉了絨毛卻很討人喜歡」的帽子——誠如米蘭娜·耶森斯卡常說的，她那時還是個時裝記者。

埃菲爾鐵塔，在此之前我們曾相當虔誠地向它乞靈的埃菲爾鐵塔，冷冰冰地瞪著我們。巴黎，哪怕下雨也是美麗的，何況天氣晴朗。那是芳香撲鼻的夏季的一天，我們同畫家希瑪有個約會。正當我們尋找賽吉耶路十四號的時候，忽見一個俊俏的年輕女人在我們的面前跨下了汽車。顯而易見她很有風度！活像是從科萊特❶的小說中剪下來的。面紗沒有遮住眼睛，手腕上閃爍的金鐲子叮叮作響。她邁著輕快的步子，在一團香霧中打我們身旁走了過去。我們兩個完全被她迷住了，不覺站下來彼此對看了一眼。

「可惜沒有時間。」泰格突然說道：「我眞想追她去！」

這話不免有些出我意外，可是泰格的口氣是那樣的理所當然，我便沒有說什麼。況且，這一類的話題在我們兩人之間還從來沒有進行過。

今天，在過了五十年之後，我已認識到我當時的驚訝全然沒有必要。泰格是對的！男人就是男人，追求的目標總是高於他的力所能及。再說，許多動人、有趣的戀愛悲劇就正是這麼開始的，這類小說讀者看得津津有味。

再見了，巴黎！你永遠不會再那樣美麗！

回到布拉格時，我們大約二十五歲。我們的眼睛裏閃爍著熱情。還有渴望！遺憾的是當時我們很少意識到自己生活在幸福中，及至有所領悟，一切可惜已成往事。

旋覆花社發展壯大了，新的成員在增加。然而，使我們感到驚異的是，斯拉維耶的聚會上卻每每見不到泰格了。他來得很不經常，無影無蹤就消失了。他也不再鼓動我們晚上去酒吧。在那裏，薩克斯風如怨如訴，那般誘人，催促人們去跳舞，女士們送過來她們的手臂。

托燕——當時大夥兒還叫她曼卡——有一次開門見山地對泰格說：

---

❶ 科萊特（一八一三—一八九五），挪威女作家，女權運動者。其作品對易卜生、比昂松等產生過巨大影響。

「你是跌進情網昏了頭，對吧？」

泰格有點兒不好意思地承認了。從青年時代起，泰格就贊成不受約束的戀愛權利。婚姻關係嗎——那是資產階級殘餘。

一次，我們在街上看見奈茲瓦爾抱著一塊熨衣板走回家去。顯然電車沒有讓他上。他像抱吉他似的把熨衣板抱在懷裏，模樣兒挺滑稽。托燕忍不住撲哧一下笑出聲來，泰格譏諷地說了些挖苦話，弄得奈茲瓦爾十分狼狽，臉上漲得通紅。

生活在前進，在流逝，在轟鳴，在消失。誠如特裏斯坦・查拉指出的：我們每天都在死亡一點兒。可是，誰也不去考慮時間。我們的詩集一本接一本出版，口袋裏裝滿了詩句。我們要「讓資產階級喪膽」，可是效果顯然不大。資產階級絲毫也不畏懼我們。

一九二九年，我在作家的聯合聲明上簽了字❷。七人中我最年輕。我的朋友泰格、奈茲瓦爾、哈拉斯和其他幾名作家發表了一份反聲明，在尤利烏斯・伏契克的建議下，我被開除出旋覆花社。

當時我對此並未感到多麼痛苦。旋覆花社已逐漸完成它在捷克文化生活中的創造性使命，它那豐富多彩的美好歷史已接近尾聲。成員們已開始不需要年輕的社團在創作上給他們

❷ 當時塞佛特同其他六名作家聯合發表了一份反對捷共新領導的聲明，從而被開除出黨。

以幫助。一代先鋒派事業中的許多人已打開局面，我們有了充分的準備，決心走自己的路，不願再受旋覆花社規章制度的束縛。這些規章制度原是我們自己制定、泰格相當認眞地貫徹執行的。

此外，女士們也開始直接或間接地干擾了我們的定期集會，桌旁的空位越來越多。這種情況反正大家都知道。女人只要有此意圖，顚覆一個帝國都不在話下，何況區區藝術團體。不過，瓦解這個年輕社團中的美好友誼的不是女人。女人並沒有！

奈茲瓦爾在他的回憶錄中曾提到，說我怎樣每天晚上在告別了女友之後，不管時間多遲也要急急趕往我料想朋友們會在的地方。是的，他說的對，情況就是那樣。不過，我渴望見到的主要是泰格。同他我總有那麼多話要談。他是一位不知疲倦、使我獲益匪淺的參謀和朋友。

脫離旋覆花社令我最爲難受的是同泰格的友誼多少受了影響。我們見面的機會越來越少，儘管起初雙方都努力避免出現這種狀況。可是後來，當奈茲瓦爾同泰格從巴黎帶回了超現實主義之後，我就很少見到他們了。他們結交了一些法國藝術家，有了新的朋友。奈茲瓦爾以其粗獷豪放的性格，全身心地投入了超現實主義這一新的潮流，泰格則除卻超現實主義之外，興趣還集中在現代建築上。

這樣，我便開始迴避斯拉維耶咖啡館的臺階而經常去沃爾希斯卡街的雷瓦酒店了。過去我就常上那兒找霍拉和哈拉斯。馬代西烏斯也上這家酒店，霍朗有時也去。約瑟夫・帕利維茨難得也在。對我來說，旋覆花社不久便成爲既親切又帶著幾分苦澀的記憶和往事了！

我現在的住處離莫托爾醫院不遠。近幾年，每到寒冬臨近，醫院上空便飛來一群烏鴉，難聽的叫聲破壞了四境的寧靜。烏鴉也飛到我們這裏來，有時滿天都是。好吧，當烏鴉淒厲的啼叫猶如聲聲警鐘提醒我時間已經不多時，那就讓我在這裏向這位親愛的故友一表感激之情吧。趁我還有一點兒工夫！免得爲時已晚！

他給與我的除卻美好的友情之外還有不少其他。他給與我的遠比我當時年輕自負的心所理會的多。

是他逐漸給我打開了現代藝術世界的門扉。這個世界是我原先不瞭解、憑我那點兒可憐的語言知識也無從瞭解的。我喜歡詩歌，然而是泰格使我學會了熱愛它，在造型藝術方面也一樣。是他教會我欣賞現代繪畫和雕塑。他教導我在藝術領域要審愼，使我明白並非所有那些向我們提供、有時硬塞給我們的、那些被稱作藝術的東西全是藝術。

我記得當時還很年輕的泰格怎樣同他的朋友弗拉基米・什杜爾茨——此人寫音樂評論，後來也參加了旋覆花社——一同去聽捷克四重奏樂團的排練。他和什杜爾茨是世交，至於是什麼樣的關係已記不清了。泰格雖然愛好音樂，但離內行的水平還相差很遠。一次，他聽了排練之後表現了他特有的憂慮，說不知第一小提琴手霍夫曼拉小提琴能否像什瓦賓斯基❸畫畫一樣出色。當有人在報紙上發起徒勞無益的討論，探究德文kitsch❹一詞譯成什麼捷克詞才能達意，泰格毫不猶豫但有些無情地建議用R.U.R.❺。而我們同恰佩克兄弟很熟悉。兩兄弟的《閃光的深淵》、《克拉科諾什的花園》以及《神的受難》深爲我們所喜愛。「旋覆花」這個名稱的由來也應歸功於他們。

只有一件事泰格沒有成功。他曾不斷但毫無效果地勸說我學跳現代舞。他甚至自告奮勇要親自教我，授課時將由奈茲瓦爾鋼琴伴奏。

泰格喜歡跳舞，對此興趣很濃。他的書櫃上用圖釘按著一幅加瓦爾尼的素描，是從一本舊畫冊的扉頁上取來的。畫面上一個剛從舞會回來的年輕姑娘沒有脫下舞會衣裝就伏案睡著了。畫幅下首寫著稍有改動的耶穌的一句話：她將被赦免無罪，因爲她跳舞太累了。

及至三〇年代，我已難得一見泰格了，不如說我們只是偶爾碰巧相遇而已。可是在戰爭時期，當勞動合作出版社盡其力之能及設法援助那些不能出書的作家時，我見到泰格的機會又多了一些。他和巴維爾·埃斯內爾都受勞動合作出版社的親切庇護。後來簽訂了某種協定，

---

❸ 什瓦賓斯基（一八七三—一九六二），捷克畫家、版畫家。

❹ 德文kitsch，意爲矯揉造作的拙劣的文藝作品。

❺ 《R.U.R.》即卡雷爾·恰佩克的著名劇本《萬能機器人》，當時在捷克斯洛伐克國內外曾轟動一時。

根據這一協定泰格可以預支稿酬，但詳細情況我不淸楚。

戰後我遇見泰格的時候比較多。他常上奧達・吉爾加爾的書店。在斯米霍夫區，安琪兒的狹窄店堂裏有時擠滿了人。起初是約瑟夫・霍拉常去。從科希日斯卡街他的寓所上那兒需要乘車。諾伊曼也常去。吉爾加爾購買泰格的舊書，出價無疑很慷慨，因爲泰格的經濟狀況到了戰後也毫未改善。

泰格以他過去的熱情——在旋覆花社初創階段我對他的熱情知之頗深——向我介紹他那一小圈朋友的情況，他們是超現實主義的畫家和詩人。這個時期他正在撰寫多冊本《現代藝術現象學》，這是他戰時便已定下的計畫，勞動合作出版社曾考慮出版。

他那時便已訴說胃裏疼痛。他去求了醫，但疼痛未能止住。其實病根不在胃裏，也不是他擔心的癌症。是心臟，他沒有想到。

泰格於一九五一年十月一日去世。那是充滿蕭索秋意的淒涼的一天。心電圖提供了假象。泰格去世前不久，大夫還看了他的心電圖，根據儀器的記錄，大夫只能做出心功能完全正常的診斷。實際上不是這樣。心功能不正常已有很久。泰格的心臟損傷到了如此程度，解剖大夫都難以相信有這麼一顆心臟的泰格，居然還能那樣地生活。

這是緊張勞動造成的，他幾乎名副其實地廢寢忘食了。他工作通宿不眠。晚上十點以後，他在家裏伏案一直工作到次日黎明。生活逼迫著他。他害怕把書寫完，因爲那時布拉格報紙上發表了一系列文章，對他進行了激烈的、不公正的批評。由於他完全處於無助狀態，他去世後便傳開了許多流言蜚語，有公開的，也有暗中散佈的，沸沸揚揚圍繞著他的死，他的名字，當然也圍繞著他的著作。

安德烈‧布列東在一篇論女畫家托燕的文章中把謠言當作了眞實，說卡雷爾‧泰格被捕時服了毒，他的妻子隨即跳樓自殺了。需要說明一下，泰格既未被捕，也未受過審查。

實際情況是另一個樣子——雖然同樣富有戲劇性。

有些女人，一般是年輕女人，但也有年紀較大的，在遭遇不幸失去丈夫之後，她們從墓地回來哀哀哭泣，哭了好幾天。然後抹抹眼淚，鼻子上撲些香粉，便好奇地舉目環視世界。不，我並不責怪她們。這是生活。我站在婦女一邊。

在婚姻上受了挫折的法國著名詩人阿爾弗雷‧德‧維尼談到女人時說：女人是靈感的摧毀者。女人並不全都這樣！我國詩人彼特‧貝茲魯奇便常常讚賞地引用那句關於女人的名言：唯一無私地愛男子的女人是母親。貝茲魯奇還補充道：這是法國人說的，而法國人無疑對女人很瞭解！不過，此話也未必永遠正確。

我不會讓任何人毀壞我心中的女人的神話，自古以來男人們就用這個神話爲自己編織女性美的花環。無論是年老體衰還是疾病，也無論是痛苦還是最可怕的失望，都不會奪走我這雙昏花老眼看到的女人的美好形象。我是一個頑固的女權維護者。我捍衛婦女，儘管在今天已無此必要。婦女很好地捍衛著她們自己。

這些話只是開場白。布幕升起，舞臺上是一個男人和他的妻子。有人敲門，另一個女人走了進來。不，上帝保佑，這不是我們熟知的、各劇場大量上演的那類婚姻喜劇的開始。正相反，這是一齣情節獨特的悲劇：一個男人和兩顆女性的心。

泰格的一位超現實主義年輕朋友寫信給我說：「您肯定知道，浪漫主義的卡雷爾・泰格一向醉心於無約束的戀愛觀。他眞誠地愛著他的妻子。戰爭初期，他結識了E.小姐之後便力圖向自己也向兩個女人證明他們之間能夠建立幸福和諧的關係。」

泰格有了新歡，這事我早已知道。他的妻子我年輕時就認識了。她是個端莊的女人，很有魅力，心地極好。泰格的女友我只偶然見過，有一次是在吉爾加爾那裏。她也是一個不同尋常的女人，同樣有魅力，而且肯定很有趣味。一次，我遇見他倆時，泰格誠懇地邀請我上斯米霍夫的沙拉蒙卡去做客。那是在他去世之前不久。多麼遺憾，我沒有馬上接受他的邀請。過了不多日子就已悔之晚矣。

我從不懷疑他對兩個女人都很眞誠。他不願也當然不善於扮演庸俗的三角婚姻關係中的角色。令我大惑不解的是，像他這麼一個罕見的思想敏捷、頭腦聰明的人怎麼可能設想在兩個女性之間能建立平靜、融洽的關係。他怎麼不明白在眞正的愛情領域，女人之間是不可能存在這種關係的。他自己可以眞摯地愛著兩個女人，可是女人若是眞心愛他，就不可能同別人分享這份愛情。這件事猶如沉重的負擔壓在他的身上，使他長期處於緊張狀態，無補於他那顆虛弱、有病的心臟。顯而易見，這使三人都很痛苦。

泰格每天晚上都在家裏工作，直至清晨才躺下，上午他睡覺。中午時分他離家去女友處，她住在斯米霍夫區的阿爾貝斯廣場附近。他在那裏吃午飯，下午E.小姐協助他寫著作稿。就這樣一天又一天過了三年。從一九四九年到一九五一年十月。

在不祥的十月的那一天，E.小姐久等不見泰格來到，便出門去迎，可是她徒然望眼欲穿。兩人走差了路。待她最後往回走時，才發現泰格在阿爾貝斯廣場的電車站上，身體倚著一根鐵柱在喊她。痛苦的痙攣扭歪了他的臉。這已是一張打上了死亡標誌的臉。她好不容易扶著他回到自己的寓所，泰格每走一步都痛苦不堪。進屋坐下後他呼吸困難，情況很危急。E.小姐便連忙去找大夫。她花了一些時間才把大夫找到，可是回到家裏卻發現泰格已經氣絕。

她不假思索就決定隨他一起死。然而她必須先將泰格的死訊通知他的妻子，因此她寫了一張字條：「卡雷爾已經不在了。他是今天中午去世的。」她打發沙拉蒙卡的一名出租汽車司機將字條送去。

泰格的妻子見到字條以後馬上把泰格寫給她的全部書信統統燒毀。這些書信爲數不少，儘管他每天都與兩個女人見面，卻幾乎每天都給她們寫信。在這個隆重的儀式之後，她開煤氣自殺了。

E.小姐也只多活了幾天。在此期間她把手上泰格的遺稿整理出來，交給了朋友們。之後，她像泰格的那位妻子一樣，擰開了煤氣開關。

她的死結束了這場可悲的死亡之舞。對此，「多虧」泰格死後的種種措施，外界很少有人知道。

我們曾與一位多麼出色的、不同尋常的人物和藝術家生活在一起啊！他非凡的人格放射出來的是怎樣的力量啊！

泰格的葬禮冷冷清清，禮堂裏幾乎是空蕩蕩的。只有少數幾個他的年輕朋友參加了。這些朋友我那時候還不認識。

我們那一代人——事情已經很清楚那是泰格的一代而並非沃爾克的一代——他的朋友和熟人卻無人參加。我與忠誠的畫家穆齊卡孤零零地站在空椅子的後面。

克拉盧比車站站台

一九四五年三月下旬的某一天，在那場可惡的戰爭就要結束的時候，一位親戚急促地按著我家的門鈴。這是一位上了年歲的婦女。過去她也住在克拉盧比市，搬走後，有時候回克鎮掃墓。現在她家也在布拉格，離我們不遠。這一次掃墓時剛好趕上克拉盧比遭受大轟炸的日子。

回布拉格後的第二天，她驚魂未定地跑來找我們。轟炸時她正好在公墓。公墓在城外，座落在煉油廠附近，地勢比城區高。克拉盧比人把煉油廠叫作煤油廠，這個稱號至今也沒變過。

轟炸時老太太趕忙趴在一座墳墓上，臉緊緊貼著石板。在極度恐懼中，她不斷祈求墓中的老友保佑自己平安。那裏的空氣已經有一些春天的濕潤，蘇醒了的泥土也已散發出芳香。她的頭髮上，甚至嘴巴裏都是泥土，牙齒相碰時就嘎吱嘎吱地響。你看，人和泥土貼得多緊啊！

老太太的話雖然有些顛三倒四，不過還眞是有聲有色地描繪了轟炸的過程。她說，當時炸彈好像就落在她的身旁。墳墓不停的震盪，墓碑也跟著跳動，好像都活了。能動的活墳墓！多麼奇妙的想像。解除警報的汽笛拉響後她也沒有起來。像死了一樣在那裏趴了一段時間。在墓碑叢中看不到城裏都發生了什麼事。但是遠遠的可以看到一個個巨大的氣旋和黑色的塵埃雲像不祥的黑翅膀一樣騰空而起，房屋則紛紛被夷爲平地。隨著陣陣爆炸聲，一股股強烈的氣浪一直沖到公墓，吹得那隔年花圈上的紙花沙沙作響。寂靜了許久之後，老太太慢慢爬起身來，邁著猶疑的腳步離開公墓。上了公路後，也還是看不到下面城裏的街道上究竟發生了什麼。沿著公路向前，有一座報廢的市屠宰場擋住去路，公路圍著它繞了一個大彎子。屠宰場有臺階同公路相連接，人們常常穿場而行，以便節省幾分鐘的路程。從前夏天走這條路時，路邊血窪中，盛下水的桶上，成群的紅頭大綠豆蠅在那裏嗡嗡亂飛。

過了屠宰場有一座宅院，原本是屬於屠宰場的，房子不大，幾乎淹沒在花園的花叢之中。兒時，在這花園破敗之前，它著實令我非常著迷。我們時常從那裏走過，春夏兩季，每次路過都一定要停留片刻。稠密的綠色植物把舊柵欄壓得歪向外面的小路。我們就隔著柵欄向裏張望。香氣四溢的蜜蜂花和薄荷從柵欄的縫隙裏密密匝匝地鑽出。你用手指揉撚它們的嫩葉時，香氣之中還帶有些許人血的腥味。花園施肥時顯然大量使用了屠宰場的污水。花木都發狂般地猛長，枝條互相纏繞著，顯得雜亂無章，使得這座當年按照祖母、曾祖母的風格精心佈置的花園，看起來頗不習慣。我看過不少很漂亮的這種家庭花園。不過，這座園子裏長的全是我以前喜愛的花。當然，至今我依然喜歡它們。這是些舊式的、早已不時髦的花。春天，我至今還是愛看那顯得嬌嫩的荷包牡丹。這花園裏就有幾棵。開花時花朵沿著花梗由大到小整齊地排列著，它那粉紅色心型花瓣和火苗狀白色花心顯得嬌柔可愛，足以使人激動得落淚。它會吸引每一個過路的人駐足觀賞並喚起他的美好聯想。老式花園的花我都喜歡。早在我讀到恰佩克在他的專欄裏對這些花的發自內心的頌揚之前這種愛就已經植根在我的心中。還有綠色的木樨，如果忘了它那不喜歡炫耀自己的小花，我會感到內疚的。農村姑娘星期天採擷的小花束中永遠也少不了它。瞿麥也很漂亮。雖然並不香，但很像花束裏的石竹。夏天來臨時，園中開滿了法蘭西菊。深褐色的紫羅蘭在周圍散發著一種醉人的柔香。然後，像戰士一樣挺立著的是一丈紅，一排排地長得滿滿的，很遠就能看到它們那飄帶一樣的花穗。一丈紅下面還有長滿淡綠苔蘚的小條凳。從來沒看到有誰在上面坐過。

多麼美啊！就是這些花，過去姑娘們仿照它們的形狀描圖刺繡，爲自己製備嫁妝，還把風乾了的花朵放在衣櫥裏薰衣裳。

我的這位親戚過了屠宰場跑到那所房屋跟前時，看到人們正從炸壞的房子裏抬出一具女屍。房子炸壞了一部分，裏面的人都是空襲時臨時躲進去避難的。花園裏到處都落滿了碎瓦殘磚。

死者竟是一位熟人。老太太一見屍體嚇得趕緊轉身逃避。但是，她避開了恐怖卻看到了更多的慘像。克拉盧比市街頭的景象眞是觸目驚心。很多人傷亡，大量房屋遭到破壞。全市三分之二的房屋部分或全部被毀。據官方統計，克拉盧比市是當時歐洲破壞最嚴重的十座城市之一，僅次於格爾尼卡，考文垂，華沙和紐倫堡。

整座城市覆蓋著一層灰色的塵土。不管你走到那裏，都會留下淸晰的腳印。本來可能是轟炸目標的工廠倒是完整無損。灰暗而醜陋的巨型石油罐和煤油罐站在那裏望著被毀的城市訕笑。倖免於難的還有公墓。眞是怪事，死人躲在淺淺的墓穴中竟什麼麻煩也沒有遇到。

報信的使者結束她那不祥的訪問後，我決定即刻趕到那不幸的城市去看看。儘管它並不特別漂亮，但兒時每年我都要到那裏度過幾個幸福的星期，它和我的心是連在一起的。可是戰事進展得很迅速，前線已經逼近，訪問克拉盧比的事就擱置下來了。

直到耶誕節前夕我才得以抽身去克拉盧比，其實平時每年也是這時才去。這是令人快慰的時刻。特別是在嚴寒初至瑞雪紛飛之夜，商店櫥窗的燈光透過濃密的飛雪撒向街道，這光景確實使人心曠神怡。而我卻樂於在這種時刻去尋訪那些謝世的故人。我過去從心底裏喜歡的親人都在這裏。他們一個挨著一個躺在那裏，我覺得他們彷彿在用黑洞洞的眼睛望著我，於是我用微笑來回答。敬愛的人們，你們都好嗎?我知道，我是在做蠢事，他們已經走得太久了。不過，他們還擁有一種威力，足以喚醒無數愉快的、親切的回憶。佳節前夕就更其如此。

有時候我在想，過去，特別是不久的、不太久遠的過去究竟有多大的能量。竟能把我們聚攏起來，吸進去，吸到光陰的最深處，在那裏很多往事總是顯得格外美滿，更具有節日氣氛，儘管事實並非如此。人們有可能在心中賭咒發誓地表示重視今天的現實，也許會眞正意識到自己的昨天有過缺點、錯誤乃至明顯的惡行。但這些都沒有用，對我們來說，現實總是有些過於平淡無奇，清醒冷峻，不合心意和理所當然。我們常是喜歡在父母和祖父母的桌子旁邊坐一坐，用他們使用過的茶盅或玻璃杯喝點什麼。也會好奇地從他們的窗戶裏向外張望，總希望能再看一眼他們匆匆返回時那風衣的搖擺和老式花裙的飄動。好像從那裏可以窺見某些昔日的幸福。我經常懷念家裏的磨花玻璃茶杯，拿在手裏沉甸甸的，不僅用來喝茶，還可以用它來焐暖凍僵了的手指。我常問自己，在懷念的時刻，究竟是我們返回到先人的身邊，還是他們的靈魂又來到了我們中間呢。不過那種玻璃茶杯卻是好久以來哪兒也買不到了。

耶誕節前我到達克拉盧比後就去拜訪一位親戚，敲開家門時，一股熟悉的香氣撲鼻而來。原來案板上並排擺放著八個聖誕麵包。一模一樣的，毫無區別。烤得周身金黃，撒上白糖，像是披著一襲薄紗，上面還鑲著寶石般的烤杏仁塊兒。這甜麵包是給布拉格的三個女兒的。

第四個女兒從小生病沒有結婚，就留在家裏了。可是後來她成了全家慈愛而嚴厲的總管。她也管過我，我還眞是怕她。我的字從小到現在都寫得極難看。當時人們說，爲了把手馴服，就得抄書，所以，小時候一到放假，天天都得在練習本上寫好幾頁。那時候，字寫得好壞可不是無關緊要的事。打字機還沒有出現，全靠手寫，官府裏只招聘能寫得一手好字的人。那時我下了好大功夫，可一點兒用也沒有。就是寫不好。姑姑絕望了，我也是。

在這具有歷史意義的一九四五年，我從克拉盧比火車站大廳走出來，一眼就可以看出，全市都還籠罩著三月災難的陰影。看上去它像是一個受過重傷的病人，護士們正在爲它擦洗，準備抬上病床。布拉格商店櫥窗的燈光已很明亮，而克拉盧比的街道還是晦冥昏暗的，而且街上幾乎空無一人。沒有一點節日氣氛。街角處，強勁的風好像不是在追逐垃圾廢紙，而是依舊在驅趕著哭泣，淚水和歎息。每邁出一步都可以勾起對悲慘可怕的往事的回憶。從公墓回來，我一路上走過一處又一處廢墟，一片又一片空地，心中默默地回憶著以前座落在那裏的房屋。對房屋的外牆裝飾我幾乎瞭若指掌，那裏的住戶多數也都認識。殘垣斷壁大都已經清理，不過剩下的空地仍在悲慘地控訴。一路上我尋訪了過去住過的三所房子。那時連續搬家不是因爲好動成性，而是總想找一所房租便宜的合適住處。三處住宅都還寬敞也還算漂亮。印象最深的是郵政大樓裏的那一處。我們在那裏住的時間最長。在伊特爾斯基街上的第二處已經很破敗了。不過裝飾損壞外牆的並不是那性急的炸彈而是慢性子的光陰。

在第二處住宅裏，我曾有過幾小時心急如焚的時刻。有一天，樓當中的天井起了火。火是從薰肉作坊著起來的。可是在不遠處有一個雜物棚，裏面還放著一桶汽油。消防隊馬上就趕到了，但在外邊大聲喊叫說，沒法兒打開進口處的笨重的橡木大門。這一下可把我嚇壞了，嚇得渾身顫抖。因爲我想起來下午我曾在樓外閒逛，在大門那兒我曾把褲子上掉下的鐵扣子塞進鑰匙眼裏怎麼也拿不出來，後來我也就走了。消防隊費了好大的勁把大門從合扇那裏卸下來，才帶著水龍沖進天井，在最後關頭把火撲滅。那時候雜物棚已經開始燃燒，人們無法衝進去把汽油桶搬出。結果總算是萬事大吉，可我坐在床上一夜沒能入睡，心在喉嚨裏狂跳，上下牙不停地打顫。

我必須承認，那一次我是像膽小鬼一樣逃離克拉盧比的。直到踏上月臺時心裏才輕鬆些。好像是邁出的這一步把我從悲傷和絕望中解救了出來。我呆呆地坐在車廂裏，甚至沒有察覺火車是什麼時候開的。那時候還沒有準確的列車時刻表。而且，火車從波德毛克爾開到我們這裏總要誤點一個多小時。我等車時還像以前一樣在站臺上來回溜達。過去站臺是人們聚會的場所。星期天大家都到市中心廣場去散步，平時人們則常來車站站臺。這可能是因爲站臺這裏總還是有些生氣。旅客來來去去，火車頭大聲吼叫，貨車車廂不停調動。比起市內寂靜的街道要熱鬧得多。這裏的站臺有點像馬利亞礦泉療養地的長廊，只不過略顯簡陋和蕭瑟。有時那裏也到處是煙，但很快就會有清新的風吹來把煙霧帶走，站臺上又重新充滿了對面坡地樹林送來的清香。

小時侯，每次乘火車來到克拉盧比時，都是高興得涕淚交流，而離去時又總是傷心得眼淚汪汪。

從姆聶爾尼克市方向，厚厚的黑色雪雲向克拉盧比湧來。

我在站臺上已經走了幾個來回。突然，一位女士站在我面前，用微笑擋住了我的去路。

「您還認識我嗎？」我注視著她的臉，依然很美麗，但已經留下苦難和歲月的痕跡。我脫口而出：

「艾爾絲琪卡❶！」

她高興得用雙手握住我的手，說：

「您眞好，還能認出我來。好多熟人都已經不認得我了。我可是一眼就認出了您。我還不至於老到認不出來吧。」

啊！艾爾莎，艾爾絲琪卡！戰前在克拉盧比有不少猶太家庭，多爲商人，艾爾莎就出身於這樣的家庭。

「您想想看，我們在克拉盧比這一大家子現在就只剩下我孤身一人了。我正在等加拿大

❶ 艾爾莎的暱稱。

來的一位表姐，她邀請我到那邊去定居。我決心跟她去！在這裏看到什麼都讓我痛苦，完全絕望了。」

艾爾莎當年在克拉盧比是最美的姑娘之一。我從小就認識她，不過只是點頭之交。我一共同她說過兩三次話，每次也只是幾句一般的寒暄。可是每次跟她談話我都是漲紅了臉。她家離我們不遠，我心裏很喜歡她。路上相遇時我總是羞怯地向她致意，她則用微笑來答謝。這就是我們之間的一切。她比我小兩三歲。我從來沒有勇氣主動跟她打招呼，總是她先叫住我。她非常美麗，美得連女人們走過都要回過頭來注視她。乍看她好像挺傲慢，實際上大概並不如此。不過她走路的姿態顯得頗爲驕傲。姑姑曾說她走起路來像個法國皇后。我不知道她指的是哪一位皇后。她那美麗的昂起的頭也會讓人覺得彷彿是藐視一切似的。

她親切地挽著我的臂膀，激動而急促地訴說著她家淒慘的遭遇。

四年前，父母先後死在特雷辛那監獄。她和兩個弟弟被送進奧斯威辛集中營。她新婚的丈夫被逮捕，後來死在茅特豪森集中營，死前天天要扛著大石塊爬上高坡。兩個弟弟都在毒氣室裏被害。厄運幾乎就要輪到她的頭上了。德國人在紅軍打擊下準備逃跑的時候，她和另外幾個猶太婦女越獄成功，找到了紅軍，然後陸續返回家鄉。在克拉盧比，她家被德國人霸佔的房子在德國人垮臺後又被幾個房產被毀無家可歸的家庭所佔用。現在她只能寄住在克拉盧比的熟人家裏，所以出國投親是她的唯一出路。在這裏她實在沒法生活。她也不願意就這麼過下去。談話中她再次表示，我能認出她來眞使她非常高興。

我們在站臺上一起走著。她要求我再談談克拉盧比市，談談這個曾使她擁有幸福、青春和無憂無慮歲月的城市。當我提到她那時是多麼漂亮多麼招人喜歡時，她笑了一下，隨後就失聲痛哭起來。

過了一會，從波德毛克爾來的火車吼叫著駛近。我要乘這趟車回布拉格而她的親戚正是坐這列車來的。這時她又笑了，烏黑深邃的雙眸又閃爍著昔日的光芒。

但丁在《神曲》中《地獄》的第五篇裏借美麗而絕望的伐朗賽斯嘉之口說過：

痛苦莫過於
回首往日的歡樂
在不幸之時。

這是一句有名並經常引用的詩句！這是事實！但是詩人的這句話並不全對。不。但丁這一次沒有說對。

回布拉格的車在克拉盧比還等了大約二十分鐘。等候錯車。不過我再也沒有看到艾爾莎。黑沉沉的天空開始飄雪。先是大雪團，然後越來越小，越來越密，接著變成暴風雪。漸漸地，灰暗的站臺消失了，整個車站建築消失了，克拉盧比市也消失了，帶著它所有的傷痕、悲哀和苦難。

別了，別了！

許多年以後，有一段時間我曾從事所羅門❷的《歌之歌》的翻譯工作。在翻閱辭典查找戀人呼語的解釋時，克拉盧比的艾爾莎那青春秀麗的面龐又浮現在我的眼前。她從幾千年的深處向我走來，我則把猶太佚名詩人的詩句對她朗誦：

「你像是嶄露在眾草之上的百合。你的身軀，修長的棕櫚，你的乳房，豐碩的葡萄。你的雙眼像微暗處的鴿子，閃爍著光芒。站起來！親愛的，我嫵媚的姑娘。來吧！嚴寒已經逝去，可以縱情歌唱，斑鳩聲聲正在迴響。你坐著時，腿跟是充滿著珍奇水果、染料和香料的石榴園。你的雙唇沾滿了蜜，你的舌下蜜糖和乳汁在流淌。」

我從車窗裏向外張望，除了風雪還是風雪。我像在機艙裏一樣聚精會神地向外注視，仍是只有飛舞著的雪花。看著雪片的急促飛落，我在想，在這個美麗而又悲慘的世界上究竟能有多少種人類之吻？男人的臉貼近女人的面龐時，他所想到的愛是什麼？女人呢？

有初吻和臨終之吻。啊，爲什麼用愛的憂傷曲來開始呢。

有戀人們幾乎扯斷舌根的狂熱之吻，也有狂熱昇華爲溫柔的愛之吻。這是一種悠長而熱

---

❷ 所羅門，西元前約九六〇—九三五年間以色列國王，大衛王之子，被認爲是《歌之歌》的作者。

情的吻，氣息像無形的鮮花，臉挨著臉，鼻碰著鼻。

有一種吻，像乞丐伸出的手，也有的吻，像扔進乞兒手心的小錢。

有的吻是完全絕望的吻，還是不去說它吧。

還有一種吻，在女人心房上的吻，像是對心臟的注射，能夠激勵怠惰的心，喚醒沉睡的心。說起女人的身體，那還有別樣的吻。噢，我的上帝！

有的吻充滿微笑和歡樂。有的吻充滿了渴望，有的吻則代表著渴望的滿足。

也有的吻是既無愛意也無熱情，連臉也不碰。只是出於習慣，別無他意。有的吻是甜蜜的，有的則是苦澀的。

猶大之吻！我不把它當作吻來看待。

是的，沒法數清有多少種吻。就好像沒法數清小小車窗外有多少雪花一樣。

這時汽笛吼起，列車緩緩啓動，駛向布拉格。

還有一種吻！那是感謝之吻，感謝喚起那美好而又塵封已久、已被淚水淹沒、被沙石掩埋了的、對青春的回憶。

這種吻當然也是甜蜜的、也許是最甜蜜的吻。

一縷金髮

常言道，不同年齡的人各有自己的歡樂，也許是這樣吧。對於一個正在步入衰老的人的來說，這顯然應是一種安慰。不過，老年人的歡樂肯定最少不過了。這我很清楚。生命像最後的一點兒水正在從指縫中流失，我都來不及回首看一看飛去的時光和無情逃遁的歲月。

人啼哭著生下地來，護士用一雙溫柔的手抱起他。這是人間最慈愛、最親切的手，竭力想彌補他來到這個無情的醜惡世界時永遠失去的溫暖。

人到老年，悲涼之感便油然而生。人們來了，又去了，老年人越來越感到孤獨。這種無法慰籍的孤獨感逐漸包圍了他。及至生命中最艱難的時刻來臨，當死神開始從他的軀體裏掏去靈魂時，他便唯有孤零零地離開世界了。因此人到這個年齡還談得上什麼歡樂呢！

從前我喜歡盡情暢飲葡萄酒。隨著年齡的增長，我越來越懂得品味佳釀了，尤其是從兩屆飲酒訓練班畢業之後。第一屆是在朋友切比什家裏，第二屆在他家同朋友戈爾德哈麥爾在一起。我自認爲對葡萄酒多少已有所瞭解，起碼消極地說有所瞭解。可是在今天，既然只允許我偶爾用小酒盅嘗那麼一兩盅潤潤舌尖的話，這種知識對我來說又有什麼用處呢？只是聞聞香味、吊吊胃口而已！之後便只能傷心地撫摸瓶上的商標，把酒瓶重新放回櫃櫥，還說什麼葡萄酒是老年人的牛乳呢！

第一次世界大戰期間，我們嘗夠了饑餓的滋味。站在緊閉的店門前排隊等麵包，甚至要等個通宵。買回的麵包切成片時，掉下的黃麵包渣兒足有好幾把。戰後我便懂得十分珍惜每一口美味食品了。我喜歡吃，吃得足足的。

後來，奇布林卡教授還教會了我吃的藝術。可是現在呢，我得遵從三種指定的食譜。在飯館裏看著菜單我便不由得悲從中來。

那麼，剩下的還有什麼呢？總算還能閱讀引人入勝的詩歌，注視美麗的女人。否則的話，我這雙眼睛就只是爲了哭泣了。

每年春天，一到百花盛開時節，我便匆匆趕往神學院花園和佩特馨山。從布熱弗諾夫高地走去並不遠。瞧我說的，什麼匆匆！我拄著兩根法國手杖一瘸一拐要花費近一個小時才能走到那裏。可是，我不惜任何代價，瘸著腿也必須前去，爲的是在什麼地方至少能摘下一葉親切的記憶吧。況且我也想把繁花似錦的布拉格盡情看個夠。至少在這兒，在布拉格最秀麗的所在，把它盡情看個夠。板塊式的樓房我已不感興趣，哪兒都一模一樣。在布拉格像在巴黎，在巴黎像在加爾各答。

今天春天，我坐在佩特馨山花園小屋的旁邊，附近就是業已荒廢了的花園飯店。這兒是全布拉格最漂亮的地方，起碼就它那個眺望赫拉德強尼的寶貴瞭望點來說是這樣，只要纜車索道莫像男人的舊背帶綳斷了就好。我在這裏觀賞布拉格風光，從來看不夠。每年我都暗自在心裏說，這恐怕是最後一次了吧，目光怎麼也移不開。那天，當我終於起身離去時，我順著坡度不大的山路下山，一直走到了馬哈紀念像，在那裏我想休息一會兒。

十字路口，一群孩子在玩捉迷藏。從他們嘴裏我又聽到了多少年前的那支樸素的童謠。坐在這春天的百花叢中，我彷佛覺得它聽來像一支童年的小聖歌。當年我也唱過這支歌，那時我才五、六歲，在灰黯的郊區街道上，溝水泛著臭氣，房屋的通道是烏黑的。

你上哪兒去，瞎婆婆？
上角落。
角落有什麼？
有公雞。
另外有什麼？金線坨。
快來逮我呀，瞎婆婆！

孩子們四下裏奔跑，還戲弄地過去拍一下那個蒙著眼睛、憑聲音追趕他們的人。有個捲頭髮的男孩子長了一臉雀斑，年齡最小，誰都能輕而易舉地捉到他，可是他每次都跳上紀念像矮矮的底座，幾乎直躲到馬哈的大衣下擺裏面。躲在那兒任何人、任何時候也不會找到他的。

倘使我也能這樣躲起來，譬如說躲在詩神的大裙子後面，等死神來找我時，儘管她能找到每一個人，但畢竟也有失察而未曾看見的時候吧！

過了不多一會兒，孩子們又都跑掉了。於是在這青翠的幽谷便只剩下我獨自一人了。聖維特教堂塔上的時鐘不時傳來洋琴的樂聲。悠揚的琴音彷彿是從古老城堡的牆垣深處冉冉升起，振盪著飛翔的浮雲。它那殷切、柔和的聲音是在勸說年輕人把握時機莫遲疑，卻又提醒老年人所有一切都已是過眼雲煙。年輕人聽來它是一支歌，在老年人的耳中它卻是詩人的渡鴉在可怕地啼叫。

至於老年人麼？說老年人有智慧是一種錯誤的見解。人老了未見得便有智慧，老年人往往愚蠢可笑。儘管他們有豐富的經驗，有時還是相當寶貴的經驗。然而經驗有何用處呢？年輕人不重視經驗。老年人空有經驗而一無用處。那麼剩下的究竟還有什麼呢？難道距死神不遠還去追求幸福？

剩下的唯有一件事。久久地、空幻地渴望。渴望那些他們已清楚知道永遠無法得到的東西。而且，這時最好將臉埋在枕頭裏，對周圍事物一概不看。因爲此刻從現實世界看到的一切，都將揭示他們的荒唐可笑，幻夢於是立即失去了魅力。

也有一些人滿不在乎地堅持說他們對老境已安之若素。我知道，這樣做也許很實際。然而我不相信。另有一些人又振振有辭地告訴我們，說無論給他們什麼他們也絕對不願意再年輕了。這是謊言！倘若生命是一盤得以逆轉的錄音磁帶，每個人都會以怎樣歡天喜地的心情回到青年時代啊，哪怕他的青年時代道路坎坷，並不愉快！

當最初的皺紋和白髮出現了時，人們心裏感到何等惆悵、難受！尤其是婦女。

伊任卡·K夫人，捷克某著名作家的妻子，名不虛傳是一位極有魅力的美人兒。每次首場演出之後，溫存體貼、愛開玩笑的淘氣鬼哈努什·耶利內克❶總是殷勤地在劇場幫她穿大衣。他從不忘記借機向她保證說，如能幫她脫衣，他會更加高興。就是這位有頭腦的聰明夫人，她常說——說時輕輕咬著牙齒：政府應當下令嚴禁美貌的年輕女人穿戴得那麼漂亮。儘管她面帶笑容，可是……

一對年輕情侶沿著馬哈紀念像旁邊的小路走過去了。我望著他們身後無形的腳印出神。我敢用生命打賭，在這座屬於情侶的獨一無二的花園裏，他們正朝著春天的愛情之門走去。

---

❶ 耶利內克（一八七八—一九四四），捷克詩人。

他們匆匆前往的那個所在我很熟悉。在神學院花園有一棵經過嫁接的大樹，今天想必它依然還在。低垂到地面的樹枝像一道生機盎然的鮮花屏風，遮掩了一張靠在樹幹上的長椅。

不久前，唱片俱樂部給我送來了一些唱片，是重新灌製的愛瑪・黛斯基諾娃演唱的保留節目：幾首有名的詠歎調。有《被出賣的新嫁娘》中瑪任卡的詠歎調、歌劇《卡門》中的卡門詠歎調，以及其他等等。唱片封皮上印著一張小小的舊照片，是愛瑪・黛斯基諾娃在她全盛時期拍攝的。年輕、矜持的婦人戴著一頂帽簷直拉到額頭的帽子，正是本世紀初流行的樣式。她的美貌中帶著一種傲然不羈的挑釁神情，雙眸深邃、迷人。我對著這張普通照片上的引人注目、很不一般的面孔凝視了許久。第二天，我又把唱片找出來，只是爲了端詳她的那雙眼睛。第三天也一樣，而可愛的蝴蝶夫人則在我的屋裏哀哀哭訴了許多遍。第四天，當我心裏又有什麼促使我取出唱片並且對著這張總的說來印得很蹩腳的照片出神時，我不得不暗自承認，我愛上了這個美麗的女人。她的光輝名字雖然很久以前便已刻上了偉人祠的銘碑，那又有什麼關係呢。對於我來說，她在這個時刻突然復活了。一聲無意的歎息搖撼著我的心。

我渴望深深地凝視這雙眼睛，湊進她緊閉的嘴巴——它給世界送來了這麼多的美。我渴望安坐在她的身旁，讓她充沛的女性美潮水一般潑灑到我的身上。

她那可貴的、無與倫比的歌聲雖然已在舞臺上消失，那又有什麼關係呢！

小時候我還聽過她的演唱。媽媽對我說，這樣的歌聲飛上雲霄，在天上將化作玫瑰花。

她還將一幅劇場用的已很陳舊的小望遠鏡讓我拿著看。望遠鏡是珍珠母做的。我拿著它仔細地對著這張臉看了一陣，可是依舊什麼也沒有看出來。不如說，什麼也不瞭解。

當然，那時我還很幼小，絲毫不懂得什麼是愛情。也還沒有誰教導過我說一個人只要用舌尖舔一舔愛情的滋味，便有可能跌倒在地，昏死過去。愛情之危險賽過毒芹。眾所周知，這種植物的花和莖裏含有五種劇毒。

那當然是很久以前的事情了，那時黛斯基諾娃夫人還在她的城堡花園裏，在葉爾昌尼的亞庫布・克爾欽的黃金渠釣魚哩。

我昏昏沉沉在這愛情的魔圈裏又過了一段時間才清醒過來。愛情的陶醉使我躲避了光和風暴。黛斯基諾娃那雙驕傲的眼睛不容我很快擺脫它們。一聽到她演唱的古老歌劇的詠歎調，這位秉賦著文藝復興時期的婦女和美人風韻的女性便出現在我的眼前。

有哪個女人能做到像她這樣完全聽命於心的支配，以這樣的激情度過一生呢？她生活，不知道什麼叫障礙。她蔑視財富卻擁有財富，並且懂得如何使用它。她善於憑藉意志在生活中為自己創造片刻的幸福。這些幸福一向都是她以並不掩飾的享樂和情欲點燃起來，並加以保護的。作為女性，她在各個方面都出類拔萃，此外她還擁有更為偉大的東西：她的藝術。

在漸漸變為往事之後很久，我才同她分了手。

音樂研究者兼作家文尼格有時頗為難得地上風風雨雨的布熱弗諾夫高地來看望我們。他是布拉格赫赫有名的文化望族——文尼格家族中的一員，正在寫一本回憶錄。當他把其中的一章：「姨媽愛瑪」拿給我看時，我才知道原來他是愛瑪・黛斯基諾娃的外甥。我如饑似渴地讀了手稿。黛斯基諾娃的許多事蹟我早已熟知，另有許多是從文尼格這本書裏知道的。回憶錄還委婉地提到了愛瑪・黛斯基諾娃的幾個情人和她的崇拜者，從自行車選手因德里・沃迪列克、阿爾及利亞軍官廷・吉萊，到最後的哈爾斯巴赫，她的丈夫。哈爾斯巴赫是空軍軍官，在追求這位未來的妻子時，曾從飛機上扔下鮮花紮的花環獻給她，扔在斯特拉什小城堡的院子裏。她去世後，哈爾斯巴赫連牆上的電門都統統拆掉了。他比她多活了三十年。文尼格當然也提到了被黛斯基諾娃拒絕了的追求者，其中特別是三位著名的義大利人：安利科・卡路索❷、阿爾杜羅・托斯卡尼尼❸和吉阿科摩・普契尼❹。她是一位眞正的愛國者，只肯嫁給實心實意的捷克人。不過她並不吹毛求疵。

當我將手稿還給文尼格時，我把前些時候我的柏拉圖式的愛情告訴了他，可是我馬上請求他不要把我的名字添在她的戀人和崇拜者的名單上。這已是幾年前的事情了。

---

❷ 卡路索（一八七三—一九二一），義大利著名男高音歌唱家。

❸ 托斯卡尼尼（一八六七—一九五七），義大利著名指揮家。

❹ 普契尼（一八五八—一九二四），義大利著名歌劇作曲家，作有歌劇《蝴蝶夫人》、《來自西部的女郎》等。

直到今天，斯美塔那歌劇裏瑪任卡的甜美聲調和蝴蝶夫人的淒切悲訴有時仍使我不勝神往。我把唱片找了出來。唱機和唱片依然如故，同多年前我懷著一片熱情傾聽愛瑪・黛斯基諾娃的歌聲時一模一樣。然而，我卻彷彿覺得她的聲音是從另一個地方傳來的。彷彿是從淒涼的遠方、已被歲月的煙霧永遠淹沒了的遠方傳來的。

我感到一陣悲哀。如果能這麼說的話，那聲音已經有點兒像是死的了。

正如米蘭市安勃羅西安博物館裏收藏的金髮美人露克雷茜亞・博爾吉亞的一縷死了的捲髮一樣。在米蘭，拜倫爵士曾不幸地愛上了這頭金髮。

附錄

鄭樹森 譯

河畔花園

晚年才學會去
愛上沉默：
有時比音樂還要刺激。
在沉默裏顫慄的音符湧現
而在記憶的岔徑
我聽到一些
時間要壓抑的名字。
夜裏在林中我甚至聽到雀鳥的心跳。

有一次在墳場，
我驚覺到，墓穴深處，
棺材的破裂。

——選自一九七七年的組詩《瘟柱》第一首

河畔花園

夜——永恆的蟻聚的星星，
之外還有甚麼？
喬木迎人的陰影裏
情人在擁吻。

吻過千次的脣
呢喃著火焰
向吻過千次的脣，

照亮血液的小徑
焚襲熱情的邊界。
一對匕首：
舌頭相互刺戳
慾望奔放的嘴。
那夜的黃昏星是維納斯❶。

——選自《疫柱》第八首

焚燒的船

我爲黑夜而準備。

❶ 維納斯，即愛神，又指金星。

尋找的
終必遇到。
等待的
終必找到。

我尋覓的睡覺地點
是冬青後的隱蔽處
春天在那兒
留下一點音樂，
而黑夜可以覆蓋我。

火焰戳穿黑暗
有人呼叫：
船起火了！
熱情的火焰
在平靜蒼白的水面昇起

而我愛人的雙臂
　　依然眷戀著。

在輕晃的柳樹枝下
樹蔭蓋著水井
底層是厚厚的霧。
晨光裏，
　我面對愛人。
當日光移走陰暗的天空
她提著濕桶
自水井搖擺過來。

我不敢問她
可有看到火焰。
她愕然瞧著我，
別過頭去

過了一會，輕輕點頭。

——選自一九六七年《鑄鐘》

是下午或是黃昏

記不清楚
是下午或是黃昏，
在橡樹下吃飯：
女傭欣快地在園子晾掛洗好的衣服
肥胖的雙手逐件揮搖
彷彿這動作得罪了扁平的天空。
一陣雨，短暫而荒謬，
像十二個鍵的玩具鋼琴，
開始把空氣涼冷下來。
乾不了的衣服軟垂著。

在起霧的河背後
圓圓的月亮突然昇起。

一定有人注意到
當她在馬卓夫湖游泳
浮鼓起的衣服不耐地纏著她……
我可以爲此歌唱
但不是現在。

——選自《鑄鐘》

蠟燭

她來自沙沙作響的蜂窩
來自香花的店鋪；
蜜糖的姊妹

被蜜河所洗濯，
之後天使從芳泉
拈起她，
而在愛情的季節
蜜蜂爲她縫衣；

彷彿昏睡的男子
僵躺在她脚前
在她狹長的陰影裏，
她散開長髮髻

而自她的蠟軀
一滴淚傷漫落下：
「親愛的，床已鋪好，
我們將會共眠。」

——選自一九三三年《裙兜裏的蘋果》

別

說一聲再見
揮一條白手絹。
每一天都有事物在終結，
美麗的事物在終結……

擦乾眼淚
含著淚去微笑。
每一天都有事物再開始，
美麗的事物再開始。

——約爲三〇年代後期作品

詩

燃燒的香煙
飄昇
阿爾卑斯山的遊客
陽光與深淵……

飄昇至星群
被那懨悶的枕頭
狂飲進去：
詩

——選自一九二五年《法國電台的周波》

【後記】

鄭樹森

一九八四年曾中譯一輯塞佛特詩選，分別在台灣和香港發表。那時捷克尚未民主化，但通信、打越洋電話的自由倒是有的。中譯時塞佛特已病重住院，衹能通過他的女兒珍娜聯絡。其時塞佛特的詩，在國外通過少數譯本及捷克流亡知識份子出版社舉行的原文本，並無流通困難，衹是知音寥落。從以上七首詩，讀者不難管窺，塞佛特並不是「政治」詩人；但當年他這些抒情作品在捷克都衹能打字「地下」流傳。我的中譯、論介、回憶錄摘譯（談 Roman Jakobson 一節）等，聽珍娜轉述，讓老詩人頗爲高興。後來老詩人又讓女兒代筆，回答了幾個問題。我最感興趣的是他對中國詩的認識。老詩人表示唸過兩本捷克漢學家迻譯的古典詩選本（以唐詩爲主）。在遲緩的聯絡中，一九八五年就過去了。及至一九八六年，詩人終於不治辭世。（二〇〇三年一月四日補記）

國家圖書館出版品預行編目資料

世界如此美麗／塞佛特（Jaroslav Seifert）
著；楊樂雲，楊學新，陳韞寧譯．— 初版—
臺北市：大塊文化，2003［民 92］
面；　公分．(Mark 35)
譯自：Všecky krásy světa
ISBN　986-7975-76-6 (平裝)

1.塞佛特（Seifert, Jaroslav）- 傳記

784.438　　　92000896

105 台北市南京東路四段25號11樓

廣　告　回　信
台灣北區郵政管理局登記證
北台字第10227號

大塊文化出版股份有限公司　收

地址：□□□ ＿＿＿＿＿＿市／縣＿＿＿＿＿＿鄉／鎮／市／區

＿＿＿＿＿＿路／街＿＿＿段＿＿＿巷＿＿＿弄＿＿＿號＿＿＿樓

姓名：

請沿虛線撕下後對折裝訂寄回，謝謝！

大塊 LOCUS 文化

編號：MA035　書名：世界如此美麗

讀者回函卡

謝謝您購買這本書，爲了加強對您的服務，請您詳細塡寫本卡各欄，寄回大塊出版 (免附回郵) 即可不定期收到本公司最新的出版資訊。

姓名：＿＿＿＿＿＿＿＿＿＿**身分證字號**：＿＿＿＿＿＿＿＿＿＿

住址：＿＿＿＿＿＿＿＿＿＿＿＿＿＿＿＿＿＿＿＿

聯絡電話：(O)＿＿＿＿＿＿＿＿＿＿ (H)＿＿＿＿＿＿＿＿＿＿

出生日期：＿＿＿年＿＿＿月＿＿＿日 E-mail: ＿＿＿＿＿＿＿＿＿＿

學歷：1.□高中及高中以下 2.□專科與大學 3.□研究所以上

職業：1.□學生 2.□資訊業 3.□工 4.□商 5.□服務業 6.□軍警公教 7.□自由業及專業 8.□其他＿＿＿＿

從何處得知本書：1.□逛書店 2.□報紙廣告 3.□雜誌廣告 4.□新聞報導 5.□親友介紹 6.□公車廣告 7.□廣播節目8.□書訊 9.□廣告信函 10.□其他＿＿＿＿＿

您購買過我們那些系列的書：

1.□Touch系列 2.□Mark系列 3.□Smile系列 4.□Catch系列 5.□tomorrow系列 6.□幾米系列 7.□from系列 8.□to系列

閱讀嗜好：

1.□財經 2.□企管 3.□心理 4.□勵志 5.□社會人文 6.□自然科學 7.□傳記 8.□音樂藝術 9.□文學 10.□保健 11.□漫畫 12.□其他＿＿＿

對我們的建議：＿＿＿＿＿＿＿＿＿＿＿＿＿＿＿＿＿＿＿＿

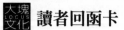

LOCUS

LOCUS